33.008

*N*ÉOLOGIE CANADIENNE

COLLECTION « AMÉRIQUE FRANÇAISE »

La collection « Amérique française » regroupe des ouvrages portant sur le fait français en Amérique, en particulier à l'extérieur du Québec, soit en Ontario, en Acadie, dans l'Ouest canadien et aux États-Unis. La collection, conforme à la philosophie de la maison d'édition, accueille des manuscrits de langues française et anglaise.

       Directeur : *André Lapierre*
     Comité éditorial : *Roger Bernard*
             Chad Gaffiel

Déja parus :

Artisans de la modernité. Les centres culturels en Ontario français
Diane Farmer
2-7603-0427-2, 239 pages

Aux origines de l'identité franco-ontarienne. Éducation, culture, économie
Chad Gaffield
2-7603-0255-5, 284 pages

Les Écrits de Pierre Potier
Robert Toupin
2-7603-0426-4, 1329 pages

Le Français des Canadiens à la veille de la Conquête.
Témoignage du père Pierre Philippe Potier, s.j.
Peter W. Halford
2-7603-0271-7, 380 pages

SUZELLE BLAIS

NÉOLOGIE CANADIENNE,

ou

DICTIONNAIRE

des mots créés en Canada
& maintenant en vogue ;
- des mots dont la prononciation
& l'ortographe sont différentes
de la prononciation
& ortographe françoises,
quoique employés dans une acception
semblable ou contraire ;
et des mots étrangers qui se sont
glissés dans notre langue.

de

JACQUES VIGER

(MANUSCRITS DE 1810)

ÉDITION AVEC ÉTUDE LINGUISTIQUE
Préface d'André Lapierre

Collection
**AMÉRIQUE
FRANÇAISE**

N° 5

Les Presses
de l'Université
d'Ottawa

DONNÉES DE CATALOGAGE AVANT PUBLICATION (CANADA)

Viger, J. (Jacques), 1787-1858
    Néologie canadienne, ou Dictionnaire

(Collection Amérique française)
Texte intégral des deux versions manuscrites de Jacques Viger.
Comprend des références bibliographiques et un index.

ISBN 2-7603-0479-5

1. Français (Langue)–Canada–Idiotismes–Dictionnaires. 2. Français (Langue)–Canada–Mots et locutions. 3. Français (Langue)–Néologismes–Dictionnaires. 4. Viger, J. (Jacques), 1787-1858. 5. Français (Langue)–Canada–Lexicographie. 6. Français (Langue)–19e siècle. I. Blais, Suzelle. II. Titre. III. Titre : Dictionnaire. IV. Collection.

PC3643.V53 1998   447'.971'03   C98-900693-X

Cet ouvrage a été publié grâce à une contribution de la Fédération canadienne des sciences humaines et sociales, dont les fonds proviennent du Conseil de recherches en sciences humaines du Canada.

Les Presses de l'Université d'Ottawa remercient le Conseil des Arts du Canada, le ministère du Patrimoine canadien et l'Université d'Ottawa de l'aide qu'ils apportent à leur programme de publication.

Maquette de la couverture : Robert Dolbec

Illustration de couverture : Extrait d'une page du manuscrit 1 de la *Néologie canadienne* de Jacques Viger. Manuscrit conservé au Musée de la civilisation, fonds d'archives du Séminaire de Québec.

Mise en pages : Danielle Péret

« Tous droits de traduction et d'adaptation, en totalité ou en partie, réservés pour tous les pays. La reproduction d'un extrait quelconque de ce livre, par quelque procédé que ce soit, tant électronique que mécanique, en particulier par photocopie et par microfilm, est interdite sans l'autorisation écrite de l'éditeur. »

ISBN 2-7603-0479-5

© Les Presses de l'Université d'Ottawa, 1998
542, King Edward, Ottawa (Ont.), Canada K1N 6N5
press@uottawa.ca   http://www.uopress.uottawa.ca

Imprimé et relié au Canada

> Et comme les mots sont plus mystérieux
> que les faits, il me reste dans les oreilles
> des sons d'une intelligence secrète.
>
> PIERRE MAC ORLAN, *La petite cloche de Sorbonne*

REMERCIEMENTS

J'adresse mes remerciements très sincères à André Lapierre, de l'Université d'Ottawa, qui m'a proposé de publier dans la collection «Amérique française» la *Néologie canadienne* de Jacques Viger. Grâce à ses encouragements et à la confiance qu'il m'a témoignée, cet ouvrage voit enfin le jour.

Je dois beaucoup à Ludmila Bovet, linguiste, qui a accepté avec enthousiasme de lire un premier état de mon texte. Ses commentaires linguistiques et lexicographiques judicieux et sa connaissance de l'histoire de la langue me furent des plus précieux et je tiens à lui exprimer toute ma reconnaissance.

Merci à Peter W. Halford, de l'Université de Windsor (Ontario), qui a eu l'amabilité de me faire profiter de son expérience d'éditeur, en relisant mon manuscrit et en me fournissant des renseignements importants. Qu'il soit assuré de ma profonde gratitude.

Je suis reconnaissante à ceux et celles qui, comme Madeleine Faucher, du Musée de la Civilisation, aux archives du Séminaire de Québec, m'ont donné accès aux documents manuscrits de Jacques Viger et qui ont facilité mes recherches.

PRÉFACE

La collection «Amérique française» accueillait en 1994 (Peter W. Halford : *Le français des Canadiens à la veille de la Conquête*) le manuscrit du jésuite Pierre-Philippe Potier, premier document lexicographique franco-canadien du milieu du XVIIIe siècle. Il ne restait plus alors qu'un seul témoignage d'importance sur le français canadien qui ne fût publié dans sa totalité. Avec la parution du présent ouvrage, c'est maintenant chose faite. Suzelle Blais nous livre ici le texte *in extenso* du premier dictionnaire réalisé par un locuteur natif du pays canadien, Jacques Viger.

Le futur historien et maire de la ville de Montréal s'est vraisemblablement mis à la rédaction d'un dictionnaire du parler canadien à l'époque où, encore dans la jeune vingtaine, il était au journal *Le Canadien* à Québec. Peut-être en avait-il déjà conçu le projet au cours de ses études chez les Sulpiciens de Montréal, alors que son esprit curieux pouvait déjà noter les différences entre le parler de ses éducateurs européens et celui qu'il entendait tous les jours dans son entourage. Peut-être avait-il même commencé la rédaction de certains articles. Quoi qu'il en soit, le projet de publication est resté à l'état de manuscrit. Tout comme dans le cas du travail du père Potier, c'est encore une fois la Société du parler français au Canada qui a porté à la connaissance du grand public l'existence du dictionnaire de Viger en publiant de larges extraits du manuscrit quelque cent ans plus tard dans son *Bulletin*.

L'édition du texte intégral de la *Néologie canadienne* de Viger constituait un défi particulier en raison de l'existence, en fait, de deux manuscrits représentant deux versions du même travail : le premier étant le premier jet, le second, une version soignée, revue et corrigée. En choisissant de publier l'ensemble des cahiers de l'œuvre, Suzelle Blais nous livre ici non seulement le texte fidèle du dictionnaire tel que Viger l'a conçu mais aussi, grâce à la comparaison des deux manuscrits, des indices précieux sur l'élaboration même de l'ouvrage.

Ce dictionnaire est le reflet de l'idéologie dominante dans la classe cultivée francophone du Bas-Canada au début du XIXe siècle. On notera qu'il s'agit d'un dictionnaire différentiel, rédigé dans une perspective normative par rapport à l'usage européen de l'époque. Viger traduit une préoccupation de l'élite de son temps, celle du nécessaire alignement du français canadien sur la norme de Paris pour en assurer la défense et la promotion. Ce n'est que vers la fin du XIXe siècle, alors que se multiplient en Europe les glossaires des dialectes français, que les lexicographes canadiens seront en mesure de mieux apprécier les origines des particularismes que Viger affecte de l'appellatif *néologies canadiennes*.

Le travail de Viger mérite l'attention des spécialistes à plus d'un titre. En faisant abstraction du discours normatif qui caractérise l'ouvrage, on devinera aisément l'importance que revêt ce dictionnaire pour l'étude du lexique français en général et franco-canadien en particulier. On y trouve, en premier lieu, les attestations d'origine de quelque 400 lexies ou de modifications sémantiques de mots français en terre canadienne. En outre, les indications sur la distribution géographique de mots comme *travail*, *menoirs*, *canard*, et *bombe* intéresseront les dialectologues. Les historiens de la langue y trouveront des datations nouvelles, certaines surprenantes, comme l'adjectif *loucheur*, dont la première attestation recule maintenant de plus de 125 ans. Les emprunts à l'anglais que note Viger révèlent que les processus classiques d'intégration lexicale étaient déjà à l'œuvre dès le début du XIXe siècle. Certains emprunts attestés chez Viger éclairent même nos connaissances sur le lexique anglais au Canada. Le mot *dram*, par exemple, déjà noté comme emprunt dans la terminologie du flottage du bois en 1810, ne sera attesté en lexicographie anglo-canadienne qu'en 1967. D'ailleurs, en prenant un peu de recul, on voit que c'est tout un volet de la société québécoise du début du XIXe siècle qui se profile à travers les mots et expressions que Viger a choisi de consigner dans son recueil. Dans ce sens, le travail de Suzelle Blais dépasse largement la linguistique et éclaire de façon inédite et originale l'histoire sociale du Canada français de la première moitié du siècle dernier.

Avec la publication des manuscrits de Viger, la collection «Amérique française» est fière de reconstituer aujourd'hui le maillon manquant de cette chaîne précieuse de témoignages lexicographiques sur le français canadien du XIXe siècle. Il faut savoir gré à Suzelle Blais, par son patient labeur et son souci de perfection, d'avoir ainsi fourni à la communauté scientifique un ouvrage inestimable sur l'histoire de la langue française en même temps que sur l'élaboration du lexique français en terre canadienne.

André Lapierre

Département de linguistique
Université d'Ottawa
Directeur de la collection
«Amérique française»

TABLE DES MATIÈRES

Préface d'André Lapierre 9
Introduction 13
   L'auteur 13
   Les manuscrits 21
   L'édition de la Société du parler français au Canada 28
   La présente édition 30
   Établissement du texte 30
   Liste des termes, signes conventionnels et abréviations 33
Édition des manuscrits 37
   Manuscrit 1 39
      Notes du manuscrit 1 91
   Manuscrit 2 99
      Notes du manuscrit 2 124
Étude linguistique 129
   Aspects phonétiques 133
      Vocalisme 133
      Consonantisme 139
      Agglutination 144
      Étymologie populaire 145
   Aspects morphologiques et syntaxiques 146
      Le nom et l'adjectif 146
      Le pronom 151
      Le verbe 151
      L'adverbe 153
      La préposition 154

Aspects lexicaux 156
 Archaïsmes, dialectalismes et innovations formelles
 et sémantiques 156
 Emprunts aux langues amérindiennes 232
 Emprunts à l'anglais 235
 Datations 240
Appendices 243
 I. Listes des mots et des expressions relevés
 par Jacques Viger 245
 II. Listes des mots et des expressions relevés
 par Ross Cuthbert 252
Regroupement onomasiologique 267
Les comparaisons 273
Bibliographie 279
 I. Manuscrits 279
 II. Imprimés 279
Index lexical 295

INTRODUCTION

L'AUTEUR

NOTES BIOGRAPHIQUES

Jacques Viger est né à Montréal le 7 mai 1787. Il est le fils de Jacques Viger et d'Amaranthe Prévost. Il eut pour parrain Joseph Papineau, notaire, député et père de Louis-Joseph Papineau, et pour marraine Marianne Cherrier. En 1799, Viger est inscrit au Collège Saint-Raphaël (fondé en 1773, il prendra en 1806 le nom de Collège de Montréal), dirigé par les Sulpiciens, où il reçoit une formation classique. C'est durant ses années d'études qu'il se lie d'amitié avec l'un de ses condisciples, Michel Bibaud, qui fera carrière comme professeur, journaliste et auteur et avec qui il restera en contact toute sa vie. Bibaud fera paraître dans les revues qu'il fondera, telles que *La Bibliothèque canadienne* et *L'Encyclopédie canadienne*, de nombreux extraits d'ouvrages de Viger sur l'histoire du Canada dont *La Saberdache* et *Les Tablettes*.

Nommé rédacteur au journal *Le Canadien*, en 1808, Viger y restera de novembre 1808 à mai 1809. Fondé à Québec en 1806 par Pierre Bédard et François-Xavier Blanchet, *Le Canadien* s'intéresse principalement à la politique et à la défense des droits des Canadiens français et sert de tribune aux poètes et aux prosateurs.

Si l'on en juge par la lettre de félicitations que Viger a reçue d'un ami au moment de sa nomination, le poste n'était pas de tout repos et demandait beaucoup de jugement :

> Je vous fais mon compliment de la place que vous venez d'avoir; – mais, mon jeune ami, permettez-moi de vous dire qu'elle est bien dangereuse, car il faut satisfaire le public (ou ses amis), et pourtant aussi ne pas offenser le gouvernement, qui a le bras long et fort. Il faut donc trouver un milieu, qui est quelquefois un peu difficile à trouver. (*La Saberdache bleue*, vol. 1, p. 51.)

C'est à cette époque que Viger conçoit l'idée d'un ouvrage sur les particularismes du français canadien. Il fait paraître dans l'édition du 7 janvier 1809 du *Canadien* un article, qu'il intitule déjà *Néologie*, dans lequel il traite du verbe *bourgogner*. Ce verbe, qui avait le sens de «battre», tire son origine du nom du général anglais Burgoyne, qui fut défait par les Américains en 1777 à Saratoga. Lorsqu'on connaît l'intérêt de Viger pour les faits d'armes, on ne peut s'étonner du choix de ce néologisme. L'article *bourgogner* figurera, remanié, dans la *Néologie canadienne*.

La *Néologie canadienne*, qui constitue tant par la qualité des données qu'elle contient que par la date de sa rédaction un ouvrage lexicographique essentiel pour l'étude du français au Canada, reste cependant le seul travail de Viger sur l'analyse de la langue. Ce dictionnaire semble lui avoir tenu à cœur; en effet, les listes de mots et d'expressions que son ami le député-poète Ross Cuthbert lui a fournies pour enrichir sa nomenclature montrent à l'évidence qu'il a parlé de son projet et qu'il s'est intéressé à l'étude de la langue pendant quelques années.

Pourquoi n'a-t-il pas terminé cette étude alors qu'il avait déjà commencé une rédaction au propre qu'il comptait probablement publier? Des occupations ayant trait aux affaires publiques et d'autres études consacrées surtout à l'histoire, ont retenu son intérêt et l'ont sans doute détourné de son projet initial. On peut le regretter, car son activité lexicographique témoigne de la même ardeur et de la même minutie que celles qu'il a mises dans ses travaux sur l'histoire canadienne. Lors de la publication de la *Néologie* de Viger dans le *Bulletin du parler français au Canada*, Camille Roy écrivait dans sa présentation : «Il fut lexicographe parce qu'il fut «historiomane», parce qu'il eut toutes les sollicitudes d'un historien, et parce que le vocabulaire d'un peuple constitue l'une des pages les plus vivantes et les plus significatives de son histoire» (RoyViger 42).

C'est également en 1808 qu'il commence à colliger les documents qu'il utilisera pour écrire *La Saberdache*, son principal ouvrage. Ce dernier se divise en deux parties. La première, appelée *Saberdache rouge*, comprend 30 volumes qui portent sur l'histoire du Bas et du Haut-Canada; la seconde, la *Saberdache bleue*, totalisant 13 volumes, contient la correspondance de Viger, des notes et des papiers divers.

Après avoir décrit l'apparence physique de Viger, J.-G. Barthe nous explique la passion de Viger pour sa *Saberdache* :

> Jacques [...] ne visait qu'à l'originalité à laquelle son visage sarcastique se prêtait beaucoup. Ses yeux, quelque peu fauves ou obliques, provoquaient le rire, et sa bouche enfantait l'épigramme qui en sortait parfois un peu brûlante, quand il s'agissait surtout de sa *Saberdache*, son enfant de prédilection, auquel il n'était pas permis d'attenter de près ni de loin. (Barthe, *Souvenirs d'un demi-siècle*, 402.)

L'inventaire de la *Saberdache* qui a été dressé par Fernand Ouellet et qui a été publié dans le *Rapport de l'archiviste de la province de Québec* facilite grandement l'accès à cette œuvre monumentale.

Bien qu'il n'ait pas voulu faire carrière comme député à la «Chambre d'assemblée», Viger, qui comptait des hommes politiques parmi ses proches – son père notamment fut élu député de Kent en 1796 (comté de Chambly depuis 1829) –, a toujours porté un grand intérêt à la politique.

Comme l'écrit Jean-Claude Robert dans l'article qu'il lui consacre dans le *Dictionnaire biographique du Canada* : «Jacques Viger appartient au puissant réseau familial des Viger -Papineau - Lartigue - Cherrier. Cousin de Denis-Benjamin Viger, de Louis-Joseph Papineau, de Jean-Jacques Lartigue et de Côme-Séraphin Cherrier, il se tient durant toute sa vie en contact constant avec eux [...]» (RobViger 1011). Il a fait de la politique à sa manière en jouant auprès de ses amis engagés dans ce domaine le rôle de conseiller et d'informateur.

Viger fit néanmoins une brève incursion en politique municipale de 1833 à 1836, en se faisant élire à la mairie de Montréal dont il fut le premier maire.

Toujours très présent et très actif dans les différents domaines de la vie montréalaise, il fut le premier président de la Société Saint-Jean-Baptiste, fondée en 1834 par Ludger Duvernay. En outre, il fonda en 1858 avec quelques érudits, tels que les abbés Verreau, Ferland et Desaulniers, la Société historique de Montréal et en fut le premier président. À la mort de Viger survenue quelques mois plus tard, l'abbé Verreau lui succéda à la présidence.

Enfin, l'auteur de la *Néologie*, qui exerça tour à tour les fonctions de journaliste, de militaire, de fonctionnaire et d'épistolier fut avant tout un archiviste et un collectionneur infatigable. Il a légué à la postérité de nombreux écrits et documents sur l'histoire du Canada qui sont encore en grande partie inédits. Comme le fait remarquer Jean-Claude Robert : «Il n'est pas facile de saisir les multiples facettes de l'existence de Jacques Viger. Tant sa personnalité que l'ampleur de son activité et la diversité de ses intérêts en font un individu qui sort nettement de l'ordinaire» (*ib.* 1014). Il s'éteignit, après une vie bien remplie, dans sa ville natale, le 12 décembre 1858.

Tous les papiers et les écrits de Viger, dont la *Néologie canadienne*, furent acquis et classés par son confident et ami l'abbé Hospice-Anthelme Verreau. À la mort de ce dernier survenue en 1901, ils furent déposés aux fonds d'archives du Séminaire de Québec.

UN PIONNIER DE LA LEXICOGRAPHIE CANADIENNE

Viger est, avec le père Pierre-Philippe Potier, le pionnier des études sur le français canadien. Leurs glossaires respectifs se situent à la charnière de deux époques. En effet, le travail de Potier intitulé *Façons de parler* qui a été rédigé de 1743 à 1758, est de la fin du Régime français, alors que Viger a écrit la *Néologie canadienne* cinquante ans après la Conquête.

Bien que la méthodologie et les objectifs des deux auteurs soient différents – le travail de Potier est essentiellement descriptif, tandis que Viger a des préoccupations d'ordre normatif –, ils ont cependant en commun l'amour des mots et le souci du détail. Rien n'est laissé de côté dans ces ouvrages ; les auteurs consignent, en effet, des lexies qui touchent de nombreux domaines de la vie humaine, animale et végétale ; enfin, toutes les classes de mots sont représentées. En outre, fidèles à la tradition dictionnairique des XVIIe et XVIIIe siècles, les auteurs n'hésitent pas à émailler leurs articles de commentaires, d'expressions, de proverbes et de comparaisons qui enrichissent considérablement leurs dictionnaires et en rendent la lecture agréable, réalisant ainsi le vœu que formait A. Boyer dans la préface de l'édition de 1773 de son dictionnaire : « Il seroit à souhaiter que l'on pût faire d'un Dictionnaire un ouvrage amusant. »

Viger connaissait-il les *Façons de parler* du père Potier ? Comme le fait remarquer Marcel Juneau, dans son étude qui traite des deux auteurs, certains indices le laissent à penser (JunLex 26). En effet, une trentaine de mots relevés par Viger figurent déjà dans Potier. Si tel était le cas, force est de constater que, s'il s'en est inspiré, il ne l'a pas copié. Les définitions et les exemples sont beaucoup plus développés dans le travail de Viger et témoignent d'une connaissance et d'une observation personnelles de la langue. Citons par exemple, en comparant avec Potier, le verbe *bredasser* auquel il ajoute un sens figuré et un mot de la même famille, soit *bredas*. En outre, il est difficile d'attribuer à Potier les mots dont la graphie est différente chez les deux auteurs, comme c'est le cas pour *drigaille, ébrayer, otocas*, que Potier orthographie *drigail, ébreuiller, atoka*.

Il convient de remarquer également que leurs préoccupations ne sont pas les mêmes. Alors que Potier qui partage la vie des Amérindiens consigne 42 termes et expressions d'origine amérindienne, Viger n'en retient que sept. Ce sont des mots déjà bien intégrés au français canadien et qui, pour la plupart, sont attestés depuis le XVIIe siècle ou le début du XVIIIe siècle, tels que *achigan, apichimon, caribou, maskinongé, micoine, mitasse* et *otocas*.

Ces mots sont encore en usage, à l'exception d'*apichimon* qui semble avoir eu une existence éphémère ; il est absent, entre autres, du glossaire de Clapin. Il faudra attendre ce dernier, qui partageait sûrement l'intérêt de Potier pour la culture amérindienne, pour que figure dans un glossaire un nombre aussi considérable d'amérindianismes.

Nous disposons maintenant du texte complet et fidèle du manuscrit du père Pierre-Philippe Potier qui a été édité par Peter W. Halford sous le titre *Le français des Canadiens à la veille de la Conquête* (v. bibliogr. HalPot).

L'OBSERVATEUR DU LANGAGE

La *Néologie canadienne* apporte aux études sur le français canadien le premier ouvrage à caractère normatif. Pour comprendre la démarche lexicographique de Viger, il faut se remettre dans l'esprit de l'époque et le milieu dans lequel il a vécu. Imprégné de culture française durant ses études au collège (les Sulpiciens qui y enseignaient étaient tous, à cette époque, natifs de France), Viger a fréquenté assidûment, par la suite, les gens de lettres; il eut comme amis, entre autres, les poètes français Joseph Quesnel et Joseph D. Mermet. Un article de Michel Bibaud sur la prononciation nous aide à saisir le type d'enseignement que Viger a reçu. Il nous apprend, d'une part, qu'au Collège de Montréal l'enseignement de la prononciation était dispensé par des professeurs français et que, d'autre part, la norme était celle de Paris. Il écrit :

> Je regarde même ces fautes [de prononciation] comme presque impardonnables dans ceux qui ont eu occasion d'étudier au collége de Montréal, où l'on a l'avantage d'avoir des professeurs qui, s'ils ne sont pas nés à Paris, ont du moins résidé assez longtems dans cette capitale, pour prendre le ton de la belle prononciation Française. (*La Bibliothèque canadienne*, t. I, n° 5, octobre 1825, p. 158.)

Par ailleurs, son travail de rédacteur au *Canadien* qui l'obligeait à réfléchir sur la langue, a certainement contribué à développer chez lui un esprit critique et à lui faire prendre conscience, en même temps, de l'écart qui existait entre le langage des gens instruits et celui de la majorité de ses compatriotes.

En outre, comme bon nombre de ses contemporains, Viger sentait sa langue menacée. Il faut savoir qu'à l'époque où il travaille au *Canadien*, l'un des sujets brûlants de l'actualité était la lutte que menaient les députés pour la reconnaissance officielle du français au Parlement. La menace était, en effet, réelle et venait de deux sources différentes. Le français canadien était menacé, d'une part, par son caractère archaïsant et l'était, d'autre part, par la présence de plus en plus envahissante de l'anglais. Ce sont, d'ailleurs, les mots appartenant à ces deux catégories qui seront la cible de ses critiques. Il était donc naturel que par son éducation, son milieu et son travail, Viger éprouvât le besoin de s'intéresser à la langue et surtout de prendre parti.

L'auteur ne se contente donc pas de décrire la langue de ses contemporains, il la confronte à une norme qui est celle du français de France consigné dans les dictionnaires. Les lexies qui ne figurent pas dans les dictionnaires, et en particulier dans celui de l'Académie, trouvent difficilement grâce à ses yeux, et les formules qui les condamnent sont sans appel. Ainsi il écrit sous *attisée* : «ce mot ne se dit pas»; sous *beurrer* : «Il n'est pas du tout françois»; sous *ébrâiller* : «<u>Se débrâiller</u> est le seul mot que la lang[u]e permette.» Comme nous le verrons, cette attitude intransigeante pour des mots et des sens qui pourtant viennent des parlers français s'explique, en partie, par un manque de connaissances historiques. Les glossaires dialectaux qui auraient permis à l'auteur de reconnaître, parmi les mots retenus, ceux qui étaient d'origine dialectale et, qui lui auraient ainsi permis d'en retracer l'histoire, étaient inexistants au début du XIXe siècle. De plus, les dictionnaires des XVIIe et XVIIIe siècles en général et celui de l'Académie en particulier n'étaient pas très accueillants pour les termes et les expressions de la langue familière.

L'OBJECTIF DE L'AUTEUR

D'entrée de jeu, Viger énumère dans le titre qu'il donne à son ouvrage les catégories de mots et d'expressions qu'il compte retenir : *Néologie Canadienne, ou Dictionnaire des mots créés en Canada & maintenant en vogue; – des mots dont la prononciation & l'ortographe sont différentes de la prononciation & ortographe françoises, quoique employés dans une acception semblable ou contraire; et des mots étrangers qui se sont glissés dans notre langue.*

La première catégorie comprend les innovations formelles ou sémantiques du français canadien. Viger accepte cette catégorie de mots qui répond à la nécessité d'innover tant du point de vue lexical que sémantique pour décrire les réalités canadiennes. C'est ainsi que les mots *canotée, poudrer, poudrerie, tire, tuque*, entre autres, sont analysés avec objectivité. Cette catégorie semble faire l'unanimité chez les glossairistes canadiens; ainsi Maguire en 1841 écrit :

> Tous les lexicographes conviennent de la nécessité d'incorporer à la langue les termes de relation qui expriment les choses et les objets qui n'existent que dans les pays lointains, nouvellement découverts, ou avec lesquels l'on a eu peu de communications. D'où il résulte pour le Canada le droit de créer des termes pour les objets et les choses qui lui appartiennent exclusivement. (Maguire sous *Néologie* 70.)

La deuxième catégorie englobe les mots français qui ont en français canadien des variantes phonétiques, orthographiques ou sémantiques; enfin, la troisième comprend les emprunts à l'amérindien et à l'anglais.

Une lecture attentive du titre fait découvrir une lacune dans le classement des lexies. En effet, cette énumération laisse dans l'ombre les archaïsmes ainsi que les dialectalismes qui forment pourtant dans le manuscrit un groupe important de mots d'origine gallo-romane. Si l'absence de classement n'altère en rien la qualité et la pertinence des informations que nous livre Viger dans les articles, elle se fait néanmoins sentir dans les commentaires dont l'auteur est prodigue et conduit quelquefois à des conclusions incomplètes sinon erronées. Ainsi, il écrit sous *gueusaille, gueusasse* (Ms. 2) : «On se sert également de ces deux mots, quoique gueusaille soit le seul françois»; de même, sous *ramancher* au sens de «conter, ou raconter avec diffusion», le verbe est donné comme «canadien», alors que dans cette acception *ramancher* est un dialectalisme attesté dans les parlers du Nord-Ouest et de l'Ouest.

Pour les raisons que nous venons d'énumérer, Viger a dû travailler en synchronie. Dès lors, il était inévitable que le classement des lexies, coupé du lien historique, comporte des erreurs d'interprétations. C'est ainsi que des mots comme *attisée, beurrer, gueusasse, ramancher* et beaucoup d'autres ne sont pas classés ou figurent dans une catégorie qui n'est pas la leur.

C'est également ce qui explique que les mots *espérer, marier* et *plaisant*, figurent parmi les anglicismes, alors qu'il s'agit d'archaïsmes qui vivent encore dans certains parlers français. Viger est le premier d'une très longue liste de commentateurs de la langue à fournir la preuve que, pour être scientifique, le classement des mots doit s'appuyer sur une solide analyse historique des données linguistiques. Cette analyse est d'autant plus nécessaire que la distinction entre anglicismes et archaïsmes ou dialectalismes n'est pas toujours facile à faire.

Il ne fait aucun doute que l'anglais a joué un rôle dans le maintien de certains archaïsmes et dialectalismes en français québécois et canadien, mais cela ne fait pas pour autant de ces derniers des anglicismes. Une analyse historique approfondie est toujours nécessaire dans ce domaine, et spécialement lorsque le mot français qui fait l'objet de l'étude a un paronyme en anglais comme c'est le cas pour les trois exemples cités précédemment. Bref, l'avancement des recherches historiques, soutenu par un nombre important d'ouvrages remarquables sur le sujet rend peu pertinentes, de nos jours, les remarques de Viger en ce qui a trait au classement des lexies. L'intérêt de son travail réside avant tout dans la somme d'informations qu'il fournit et dans ses qualités d'observateur de la langue.

Les premiers glossaires sur les dialectes français ont vu le jour dans la deuxième moitié du XIXe siècle. Ceux-ci vont apporter, en France comme au Canada français, une dimension nouvelle aux études historiques du français. Ils vont pour ainsi dire donner leurs lettres de noblesse à des lexies que certains glossairistes, dont Viger, jugeaient inacceptables.

Oscar Dunn, dans son *Glossaire franco-canadien* publié en 1880, sera le premier à faire ressortir l'origine dialectale des mots et des expressions qu'il a relevés. Il écrit à ce sujet :

> Nous employons un bon nombre de mots qui, rejetés par l'Académie, nous sont venus toutefois de France; ils appartiennent à quelque patois. On trouvera dans ce glossaire le premier relevé qui en ait été

fait. [...].Toutes ces expressions prouvent notre origine; elles sont autant de certificats de nationalité. Aussi je me flatte qu'au point de vue ethnologique, ce travail aura un certain intérêt. (Dunn XIX-XX.)

La comparaison de quelques articles qui paraissent respectivement dans Viger et dans Dunn illustre de façon éloquente le changement d'attitude qu'a provoqué, à la fin du XIX^{e}siècle, la prise de conscience de l'origine gallo-romane de nombreux mots et expressions qui constituent le français québécois et canadien. Alors que dans l'article *attisée* Viger écrit : «ce mot ne se dit pas», Dunn, qui a trouvé à ce mot une origine dialectale, plaide pour son maintien dans l'usage : «"Une bonne *attisée*" est un mot bien formé qui existe dans quelques provinces en France ; conservons-le» ; de même, sous *étriver* (Ms. 2), Viger termine son article par cette phrase : «Etrivant & Etriver ne sont françois ni l'un ni l'autre» ; sous le même terme Dunn écrit : «Vieux mot qui sig*nifie* Lutter. Nous disons comme en Nor*mandie*, *Faire étriver quelqu'un* dans le sens de Plaisanter, gouailler, gausser, railler, taquiner. En Pic*ardie*, Contrarier.»

Enfin, comme la plupart des intellectuels de son temps, Viger s'attaque à l'anglicisme et plus particulièrement à l'anglicisme sémantique qui compte pour environ la moitié de la trentaine d'anglicismes que l'auteur a retenus. Pour décrire l'anglicisme sémantique, il a cette phrase, sous *marier* (Ms. 2), qui sera reprise maintes fois sous différentes formulations : «C'est employer, on ne peut pas mieux, des mots françois à parler anglois.»

Viger voit l'anglicisme comme une manie qui l'agace et il l'attaque par le sarcasme. Il ressort des commentaires qui émaillent ses articles, que l'anglicisme est une mode qui relève d'un certain snobisme : «mot anglois en vogue», «c'est un adjectif à la mode», «il commence à être beaucoup en vogue ici», «c'est un mot favori», «il est du haut ton», «il est de mode chez grand nombre de personnes de dire [...]».

Il déplore que cette mode atteigne les personnes qui devraient soit par leur instruction, soit par leur milieu, l'éviter : «Beaucoup de nos puristes du bon ton disent avec satisfaction [...]», «et l'on dit dans la bonne compagnie même [...]», «plusieurs personnes et surtout du bon ton vous disent [...]», «il [le verbe *originer*] n'est pas françois, quoique la magistrature même s'en serve ici, et qu'on ait tout lieu de croire qu'il ne vient point d'une source ignoble ; car ce mot n'est d'usage que parmi nos gens comme il faut».

Il y voit un goût pour la nouveauté, pour ce qui vient d'ailleurs ; après avoir dénoncé le sens anglais du terme *office*, il ajoute ironiquement : «Les mots étude, bureau, cabinet, sont trop vieux & trop communs!» ; et dans l'article *payer* : «Dans ce sens, Faire est trop vieux, sans doute! de plus il est françois! Et Rendre n'est pas familier à ces gens».

En 1802, le poète Joseph Quesnel abonde dans le même sens. Dans sa pièce intitulée *L'Anglomanie ou le Diner à l'angloise*, il dénonce, dans un style badin, l'engouement que manifeste une certaine classe de la société pour la langue et la culture anglaises.

Quelques années plus tard, Michel Bibaud parlera à son tour de «manie d'anglifier le français» :

> Rien ne dépare tant un idiome que les mots et les tours barbares qu'on y introduit mal à propos; et les personnes qui ont à cœur la pureté de leur langue, devraient reprouver de tout leur pouvoir, et tourner en ridicule, cette manie d'anglifier le français, qui parait devenir plus générale de jour en jour. (*L'Aurore*, 18 avril 1818, p. 62.)

C'est dans le même style qu'en 1841 Thomas Maguire critiquera l'attitude des Canadiens français face à l'anglais :

> Quant à l'emploi de mots purement anglais, là où il y a des termes en français qui leur correspondent, c'est une manie insupportable, c'est le comble du ridicule; et cependant combien de personnes, même d'éducation, qui tombent dans ce défaut! (Maguire 71.)

Bien qu'empreintes de subjectivité, caractéristique de la pensée et du style de Viger, ces formules ont néanmoins le mérite de nous faire connaître les habitudes langagières des citadins canadiens-français de l'époque et leur perception de l'anglais. Comme cette langue était véhiculée, au début du XIXe siècle, par les gens instruits et par les journaux, son influence se faisait d'autant plus sentir, d'où les dénonciations répétées et virulentes des intellectuels. Il faut cependant spécifier que ces auteurs, y compris Viger, décrivent principalement le parler urbain, c'est-à-dire celui de Québec et surtout celui de Montréal.

Dans la seconde moitié du XIXe siècle, l'industrialisation fera proliférer les anglicismes, sous l'influence de l'anglo-américain. Ces anglicismes se répandront dans toutes les sphères de l'activité économique et dans toutes les classes de la société.

LES MANUSCRITS

Le travail lexicographique que nous a laissé Jacques Viger sur un certain nombre de particularismes de la langue française au Canada, au début du XIXe siècle, comprend deux grands cahiers et vingt petits cahiers manuscrits; à ces cahiers s'ajoutent quinze feuilles volantes où figurent des listes de mots et d'expressions, dont une grande partie n'est pas de Viger. Ces documents sont classés au fonds Verreau, n° 67, liasses I B et 2, au Musée de la civilisation, fonds d'archives du Séminaire de Québec.

La *Néologie canadienne* est contenue dans deux manuscrits : le manuscrit de travail que nous appelons manuscrit 1 et qui comprend deux grands cahiers, et un second que l'auteur voulait peut-être définitif, que nous nommons manuscrit 2 et qui comprend vingt petits cahiers.

LE MANUSCRIT 1

Les deux cahiers du manuscrit 1, que l'auteur appelle *Livre A* et *Livre B*, sont identiques dans leur présentation et se complètent. Le format est le même ; les articles sont traités de la même façon et ne se répètent pas. Lorsqu'une lexie est consignée dans les deux cahiers (c'est le cas de *bougon*, *côte*, *fine-boutique* et *moindrement*), cette répétition a toujours pour but d'ajouter des précisions, des sens nouveaux ou des exemples. Leur complémentarité est évidente ; l'auteur n'a recours au *Livre B* que lorsque l'espace fait défaut dans le *Livre A*.

Les feuilles des cahiers mesurent 36 cm de large sur 30 cm de haut ; elles sont pliées dans le sens de la largeur, ne sont pas paginées et comportent des pages vierges. Les feuillets sont écrits au recto et au verso, sur deux colonnes. Le texte, qui contient de nombreuses ratures, est écrit à l'encre et quelquefois au crayon ; l'écriture est tantôt très fine et régulière, tantôt plus relâchée, de lecture généralement assez facile. Le *Livre A* porte la date du 12 novembre 1810 ainsi que le titre. Viger n'a pas signé son texte. La signature qui figure au-dessous du titre n'est pas de lui. L'écriture est d'un module différent de celle de Viger ; en outre, elle est à l'encre bleue, contrairement au reste du texte qui est à l'encre brune.

LE MANUSCRIT 2

Par sa présentation, le manuscrit 2 a l'apparence d'un texte définitif. La disposition des articles et l'écriture sont soignées ainsi que la rédaction de l'ouvrage dans son ensemble qui comporte peu de ratures. Les articles sont généralement beaucoup plus développés que ceux des *Livres A* et *B* ; les sens sont mieux classés, le style est plus recherché. Tous les articles, à l'exception de celui qui porte sur le mot *finition*, qui est ajouté dans ce manuscrit, figurent dans le manuscrit 1. Viger a indiqué par le signe x devant le terme vedette, les articles du manuscrit 1 qui figurent dans le manuscrit 2. Ils sont beaucoup moins nombreux, l'auteur n'ayant retenu dans ce manuscrit qu'environ le tiers des articles consignés dans le manuscrit 1, soit 144 entrées.

Le manuscrit 2 comprend vingt petits cahiers. Chacun des cahiers est composé de deux feuilles de 34 cm de large sur 20,5 cm de haut pliées dans le sens de la largeur. Les articles sont insérés dans un encadré de 15,5 cm sur 11,5 cm tracé au crayon. Chaque cahier est consacré à une lettre de l'alphabet. La pagination qui figure sur les feuillets n'est pas de Viger. Ce manuscrit ne porte ni titre ni date.

Si l'auteur se montre accueillant dans le manuscrit 1, il est, par contre, beaucoup plus sélectif dans le manuscrit 2. Sont écartés systématiquement de ce manuscrit les termes qui ne constituent qu'un écart de prononciation, tels que *âbre, cartron, chardron, deusse, troisse*, etc. L'auteur précise sa pensée à ce sujet dans l'article *amancher* (Ms. 2) : «Si ce verbe n'étoit jamais employé que dans son sens propre, celui d'emmancher, – et que l'on ne commît d'autre faute que de le prononcer mal, je m'arrêterois peut-être pas à en faire ici mention.» Néanmoins, le souci de rendre compte de la prononciation ne le quitte pas. Cela se traduit dans la graphie de certains mots, dans lesquels l'accent circonflexe qui indique le [ɒ] postérieur sombre a été conservé, comme dans *abât, brâsser, ébrâiller, gâ, gouliâ*.

Les termes qui ne constituent qu'un écart de genre ou de nombre n'ont pas été retenus dans ce manuscrit; n'y figurent pas les mots *araignée, argent, incendie; confessionnals, fanals*, etc.

Exception faite des mots *fenouil, fenouillette, ginseng* (ce dernier a été retenu parce qu'il figure dans l'expression *tomber comme le ginseng*) et *orignal*, les termes qui se rapportent à l'histoire naturelle n'entrent pas dans le manuscrit 2. D'ailleurs, la place qu'ils occupent dans le manuscrit 1 – ils sont toujours en bas de page, ne sont pas définis ou le sont sommairement – incite à penser que l'auteur ne comptait pas, au début de son travail, les intégrer à son dictionnaire.

Les anglicismes lexicaux et sémantiques sont au nombre d'une trentaine dans le manuscrit 1; ne seront retenus dans le manuscrit 2 que les anglicismes sémantiques. Déjà, dans le manuscrit 1, l'auteur fait une distinction dans la présentation des deux types d'anglicismes. Alors que l'anglicisme lexical est généralement décrit comme un «mot anglois», l'anglicisme sémantique a droit à des commentaires souvent assez longs.

Le texte des articles est plus soigné, plus explicite. L'auteur a refait un grand nombre de définitions, notamment dans les articles *côte, butin*. Il a ajouté des sens et les a mieux classés en les numérotant, comme dans les articles *canotée, débarquer, démancher, fine-boutique, peter* pour n'en citer que quelques-uns. Les exemples sont également plus nombreux, notamment sous *boucane, boucaner, exemple, mistimus, quitte, vulgaire*. Le style est plus soigné; les articles *bombe* et *tinton* sont caractéristiques à cet égard.

LES SOURCES

Une bonne partie de la nomenclature de Viger repose sur l'observation personnelle de la langue orale; les nombreux commentaires sur la fréquence d'emploi et sur les niveaux de langue l'attestent. Il a puisé également dans quelques sources écrites parmi lesquelles nous avons pu identifier les *Façons de parler* du père Potier ; les listes de mots et d'expressions fournies par Ross Cuthbert et que nous avons reproduites dans les appendices ; *Travels and Adventures in Canada* d'Alexander Henry dont il recopie des extraits (v. document III des appendices) ; en outre, comme Viger était aussi journaliste, on peut citer parmi les sources certains journaux.

ORGANISATION DES ARTICLES

Le travail de Viger se présente comme un dictionnaire. L'auteur s'est inspiré, à maints égards, des dictionnaires des XVIIe et XVIIIe siècles. Cela ressort notamment dans l'organisation et la présentation des articles et dans les formules utilisées dans la métalangue ; cette influence se manifeste également en ce qui a trait à la calligraphie, comme par exemple l'emploi du *s* long (ſ) lorsque cette consonne est redoublée à l'intérieur d'un mot, de la perluète (&) qui remplace généralement la conjonction *et* dans les manuscrits et de *et cetera*, abrégé en *&c*.

Nous ne connaissons des dictionnaires qu'il a consultés que les trois qui sont nommés dans le corps de son travail ; il cite le dictionnaire de l'Académie (sans donner l'édition) et deux dictionnaires bilingues soit celui de Pierre Danet, *Grand Dictionnaire françois et latin* (qui connut six éditions de 1673 à 1742) et celui d'Abel Boyer, *Dictionnaire royal françois-anglois et anglois-françois* (qui eut de nombreuses éditions avant le XIXe siècle).

Bien que Viger n'ait pas donné l'édition du dictionnaire de l'Académie qu'il a consultée, certains indices nous portent à croire qu'il s'est servi de la cinquième édition, publiée en 1798 (à noter que l'abrégé de cette édition qui date de 1821 figure dans la liste des livres de sa bibliothèque dressée en 1835). En effet, dans l'article *ouète*, il écrit que le dictionnaire de l'Académie indique deux prononciations pour ce mot, soit *ouate* et *ouète* ; or, la mention de ces deux prononciations figure pour la première fois dans la cinquième édition.

Pour notre part, nous avons pu consulter, outre les éditions de l'Académie, l'édition de 1735 du dictionnaire de Danet et l'édition de 1773 de celui de Boyer.

Viger connaissait-il le dictionnaire de Louis-Sébastien Mercier publié en 1801 ? On peut le penser, car le début du titre que Viger a donné à son travail, soit *Néologie canadienne, ou Dictionnaire des mots créés en Canada*, rappelle étrangement celui de Mercier, *Néologie, ou Vocabulaire de mots nouveaux, à renouveler, ou pris dans des acceptions nouvelles*.

Les mots vedettes sont regroupés par lettres, mais ne sont pas rangés dans un ordre alphabétique rigoureux. Cela ne devait pas être une préoccupation pour l'auteur puisque, dans le manuscrit 2, alors qu'il avait toute latitude de classer soigneusement par ordre alphabétique les mots qu'il retenait du manuscrit 1, il ne l'a pas fait.

La graphie des mots vedettes suit généralement l'orthographe actuelle. En outre, il convient de signaler, à ce sujet, la normalisation que pratique l'auteur dans certains mots au détriment de la forme usuelle. À titre d'exemple, citons les noms et les adjectifs qui ont une désinence en *-eux* et que l'auteur donne avec celle en *-eur*, peut-être influencé par l'orthographe des dictionnaires, notamment pour *quêteur*, qui est attesté depuis le XVe siècle. Il s'agit de *bourasseur*, *fignoleur*, *quêteur*, que les principaux glossaires consignent avec la désinence en *-eux*. Ne serait-ce pas que déjà, au début du XIXe siècle, cette désinence était sentie comme vieillie?

La graphie de certains mots vedettes tient compte de la prononciation; c'est le cas notamment de mots tels que *âbre*, *gâ*, *gouette*, etc. Ce procédé n'est pas propre à Viger; il est, en effet, très ancien et a fait l'objet d'âpres discussions chez les lexicographes des XVIIe et XVIIIe siècles. À ce sujet, Bernard Quemada remarque: «Ce sont les dictionnaires anglais-français qui furent les premiers à pratiquer systématiquement ces notations. En 1792, par ex., la 16e éd. du Boyer fondait l'essentiel de sa publicité sur la présence d'indications phonétiques [...]» (QuemDict 119). D'autres lexicographes ont tenté l'expérience; citons notamment Féraud et Gattel, qui donnent *boâ* pour rendre la prononciation de *bois* (*ib.*).

Les indications étymologiques sont inexistantes et nous n'avons pas à le regretter, vu la difficulté que présente, pour l'amateur, cette partie de la linguistique. En revanche, l'origine des mots est généralement donnée. Les mots d'origine amérindienne sont accompagnés de la mention «mot sauvage», «vient du sauvage», «mot sauvage reçu dans la langue françoise». Les anglicismes sont identifiés comme «mot anglois», «ce mot est Anglois» ou simplement «anglois». Quant aux origines françaises des lexies et des sens, l'auteur n'est pas très explicite; il se contente d'indiquer que tel mot ou tel sens «n'est pas français» ou «ne se dit pas»; les termes *archaïsme*, *dialectalisme*, *innovation* ou *création lexicale* ne font pas partie de sa terminologie. Au lieu d'employer le mot *archaïsme*, l'auteur emprunte la terminologie de l'époque et écrit notamment sous *flambe*: «Vieux mot».

Les catégories grammaticales sont systématiquement indiquées et l'auteur utilise la terminologie employée dans les dictionnaires du XVIIIe siècle; ainsi, il écrit *substantif*, abrégé en *sub.* ou *s.*, plutôt que *nom*, et *verbe actif* pour *transitif*, *verbe neutre* pour *intransitif*.

Les définitions sont généralement assez précises ; le développement de certaines d'entre elles apporte un éclairage précieux, particulièrement dans le cas des termes qui ont connu ou connaissent encore des nuances sémantiques. Il en est ainsi du verbe *bavasser* qui a eu le sens de «parler à tort et à travers» et qui est connu de nos jours au sens de «bavarder» et «dire des médisances» ; Viger précise : «Il ne se dit guères que d'une personne ivre ; et l'on dit : laissons-là, elle ne fait plus que bavasser, pour exprimer en même tems qu'elle parle beaucoup, confusément, sans savoir ce qu'elle dit, en prononçant imparfaitement & articulant avec peine». De même, sous *cabrouet* : «Voiture à deux roues, longue et étroite dont nos charetiers se servent» ; sous *pipe* : «espéce de mesure de distance chez nos habitans : c'est à peu-près trois lieues» ; sous *sucet* : «On appelle ainsi le tuyau du blé d'Inde, ou sa tige, dégarnie de ses épis, et que l'on fait manger au bétail à corne[s].»

Pour d'autres termes, l'équivalent français tient lieu de définition ; ainsi sous *trempe* : «au lieu de trempé, ée» ; il renvoie également à un synonyme français sous *mêcher* : «Il équivaut à Rosser».

Les synonymes remplacent généralement la définition dans les mots qui décrivent la faune et la flore ; par exemple, sous *caribou* : «pour, le renne» ; sous *oiseau blanc* : «pour Ortolan» ; sous *passe-rose* : «pour rose-d'outremer, ou rose-tremière». Bien qu'il ne soit pas satisfaisant, ce procédé permet néanmoins d'identifier les animaux et les plantes étudiés, puisque l'auteur ne fait jamais appel à la nomenclature scientifique dans son travail de définition de cette catégorie de mots.

Par ailleurs, Viger met la définition entre parenthèses lorsque le terme vedette est un mot du français général qui connaît une extension sémantique en français canadien ; cette définition est celle du mot en français général, comme par exemple dans les articles *appointement*, *brâsser*, *cahot*, *cantine*, *démancher*, *escabeau*, *espérer*, *fesser*, *flandrin*, *gaspiller*, etc. La définition entre parenthèses est aussi celle du français général lorsque le mot vedette ne représente qu'une variante phonétique ou formelle ; il est généralement suivi de l'équivalent français ; on peut citer ici les entrées *bèr*, *brunante*, *dégelée*, *écopeau*, *fard*, *lévier*, *racérer*, *retontir*, etc. En résumé, sauf quelques exceptions, comme *écrapoutir*, *graffigner*, *manchon[n]ier*, qui sont des dialectalismes, ce procédé n'est utilisé que pour définir des mots du français général. Cette présentation est empruntée notamment à Boyer qui met systématiquement la définition des mots vedettes entre parenthèses.

Des exemples nombreux et bien choisis viennent éclairer la définition. L'auteur avait compris la pertinence de mettre en situation contextuelle les mots et expressions qu'il retenait. Ainsi, sous *moucher*, les exemples viennent préciser que l'action de corriger est dirigée vers un enfant : «Son père l'a bien mouché ; fanfan, je te moucherai, si tu ne te tais.»

Par ailleurs, les exemples nous renseignent sur les mœurs de l'époque ; ainsi sous *fesser* au sens de «fouetter» : «Un tel est condamné par la Cour à être fessé tel jour, sur la place du marché.»

Les exemples qui s'appliquent aux termes *payer* et *style* notamment mettent le lecteur dans l'ambiance sociale du début du XIXe siècle : «j'irai demain, Monsieur vous payer une visite»; «je viens de chez Madame lui payer mes respects mes complimens»; «la table de Monsieur étoit servie dans le plus haut stile»; «sa maison est meublée dans le grand stile»; «madame est habillée dans le grand stile»; sous *rôle*, «petits pains que l'on vent [*sic*] dans les rues le matin & le soir, pour le thé»; «le crieur de miches est à la porte».

La syntagmatique tient une place également importante; parmi les nombreux exemples, on peut citer *abât de neige, de pluie* ; *beurrée de graisse, de sirop, de crème* ; *bougon de chandelle, de pipe* ; *sieau ferré, des sieaux de bois*; *de bonne tire, de la tire pleine d'yeux.*

La polysémie des mots n'a pas échappé à l'auteur. Il a vu l'importance de bien distinguer les différents sens d'un terme, en particulier dans le manuscrit 2, où il les a numérotés, comme dans les articles *comfortable* (5 sens), *débarquer* (4 sens), *démancher* (6 sens), *peter* (6 sens).

En outre, lorsqu'un mot du français général connaît une extension sémantique en français québécois, l'auteur a souvent recours au sens français afin de faire ressortir l'écart sémantique du mot relevé comme, par exemple, dans l'article *mouiller* (Ms. 2) : «Mouiller. v. n. On l'emploie ici presque exclusivement à celui de pleuvoir [...]. Dans ce cens, mouiller ne peut absolument pas se dire. Mouiller est un verbe actif, qui ne s'emploie jamais en françois, que pour marquer l'action de tremper, humecter, rendre humide.»

Les rapprochements onomasiologiques ont également leur place dans les articles; l'auteur cherche constamment à établir un lien entre les mots, soit à l'intérieur des articles, soit par le système des renvois. Citons par exemple *bombe, canard* et *bouilloire*; *abât, bordée* et *giboulée*; *bicleux, loucheur* et *vire-l'œil*; *bougon, nijon* et *bout d'homme*; *bombarde, trompe* et *guimbarde*; *berline, bordel, cariole* et *traîneau*; *cage, cajeux, crible* et *dram*; *moucher* et *mècher*; *cordeaux, courroies, guides* et *rênes*.

En outre, l'auteur indique pour certains de ces groupes de mots les nuances d'emploi qui les caractérisent ; ainsi, on peut lire sous *bordée* (Ms. 2) : «On dit aussi absolument : il a tombé hier une grande bordée. Car la bordée s'applique à la nége seule; tandis que l'abât se dit de la nége et de la pluie»; sous *moucher* : «Il a la même signification que mècher, avec cette différence pourtant qu'on l'emploie plutôt contre un enfant que contre un homme fait, ou un animal»; sous *berline, bordel* : «Le Bordel est la plus grossière de ces voitures».

Les niveaux de langue sont quelquefois indiqués ; les formules utilisées sont celles des lexicographes des XVIIe et XVIIIe siècles : «ces mots sont bas», «mot bas & populaire», etc. Cependant, l'auteur n'en fait pas un emploi généralisé, préférant se servir de phrases personnelles : «mot employé par les habitants», «on lui donne parmi le peuple», «plusieurs personnes & surtout du bon ton vous disent», «ce mot est de la bonne compagnie», etc.

La fréquence d'emploi retient également son attention et ajoute encore à la qualité du travail : sous *abât* (Ms. 2) : «Il est fort commun d'entendre dire»; sous *fanals* : «plur*iel* de fanal usité communément au lieu de fanaux »; sous *fard*, l'auteur commente ainsi l'emploi du mot *farce* : «Bien peu de personnes employent ici le vrai mot»; il fait une remarque similaire pour le mot *bouilloire* sous *bombe* (Ms. 2) : «Le dernier de ces mots n'est pas du tout en usage»; sous *improuver* (Ms. 2) : «On dit fort généralement dans nos villes»; sous *joli-cœur* : «Ce mot [...] s'emploie tous les jours dans les phrases suivantes»; sous *mondaine* (*orge mondaine*) : «Il n'est employé [que] par quelques personnes»; sous *payer* (Ms. 2) : «Il est de mode chez grand nombre de personnes de dire»; sous *plairie* : «quelquefois usité pour Prairie»; sous *prouvable* (Ms. 2) : «L'emploi de ce mot est très commun ici».

Enfin, Viger s'est intéressé également à la géographie linguistique. Son passage à Québec lui a certainement donné l'idée de localiser certains synonymes ; ainsi sous *amarrer* : «A Québec surtout ce mot est employé à tout moment» ; sous *amont la côte* : «Manière de parler plus particulière au district de Québec» ; sous *bombe* : «mot usité plus particulièrement dans le District de Québec [...]. Dans le District de Montréal, on emploie dans la même signification le mot Canard» ; sous *travail* : «Le mot travail est employé à Montréal & celui de menoirs au pl*uriel* à Québec». Les enquêtes effectuées pour l'*Atlas linguistique de l'Est du Canada* (PPQ), dans les années 1970, montrent encore pour les mots *canard* et *bombe* une distribution géographique qui se rapproche de celle donnée par Viger (PPQ 170).

L'ÉDITION DE LA SOCIÉTÉ DU PARLER FRANÇAIS AU CANADA

La *Néologie canadienne* a été publiée au début du siècle par la Société du parler français, soit cent ans après sa rédaction. Le texte a paru, par tranches, dans le *Bulletin du parler français au Canada*, vol. VIII, 1909-1910, p. 101-103; 141-144; 183-186; 234-236; 259-263; 295-298; 339-342. Malheureusement, l'effort qui, en soi, était louable manque de rigueur scientifique et rend cette édition peu fiable et, par conséquent, pratiquement inutilisable en raison de sa conception même qui repose sur une erreur de méthodologie dans la présentation et la rédaction des articles.

L'éditeur explique ainsi le choix qu'il a fait :

Quoi qu'il en soit, on a cru devoir ici, pour plus de commodité, et aussi pour tirer du travail de Viger le meilleur parti possible, fondre ensemble les trois manuscrits en observant rigoureusement l'ordre alphabétique. Lorsque sur les cahiers de Viger on a trouvé deux définitions d'un même mot, ce qui est rare, c'est la plus claire, la plus précise, celle qui a paru la meilleure que l'on a choisie. (RoyViger 54.)

L'erreur la plus grave et qui dénature le texte de Viger est, sans contredit, celle qui a consisté à retoucher un grand nombre d'articles. En adoptant le principe de fusion des manuscrits, l'éditeur a dû récrire certains articles. C'est ainsi qu'un grand nombre d'entre eux furent soit refaits, soit amputés de mots, voire de phrases complètes.

En pratique, le texte qui fut généralement retenu est celui du manuscrit 1 qui n'est pas toujours le meilleur ni le plus complet. Le texte de l'article *abât*, tiré du manuscrit 1, ne donne comme emploi que le syntagme *abât de neige*, tandis que dans le manuscrit 2 la syntagmatique s'enrichit d'*abât de pluie*; l'article *confortable* (Viger a écrit *comfortable* suivant en cela la graphie anglaise) est amputé également des précisions données par Viger sur l'emploi du mot en français et en anglais; dans l'article *embarquer*, tiré également du manuscrit 1, le lecteur est privé d'un commentaire essentiel de Viger qui figure dans le manuscrit 2 : «Parler ainsi n'est pas parler françois». On pourrait multiplier les exemples.

Certains articles n'ont pas été retenus. Ainsi ont été écartés, sans explication, les mots *quêter* et *quêteur*; *flasquer* au sens de «repasser» que Viger donne dans *fer à flasquer*; *frète, frède* adjectifs, etc.

Pourquoi avoir adopté, dans les entrées comme dans les articles, l'orthographe actuelle alors que celle de Viger ne présente aucune difficulté de lecture ? Les variantes anciennes du texte de Viger portent sur un certain nombre de mots tels que *françois, anglois, habitans, enfans, ortographe, hyver*, etc., qu'il était indispensable de conserver en raison de l'intérêt qu'elles présentent pour l'histoire de l'orthographe.

En outre, le texte contient un nombre incalculable d'erreurs de lecture qui surprennent d'autant plus que l'éditeur a travaillé sur des manuscrits rédigés avec soin et bien conservés. Marcel Juneau en a relevé un certain nombre dans son étude critique de cette édition et nous y renvoyons le lecteur (JunLex 24).

Signalons enfin que l'éditeur n'a pas tenu compte des listes de mots et d'expressions qui accompagnent les manuscrits de Viger et qui auraient certainement figuré dans son ouvrage s'il l'avait complété. Ces mots et ces expressions, fruits d'une observation méticuleuse du parler des Canadiens français du début du XIXe siècle, représentent souvent des premières attestations en français québécois et canadien.

LA PRÉSENTE ÉDITION

La difficulté que présente l'édition de la *Néologie canadienne* tient au fait que ce travail comporte deux manuscrits. Fallait-il publier le manuscrit 2, le mieux rédigé mais le moins complet, ou valait-il mieux publier le premier manuscrit, le manuscrit de travail, beaucoup plus complet, et renvoyer le manuscrit 2 dans l'apparat critique? Il s'agit ici de deux manuscrits dont l'un, le second, puise dans le premier, il est vrai, mais en le modifiant tant dans le contenu que dans la forme. La question ne se poserait pas si les deux manuscrits étaient de même niveau; il aurait été facile et tout indiqué de les fusionner. Comme Viger, dans le manuscrit 2, a rédigé un texte soigné en y ajoutant des précisions et des commentaires, il était, dès lors, difficile de reléguer ce manuscrit au second plan.

Par fidélité au texte et afin de ne pas retomber dans les erreurs de la Société du parler français, nous avons choisi de publier intégralement les deux manuscrits. Nous présentons d'abord le manuscrit 1, le moins parfait mais le plus complet et le plus intéressant par la richesse de sa nomenclature qui comporte de nombreux termes se rapportant notamment au monde rural ainsi qu'aux sciences naturelles et par les nombreuses informations phonétiques, morphologiques et syntaxiques qu'il fournit; suit le manuscrit 2 présenté intégralement.

Ce choix permet de prendre connaissance, en peu de temps, de la composition de chacun des manuscrits et de suivre le travail de l'auteur au cours de la rédaction de son ouvrage. La comparaison des deux manuscrits permet de mieux saisir les préoccupations linguistiques du début du XIXe siècle. Par exemple, le fait que Viger a retenu, dans le manuscrit 2, tous les anglicismes sémantiques du manuscrit 1 alors qu'il a éliminé un très grand nombre de mots de ce manuscrit, est déjà une piste intéressante à suivre.

La *Néologie canadienne* de Jacques Viger que nous éditons aujourd'hui pour la première fois dans son intégralité s'inscrit dans la tradition des travaux de recherches historiques en français québécois qui ont vu le jour à l'Université Laval dans les années 1970, sous l'impulsion de Marcel Juneau.

ÉTABLISSEMENT DU TEXTE

Jacques Viger est un lettré et un érudit du début du XIXe siècle. Il a l'habitude des dictionnaires et cela se voit dans son travail. Il connaît bien la grammaire, ce qui signifie que les fautes d'accord du nom, de l'adjectif ou du participe notamment ne sont pas très nombreuses et sont dues plutôt à l'inattention qu'à l'ignorance. Les écarts orthographiques que nous signalons sont pour la plupart des coquilles ou des oublis ; cependant, un bon nombre d'entre eux relèvent de graphies anciennes qui s'expliquent d'ailleurs historiquement.

Nous présentons le texte de Viger tel qu'il l'a rédigé. Nous n'avons rien retranché comme nous n'avons rien ajouté dans la nomenclature et dans les articles. Même les articles raturés par l'auteur ont été conservés ; nous le signalons chaque fois dans les notes.

Les **termes vedettes** sont donnés dans l'ordre que Viger a adopté, c'est-à-dire que les mots sont classés par lettres, mais ne sont pas rangés dans un ordre alphabétique rigoureux. Un changement dans cet ordre aurait séparé des lexies que l'auteur a réunies dans un même article et sous une seule définition ; elles constituent soit des variantes phonétiques ou formelles, comme *araignée, arignée* ; *écolter, escolter* ; *écrapoutir, écrapoutiller* ; *porceline, pourceline* ; *port-épic, porc-épic* ; soit des équivalents ou des synonymes, comme *berline, bordel* ; *menoirs, travail* ; *trompe, bombarde*.

Ces groupes de mots sont réunis dans le manuscrit par une **accolade** que nous avons conservée.

Le signe **x** placé devant certains mots vedettes du manuscrit 1 est de Viger et indique que les termes ainsi marqués figurent dans le manuscrit 2 ; font exception les mots *créature, gaspiller* et *bombarde* (sous *trompe*) qui, bien qu'ils soient marqués, ont été écartés.

Le **soulignement** est employé par Viger dans le but précis de mettre en valeur le mot vedette, ainsi que les synonymes, les équivalents, les dérivés, les mots de la même famille et même certaines définitions.

Il fait également un grand usage de la **majuscule** qui joue le même rôle que le soulignement ; en revanche, après le point, la première lettre est quelquefois une **minuscule**, ce qui était fréquent à cette époque, même dans les dictionnaires (v. Académie 1718, notamment).

Chaque fois que l'*s* est redoublé, à l'intérieur d'un mot, l'auteur écrit le premier avec un *s* long (ſ), suivant en cela une tradition calligraphique qui a été usuelle dans les dictionnaires jusqu'à la fin du XVIIIe siècle. Nous avons préféré le remplacer par l'*s* actuel. Nous avons, par ailleurs, conservé la perluète (&) et l'abréviation du mot *et cetera* (&c.) ; ces signes qui sont généralisés dans les manuscrits l'étaient également dans les dictionnaires des XVIIe et XVIIIe siècles. Les **abréviations** ont été résolues. La résolution est en italique.

L'**orthographe** de Viger, qui écrit au début du XIXe siècle, est encore dans un certain nombre de mots ou de groupes de mots celle des XVIIe et

XVIIIe siècles. Nous avons conservé cette orthographe ancienne en raison des précieuses informations qu'elle apporte sur les habitudes orthographiques de cette époque.

La graphie ancienne qui revient le plus souvent dans les manuscrits est celle de *oi* pour *ai* dans des mots comme *anglois, françois, foible, monnoie, roide*, etc., et dans les désinences verbales de l'imparfait et du conditionnel comme dans *pourroit, faisoit*, etc. La graphie *ai* n'a été admise dans les dictionnaires français qu'au début du XIXe siècle ; la variante *foible*, notamment, est encore consignée dans Littré.

La chute du *t* ou du *d* au pluriel dans les mots en *ant* et *ent* représente une autre graphie usuelle à l'époque de Viger. Citons **dens, enfans, habitans, instrumens, piquans**, etc. Les exemples sont nombreux et généralisés chez l'auteur, bien que l'on trouve de temps à autre l'orthographe actuelle dans *enfants* et *habitants*, entre autres. L'hésitation entre le maintien ou l'abolition du *t* et du *d* avait cours depuis le XVIe siècle : «Etienne Dolet est l'un des premiers à restituer systématiquement dans les formes du pluriel ces consonnes finales muettes devant *s*» (LarOrth 78) ; il n'empêche qu'il faudra attendre Académie 1835 pour que la même forme soit retenue pour le singulier et le pluriel.

Enfin, un certain nombre de graphies étaient en concurrence aux XVIIe et XVIIIe siècles ; ainsi *cens* et *sens*, *guère* et *guères*, *hyver* et *hiver*, *phiole* et *fiole*, *orthographe* et *ortographe*, *sinonime* et *synonime*, *style* et *stile*, *ustensile* et *ustencile*, etc.

La graphie du mot *temps*, que Viger orthographie *temps* ou *tems*, était encore fluctuante à la fin du XVIIIe siècle. Féraud écrit dans son *Dictionnaire critique de la langue française* de 1787 : «Temps ou tems, s.m. Le 1er est plus conforme à l'étymologie : le 2d comence pourtant à prévaloir : mais lors même qu'on écrit temps, on ne prononce pas le *p*.»

Certaines graphies étymologiques comme *bled* (Viger écrit également *blé*) et *nud* sont encore courantes au XVIIIe siècle.

On trouve également dans les manuscrits un grand nombre de mots qui comportent un redoublement de consonnes qui sont simples de nos jours comme, par exemple *appeller, appercevoir, applanir, fripponner, jetter* ; et l'inverse, *bute, canelé, charetier, désapointé*, etc. Les lexicographes ne s'entendaient pas sur ces graphies. Par exemple, Trévoux met deux *p* à *friper* alors qu'Académie n'en met qu'un. Féraud notamment relève de très nombreux cas qui témoignent de l'incertitude qui régnait aux XVIIe et XVIII^{e}s. à ce sujet.

Les **signes orthographiques** : La graphie qui s'écarte le plus de l'orthographe actuelle dans le texte de Viger est celle qui a trait aux **accents**.

Nous les avons reproduits fidèlement en raison de l'intérêt qu'ils présentent pour la prononciation. Il n'y avait pas d'accent en latin et le français a conservé longtemps cette tradition, ce qui explique la grande confusion qui existait encore dans ce domaine à l'époque de Viger. «Il faudra attendre Académie 1740 et 1762 pour que soient définitivement adoptés, en français, les usages du système d'accentuation actuel, dont les bases étaient déjà en place en 1550, soit deux siècles auparavant» (LarOrth 1127). Viger n'échappe pas à cette influence, et c'est probablement ce qui dérange le plus le lecteur. Nous avons été très attentive à reproduire fidèlement les accents ; lorsqu'ils sont absents, et c'est fréquemment le cas, nous n'avons pas cherché à les rajouter afin de donner une idée exacte de la façon dont on écrivait.

L'accent est souvent absent dans des mots tels que *melasse, secher, secretaire, peter, ebranlé*, etc.

Ailleurs, l'accent grave est remplacé par l'accent aigu dans les mots *caléche, espéce, piéce, siége, méche, séche*, etc.

L'accent circonflexe est présent dans des termes qui n'en comportent pas, comme dans *crême, guerêt, mêts*, et inversement dans *gout, maitre, ragout, traine, traineau*, etc.

Le mot *poëte* que Viger écrit avec un tréma, a été orthographié ainsi jusqu'à Académie 1878.

Enfin, nous avons utilisé le mot [*sic*] pour signaler des erreurs d'orthographe et de grammaire ou des graphies aberrantes qui peuvent être le reflet de la prononciation.

Liste des termes, signes conventionnels et abréviations

[ ]	indiquent une intervention de l'éditeur.
« »	servent à présenter soit un sens, soit une citation.
~	remplace un mot ou des mots qu'on ne veut pas répéter.
£	livre anglaise (unité monétaire).
#	livre (unité de masse).
8	signe qui a été utilisé par les auteurs du XVIIe siècle pour représenter le son [u] dans l'écriture des langues amérindiennes.
a. ou act.	actif.

absolt	absolument (en construction absolue : sans le complément attendu).
abstrait	qualifie un sens (s'oppose à *concret*).
adj.	adjectif.
adv.	adverbe ; adverbial.
anciennt	anciennement (présente un mot ou un sens courant qui désigne une chose du passé disparue). Ne pas confondre avec *vieux*, avec *hist*.
angl.	anglais.
antiphrase	par antiphrase : en exprimant par l'ironie l'opposé de ce que l'on veut dire.
app.	appendice.
archaïsme	mot, expression, tour ancien qu'on emploie alors qu'il n'est plus en usage.
augm.	augmenté.
bibliogr.	bibliographie.
c.-à-d.	c'est-à-dire.
cf.	confer «comparez» : sert à présenter un mot de sens différent, mais comparable ; une expression, un terme de formation semblable.
concret	qualifie un sens (s'oppose à *abstrait*).
corr.	corrigé.
de	précédant une forme, dans une étymologie, signifie que le mot est formé par dérivation ou composition à partir de cette forme.
dém.	démonstratif.
dialectal	qualifie un mot ou un emploi provenant d'un dialecte, d'un patois, qui n'est pas employé comme un mot du français général.
dialectalisme	mot, expression qui provient d'un dialecte ou d'un patois.
éd.	édité, édition.
ex.	exemple (par ex. : par exemple).
fam.	familier (usage parlé et même écrit de la langue quoti-

	dienne : conversation, etc., mais ne s'emploierait pas dans les circonstances solennelles.
f. ou fém.	féminin.
fig.	figuré : sens issu d'une image (valeur abstraite correspondant à un sens concret).
hist.	terme d'histoire, historique.
ib. ou ibid.	ibidem (dans le même ouvrage, dans le même passage d'un ouvrage déjà cité).
id.	idem (s'emploie généralement pour éviter la répétition d'un nom dans une énumération, une liste).
innovation	création d'un mot, d'un sens.
lat.	latin.
m., mas., masc.	masculin.
Ms., ms.	manuscrit.
n.	note ; neutre.
n^o	numéro.
nouv.	nouveau.
p.	page.
part.	participe.
pl., plur.	pluriel.
pop.	populaire : qualifie un mot ou un sens courant dans la langue parlée des milieux populaires.
pron.	pronom.
publ.	publié.
qqch.	quelque chose.
qqn	quelqu'un.
r.	réfléchi.
réimpr.	réimpression.
rem.	remarque.
rev.	revu.
s.	siècle.

s., sub. ou subst.	substantif.
sing.	singulier.
spécialt	spécialement.
t.	tome.
v.	verbe ; voir.
vieilli	mot, sens ou expression encore compréhensible de nos jours, mais qui ne s'emploie plus naturellement dans la langue parlée courante.
vol.	volume.
vx	vieux (mot, sens ou emploi de l'ancienne langue, incompréhensible ou peu compréhensible de nos jours et jamais employé, sauf par effet de style : archaïsme).

ÉDITION DES MANUSCRITS

12. Novembre, 1810.

F.O. Verreau 67 NO

Néologie Canadienne, ou Dictionnaire des mots créés en Canada & maintenant en usage; — des mots dont la prononciation & l'ortographe sont différentes de la prononciation & ortographe françoises, quoique employés dans une acception semblable ou contraire, & des mots étrangers qui se sont glissés dans notre langue.

Par Jacques Viger

Archives du Séminaire de Québec

Page titre de la *Néologie canadienne* de Jacques Viger, datée du 12 novembre 1810. Manuscrit conservé au Musée de la civilisation, fonds d'archives du Séminaire de Québec.

[MANUSCRIT 1]
12. Novembre, 1810.

Néologie Canadienne,
ou
Dictionnaire

des mots créés en Canada & maintenant
en vogue ; - des mots dont la prononciation
& l'ortographe sont[1] différentes de la prononcia≈
tion & ortographe françoises, quoique employés
dans une acception semblable ou contraire[2];
et des mots étrangers qui se sont glissés
dans notre langue.

A.

[CAHIER A]

Appointer. V. act. Ce verbe qui signifie en bon françois - donner des appointe≈mens, c'est-à-dire, une pension ou des gages à quelqu'un, signifie ici nom≈mer à une place : Il a plu à Monsieur le Gouverneur d'appointer Monsieur... Grand Voyer du district. Anglois.

Appointement. sub. mas. (pension, gages.) Ce mot est employé ici pour emploi, charges, place. Monsieur D. risque par sa conduite de perdre ses appoin≈temens. Anglois.

Amarrer. V. act. (terme de marine) A Québec surtout ce mot est employé à tout moment, et dans tout ce qu'il faut lier ou attacher. Ainsi un domes≈tique amarre les courroies des souliers de son maitre ; on amarre une guenille autour d'un doigt blessé.

x **Amancher** pour Emmancher, V. act. (mettre un manche). Outre sa signification propre, on se sert encore d'aman≈cher pour raccommoder (Voyer[3] raman≈cher) : Il a bien amanché ce ciseau. Il veut dire aussi refaire : mon lit est[4] défait, vous direz à la fille de l'amancher ou le[5] ramancher.[6]

Avisse. sub. fém. - pour vis que l'on pro≈nonce visse ; piéce ronde de fer ou de bois canelée en ligne spirale, et qui entre dans un écrou.

x **Allumer.** v. a. Quand on ne joint point de régime à ce verbe, il est toujours sous entendu que c'est de la pipe dont on veut parler. Ex : Entrons allumer ; veux-tu allumer[7] ; quand

tu auras <u>allumé</u>, tu me donneras
du feu. Il signifie aussi <u>se reposer</u>,
comme dans ces phrases : mes en≈
fans, dira un maitre à ses employés,
quand vous aurez fini cette partie
de votre ouvrage, je vous permêts⁽⁸⁾
d'<u>allumer</u>, parce qu'en effet ces mo≈
ments de repos sont mis à profit
par les fumeurs. Un habitant dira
à un de ses amis : si tu passes dans
ma paroisse, arrête⁽⁹⁾ <u>allumer</u> chez
moi. Quand je serai au bout de ce
guerêt, j'<u>allumerai</u>.

    Argent. sub. mas. Comme métal et comme
monnoie, argent est toujours masculin.
ainsi l'on doit dire : <u>argent poli</u>, <u>faux
argent</u>,⁽¹⁰⁾ <u>bon argent</u>, et non pas
<u>polie</u>, <u>fausse</u>, <u>bonne</u>.

x **Amidon**. sub. mas. Certaine pâte qui est
faite de fleur de froment sèche, &
qu'on délaie pour en faire de l'<u>em</u>≈
<u>pois</u>. L'Amidon n'est pas générale≈
ment connu sous ce nom, mais sous
celui d'<u>empois</u>, et il se vend et se
débite sous ce nom.

    Amont la côte. Manière de parler plus
particulière au dist*rict* de Québec. <u>Aller
amont la côte</u>, <u>grimper</u> &c.

    Âbre, sub. mas. - pour Arbre. faute
généralement commise par les habitans.

x **Ahurissant, <u>te</u>**.⁽¹¹⁾ adj.⁽¹²⁾ du verbe françois
<u>ahurir</u>, qui veut dire, <u>interdire</u>, <u>éton</u>≈
<u>ner</u>, <u>rendre stupéfait</u>. Il signi[fi]e ici
<u>ennuyant</u>. cet homme est <u>ahurissant</u>.
C'est une chose <u>ahurissante</u>.
Il est quelque⁽¹³⁾ fois substantif. finis
donc, <u>ahurissant</u>.

x **Abât**. sub. mas. Mot employé comme celui
de <u>bordée</u>, en hiver, pour expri≈
mer une <u>grande quantité de neige</u>.

Nous[14] aurons certainement sous peu
un amât[15] de neige. V*oyez* Bordée.

Araignée, } sub. mas. pour Araignée, s. fém.
Arignée - } On employe[16] le plus ordinairement
le mot d'araignée ou d'Arignée au mas.
Un gros arignée, pour une grosse araignée.

x **Apichimon.** sub. mas. Espèce de bourlet [*sic*] de
vieux linges, ou guenilles que
les habitans mettent sur le cou du
bœuf qui labourre, pour le lui
garantir du mal que[17] pourroit faire le joug.
Ils appellent aussi apichimon, un
morceau d'étoffe, ou une petite peau
de mouton dont ils se servent en guise
de selle, lorsqu'ils montent à cheval.
On l'emploie aussi pour méchant lit, grabat.

Allemand. Nom de nation dont on se sert dans
cette phrase : c'est une tête d'Allemand, il a une
tête d'Allemand, pour, qu'il est entêté, opiniâtre.

[CAHIER B]

Affaire. - avoir affaire de, Ex. j'ai affaire
de vous, entrez donc. pour j'ai affaire
à vous, &c. ou j'ai besoin de vous.

x **Arse.** sub. Ce substantif s'emploie dans[18]
cette phrase : cette chambre est si
petite qu'on n'a pas l'arse de se
remuer, pour la facilité, le moyen.
J'aime à avoir de l'arse partout
où je suis, pour n'être pas gêné.
Il n'y a pas dans ce lit l'arse de
se retourner, ou assez d'arse pour
y coucher deux, pour il n'est pas
assez large, il n'y a pas l'espace de...

à même - boire à même - vous
êtes à même de faire cela,
d'aller là, si vous voulez -
je l'ai mis à même[19].

acquet - vous avez plus d'acquet
de vous arranger que de plaider[20].

Attisée[21]. sub. fém: du verbe <u>attiser</u>. ce mot
 ne se dit pas. faites une bonne
 <u>attisée</u> pour la nuit. -
Achigan - sub. mas. (poisson).

B.

[Cahier A]

Bourgogner. v. act. - Battre d'une manière
 honteuse, battre à plates coutures.
 Je l'ai <u>Bourgogné</u>.
 On le fait préc[éd]er aussi du Verbe
 Faire & l'on dit : il s'est fait <u>bour-
 gogner</u>, pour exprimer qu'il a été
 battu d'une manière deshonorante.
 Ce verbe doit sa naissance à la défaite
 du Général Burgoyne, que les Cana≈
 diens nomment encore <u>Bourgogne</u>.

x **Bombe**. sub. fém. mot usité plus particu≈
 lièrement dans le District de Québec,
 au lieu de celui de <u>Bouilloire</u>, sub.
 fém, ou le vase dans lequel on fait
 bouillir l'eau pour le thé. Dans
 le Dis*trict* de Montréal, on employe
 dans la même signification le mot
 <u>Canard</u>. Ex. Mettez la <u>bombe</u> au feu :
 apportez le[22] <u>canard</u>.

x **Boucane**, Sub. fém. - pour fumée. Quelle <u>bou</u>≈
 <u>cane</u> il y a ici !

x **Boucaner**. V. n. pour fumer. La cheminée
 de cette maison <u>boucane</u> trop pour
 l'habiter ; à un fumeur, ne <u>boucane</u> donc pas tant !

Berline - sub. fém. ⎫ Sortes de voitures
Bordel - sub. mas. ⎭ d'hyver pour la com≈
 modité des voyages. Ce sont des
 voitures plus grandes et plus pé≈
 santes [*sic*] que les carioles. Le Bordel
 est la plus grossière de ces voitures
 & ne se voit que dans la Campagne,
 chez les habitans[23] pauvres.

x **Berlancille**. sub. fém. pour Balançoire, Escarpolette[24], ou Brandilloire. Jeu d'enfant ; corde, branche d'arbre ou planche avec quoi on se balance on se brandille.

x **Berlanciller**. v. n. pour se balancer, ou se brandiller. v. r. viens berlanciller. Les enfans[25] ont berlancillé[26] tout le jour.

Bombarde. Sub. fém. Voyez Trompe.

Bouquin. sub. mas. C'est ou une plume teinte, ou un petit cilindre, percé aux extrémités, soit d'étain, de fer, de cuivre ou d'argent, ou même un os, dont[27] nos habitans se servent pour orner leurs pipes, ou en alon≈ ger ce qu'ils appellent le manche.

Balier. V. a. au lieu de Balayer. Ex. dites à la fille de balier la chambre.

Boyard. sub. mas. pour brancard (civière)[28]. sub. mas. Ex : porter quelqu'un sur un boyard ; trans≈ porter des pierres sur un boyard.

Brancard. sub. mas. On n'emploie ce mot que pour la calèche[29] ; le brancard de la calèche, pour les autres voitures à brancard, voyez les mots travail & menoirs.

x **Butin**, sub. mas. sous ce mot on entend quelquefois les effets, meubles & hardes d'une personne quelconque. Il s'est échappé et a emporté tout son butin. C'est mon butin. (Gaspiller)[30]

Bourguignon. sub. mas. On appelle ainsi les gros glaçons que l'on[31] apperçoit soulevés à la surface de la rivière, lorsqu'elle est prise. Que de bourguig≈ nons sur la rivière ! Ce bourguignon est bien transparant [sic] !

x **Bordée**, sub. fém. Une bordée de neige ; nous avons essuyé une furieuse bordée de neige[32], ou absolument, une grande bordée. C'est a dire qu'il est tombé beaucoup de neige. On emploie aussi le mot Abât.

Bèr[33], sub. mas. pour <u>Berceau</u> (le[34] petit lit
  où l'on couche les enfans à la mammelle.)
Berloque sub. fém. On appelle ainsi une montre
  sujette à aller mal. C'est une <u>berloque</u>.
x **Bicler**. V. n. au lieu de <u>Loucher</u>. V. n.
  Il <u>bicle</u>, elle a le malheur de <u>bicler</u>.
x **Bicleux**. se. adj. pour <u>Louche</u>, adj. -
  Il est <u>bicleux</u>, sa sœur est <u>bicleuse</u>.
  Il est aussi sub. c'est un <u>bicleux</u>, une <u>bicleuse</u>.
Banal. sub. mas. Il se dit exclusivement d'un
  taureau, <u>où est le banal</u>? Je vais couper
  mon <u>banal</u>; et d'un homme extrêmement
  fort & de grande taille, <u>bon Dieu! quel banal</u>!
Bougon. sub. mas. On dit d'un petit homme,
  c'est un <u>bougon</u>; un <u>bougon</u> de chandelle,
  pour un petit bout; on nomme[35] aussi[36] une
  pipe bien courte, <u>un bougon, un bougon</u>
  <u>de pipe</u>.[37]
Buffet. sub. mas. On l'emploie quelquefois au
  lieu de <u>bureau</u>. (espèce de table à plusieurs
  tiroirs et tablettes, où l'on enferme des papiers,
  et sur laquelle on écrit[)].

[CAHIER B]

Bord. sub. mas. on l'emploie pour le <u>versò</u> d'un
  livre. vous trouverez ce mot de l'autre <u>bord</u>.[38]
  2° <u>côté</u>, - regardez l'autre
  <u>bord</u> de cette médaille; cette indienne est
  aussi bien empreinte d'un <u>bord</u> que de l'autre.
Batailleur, se. sub. pour <u>sujet, enclin</u> à[39]
  se battre. c'est un <u>batailleur</u> de profes≈
  sion. Il est le plus grand <u>batailleur</u>
  qui existe.
Bandon. sub. fém. Saison de l'année où il est
  permis et d'usage de laisser aller les
  animaux par toute la campagne. Ex.
  La <u>Bandon</u> commence au mois de...
  & finit au mois de... Les
  animaux ont <u>bandon</u>, de ce jour. Don≈
  ner <u>bandon</u> aux animaux, pour dire -
  les laisser partir pour courir les champs.

Biner. v. n. On l'employe pour exprimer
qu'une personne a⁽⁴⁰⁾ du dépit, qu'elle⁽⁴¹⁾ enrage.
Il bine ; on l'a fait biner. V*oyez* corner.

Brouscailler. V. a. Maltraiter⁽⁴²⁾ de paroles
ou autrement⁽⁴³⁾. c'est⁽⁴⁴⁾ le précurseur de battre.
Ne me brouscaille pas tant. Il l'a
bien brouscaillé ; après s'être longtems
brouscaillés, ils en sont venus aux mains.⁽⁴⁵⁾

Bourasser. v. a. s'emploie pour gourmander ;
gronder continuellement. Si je lui parle,
il va me bourasser. Il n'a fait que
bourasser tout le jour. pourquoi me
bourasser, je ne vous dit [*sic*] rien.

Bourasseur⁽⁴⁶⁾ - se. sub. c'est un bourasseur,
une bourasseuse : c-a-d. qu'ils grondent
sur tout ; qu'ils ont l'humeur à la gron≈
derie, d'une humeur hargneuse.

Bourasse. sub. fém. Mauvaise humeur.
j'ai éprouvé toute sa bourasse ; il est
aujourd'hui d'une bourasse peu com≈
mune. sa bourasse est passée.
Allez passer votre bourasse ailleurs.
Il a passé sa bourasse sur ce
pauvre chien, qui ne lui faisoit rien,
pour dire qu'il a maltraité son
chien par mauvaise humeur.⁽⁴⁷⁾

Basque. sub. mas. Nom de Nation dont on
[se] sert dans cette façon de parler, malin
comme un Basque ; c'est un malin
Basque. Le Dict*ionnaire* de l'Académie dit -
Aller comme un Basque, courir
comme un Basque, pour dire aller
fort vite, courir fort vite.

x **Brâsser.** V. a. (remuer avec les bras, à force
de bras. - Brasser de l'or, de l'argent fondu)
on dit ici, brassez & remuez⁽⁴⁸⁾ le poële, pour le feu
du poële ; brassez la poële, le chaudron,
pour, ce qui est dedans. &c. on dit aussi : je l'ai
brassé d'importance, de la même manière que l'on dit
en françois ; je l'ai bien savonné, (réprimendé) [*sic*].

Baiser. V. a. On dit en style badin ; il a été baisé dans telle occasion, pour retapé[49]. On se sert aussi de ce dernier. Il s'est fait baiser[50] en pincettes, il l'a baisé en pincettes en guedou[51]. Baiser en pincettes est françois, pour exprimer l'action de prendre doucement les deux joues de celui qu'on baise. C'est une des caresses auxquelles on accoutume les enfans ; baisez-moi en pincettes.

Bredas[52]. sub. mas. On l'emploie ici pour remue-ménage, dont on se sert aussi - quel brédas ! On appelle faire le bredas, faire les gros ouvrages de l'intérieur de la maison, la lessive, le blanchissage, le lavage du linge, des meubles &c. On dit aux enfans ou autres personnes qui par leurs jeux, par nécessité, par faute d'attention ou autrement dérangent les meubles avec bruit ou les entassent avec confusion, quel brédas faites vous ! bon dieu quel bredas[53] ! (confusion.).

Bredasser[54]. V. n. c'est s'occuper à des ouvrages de ménage inutiles. Il a bredas≈sé[55] toute la journée. Vous ne faites que bredasser, occupez-vous donc de votre lavage. Il veut aussi dire, maltrai≈ter[56] légèrement[57] ; attends - attends, je vais te bredasser ; il l'a bredassé (c'est peut-être tracasser.)

Bredassier, re. sub. - (tracassier, re.)

Bredasserie, sub. fém. (tracasserie.)

Braye. sub. fém. Instrument dont on se sert à[58] brayer le lin, le chanvre.

Brayer. V. a. brayer du lin, du chanvre ;[59] en séparer les filets de la partie ligneuse.

Belt, sub. fém. mot anglois en vogue au lieu du françois - Baudrier. sub. mas. Avez-vous nétoyé [sic] ma[60] belt, pour mon baudrier.

Bougon. sub. mas. mot qu'on emploie par dérision, ou mépris, dans le [même] sens que celui

de bout d'homme, en france. C'est un
petit bougon, pauvre bougon, je ne vou≈
drois pas te frapper. Quelque[61] fois on dit Nijon.[62]

Boudin. sub. mas. on l'emploie dans cette phrase :
faire du boudin, il fait du boudin, pour
dire d'une personne qu'elle boude.

x Beurrer. V. a. Il n'est pas françois, on l'emploie
pour étendre du beurre sur... beurrez le pain. Voyez plus
loin.[63]

Beurrer V. a.
beurrez ce plat, beurrez-vous les mains,
avant que d'y mettre, ou de prendre telle
chose ; beurrez-lui du pain pour sa
collation. On dit même, beurrer[64] de
la graisse, des confitures, de la crême &c.

x Beurrée. sub. fém. Ce nom qui ne doit s'appliquer qu'à une tranche de pain,
sur laquelle on a étendu du beurre, se
donne ici, encore à toute tranche de
pain sur laquelle on a étendu de
la graisse, des confitures, de la crême,
de la melasse, ou autre substance
grasse, onctueuse ou liquide. Beurrée
de graisse, de sirop, de crème &c.

Blonde. sub. fém. pour Amante. On donne
pour blonde à N. Mademoiselle O. est-ce vrai ?
Il est allé voir sa blonde. c'est un
amoureux de 36 blondes, il est fort
sur la blonde. il a une jolie blonde.

Bavasser. V. n. Il ne se dit guères que
d'une personne ivre ; et l'on dit :
laissons-là [sic], elle ne fait plus que
bavasser, pour exprimer en même
tems qu'elle parle beaucoup, confusé≈
ment, sans savoir ce qu'elle dit, en
prononçant imparfaitement & arti≈
culant avec peine. c'est, je crois,
bavarder & balbutier.[65]

Beauté. sub. fém. On emploie très souvent
ce mot d'une manière adverbiale -

pour exprimer <u>beaucoup</u>; il y en a une
<u>beauté</u>. Ils sont une <u>beauté</u> de spec≈
tateurs, p*our* <u>un grand nombre</u>. & ironi≈
quement pour <u>peu</u>, <u>petit nombre</u>, oui,
je crois qu'il y aura <u>une beauté</u> de monde
ce soir, au bal[66]! Il y en avoit une <u>beauté</u>!

faire Brun. V. n. On dit en parlant de
l'obscurité de la nuit : il fait bien
<u>brun</u>, il faisoit un peu <u>brun</u>. Cette
expression paroitroit venir des marins,
qui disent <u>le brun de la nuit</u>, qui se dit
sur mer dans le même sens. Le tems
est <u>brun</u> pour <u>sombre</u>, est francois.

Brunante. sub. m. pour la Brune (le
tems entre le soleil couché et la nuit.) -
A la <u>brunante</u> pour sur la <u>brune</u>, c-à-d.
sur le soir, entre chien et loup. toutes
ces expressions que nous employons sont
bonnes, à l'exception de la première.

Bagage - sub. mas. pour Ménage.

Brillant - Proverbe - il prend du café
comme la Brillant.

Bleuet. sub. mas. - (plante). Voy*ez* différence
entre celui du Canada & celui d'Europe.

C.

[Cahier A]

x **Canard**. sub. mas. mot usité plus parti≈
culièrement dans le district de
Montréal, pour <u>Bouilloire</u>, et sig≈
nifiant exclusivement le vase
qui sert à bouillir l'eau pour le
thé. Dans le Dis*trict* de Québec on
se sert du mot <u>Bombe</u>. Ex. Rem≈
plissez d'eau le <u>Canard</u> : ôtez la
<u>bombe</u> du feu.

x **Cordeau**, sub. mas. ⎫ mots employés le plus[67]
Courroie, sub. fém. ⎭ communément au pluriel à la
place du mot propre <u>Guide</u>, usité

avec justesse à Montréal, pour
exprimer <u>les longues rênes atta≈
chées à la bride d'un cheval attelé</u>,
et pour le conduire. On doit donc
dire : donnez moi les <u>guides</u>, et non
les <u>cordeaux</u> ou les <u>courroies</u>.

Coup - Voyer[68] <u>Faire coup</u>.

x **Couette**. sub. mas. (lit de plume). Ce mot
n'est point connue [*sic*] ici dans cette
acception. Couette signifie ici la
<u>queue</u> de cheveux que porte [*sic*] les
hommes. Faites-moi la <u>couette</u>, c'est[69]
dire, entourrez ce ruban autour
de ma[70] queue de cheveux.

Cariole. Sub. fém. Voiture d'hyver des
villes et des campagnes, pour
le plaisir de la promenade ou
l'utilité des voyages. C'est une
voiture élégante & peinturée.
C'est le traîneau en bon françois.

Charger. V. n. Employé parmi les habi≈
tans sans régime, pour dire
mettre le tabac dans la pipe.
Ex : quand tu aura [*sic*] <u>chargé</u>, donne[71]
moi le tabac.

Cabrouet. sub. mas. Voiture à[72] deux
roues, longue et étroite dont nos
charetiers se servent.

x **Cadre**. sub. mas. (bordure de tableau).
On nomme[73] <u>Cadre</u> le tableau
même. Voilà un beau <u>cadre</u>, pour :
voilà une belle <u>peinture</u> ou <u>tableau</u>.

Chardron, pour Chardon, sub. mas. Plante.

Caribou, pour, le Renne, animal sauvage.

Castonade, pour Cassonade, sub. fém. Sorte
de sucre. -

Cahot, sub. mas. (espéce de saut que fait
une voiture, en roulant sur un
chemin raboteux & mal uni.) Dans
cette acception on dit, <u>faire des cahots</u>,

éprouver des cahots, nous avons
trouvé des chemins qui font faire
bien des cahots. Le cahot est toute
autre chose que cela ici. On dit : il y
a bien des cahots sur ce chemin,
pour dire qu'il est beaucoup[74] rabo≈
teux et il n'est employé que pour
les chemins d'hyver. M*onsieu*r l'Inspec≈
teur a donné ordre d'abattre les
cahots, c-à-d. d'applanir le chemin
en coupant les petites butes de neige.[75]

Couper pour couper les bleds, au lieu de
scier les bleds, ce qui se fait à
l'aide de la faucille.[76]

Crocheter, v. a. (qui dans son acception
propre veut dire, ouvrir une
porte &c. avec un crochet, avec in≈
tention de voler, ou à quelque autre
mauvais dessein, mais que nous
n'employons pas dans cette signifi≈
cation[)]. On ne se sert ici[77] de crocheter
que dans cette phrase : crocheter
des pois, c.-à-d. les couper[78]
avec un petit crochet au
bout d'un bâton. Tous mes pois
sont crochetés. &c.

Crocheteur, sub. mas. Celui qui crochette [*sic*]
des pois.

Couronel, sub. mas. - pour Colonel.

Corporal, sub. mas. très usité pour Caporal.

Cartron, sub. mas. pour Carton.

x **Côte**. sub. fém. Ce mot signifie le[79]
penchant d'une montagne, & d'une
colline & les[80] rivages de la mer : Côte
d'une telle montagne, les Côtes de
l'Océan. Mais on l'applique à tort ici
à toute éminence, hauteur ou élévation.[81]

Cheniquer. V. n. craindre de se faire battre.
Tu as cheniqué, un tel t'a fait cheniquer.
Il emporte avec lui la honte & le déshonneur.

Cheniqueur, euse. sub. qui <u>chenique</u>.
Casseau. sub. mas. Sorte de petit meuble d'écorce ou de bois, pour mettre des fruits, ou autres choses.

[CAHIER B]

x **Comfortable.** adj. cet adjectif a beaucoup de significations. Il est employé pour - 1° <u>consolant</u> : c'est une nouvelle <u>com</u>[≈]<u>fortable</u>. 2° <u>agréable</u>, tems, jour <u>com</u>[≈]<u>fortable</u>. 3° <u>doux</u>, <u>content</u>, mener une vie <u>comfortable</u>. 4° <u>qui réjouit</u>, <u>qui fait plaisir</u>, une liqueur comfortable. 5° <u>qui fortifie</u>, <u>confortatif</u>, une nourri≈ture, un mêt [*sic*] comfortable. Anglois.

x **Capuche.** sub. fém. Ce mot est quelque[82] fois usité dans la campagne au lieu de <u>chapeau de femme</u> : une <u>capuche</u> de paille, de castor ; apporte à ta mère sa <u>capuche</u> ; où est la <u>capuche</u> de ta sœur ?

Corner. V. n. employé comme <u>Biner</u>, pour exprimer qu'une personne, <u>enrage</u>, éprouve un <u>dépit</u>, un <u>déplaisir</u> grand et sensible. Il a <u>corné</u> comme il faut. c'est trop <u>corner</u>. ce contre-tems le fera <u>corner</u>. V*oyez* <u>Biner</u>. & <u>Ebrayer</u>[83]

x **Chienneter.** V. n. pour <u>chienner</u>, (faire des chiens.) ma chienne a <u>chienneté</u>, pour <u>chienné</u>.

x **Cree**, nom d'une nation Sauvage du Canada, dont on se sert dans cette phrase ; <u>malin comme un Cree</u>. prononcez <u>Cris</u>[84].

Casque. sub. mas. On donne ce nom à un bonnet de fourrure dont [on] se sert ici en hyver.

Crible. sub. mas. pour <u>train de bois</u>.[85]

Cage - & **Cajeux** -[86]

Cajeux. sub. mas. ⎫
Cage - sub. fém. ⎬ pour <u>trains de bois flottés</u>[87]
Crible - sub. mas. ⎭

x **Côte**. sub. mas. [*sic*] On se sert aussi de ce mot
   pour marquer une rangée de terres
   concédées, ou d'habitants de la campagne.
   La Côte de la visitation, c'est un
   habitant de la côte S*ain*t Luc ; je viens
   de la grand' côte. {on dit : courir les côtes pour les campagnes⁽⁸⁸⁾.⁽⁸⁹⁾

x **Chatoner**. V. n. qui se dit ici d'une chatte
   qui fait ses petits, - au lieu de chatter
   qui est le verbe franç*oi*s. La chatte
   est au moment de chatoner, pour
   de chatter ; elle a chatoné cette
   nuit, pour chatté.

x **Cavalier**. sub. mas. pour Amant. Le cavalier
   de M*ademois*elle P. est M*onsieu*r V. - cette petite parle⁽⁹⁰⁾
   déjà de cavaliers, elle en désire un.

x **Cantine**. sub. fém. (petit coffre divisé par
   compartimens, pour porter des bouteilles
   et des phioles en voyage.) On lui donne ici
   ce nom et celui de cannevette, qui
   n'est pas françois.

x **Cantine**. sub. fém. On emploie indifféra[m]ment ici
   ce mot pour celui de cabaret ou taverne⁽⁹¹⁾. Ce mot
   nous vient de l'armée. (La cantine est, à
   l'armée, le lieu où l'on vend du vin et
   de la bière aux soldats, sans payer
   aucun droit.) Viens à la cantine.

x **Cantinier. re**. sub. mas. Cantinier, en
   françois, est celui qui tient la cantine
   à l'armée⁽⁹²⁾. Nos Canadiens donnent
   ce nom à tout cabaretier ou tavernier⁽⁹³⁾ ou détailleur
   de boissons fortes. Le cantinier n'est
   pas à la maison, mais nous y trouve≈
   rons la cantinière. ce dernier mot ne se
   dit pas en françois. - c'est cabaretier ou tavernier⁽⁹⁴⁾.

x **Canoter**. v. n. ⁽⁹⁵⁾ conduire un
   canot. il se dit des enfans qui
   s'amusent à se promener⁽⁹⁶⁾ en canot à
   peu de distance du rivage &c. ils
   ont canoté, tout le jour ; l'enfant est
   à canoter. &c. Viens canoter.

x **Canoteur, euse.** sub. qui aime ou qui sait bien canoter. Il ne se dit guère que des enfans.

x **Canotée.** sub. fém. Autant qu'un canot peut contenir[97] de marchandises ou autres choses. Il a passé une canotée d'enfans. Je viens d'acheter une canotée de volailles. une canotée de marchan[≈]dises. On appelle aussi canotée, la charge d'un canot[98], j'ai monté à Michillimakinac, avec 6 canotées, (& aussi 6 canots.)

Coppre. sub. fém. pour Sou s. m. (monnoie de compte, la 20e partie de la livre, - valant 12 deniers.) Une coppre, dix ou douze coppres pour un sou, dix ou douze sous.

Coton. sub. mas. c'est le nom que l'on donne à l'épi de bled d'Inde, lorsqu'on en a mangé ou ôté les grains. ramassez le[s] cotons de bled-d'Inde et les donnez à la vache - on dit proverbialement : sec comme un coton de bled d'Inde. - Et il a eu un beau bled d'inde, ou il lui a donné un beau bled d'inde;[99] pour un pied de nez.

Clairon. sub. mas. On l'emploie aussi pour tirans. V*oyez* ce mot.

Chandelle - Il a évité une belle chandelle pour un grand malheur, péril.[100]

x **Créature.** sub. fém: pour femme, comme femelle de l'homme. Ex : il y avoit là de jolies créatures, beaucoup de créatures. On dit aussi : il va voir, il est allé voir la créature, il fré≈quente la créature. autres sens.

Confessionnals. sub. mas. plur. de confession≈nal, employé généralement au lieu de confessionnaux. Il y a foule aux confessionnals, de ce tems-ci.

Civière - que nous nommons - Boyard.

D.

[CAHIER A]

x **Désapointer** - v. act. - vieux verbe qui étoit employé dans ce sens : <u>ôter les appointemens à un homme de guerre</u>. Ex. On a dé[s]apointé plusieurs officiers réformés. Il n'est plus d'usage. Cependant nos[101] aimables l'ont pour≈ tant ressuscité à l'aide d'un auxi≈ liaire. Ainsi l'on dit : j'ai été gran≈ dement <u>désapointé</u> aujourd'hui, je n'ai pas trouvé Madame D. chez elle. Je devois recevoir £100 hier, mais j'ai été <u>désappointé</u>, mon débiteur est enfui. &c. De sorte qu'un homme a qui l'on a manqué de parole, qui éprouve quelque contretems ou quelque traverse, qui manque son coup, qui ne vient point à bout de son dessein qui est trompé dans son attente, &c. qui échoue dans ses plans ou ses projets est dans tous ces cas <u>désapointé</u>. Ce mot est Anglois.

x **Démancher**. V. a. (ôter le manche.) - Outre sa vraie signification, on l'emploie aussi ainsi. J'ai le bras, le doigt <u>démanché</u>, pour <u>démis</u>. J'ai fait <u>démancher</u> mon écurie, pour exprimer ou que je l'ai fait jetter bas, ou que je l'ai fait <u>défaire</u> en parti [sic]. Mon horloge est <u>démanchée</u>, pour dire qu'elle n'est plus règlée, plus en ordre. Sa voiture s'est <u>démanchée</u>, cette chaise est <u>démanchée</u>, pour dire qu'elles sont brisées. J'ai <u>démanché</u> ma robe, pour dire qu'on l'a <u>décousue</u>.

x **Débarquer**. v. a. & n. On l'emploie, outre sa signification ordinaire, pour <u>descendre</u> de voiture : M*onsieu*r B.

est arrivé de sa campagne, il débar≈
quoit de sa caléche comme je
passois devant chez lui. Vite, vite,
débarquez, on vous attend. Il est
débarqué de bateau⁽¹⁰²⁾ de cheval. Avez-vous
débarqué ma malle?

x **Décent - te**. adj. On dit : il a eu des funérailles
très décentes, pour honorables. Cette
maison est bien décente, pour belle ou
bien meublée. cet homme est bien décent
dans son habillement, pour dire qu'il
est vêtu bien proprement. &c. Anglois.

x **Diriger**. V. Il est employé avec le verbe Etre,
pour exprimer, être enjoint, avoir ordre.
Je suis dirigé par son E*xcellence* de vous
dire... pour je suis enjoint, j'ai ordre. &c.

Deusse. - pour Deux. nombre cardinal.

Dram. sub. mas. V. cage - cajeux - crible.

Dégelée - sub. fém. Nous employons ce mot ici
au lieu de dégel, s. m. (fonte de la glace,
de la neige, par l'adoucissement de
l'air.) Il y a eu hier une grande dégélée, les érables ont du [*sic*] couler.
On fait aussi dégélée⁽¹⁰³⁾ sinonime de volée
de coups; il lui a donné une bonne
dégélée, pour une bonne volée de coups.
Dans cette acception on se sert aussi
du mot Ramasse. V*oyez* Fricasser.

x **Dégobillage**. sub. mas. pour dégobillis.⁽¹⁰⁴⁾
Dégobiller et dégobillage sont employés
ici indifféremment de⁽¹⁰⁵⁾ vomir; ce≈
pendant ils ne se disent que du vin
et des viandes qu'on a prises avec excès.
dégobiller son diner; cela sent le dégo≈
billis. (ces mots sont bas.)

x **Décaniller**. V. n. Se retirer promptement
de quelque lieu; ces enfans décanillèrent
bon train, quand ils surent que vous
veniez à eux. A peine vous vit-on,
que toute la maisonnée décanilla.

On dit <u>faire décaniller</u> quelqu'un d'un
lieu, dans le même sens. Si j'étois
de vous je ferois <u>décaniller</u> ces gens
de votre maison.⁽¹⁰⁶⁾

Décanillé, ée, part. Elle est <u>décanillé</u> [*sic*]
de ce matin, sans m'en prier. &c.

Déboutonner - V. a. On l'emploie au figuré
dans ces phrases : il est difficile de
le faire <u>déboutonner</u>, c-à-d. de le faire
expliquer, de lui faire dire sa façon
de penser. On a réussi à le faire <u>débou≈
tonner</u>, à savoir sa juste opinion. Il
s'est à la fin <u>déboutonné</u>, il a à la fin dit
ce qu'il pensoit⁽¹⁰⁷⁾ du sujet. On dit encore,
en badinant, las des sottises qu'on débitoit à
ses oreilles, ou n'y pouvant plus tenir, notre
homme se <u>déboutonna</u> pourtant &c. pour
exprimer qu'il parla d'une manière
éloquente & triomphante.

Drigaille. synonime - Bagage & Butin.

E.

[Cahier A]

x **Embarquer.** V. act. & n.⁽¹⁰⁸⁾ Il est bien commun⁽¹⁰⁹⁾
d'entendre dire ici : ⁽¹¹⁰⁾ la voiture étant à la
porte, nous <u>embarquâmes</u> &c. pour
<u>montâmes</u> dedans.
Il signifie quelques fois <u>partir en
voiture</u> pour voyage. Ainsi, de⁽¹¹¹⁾ deux
personnes qui sont convenues d'aller
faire une promenade, l'un dira à
l'autre : soyez prête à <u>embarquer</u>
à 2 heures. <u>Embarquer</u> à cheval.
On l'emploie aussi pour <u>Mettre
dedans</u> : avez-vous <u>embarqué</u> ma
cassette dans la voiture ?

x **Empois**. sub. mas. Espèce⁽¹¹²⁾ de colle faite
avec de l'amidon, et dont on se

sert pour rendre le linge plus ferme
et plus clair. Ex : <u>emplois</u> [*sic*] <u>blanc</u>,
<u>empois bleu</u>, mettre le linge dans
l'<u>empois</u>. On donne aussi le nom
d'<u>empois</u>, ici, à l'<u>amidon</u> même,
quoiqu'improprement. *Voyez* <u>Amidon</u>.

Envarié, ée, adj. parlant de marchan≈
dises gâtées dans un vaisseau. C'est
<u>avarié</u>. Etoffes avariées[113].

Espérer - v. a. pour <u>attendre</u>. (<u>espérer</u> une
récompence [*sic*], une succession, la vie
éternelle. Il est françois.) mais c'est
bien improprement que l'on dit : j'<u>es</u>≈
<u>père</u> une visite aujourd'hui, ou M*onsieu*r
un tel ; pour dire s'<u>attend à avoir</u>
<u>ou recevoir la</u>[114] <u>visite</u> de quelqu'un,
ou qu'on <u>attend</u> M*onsieu*r un tel. Dites
à cet homme de <u>m'espérer</u> dans cette chambre,[115]
<u>espérez-moi</u> ici un instant,[116] je suis à vous dans
la minute, pour <u>de m'attendre</u>, <u>atten-</u>
<u>dez-moi</u>, ou (pour se servir du mot même)
en l'employant absolument : dites à
cet homme d'<u>espérer</u>, <u>espérez</u> un instant,
M*onsieu*r va paroitre. - Anglois.
(I have <u>expected you</u> these two hours, je vous
<u>ai attendu</u> deux heures ; et non pas je vous
ai <u>espéré</u> &c.) -

Ecroi. sub. mas. pour les petits des animaux,
& particulièrement des bêtes à corne[s].
Ma vache a eu un bel <u>écroi</u>. Cette
vache est à son premier <u>écroi</u>.

Etage. sub. mas. On emploie ici le mot de
<u>premier étage</u>, pour celui de <u>rez-de-</u>
<u>chaussée</u>. Ainsi l'on dit d'une maison
qui a deux rangées de fenêtres, qu'elle
est à deux étages. M*onsieu*r M. reste au
<u>premier étage</u> de cette maison, pour
au <u>rez-de-chaussée</u> ; et que le <u>second</u>
<u>étage</u> est à louer, pour le <u>premier</u>
<u>étage</u>.

Etau. sub. mas. (sorte de table sur laquelle un boucher expose de la viande en vente.) On le dit au lieu d'<u>étal</u>. Allez à cet <u>étau</u> pour à cet <u>étal</u>. mais au pluriel on dit comme on le doit, des <u>étaux</u>.

Escabeau, sub. mas. (simple siège[117] de bois sans bras ni dossier.) On appelle ainsi un meuble à plusieurs degrés, portatif, dont on se sert dans la maison, pour atteindre à quelque chose d'élevé, en montant dessus.

Epiochon. sub. mas. Epi de <u>blé d'Inde</u>, ou <u>maïs</u>, petit, cassé, ou peu[118] garni de grains.

Ecopeau. s. m. pour <u>Copeau</u>, s. m. (Eclat, morceau de bois que la hache ou quelque autre instrument tranchant font tomber du bois qu'on abat, ou qu'on met en œuvre). gros <u>copeaux</u>, menus <u>copeaux</u>, brûler des <u>copeaux</u>, au lieu d'<u>écopeaux</u>. (sec comme un écopeau.) -

x **Ecœurer**. V. a. pour[119] <u>faire mal au cœur</u>, <u>faire soulever le cœur</u> pour <u>estomac</u>. La moindre chose l'<u>écœure</u>, pour lui donne le <u>mal de cœur</u>. Il est facile à <u>écœurer</u>. ce ragout <u>m'a écœuré</u>. Cette femme est si mal propre qu'elle <u>écœure</u>.[120] <u>Ecœuré</u>. <u>ée</u>. part. On l'emploie aussi comme sub. C'est un <u>écœuré</u>, un <u>dégouté</u>.

x **Ecœurant**, **te**. adj. ce couteau est <u>écœurant</u>, pour <u>malpropre</u>. &c. vous avez des mains <u>écœurantes</u> &c. On dit aussi d'un homme extrêmement sale & malpropre, <u>quel écœurant morceau</u> !
On l'emploie aussi comme sub. quel est cet <u>écœurant</u> ? ce <u>malpropre</u> -

Ençà. Interjection - pour <u>Çà</u>. Ex. <u>Ençà</u>, travaillons. <u>Ençà</u>, part [*sic*] vite. <u>Ençà</u>, depêche-toi.

x **Ecolter** ⎱ V. a. Avoir l'estomac découvert d'une
  Escolter ⎰ manière indécente. Qui vous a <u>écoltée</u> ?

elle est toute escoltée. Il ne se dit guère que
des femmes.

x Ebrâiller. V. a. Il a même signification qu'écolter
elle est ébraillée, il est revenu tout ébraillé.
il se dit d'un homme qui vient de se battre et
dont l'estomac est tout à découvert ; voyez comme
le voilà ébraillé. On dit aussi substantivement, d'une
fille publique c'est une ébraillée, et aussi d'une fille
trop découverte. (se débrailler est francois -)[121]

[CAHIER B]

Ecossois. sub. mas. Nom de Nation dont
on se sert dans cette phrase,[122]
galeux comme [un] Ecossois.

x Exemple - par exemple façon de parler
adverbiale usitée ainsi : oh par exemple,
c'est trop mentir, au lieu de - oh pour
le coup &c.

x Ebrayer. v. a. Il se dit du bétail à corne[s]
quand il frappe de ses cornes. La vache
a ébrayé ou corné[123] l'enfant. prends garde que
le bœuf ne t'ébraye. Il se dit aussi
d'un homme qui a été battu bien
rudement, un tel l'a ébrayé.

x Etriver. V. a. pour agacer, taurmenter [sic].
Ne m'étrivez[124] pas tant. Il l'a fait étriver.

x Etrivant. te. sub. Il est étrivant. c'est[125]
une étrivante.

Equilibre. sub. mas. on dit en francois cela
est dans l'équilibre, mettre dans l'équi[li]bre,
& figurément, mettre, tenir dans l'équi≈
libre, pour mettre, tenir dans l'égalité.
Ici nos habitans font souvent usage
de cette phrase : Je suis dans l'in≈
quilibre [sic], si je ferai ceci ou non, &
tout simplement, je suis dans l'inquilibre ; pour[126] exprimer qu'ils sont
indécis, irrésolus, sur le choix, ou
qu'ils[127] doutent du sort de
telle affaire. &c.

Epicailles. sub. fém. mot employé dans cette
phrase, et qui n'est pas françois. Il lui en
a donné sur les epicailles, il t'en don≈
nera sur les epicailles, pour dire, qu'il
l'a bien[128] grondé, qu'il te grondera
bien.

x **Ecrapoutir.** } V. a. (Aplatir, écraser, briser
Ecrapoutiller } [129] par le poids de quelque chose, ou par quelque
effort.) Je t'écrapoutirai le nez d'un coup
de poing. Si je vais à toi je t'écrapoutis.
il a mis le pied sur cette araignée, [130]
cette grenouille et les a écrapoutillé [sic]
On dit aussi d'une personne qui en a
écrasé[131] une autre de ses coups,[132] il
l'a écrapoutillé [sic], ou[133] écrapoutillé [sic] comme
un crapaud. On y joint le pronom personnel
il s'est écrapoutillé la main avec le
marteau, elle s'est écrapoutillée contre le
mur dans la place.[134] Ecrapoutillé, ée. part. nez,[135]
écrapoutillé, pour aplati, court; doigt écra[≈]
poutillé, écrasé par un coup.

s'Ejârer. V. - on l'emploie, avec[136] écartiller -
pour écartiller & écarquiller, dans
le vrai sens de ces derniers vers, c-à d.
écarter, ouvrir les jambes. il s'est éjâré
il a tombé tout éjâré.

s'Ebarouir. V. - Il se dit des ouvrages de
tonnellerie qui s'ouvrent, sechés par[137]
le soleil ou la chaleur du feu, ou[138]
autrement. La cave est
humide, mettez-y les seaux, ils ne
s'ébarouiront pas là. Vous avez
laissé sécher la cuve, la voilà
ébarouie; mettez-la vite dans l'eau.

Empocheter. V. a. (mettre en poche.) Il[139]
a empocheté aujourd'hui 15
minots d'avoine.

Equiper V. a. & se faire équiper. V. -
pour maltraiter, battre. Il l'a mal[140]
équipé; il s'est fait équiper comme

il faut. J'ai été mal équipé à ce combat, pour estropié.⁽¹⁴¹⁾

Equipage. sub. m. On dit dans le même sens que l'on emploie équiper : dans quel équipage⁽¹⁴²⁾ reviens-tu ! qui t'a mis dans cet équipage ? pour, où as-tu été maltraité, qui t'a battu de la sorte ?

Epotraillé (adj:)⁽¹⁴³⁾ la poitrine décou[≈]verte. Il est épotraillé.⁽¹⁴⁴⁾

Eborgner - V. act - (rendre borgne) Il l'a éborgné. - il a failli l'éborgner.⁽¹⁴⁵⁾

Epinette. - pour Arbre de vie - ou - du paradis.⁽¹⁴⁶⁾

F.

[Cahier A]

Flasque. (Flaque) mot bas & populaire.⁽¹⁴⁷⁾

x Flasque, Sub. mas. (un paresseux - Dictionnaire de Boyer). on l'emploie ici pour - peureux - On dit d'un homme qui a manqué de courage dans quelque occasion, c'est un flasque. - Il est aussi employé dans sa vraie signification, ou plutôt, pour expri≈mer un homme qui n'a pas de cœur au travail. - (mot populaire.)

x Flasque, adj. (qui est sans force, sans vi-gueur - Dictionnaire Boyer) Cette acception n'est pas usitée ici. On dit d'une étoffe qui n'a point ou qui a perdu son apprêt, qu'elle est flasque,⁽¹⁴⁸⁾ cette soie est flasque, cette indienne est flasque, c-à-d⁽¹⁴⁹⁾ est mollasse.

x Flasquer. V. n. Avoir peur. Ex : il a flasqué dans telle occasion. (populaire)

x Flasquer. V. qui n'est employé qu'à l'infinitif. & dans cette seule phrase :

fers à flasquer, pour fers à repas≈
ser le linge.

Faire coup. manière de parler qui nous
vient de nos pères et qui signifie
aller combattre. Quand partirons-
nous pour faire coup ?

Factionnaire, sub. mas. Nous faisons
de ce mot un substantif, quoiqu'il
ne soit qu'un adjectif. Ainsi au lieu
de dire, un soldat factionnaire - obli≈
gé à faire faction - on dit simplement
un factionnaire : on a trouvé le facti≈
onnaire mort dans sa guérite.[150]

x **Fesser**. V. act. (Fouetter, frapper sur les
fesses avec des verges ou la main) Ceci
ne se dit que d'un enfant : fesser un
enfant. Cependant on dit tous les
jours, sans attention, d'un homme qui
a été fouetté (sur le dos) par la main
du bourreau ; qu'il a été fessé. Un
tel est condamné par la Cour à
être fessé tel jour, sur la place
du marché. C'est improprement parler.

Fréte,[151] sub. mas. pour froid. Il géle de fréte.
pour froid. Le fréte est bien grand. Il
fait fréte. Je l'écris de cette manière
pour exprimer qu'on prononce le[152] T final.

Fréte, Fréde. adj. pour froid, froide.
Ex. tems fréte, froid ; fréte comme
glace ; mains frédes, froides.

x **Fenouil**. sub. fém. pour Fenouil sub. mas.
(plante aromatique.) On dit : Il y a de
la fenouil dans ce tabac, pour du fenouil.

x **Fenouillette**. sub. fém. (espèce de pomme qui
a le gout du fenouil.) Cette acception
n'est pas reçue ici, mais on dit fenouil≈
lette pour fenouil. Ce tabac sent la
fenouillette.

Fard. sub. mas. employé pour Farce sub.
fém. (mélange de diverses viandes, ou

seulement d'herbes, d'œufs et d'ingrédiens,
hachés menu et assaisonnés, qu'on met
dans le corps de quelques animaux,
ou dans quelque autre viande.) ce fard
est excellent, pour cette farce est excel≈
lente. Fard de haut goût, pour Farce.
Bien peu de personnes employent ici le
vrai mot.

Foin. sub. mas. On dit ici : faner pour fener
le foin. Une Veuilloche, un mulon de
foin. Voyez Veuilloche - Mulon.

x Fàro. sub. mas. petit maitre, et plus particu≈
lièrement, petit maitre de campagne. C'est
un fàro ; il est beau comme un fàro de
campagne ; il fait le fàro.

x Fàroder. V. a. faire le faro, il fàrode rudement.
faire l'amour, il fàrode M*ademois*elle N.

x Fine-boutique. sub. fém. terme de dérision
pour[153] signifier un pauvre esprit,
un homme dont l'esprit est borné. C'est
une fine boutique ; tu peux bien en parler,
tu es une fine-boutique pour cela ![154]

Fièrement. adv. On l'emploie quelquefois, pour
beaucoup, bien - fièrement riche, fière[≈]
ment bon, fièrement sot ; il a fière[≈]
ment du grain ; il en a fièrement.

Flâner. V. n. pour paraiser, faire le pares≈
seux. Il a flâné toute la journée. Il n'est
bon qu'à flâner.

Flandrin. sub. mas. ce mot est françois, (c'est un[155]
sobriquet que l'on donne aux hommes
élancés et qui n'ont pas une contenance
ferme, c'est un grand flandrin.) On l'em≈
ploie ici pour paresseux ; tu ne seras jamais
qu'un flandrin ; c'est le plus grand flandrin que &c.

Fricasser V. a. On emploie ici ce verbe, pour
faire cuire, - dissiper (il a fricassé tout
son bien en moins de rien) - on dit aussi,
cet argent est fricassé,[156] c'est autant de fricassé,
et toutes ces acceptions sont françoises. Mais on lui

donne d'autres significations. Ex. il lui a fricassé une
bonne ramasse, une bonne dégelée, phrase popul*aire* qui
signifie qu'il l'a battu rudement. on dit encore je me fricasse
de tes menaces, je m'en fricasse, pour je m'en moque.⁽¹⁵⁷⁾

[Cahier B]

x Fine-boutique. sub. fém. On emploie ce mot
    pour exprimer aussi, un matois, un rusé.
    Ne vous y jouez pas, c'est une fine bou≈
    tique, ou un fin matois, que l'on emploie
    aussi.⁽¹⁵⁸⁾

x Fignoler. V. n. On dit d'un jeune garçon
    qu'il fignole, qu'il commence à fignoler,
    quand il se met à faire des dépenses
    d'éclat, soit en habits, voitures &c. et faire
    le galant. Eh! comment, il voudroit fignoler.

x Fignoleur. sub. mas. un homme qui fignole,
    c'est un fignoleur, il devient fignoleur.

   Finir. V. a. - on l'emploie avec la préposit*ion*
    avec pour signifier - n'avoir plus besoin,
    ou⁽¹⁵⁹⁾ achever, terminer &
    simplement finir. J'ai fini avec cela,
    je n'en ai plus besoin ; j'ai fini avec votre
    livre, je l'ai lu, j'ai achevé de le lire ;
    j'ai fini avec cet ouvrage, j'ai achevé,
    fini cet ouvrage. Ils ont fini avec leur
    dispute, ils ont terminé, leur dispute.
    expres*sion* Angloise.⁽¹⁶⁰⁾

   Fectif, ive. adj. certain, sûr, vrai. c'est une
    chose fective ; M*onsieu*r est ici, je l'ai vue [sic],
    c'est fectif. Il est un fectif honnête homme &c.

   Flambe. sub. fém: - (Vieux mot qui signifioit
    autrefois la flamme du feu) On l'emploie
    encore ici dans ce sens.

x Flambant, flambante - adj. Comme
    participe de Flamber (jetter des flammes),
    ce mot est françois, mais comme adjectif
    il ne l'est pas. - On le joint le plus
    communément à l'adj. neuf : il avoit hier
    un habit tout flambant neuf, un cha≈

peau tout flamblant [161]neuf. Ces expressions
sont sans doute figurées & veulent exprimer[162] le
lustre de l'habit et du chapeau ; de même
que ces phrases - un couteau tout flambant
neuf, une épée toute flambante neuve,
font allusion au poli de ces instrumens.
On dit dans ce même sens figuré, en bon
françois - des épées flamboyantes.
tout flambant nud, se dit aussi d'une
personne entièrement nue.[163]
On dit encore : il lui a passé son
épée toute flambante au travers du corps,
pour toute entière, ou j'usqu'à la garde.

Fripper. V. ac*tif.* Il n'est pas françois dans le
sens de fripponner, voler, tromper quel-
qu'un, comme on le dit quelque[164] fois. Ex :
Il a frippé son hôte d'un mois de pension,
ou, il l'a frippé de la bonne manière,
de telle somme &c.

Ferlasser. V. n. Il se dit du bruit que fait
une étoffe roide que l'on manie. Voilà
une indienne qui ferlasse beaucoup.

Ferlassement. s. m. de Ferlasser. c'est
bien incommode d'entendre toujours
ce ferlassement. Ma robe fait un
tel ferlassement, quand je marche, que
j'en suis dégouté [165].

Fanals - sub. mas. plur. de fanal usité
communément au lieu de fanaux.
Il y a beaucoup de fanals dans les
rues.

G.

[Cahier A]

x **Gâ.**- sub. m. Ce mot est employé par tous
les habitans de la campagne pour
signifier un jeune garçon. On ne se
sert guère de ce mot sans y ajouter

l'adjectif petit. Où est le petit gâ ?
Je vous enverrai mon petit gâ.
Vous donnerai [*sic*] ceci au petit gâ.
Viens ici, mon gâ.⁽¹⁶⁶⁾

x **Guide** - sub. fém. longue rêne attachée à la bride d'un cheval attelé. V*oy*ez cordeau & courroie. -

x **Gavache**. sub. mas. Ce mot qui dans sa vraie acception signifie coquin misérable, est employé ici comme synonime de poltron. On le fait même féminin et l'on dit : c'est une vraie gavache.

Garde-corps. sub. mas. Mot que l'on employe ici indifféremment avec celui de Garde-fou qui est le mot propre, pour exprimer les balustres que l'on met au bord des ponts, des quais &c.

Gouette, sub. fém. Sa gouette grossit tous les jours, pour son goêtre &c.

Gérémium. sub. mas. pour Géranium, Géraniome, Bec-de-grue. - plante.

Guedou - baiser en guedou, pour se faire retaper, style badin. V*oy*ez Baiser.

x **Gueusasse**⁽¹⁶⁷⁾, sub. fém. que nous employons pour gueusaille, s. f. c-a-d. Canaille. Nous nous servons aussi de gueusaille. Cé [*sic*] n'est que de la gueusasse ; il ne loge chez lui que de la gueusasse.

Galipote. sub. fém. Pour bordel, boucan. Ce jeune homme court la galipote.

Graissoux, se. adj. il n'est pas françois.⁽¹⁶⁸⁾ il signifie gras, grasse (sali, imbu de graisse ou de quelque matière onctueuse.). où as-tu mis ton chapeau, qu'il est si graissoux ; ôtez ce linge graissoux, joues, mains graissouses. Il se dit aussi substantivement d'une personne mal-propre, c'est un graissoux, une graissouse.

x **Gaspiller.** V. a. (dissiper par toutes sortes de dépenses inutiles le bien dont on a la disposition : - il a gaspillé son bien en peu de tems.) On dit aussi à peu près dans le même sens, gaspiller des hardes, du linge, du fruit, [(]style familier.) On dit ici gaspiller son butin pour toutes ces choses. - Butin[(169)]

x **Gouliâ.** sub. mas. Ce substantif répond à ce qu'on appelle en françois - gouliafre, goulu, tous deux adj. (Il se dit d'une personne qui mange avidement & malproprement) il mange comme un gouliâ, c'est un gouliâ. On dit en francois dans ce sens, c'est un vrai gouliafre, c'est un homme extrêmement goulu.

Graffigner. V. a. (Entamer et déchirer légèrement la peau avec les ongles.) il lui a tout graffigné le visage, il l'a graffigné inhumainement. - Je crois qu'il y a cette différence entre graffigner et égratigner, que l'égratignure peut se faire avec toute autre chose que les ongles, - une épingle par exemple, au lieu que par égrafignure nous n'enten≈dons que la blessure faite avec les ongles.

x **Georges.** sub. fém. pour orges. s. f. employee [sic] dans cette phrase proverbiale - faire ses georges, faire bien ses georges, pour orges, - pour dire faire son profit, faire bien ses affaires. S*tyle* familier.

Glumer. V. a. On dit d'un joueur qui a beaucoup perdu au jeu qu'il s'est fait glumer, qu'on lui a glumé tout, ou simplement qu'on l'a glumé ; dans ce dernier sens il signifie perdre beaucoup. On dit d'un fils ou d'une maitresse prodigues, qu'ils ont glumé, qu'ils glument le bon-homme, pour dire qu'ils font beaucoup de dépenses.

Grichou. s. m. Ce substantif signifie tantôt malin et tantôt laid ; c'est un petit gri≈chou, il est malin comme un grichou. Dieu ! quel grichou ! n'est-elle pas laide comme un grichou.

Griche-poil. s. m. sinonime de grichou comme malin - espiègle. Voyez ce grichepoil !

Gricher. V. a & n. pour grincer les ou des dens.

[CAHIER B]

x **Ginseng.** s. mas. - plante. La chute de cette branche de commerce en Canada, a donné naissance à cette manière proverbiale[170] de parler : tombé comme le ginseng, c-à-d. tout-à-coup & sans espérance de se relever - On dit d'un homme qui n'est plus en faveur, qui est tombé dans le discrédit, qui n'a plus de popularité, et qui a éprouvé ces inconstances inopinément, il est tombé comme le ginseng.

Graisse - Graisser - Voyez - Mé≈cher & moucher - (sinonime) - [171]

Game - Game-coq. sub. mas. (prononcez guiéme) mot absolument Anglois.

x **Giboulée de neige** : Voyez Bordée - abât.[172]

H.

[CAHIER A]

x **Habitant** - Sub. mas. Ce [sic] le nom que l'on donne à notre agriculteur, ou laboureur. Il y avoit bien des habitants au marché d'hier.

x **Habitante**, sub. fém. La femme de l'Habitant.

x **Houiller.** V. a. Verbe trivial usité parmi les habitans pour changer de che≈ vaux. Un habitant à cheval ou en voiture, qui en rencontre un autre à cheval ou en voiture, lui crie : houille, houille (173); changeons, chan≈ geons. Veux-tu houiller ? Houiller. V. a. s'emploie dans(174) ces phrases : je suis houillé de ma femme, j'en suis las, dégouté. Je suis houillé de mon hôte, il me déplait, me pèse sur les épaules. Je suis houillé de la vie, las de vivre. Se Houiller. V. r. Il se houilla de vin, il se gorgea de vin.

x **Hausse**, sub. fém. Sorte de(175) vêtement en usage chez nos sauvages, qui sert à couvrir la jambe. On l'appelle aussi Mitasse. voilà de jolies hausses ou mitasses.

Herbe à dinde.
Herbe à la puce.

I. J. K.

[CAHIER A]

Incendie. sub. mas. Beaucoup de personnes disent : il y a eu une grande incen≈ die. c'est une faute. On doit dire, un grand incendie.

x **Improuver.** V. n. Cette terre improuve tous les jours, pour dire qu'elle s'amé≈ liore ; ce jeune homme improuve à vue d'œil, pour exprimer, qu'il fait de rapides progrès, qu'il se perfectionne bien sensiblement.

x **Jument**. sub. fém. nom que les voyageurs dans le Nord Ouest donnent à une caisse de fusil[s].

x **Juifrèsse.** sub. fém. pour <u>Juive</u>. c'est
une <u>juifrèsse</u>, pour une femme <u>Juive</u>.
Icit. - pour <u>Ici</u>. adv. de tems & de lieu.
Impropre, adj. des 2 gen*res* (qui ne se dit que
du langage, <u>mot</u>, <u>expression</u> <u>impropres</u>,[176]
c-a-d. qui ne convient pas, qui n'est
pas juste) se lie ici à d'autres sub≈
stantifs,[177] <u>Improprement</u>.

x **Immatériel, elle.** adj. (qui est sans mélange[178]
de matière,[179] - <u>les substances, les
formes immatérielles</u>. terme didactique)
Cette faute est bien <u>immatérielle</u>, pour
<u>légère</u> &c.

x **Inconsistant, te.** adj. Il n'est pas françois -
pour <u>incompatible, contraire, contradictoire</u>.
On dit aussi - c'est bien <u>inconsistant</u> de
votre part de... pour <u>inconsidéré</u>. <u>Anglois</u> -

x **Jouquer.** V. n. pour Jucher. V. n. On ne
l'emploie guères qu'avec le pronom per≈
sonnel. Les poules se <u>jouquent</u>, où
cet homme s'est-il allé <u>jouquer</u>,
pour <u>se juchent</u>, <u>jucher</u>.

x **Jouquoir.** sub. mas. pour <u>juchoir</u>. s. m.

x **Joli-cœur** - Ce mot n'est employé qu'avec
le verbe <u>s'appeller</u> dans ce sens :
à vous voir disposer de ces fruits, je
vois que je <u>m'appellerai joli-cœur</u>,
c-à-d. qu'il n'en restera pas pour moi.
Tout le monde se servit, et je <u>m'appellai
joli-cœur</u>, c-à-d. <u>je n'eus rien</u>.

L.

[Cahier A]

x **Licher.** - V. a. pour <u>lécher</u>. licher un
plat, s'en <u>licher</u> les barbes ; (passer
la langue sur quelque chose.)

On dit familièrement d'un fils qui est dépensier[180], il en a bien liché, il en lichera bien à son père, il lui en liche !

x **Lichefrite**, sub. fém. pour Lèchefrite. s. f.

Lévier. sub. mas. pour Evier, (conduit par où s'écoulent les eaux, les lavures et les autres immondices d'une cuisine &c.) - On dit : le trou d'un lévier, au lieu d'un évier. Un lévier de pierre, pour un évier de pierre. Jetter des ordures par le lévier, au lieu de, jetter des or≈dures par l'évier.

x **Légerte**, pour légère, féminin de léger. Ex : la compagnie légerte. c'est une fille bien légerte. Il a la tête extrêmement légerte.

x **Loucheur** - se -[181]

M.

[Cahier A]

Moindrement. adv. pour Le moins du monde.[182]

Matelot. - sub. mas. Nom que l'on donne à un joli petit insecte.

x **Mouiller**. V. n. employé presque exclu≈sivement ici à[183] celui de pleuvoir. Il mouille, il a mouillé, il mouil≈lera demain ; au lieu de il pleut, il a plu[184], il pleuvra. &c. Le verbe[185] mouiller en bon françois n'est jamais employé que comme v. a. tremper, humecter, rendre humide. Ex. la pluie a mouillé les chemins ; mouiller un linge dans l'eau ; mouiller l'ancre, ou sim≈plement mouiller, pour dire jeter l'ancre pour arrêter le vaisseau. On l'emploie aussi dans ce cens, ici.

x **Marier**. V. a. assez souvent employé pour
Epouser, prendre en mariage. Ex.
M*onsieu*r O. a marié M*ademoisel*le P. pour a
épousé ou s'est marié à ... M*onsieu*r marie
une telle &c. Il se dit toujours de l'Epoux.
Ce mot est de la bonne compagnie. - Anglois.

x **Mondaine**, adj. pour Mondée. Il n'est
employé par quelques personnes que
dans cette phrase : orge mondaine,
pour orge mondée. -

x **Micoine**. sub. fém. vase de bois qui sert
de cuiller aux Sauvages.

Malin. gne. adj.- c'est malin. V*oyez* Rustique.
c'est malin de plaider avec son Seigneur.[186]

Méchant. te. adj. - c'est méchant. V*oyez* Rustique.

Micmac. sub. mas. Ce mot qui signi[fi]e en bon
françois - Intrigue, manigance, pratique
secrète[187] dans quelque mauvaise vue, Ex :
il y eut bien du micmac dans cette af≈
faire - n'est point employé ici dans cette
acception ; mais au lieu de baragouin,
baragouinage, mots dont on se sert aussi,
dans leur vrai sens. Je n'entends rien
à ce micmac ; il parle micmac ; bon Dieu !
quel micmac ! c'est du micmac pour moi.
On dit aussi d'un baragouineur, c'est un
micmac.

Marinage. sub. mas. pour Marinade sub. fém.
chose marinée. (bouillie dans le vinaigre) -
Je n'ai pas de marinages, cette année. mari≈
nage de[188] cornichons, d'oignons.

Mulon. s. m. mot dont on se sert ici au lieu de
Meule, dans cette phrase, un mulon de foin.
Mulon est toujours une grosse meule. V*oyez* Veuilloche.

Manche. sub. mas. (partie d'un instru≈
ment par où on le tient.) On emploie
encore ce mot au lieu de[189] queue.
Ex. le manche de la poêle, d'un poê≈
lon. &c. le manche d'une pipe.[190]

Menoirs. sub. fém. Plur. ⎫
Travail. sub. mas. Sing. ⎭ Voy*ez* Travail.

x **Mèche**. sub. fém. Pour exprimer la grande distance qu'il y a d'un endroit à un autre, on dit : Oh! il y [a] une mèche ; il a une mèche à faire.

x **Mèche**. sub. fém. Nom que l'on donne à l'extrémité la plus déliée d'un fouet, et qui est d'ordinaire une petite ficelle rapportée - Il a usé, il a perdu la mèche de son fouet.

x **Mècher**, V. a. Il équivaut à Rosser. Si je vais à toi, je te mècherai d'importance. Il mèchoit[191] son cheval sans pitié.

Moucher. V. a. Il a la même significa≈ tion que mècher, avec cette diffé≈ rence pourtant qu'on l'emploie plutôt contre un enfant que contre un homme fait, ou un animal. Son père l'a bien mouché ; fanfan, je te moucherai, si tu ne te tais.

x **Mitasse**. sub. fém. Voy*ez* Hausse. Mitasses neuves.

x **Mâle**. sub. mas. Vêtement de tête. C'est[192] le nom que donnent nos habitans à un bonnet de laine, de couleur, qu'ils portent journellement. Ils l'appellent plus communément Tuque. Où est mon mâle ? As-tu vu ma tuque ?

Matelat. sub. mas. Terme de chasseur. Nom que l'on donne ici à un [*sic*] espèce de trait qui se décoche avec un arc. Il est différent de la flèche, en ce qu'il y a une grosse tête à une de ses extrémités. Ex. l'arc, le matelat et les flèches. Vous avez l'arc et les flèches, il ne vous manque plus qu'[193]un matelat.

[Cahier B]

Manchonier [*sic*], sub. mas. (artisan qui travaille en pelleterie) il n'est pas françois, c'est Fourreur, marchand pelletier. Envoyez mes mitaines chez le manchonnier, chez le fourreur.

Moindrement. adv. Il a plusieurs significations. Il n'est pas le ou la moin≈ d[r]ement fatigué, orgueilleux &c. pour - pas du tout. - Le moindrement que vous lui en parlerez, il se fâchera, pour - pour peu que vous lui en parliez. &c. quand il vente la moindrement, pour - un peu. -

Major, re - adj. pour Majeur, re adj. dans ces phrases. la force majore, affaire majore, intérêt major, la majore partie et au jeu de carte tierce majore.

x **Mistimus** - en mistimus. c'est écrit en mistimus, il a fait cela en mistimus.

Matériel, le[194]. adj. On dit c'est une affaire bien matérielle[195], pour, de grande conséquence ; question matérielle, p*ou*r importante. C'est un point matériel de savoir... p*ou*r - c'est un point essentiel &c. Anglois.

Mal. sub. mas. On se sert de l'expression, tomber d'un mal, pour signifier - l'Epilepsie, que l'on nomme aussi - mal caduc, haut mal, mal de S*ain*t Jean, mal de Saint. Il tombe du mal-caduc, du haut mal.

Manquer - V. - (p*ou*r faillir) il a manqué périr. il l'a manqué belle. il a manqué mourir.[196]

Maskinongé - sub. mas. (poisson). Espèce de Brochet.

Montréaliste. - de Montréal.

Mauvaisete[197]. sub. Synonime de méchanceté.
Ex : Il est d'une mauvaiseté à toute épreuve.
Il vous fait là des mauvaisetés, sans doute.

N.

[Cahier A]

Notureau, sub. mas. C'est le nom que l'on donne à un jeune cochon, que l'on engraisse pour tuer. Lorsqu'il est tué il prend le nom de <u>porchais</u>. Ex : Vous[198] avez-là de beaux <u>notureaux</u> ; ce <u>notureau</u> est bon à tuer, il fera un beau <u>porchais</u>. V*oyez* <u>Porchais</u>.

Niveleux, se. adj. Il se dit, en fait d'ouvrages, de ceux qui requièrent beaucoup d'application d'esprit, de tems, et[199] de dextérité. Ex. peindre en miniature, démêler de la soie, faire un calcul[200] difficile, établir le compte particulier de chaque héritier d'une succession où[201] il y a des enfans de plusieurs lits &c. sont des ouvrages <u>niveleux</u>.

x **Nijon**, sub. mas. - employé pour <u>bout d'homme</u> V*oyez* <u>Bougon</u>.

Nix, ou **Nix for stein**, mots pris de l'Allemand employés de cette manière ; il croyoit la trouver à la maison, ma[i]s <u>Nix</u>, elle étoit déjà partie, pour <u>mais point</u>. On dit aussi, <u>Nix-nix</u>, tu ne l'auras pas &c.

x **Naturel, elle**, adj. pour <u>salubre</u>, adj. <u>qui contribue à la santé</u>. C'est un air <u>naturel</u>, une nourriture <u>naturelle</u>. cette tisanne est bien <u>naturelle</u>, prenez-en. &c.

Niveleux. on applique cette epithéte a des ouvrages, difficiles par leur tènuite [sic], qui exigent beaucoup de dextérité, de temps et de patience, par exemple on dira ce doit être un ouvrage niveleux que de faire, des Eguilles, des Epingles : parce qu'on s'imagine, que c'est difficile, et long.[202]

O.

[CAHIER A]

Office. Sub. mas. & fém. Ce mot qui ne doit s'employer que dans ces phrases, rendre de <u>bons offices</u>, c'est l'<u>office</u> d'un bon père de..., assister à l'<u>office</u> divin, j'ai tel <u>office</u> dans l'administration, le S*aint* <u>Office</u> (l'inqui[≈]sition[)], et qui dans tous ces cas est masculin; ou comme voulant désigner le lieu ou[(203)] l'on garde la vaisselle, le linge et ce qui concerne la table, ou les cuisines et qui - alors est féminin, - a cependant ici une acception plus étendue. Ainsi les archives d'un Notaire sont <u>mon office</u>; un avocat vous envoye à son <u>office</u> trouver ses clercs. Un homme en place vous prie de passer à son <u>office</u>, - qu'il vous y donnera audience à telle heure. Tout homme public, tout homme d'affaire [sic], le marchand même a[(204)] son <u>office</u> : c'est le coin de sa[(205)] maison où chacun de ces Mes*sieu*rs barbouille du papier. Les mots <u>étude</u>, <u>bureau</u>, <u>cabinet</u>, sont[(206)] trop vieux & trop communs ! - Anglois -[(207)]

x **Orignal**, pour, Elan, - animal sauvage.

Oreilles. sub. fém: - de souliers; mot usité pour les <u>tirans</u> des souliers.

Ouète[(208)]. s. f. pour <u>ouate</u>, s. f. (espèce de coton, plus fin que le coton ordinaire.) Le Dict*ionnaire* de l'académie admet ces deux manières d'écrire & de prononcer ce mot. Il dit aussi qu'on écrit & prononce[(209)] communément, <u>de la ouate, de la ouète</u>, comme on le dit ici. Mais il écrit : <u>une camisole d'ouate</u>,

une jupe doublée d'ouate, une couver≈
ture d'ouate ; tandis que nous ne faisons
pas l'élision et que nous disons de ouète.
Nous ne [nous] servons ici que du mot ouète
& nous faisons toujours l'hiatus, quand
le mot est précédé d'une voyelle. -

Obligé, ée. part. On dit souvent : je vous serois
obligé pour ce couteau, au lieu de, si vous
me donniez &c. je vous serai obligé pour
ce livre &c. Anglois.
On emploie de la même manière remercier.[210]

x **Originer.** V. n. provenir, tirer son origine ;
son Etymologie, dériver. Ex. d'où faites-
vous originer ce mot, pour dériver ? Je
ne sais d'où cet homme origine, pour, d'ou [sic]
il tire son origine, ou quelle est son
origine. Cette maladie origine d'un
amas d'humeur ; d'où croyez-vous qu'
origine cet abus ? pour provenir.

x **Ordonné, ée,** part. Je suis ordonné par
Monsieur S. de vous dire... pour j'ai ordre
de Monsieur S. de... Elle est ordonnée d'aller
à Québec, elle a ordre, ou reçu ordre &c.

Otocas. - sub. - (plante.)

Oiseau blanc - pour Ortolan.

P.

[CAHIER A]

x **Paré** - part. du verbe parer v. act. On se sert
par toute la Campagne et assez géné≈
ralement dans la bonne Compagnie
de ce participe pour l'adjectif prêt,
prête. Etes-vous paré à partir ?
Madame est parée à monter en voiture.

x **Payer.** v. act. Plusieurs personnes & surtout du
bon ton vous disent : j'irai demain,
Monsieur vous payer une visite ; je viens
de chez Madame ... lui payer mes respects mes complimens.[211]

L'action de[212] rendre ne leur est pas fami≈
lière : Je me rappelle à ce sujet
d'une phrase d'un[213] homme qui a
eu l'honneur malheureusement de
siéger trop longtems à notre Chambre
d'Assemblée, et dont d'aveugles
léche-crachats s'enrumoient [sic] à
préconiser les prétendues lumières,
dire un jour de son siége : «On me
verra toujours paré à payer le regard
dû à l'objet en question.» Anglois.

Poudrerie. sub. fém: On dit qu'il a fait
une grandre [sic] poudrerie, une poudre≈
rie affreuse, quand en hyver la
neige soulevée par un gros vent -
est emportée en tourbillon impé≈
tueux. C'est, si l'on peut le dire, une
bourasque de neige.

Poudrer. v. n. - Ce verbe n'est usité que
dans cette phrase : il poudre,[214]
il a poudré bien fort ; pour
exprimer qu'il y a, ou qu'il y a
eu une grande poudrerie.

Pesâ. sub. mas. sing. C'est le nom que les
habitans donnent à la tige des pois,
lorsqu'ils en ont ôté le grain en le
battant. Le pesâ sert alors de
nourriture aux animaux.

Plairie, sub. fém. quelquefois usité pour Prairie.

x **Pipe,** sub. fém. sorte de mesure de distance
chez quelques-uns de nos habitans.
Combien y-a-t-il d'ici à tel endroit ?
- environ 5 pipes, c'. a.d. 15 lieues,
la pipe comptant pour environ
3 lieues. On dit encore : il y a d'ici
là une pipe ! une belle pipe ! pour
dire que la distance est grande.
Voyez Mèche.

x **Poudine** } sub. fém. Mêts anglois du
  & **Poutine** } nom de pouding. Il se dit

aussi en françois mais il est mas*culin*
& se prononce poudingue quoiqu'il
s'écrive pouding. Ex. Un pouding au
riz ; il y a des⁽²¹⁵⁾ poudings⁽²¹⁶⁾ de plusieurs
sortes.

Porchais. sub. mas. Petit cochon mort,⁽²¹⁷⁾ de quatre
mois ou environ, que l'on a engraissé
pour tuer. Il se nomme notureau,⁽²¹⁸⁾
j'usqu'au moment qu'on le tue.

Porceline ⎫ sub. fém. - pour Porcelaine.
Pourceline ⎭ tasse, assiette de pourceline ou
porceline, pour, de porcelaine.

Pelote. sub. mas. [*sic*] au lieu de Paume. s. f. (sorte
de jeu où jouent deux ou plusieurs per≈
sonnes qui se renvoient une balle avec
une raquette ou avec un battoir, dans un
lieu préparé exprès.) On emploie ici le
mot de pelote, non seulement pour expri≈
mer le lieu où on joue, un jeu de pelote,
mais encore pour la balle même, on
a perdu la pelote,⁽²¹⁹⁾ et pour le jeu
même, viens jouer à la pelote. on doit
dire paume, dans tous ces cas. Pelote
est françois dans ces expressions : pelote
de fil, de soie, de neige,⁽²²⁰⁾ de laine, ou pelotons.

Palette. sub. fém. on s'en sert au lieu de battoir
il est françois. V*oyez* Pelote.

x Peter. v. a. pour claquer. ce fouet péte bien,
faire peter son fouet. (habit, mains, vitres -) -
pour crever - son fusil lui a⁽²²¹⁾ peté
dans la main. Je crains qu'il en péte.

Papier-nouvelle, sub. mas. pour papier-public.⁽²²²⁾

Pistolage ⎫ sub. fém. [*sic*] sorte de limaçon du genre
Pucelage ⎭ de la porcelaine. Pucelage est admis en françois.

x Prouvable. adj. 2 gen*res* (qui peut être prouvé[)]. -
Ce fait est prouvable, au lieu de dire
qu'on peut prouver ce fait.

Port-épic ⎫ sub. mas. nom que l'on donne ici à un
Porc-épic ⎭ animal qui, comme le Porc-épic,
porte des piquans au lieu de poil, mais

qui est plus[223] petit[224] que le vrai porc-
épic. - C'est une sorte d'Hérisson, ou le
coendou, ou urson.

x **Plaisant. te.** adj. employé mal-à-propos, pour
beau ou agréable, dans ces phrases : un tems
est plaisant, une plaisante après dinée. - Anglois.

[CAHIER B]

Pincettes. sub. fém. plur. Baiser en pincettes,
pour se faire retaper, V*oyez* Baiser.

Plated. adj. anglois dont on se sert commu≈
nément au lieu de fouré [*sic*], ée participe.
pour[225] les vases et autres meubles de
cuivre dorés ou argentés d'un côté. J'ai
acheté deux chandeliers plated, pour
fourrés. Il a un beau pot plated, fourré.

Pelleter. V. a. remuer, jetter avec une pelle.
pelleter la neige, ou de la neige ; pelleter
du blé, pour mettre du blé dans
un sac avec la pelle. Il est aussi neutre
il a pelleté, tout le jour.

Pesant. sub. mas. pour Cauchemar s. m.
qui se prononce comme cochemar. (sorte
d'oppression ou d'étouffement qui survient
quelquefois durant le sommeil, en sorte
qu'on croit avoir un poids sur l'estomac,
et qui cesse dès qu'on vient à se réveiller.)
il est sujet au pesant, avoir le pesant,
pour le cauchemar ; il a eu le pesant
toute la nuit.

Pochetée, sub. fém. pour Poche ([226]le contenu
d'une poche[)]. Il lui a été volé, cette
nuit, près de 3 pochetées de bled.
On dit aussi poche dans ce sens.

Passe-rose. sub. fém. - pour -[227]
rose-d'outremer, ou rose-tremière ;
c'est la Mauve des jardins.

Poisson doré. -

Poisson blanc. -

Perdrix - pour Faisan sauvage.

Q.

[Cahier A]

x **Quêteur, euse.** sub. qui ne se dit en françois que d'une personne qui quête pour quelqu'un, est non seule≈ ment employé ici dans ce sens, mais plus généralement au lieu de <u>Mendiant</u>, sub. mas. & de <u>Quémandeur, euse</u>, sub.

x **Quêter.** v. pour <u>mendier</u>, <u>quémander</u>.

x **Quitte** - [(]p*our* <u>acquet</u>) vous avez plus de <u>quitte</u> d'aller là -[(228)]

Quitter. V. (p*our* laisser) je l'ai <u>quitté</u> chez lui, à la maison. il l'a <u>quitté</u> mourir.[(229)]

Québecquois ou **Québéquois**. - Gens de Québec.

R.

[Cahier A]

x **Relevée.** sub: fém. (tems de[(230)] l'après dinée). Ce terme est employé ici dans sa vraie signification, mais comme il ne doit être d'usage que dans le Bareau et qu'on ne s'en sert guères qu'à Québec, il seroit bon de le restituer, de peur de chicane. à deux heures de <u>rele≈ vée</u>, pour de l'<u>après-dinée</u>.

x **Ramancher.** V. act. et canadien. Il a plusieurs significations. (1º - conter avec diffusion[(231)]) Que me <u>ramanchez-vous</u>? Il me <u>ramancha</u> une histoire qui n'avoit ni queue ni tête.[(232)] (2º raccomoder réparer[(233)]) Il a bien <u>ramanché</u> ce chandelier. La caléche est bien <u>ramanchée</u>.

Robe de bœuf. sub. fém. (terme de commerce) On appelle ainsi la peau du buffle

préparée d'un seul côté. Elles servent
l'hyver de lit et de couvertures de
lit aux gens de la Campagne, et
dans les carioles à couvrir ou
envelopper les jambes des Voyageurs.

x **Retraiter**. v. n.[234] terme de
guerre pour exprimer qu'une armée
se retire, qu'elle fait sa retraite. Ex :
L'armée a retraité de deux lieux [sic].
Le Général se vit contraint de retraiter,
pour dire qu'il a été obligé de faire
retraite, de se retirer. - Anglois.

x **Retraiter** ⎱ v. act. terme de pratique; pour[235]
Retrayer ⎰ retraire, c-à-d retirer par
droit de parenté, ou par droit seig≈
neurial, un héritage qui a été vendu.
Ces deux verbes ne[236] sont employés par les
notaires qu'à l'infinitif & au parti≈
cipe. Ex : avec le droit de retraiter ou
retrayer, pour retraire. J'ai retraité,
ou retrayé cette terre, pour j'ai
retrait &c.

Remou[237]. sub. mas. C'est le mouvement
rétrograde que font
les eaux, après un courant rapide.[238]

Racérer. V. a. (mettre de l'acier avec du fer,
afin de rendre celui-ci propre à
couper.) on doit dire acérer. acérer
une hache, et non racérer.

Racéré, éé. [sic] adj. pour acéré, éé [sic]. Une lame,
Une pointe, une hache acérées.

Rôle - sub. mas. mot pris de l'anglois pour
exprimer ces petits pains que l'on
vent [sic] dans les rues le matin & le
soir, pour le thé. - c'est proprement
la miche (pain d'une grosseur
médiocre, pesant au moins une livre,
& quelque [sic] fois deux[)]. Voulez-vous des
miches ? Le crieur de miches est
à la porte.

x **Résous.** - participe du verbe Résoudre. Il est bien souvent employé et mal-à-propos pour Résolu. (ce participe n'est d'usage qu'en parlant des choses qui se changent, qui se convertissent en d'autres ; et il ne se dit point au féminin. Brouillard résous en pluie.) - Ex : Je suis résous à plaider. Je l'ai résous à venir avec moi, à se battre ; pour je suis résolu à plaider ; je l'ai résolu à venir &c.

Rustique. adj. 2 gen*res*. Cet homme est rustique, pour dire qu'il est impossible de gagner quelque chose sur lui : la colline est rustique à monter, pour difficile, c'est un cas rustique, difficile à débrouiller. les chemins sont rustiques, c.à.d. mauvais. On dit familièrement : c'est rustique, pour exprimer, difficile, épineux, fatiguant [*sic*]. On emploie dan[s] ces mêmes sens - malin & méchant.

Retontir. V. n. pour Rebondir. v. n. (faire des bonds.) On dit d'une pelote que l'on jette contre le plancher - qu'elle retontit bien, pour rebondit. - On l'emploie aussi pour éprouver des secousses, le coup de canon a été si fort, ou le canon a pété si fort, que toute la maison en a retonti. Le bois a retonti de ses cris, pour exprimer l'effet de l'écho. Les vitres ont retonti du coup de terre [*sic*], pour ont été ebranlées, ont tinté. (retentir.)

Remercier. V. a. V*oyez* obligé.

Ramasse. sub. fém. Synonime ici de volée de coups. Il lui a donné une bonne ramasse. V*oyez* dégelée, & fricasser.

Ratapiat. sub. mas. pour baragouin, ou langage qu'on n'entend point. quel ratapiat !

x **Reintier.** s. m. mot employé par les habitans pour les reins, quelquefois[239] de l'homme, & toujours[240] des animaux. Du reintier d'un cochon on peut faire trois <u>socs</u>. il est foible du <u>reintier</u>.

à (Re)brousse-poil[241]. façon de parler adv. à <u>contre-poil</u>.
    On dit ici figurément ; ne parlez pas à M*onsieu*r il est à
    <u>rebrousse-poil</u> aujourd'hui, c-à-d. de <u>mauvaise humeur</u>.

[CAHIER B]

Rhimb - pour <u>Rhumb</u> de vent. sub. mas.
    Cette ligne suit ou court[242] tel <u>Rhimb</u> de vent.
x **Rapiester**. V. a. pour rapiécer (remettre
    des piéces à un habit ou à du linge -).
    Je suis à[243]<u>rapiester</u> ses chemises.
    On emploie aussi[244] ce verbe absolu≈
    ment : on n'est occupé qu'à le
    <u>rapiester</u>, pour dire - <u>rapiécer</u> le
    linge de telle personne. Aussi <u>rapiester</u>
    quelqu'un.
x **Rapiesté - tée** - part. habit <u>rapiesté</u>,
    veste <u>rapiestée</u>. cet homme est
    tout <u>rapiesté</u>.
Regricher - Les cheveux lui <u>regrichoient</u>
    sur la tête.[245]
à **Regriche** ou **griche**-**poil** -[246]

S.

[CAHIER A]

Sentinelle. sub. fém. (soldat qui fait le
    guet.) On dit ici assez généralement :
    <u>Le</u> sentinelle doit avoir froid par ce
    tems ; on devroit dire, <u>la</u> sentinelle &c.
    Voy*ez* <u>Factionnaire</u>.
Style. - sub. mas. Nos faiseurs de mots ont
    donné à ce mot en françois toute
    la latitude[247] qu'il a dans la langue
    Angloise. Ainsi l'on dit : la table de
    M*onsieu*r[248] étoit servie dans le plus <u>haut</u>
    <u>stile</u> ; sa maison est meublée dans
    le <u>grand stile</u> ; madame est habillée

dans le grand stile, pour exprimer
que rien n'est[249] épargné, que tout
est de meilleur gout et de la der≈
nière mode. Ce sont les rabats
de la bonne faiseuse du Marquis
de Molière.[250] Anglois.
- x **Sieau**. Sub. mas. pour seau ; un seau
ferré, des seaux de bois.
- **Sorcière**. sub. fém.[251] tourbillon de neige
ou de poussière,[252] occasionné subite≈
ment par un fort[253] vent, et de peu de durée.
Fermez les fenêtres, de crainte que la
sorcière ne les brise. Avez-vous vu
passer la sorcière ? Etiez-vous dehors
durant la sorcière, pour : quand elle passoit[254].
- x **Soulicr**. sub. mas. On donne ici le nom de
souliers françois, aux souliers de cuir[255] qui
viennent de l'étranger, ou que les cor≈
donniers manufacturent ; celui de sou≈
liers de bœuf, à ceux que les habitans se font de la peau du bœuf ; et
celui de souliers sauvages, à ceux que
font ces derniers de la peau du chevreuil.
- x **Suspect**. te. adj. (qui est soupçonné, ou qui
mérite de l'être). Nos habitans em≈
ployent aussi ce mot pour susceptible.
dans ce cens : Elle est suspecte, c'-à-d. Elle
est facile à blesser.
- **Stellci - Stellcit**. pron. démonstratif celui-ci. pron. dém.
- **Stellà**, pour celui-là. pron. dém.
- **Souris-chaude**, sub. fém. pour Chauve-souris. oiseau.
- x **Sur**. préposition de lieu. - Employée très
souvent pour Chez, préposition. -
Je viens de sur mon oncle ; je vais
sur le notaire. Je dine sur ma tante.
- x **Sarpidon**. sub. mas. pour tapageur ; c'est
un petit sarpidon, quel sarpidon.
- **Soigner**. V. a. (traiter avec beaucoup de soin,
il a été bien soigné durant sa maladie.)
on dit aussi soigner des enfans,[256]

Sur. ure. adj. que l'on emploie communé≈
　　　ment pour aigre ; du vin sur, du
　　　lait sur, pour aigres. aigre signifie
　　　ici vice ; mais pour marquer la qualité,
　　　on dit sur, des pommes sures, des fruits
　　　surs, l'oseille ronde est fort sure.
x **Surir**. V. a. pour aigrir (rendre aigre,
　　　faire devenir aigre.). La chaleur[257] surit,
　　　ou fait surir le lait. &c.
x **Sauvagesse**, sub. fém. pour Sauvage. -
　　　voilà une sauvagesse, pour une sauvage.
Sucet. sub. mas. On appelle ainsi le tuyau du
　　　blé d'Inde, ou sa tige, dégarnie de ses épis,
　　　et que l'on fait manger au bétail à corne[s].
　　　Les sucets, coupés un peu verts, font de
　　　bons fourages. Quand les sucets sont trop
　　　secs, les animaux ne les manche [*sic*] point.[258]
　　　tu as là de beaux sucets. On l'appelle
　　　aussi coton de bled d'Inde, quoiqu'on donne
　　　plus particulièrement ce nom à l'épi -
　　　dégarni de ses grains.
Soupe. - Il dort comme une Soupe.
Sorel. habitant de Sorel. Ex. C'est un
　　　Sorel. Voilà des sorels assurément, leur
　　　habillement le dit.

T.

[Cahier A]

x **Tuer** - V. act. Ce verbe est quelques fois
　　　employé pour éteindre, assez
　　　improprement. Tuez la chan≈
　　　delle ; avez-vous tué le feu du
　　　poele[259], au lieu de éteignez, avez-vous
　　　éteint[260]. &c.
Traîne. sub. fém. Sorte de voiture d'hyver, qui
　　　sert aux habitans pour charrier
　　　le bois, les denrées, le foin, &c. Voyager
　　　On l'appelle en françois[261] traineau.

Traîne de clisse. sub. fém. Voiture d'hyver des Sauvages, qui leur sert à trans≈ porter leur venaison & autres choses. C'est une planche très mince, - courbée par devant.

Traineau. sub. mas. C'est la traine des Canadiens, mais d'une dimension beaucoup plus petite, assez souvent avec des bras. Elle sert aux enfans à courir et glisser sur la neige.

Trompe. Sub. fém. ⎫ petit instrument de
x **Bombarde.** S. fém. ⎭ fer, qui a une lan≈ guette au milieu dont on tire un son en le mettant entre les dents et en le touchant avec le bout du doigt. On l'appelle ordinaire≈ ment trompe à laquais, ou Guim≈ barde.[262] Nos habitans le nomment tantôt Trompe et tantôt Bombarde.

Travail. sub. mas. Ce mot qui ne s'emploie qu'au singulier, se dit des deux piéces de bois qui se prolongent en avant d'une charette, ou que l'on attache par une chaîne de fer aux[263] voitures d'hyver en Canada et entre lesquels [sic] est placé le cheval qui les traine; c'est proprement le brancard. Le mot travail est employé à Montréal & celui de menoirs au pluriel à Québec. Le travail de la traîne est cassé; les menoirs de la cariole[264] sont neuves.

Thétière, sub. fém. pour Théière, vase pour faire infuser le thé.

Tondre. sub. mas.

x **Tuque.** sub. fém. vêtement de tête. Voyez Mâle.

Tauraille. sub. fém. Nom sous lequel les habitans désignent en général les jeunes veaux et[265] genisses (taure). Ce sont de belles tourailles, où sont les taurailles.[266] une jeune tauraille.

Tire. sub. fém. Sorte de sucre en bâton que l'on
procure[267] de la melasse, en la faisant bouillir.
De bonne tire ; de la tire pleine d'yeux ;
la tire se vend un sol le bâton.
Tapisserie. sub. fém.[268]
Tirans. sub. mas. plur. pour aurore boréale.
Il y a beaucoup de tirans dans le
Nord. - V*oyez* Clairon -

x **Tapon.** sub. mas. Ce mot s'emploie ici pour
Tas, Paquet. touffe[269]. Un Tapon de laine,
tapon de neige, la neige tombe en tapon,
pour dire qu'elle tombe par flocons. - Un
tapon de graisse. On dit d'un petit
enfant gros et gras, c'est un tapon,
c'est un tapon de graisse.

x **Train.** Sub. mas. On appelle train les occupations
quotidiennes du ménage. Mettez vous
à votre train ; vous n'avez pas encore commencé
votre train, vous êtes bien paresseuse. Vous ne
finirez pas votre train aujourd'hui.[270]
On dit être en train, pour ivre. Il
commençoit à se mettre en train, Il
n'étoit pas mal en train, il est revenu
en train. Ils sont tous en train.

Trèfe. sub. mas. pour Trèfle (herbe, et une
des quatre couleurs d'un jeu de cartes[)].

Troisse. - pour Trois. nombre cardinal.

x **Tricoler.** v. n. Il se dit d'un[271] homme ivre,
qui chancelle. Il tricole, je l'ai vu
dans la rue tricolant de la belle sorte.

x **Tapin.** sub. mas. synonime de tape ou soufflet.
il n'est pas françois.

x **Trempe** adj. 2 gen*res* au lieu de trempé, ée, part. -
Il est[272] tout trempe, Son habit est
tout trempe, pour dire qu'il a été extreme[≈]
ment[273] mouillé ; il est tout trempe de sueur,
pour dire qu'il a beaucoup sué.
On dit proverbialement, il est revenu
trempe comme une[274] soupe, pour trempé, pour
dire très mouillé.

x **Touche**. sub. fém. terme en usage parmi les fumeurs, dans ces phrases. Veux-tu fumer une touche, viens fumer une touche, après avoir fumé une touche, pour dire fumer un peu et tout au plus une pipe.

Tête. sub. mas. [*sic*] On dit d'une personne entêtée, opiniatre, c'est une tête d'escargot, une tête de boule.

[CAHIER B]

x **Tinton**. sub. mas. Il n'est pas françois. On dit le tinton sonne, on sonne le tinton, pour exprimer (le son lent d'une cloche dont le battant ne touche que d'un côté.) on doit simplement dire : on tinte à la Paroisse, on tinte la messe, le sermon, ou absolument, la cloche tinte ; on peut aussi dire tinter la grosse, la petite cloche.

Tourniquet - sub. mas. - tournoiement d'eau dans un trou fait dans la glace d'une rivière, particulièrement le printems. - Voyez Remous. - (275)

V.

[CAHIER A]

x **Voyage**. sub. mas. J'ai payé 2 sols pour un voyage d'eau, au lieu de dire pour une voie d'eau. - On appelle voie d'eau & non pas voyage, les deux seaux d'eau que porte un homme. On dit aussi Voie, pour charretée. Ex : voie de bois, voie de pierre, voie de sable.

x **Vulgaire**. adj. 2 genre[s]. Outre son vrai sens, nos habitans entendent par vulgaire visible, évident. c'est vulgaire qu'il est midi. Il est vulgaire que tu perdras ton procès.

x **Vire-l'œil**. sub. mas. pour louche d'un œil.

Il est employé par dérision. Veux-
tu te cacher, vire-l'œil !

Veuilloche. sub. fém. On nomme ici une
petite meule de foin. Mettre le foin
en veuilloches, c'est le mettre en petits
tas dans les prairies, avant de le
charrier.⁽²⁷⁶⁾ On appelle Mulon
une grosse meule de foin.

x **Verbalement.** adv. Il a plusieurs accep≈
tions. Il lui a parlé verbalement -
pour sec. On dit qu'un postillon mène
ses chevaux verbalement, pour bien vite,
bon train. il l'a battu verbalement
pour bien fort.

Vaches (plancher des) c'-à-d. la terre. Ex :
Une fois sur le plancher des vaches, tout
ira bien, dira quelqu'un voyageant sur l'eau.

Notes du manuscrit 1

1. sont *surcharge* est *raturé.*
2. une acception semblable ou contraire ; *surcharge* la même acception *raturé.*
3. *Orthographié ainsi dans le ms.*
4. est *surcharge* étoit *raturé.*
5. le *ajouté.*
6. Amanchure *non défini ajouté au verso de la première page, en regard de l'article* Amancher.
7. *Accent aigu raturé sur le* e.
8. *Orthographié ainsi dans le ms.*
9. arrête *surcharge* ne passe *raturé.*
10. et non *raturé.*
11. te. *ajouté.*
12. adj. *surcharge* sub. mas. *raturé.*
13. *Orthographié ainsi dans le ms.*
14. avons *raturé.*
15. amât *écrit ainsi dans le ms.*
16. employé *dans le ms.*
17. sub. mas. Espèce de bourlet de vieux linges, ou guenilles que les habitans met-tent sur le cou du bœuf qui laboure, pour le lui garantir du mal que *surcharge* sub. mas. Ce mot est quelque fois usité dans la Campagne, pour chapeau de

femme : Un apichimon de paille, *le reste illisible se termine par* mon apichimon, *le tout raturé.*
18. dans *surcharge* pour aise *raturé.*
19. *Article au crayon.*
20. *Article au crayon raturé.*
21. attisèe *dans le ms.*
22. e *surcharge* a ; bombe *raturé.*
23. habitans *ajouté dans l'interligne au-dessus de* les pauvres.
24. Escarpolette, *ajouté.*
25. Les enfans *surcharge* Ta sœur ber[lancille] *raturé.*
26. s *final raturé.*
27. dont *surcharge* que *raturé.*
28. (civière) *ajouté au-dessus de* brancard.
29. *L'accent grave remplace l'accent aigu dans les deux occurrences de* calèche *d'abord orthographié* caléche.
30. *Sous-entendre : voir l'article* Gaspiller *dans lequel figure le mot* butin.
31. que l'on *surcharge* qui *et début de mot illisible, le tout raturé.*
32. s *final raturé.*
33. e *final raturé.*
34. lit *raturé.*
35. nomme *surcharge* dit *raturé.*
36. d' *raturé.*
37. (V.L.B.) [= Voyez Livre B] *écrit verticalement dans la marge.*
38. 2° le rivage opposé *raturé.*
39. enclin à *surcharge* porté facile[ment] *raturé.*
40. *Accent grave supprimé.*
41. elle *remplace* il.
42. maltraitrer *dans le ms.*
43. ou autrement *écrit au crayon surcharge* et de légers coups *raturé.*
44. le prélude de battre *raturé.*
45. C'est - Brusquer *écrit verticalement au crayon dans la marge.*
46. r *final surcharge* x.
47. pour bourasque *écrit verticalement au crayon dans la marge.*
48. & remuez *ajouté.*
49. rétapé *dans le ms.*
50. s'est fait baiser *remplace* a été baisé.
51. en guedou *ajouté.*
52. er *écrit au crayon surcharge* re *de la première syllabe.*
53. *Accent supprimé sur* e.
54. er *écrit au crayon surcharge* re *de la première syllabe.*
55. a bredassé *remplace* n'a fait que bredasser.

56. maltraiter *surcharge* gronder *raturé*.
57. de coups *raturé*.
58. à *surcharge* pour *raturé*.
59. le *raturé*.
60. ma *remplace* la *raturé*.
61. *Orthographié ainsi dans le ms.*
62. (V.L.A) [= Voyez Livre A] *écrit verticalement dans la marge.*
63. Voyez plus loin *renvoie pour la suite à la page suivante dans le ms. ; c'est le même article* Beurrer *qui se continue à la page suivante ;* Beurrer V. a. *n'est pas une autre entrée, mais un rappel dans le haut de la nouvelle page dans le ms.*
64. r *surcharge* z.
65. c'est Bavarder *écrit verticalement au crayon dans la marge.*
66. bat *dans le ms.*
67. le plus *surcharge* pour *raturé*.
68. *Orthographié ainsi dans le ms.*
69. c'est *surcharge* veut *raturé*.
70. ma *surcharge* la *raturé*.
71. donne *surcharge* prete *raturé*.
72. à *surcharge un début de mot illisible raturé*.
73. nomme *surcharge* donne aussi *raturé*.
74. qu'il est beaucoup *surcharge* que le chem[in] *raturé*.
75. de neige. *surcharge* pour en jetter la neige dans le *suivi d'un mot illisible, le tout raturé*.
76. *Article raturé*.
77. ne *et* ici *ajoutés*.
78. couper *surcharge* arracher de terre *raturé*.
79. signifie le *surcharge* ne peut s'appliquer qu'au *raturé*.
80. les *surcharge* aux *raturé*.
81. (V. Livre B.) *écrit verticalement dans la marge*.
82. *Orthographié ainsi dans le ms.*
83. Ebrayer *ajouté*.
84. prononcez Cris *ajouté au crayon*.
85. *Article raturé*.
86. Cage & Cajeux *raturé*.
87. On dit nomme cajeux *raturé*.
88. on dit : courir les côtes pour les campagnes *ajouté*.
89. (V. Livre A.) *écrit verticalement dans la marge*.
90. *Virgule supprimée*.
91. de cabaret ou taverne. *surcharge* auberge *raturé*.
92. à l'armée. *surcharge* dans une can[tine] *raturé*.
93. cabaretier ou tavernier *surcharge* aubergiste *raturé*.

94. *Même remarque qu'à la note précédente.*
95. s'amuser à *raturé.*
96. se promener *surcharge* faire aller *raturé.*
97. *Virgule supprimée, suivie de* en *ajouté au crayon puis raturé.*
98. la charge d'un canot, *surcharge* le <u>canot & son chargement,</u> *raturé à l'exception de* le *qui a été oublié, et que nous n'avons pas restitué.*
99. bled d'inde, ou il lui a donné un beau bled d'inde ; *surcharge l'article* Clairon *raturé et recopié plus bas.*
100. *Article au crayon.*
101. nos *surcharge* on l'a *raturé.*
102. de bateau *ajouté.*
103. *Cette occurrence et la précédente sont orthographiées ainsi dans le ms.*
104. En *raturé.*
105. de *surcharge* pour *raturé.*
106. On l'emploie avec le pron. pers. Elle est *raturé.*
107. sur *raturé.*
108. act. & n. *surcharge* act. *raturé.*
109. commun *ajouté.*
110. je *raturé.*
111. de *ajouté.*
112. *L'accent grave remplace l'accent aigu.*
113. éé *dans l'entrée et dans* avariéés.
114. la *surcharge* une *raturé.*
115. dans cette chambre, *ajouté.*
116. là *raturé et* ici un instant, *surchargent* un peu, je suis *raturé.*
117. *L'accent aigu et l'accent grave se croisent au-dessus du* e *dans le ms.*
118. peu *surcharge* moins *raturé.*
119. dégouter *raturé.*
120. On dit d'une personne *raturé.*
121. (se débrailler est franco*is*-) *écrit verticalement dans la marge.*
122. fier &c. *raturé surcharge* fier comme un Ecossois *raturé.*
123. ou corné *ajouté au crayon.*
124. m'<u>étrivez</u> *surcharge* m'<u>agacez</u> *raturé.*
125. c'est *surcharge* Il est aussi adj. *raturé.*
126. dire *raturé.*
127. ont des *raturé.*
128. bien *surcharge* beaucoup *raturé.*
129. Ecrapoutiller *ajouté au crayon.*
130. ce *supprimé par nous.*
131. écrasé *surcharge* battu *raturé.*
132. de ses coups, *surcharge* d'une manière horrible *raturé.*

133. ou *surcharge* & *raturé.*
134. dans la place. *ajouté.*
135. doigt *raturé.*
136. avec *surcharge* au lie[u] *raturé.*
137. qui s'ouvrent, sechés par *surcharge* lorsqu'ils s'ouvrent par la *raturé.*
138. simplement *raturé.*
139. se dit *raturé.*
140. mal *surcharge* bien *raturé.*
141. pour estropié. *ajouté.*
142. équivage *dans le ms.*
143. Epotraillé *remplace* Epotrailler ; (adj:) *ajouté.*
144. *Article au crayon.*
145. *Article au crayon.*
146. *Article au crayon.*
147. *Article raturé.*
148. pour signifier qu'elle *raturé.*
149. c-à-d *surcharge* pour *raturé.*
150. *Article raturé.*
151. adj. *raturé.*
152. te *dans le ms.*
153. exprimer *raturé.*
154. (V.L.B.) [= Voyez Livre B] *écrit verticalement dans la marge.*
155. c'est un *surcharge* il se dit des *raturé.*
156. e *final raturé.*
157. *À partir de* et toutes ces acceptions *jusqu'à* moque., *le texte se trouve au bas de la première colonne de la lettre G qui est en regard.*
158. (V.L.A.) [= Voyez Livre A] *écrit verticalement dans la marge.*
159. avoir fini de *raturé.*
160. expres*sion* Angloise *au crayon écrit verticalement dans la marge.*
161. tout *ajouté ;* flamblant *orthographié ainsi dans le ms.*
162. veulent exprimer *remplace* expriment.
163. tout flambant nud, se dit aussi d'une personne entièrement nue. *ajouté au bas de l'article ; signe de renvoi dans le texte.*
164. *Orthographié ainsi dans le ms.*
165. e *final raturé.*
166. Voyez Gars *écrit verticalement au crayon dans la marge.*
167. Gueusasse *remplace* gueusaille.
168. il n'est pas françois. *surcharge* plein, trempé de graisse *raturé.*
169. *Article raturé. Le renvoi à* Butin *était inutile puisque* gaspiller *ne figure pas dans les exemples donnés dans l'article* Butin.
170. proververbiale *dans le ms.*

171. *Article au crayon.*
172. *Article au crayon.*
173. s *final raturé dans les deux occurrences.*
174. dans *surcharge* pour *raturé.*
175. de *surcharge* d'habill[ement] *raturé.*
176. *Parenthèse fermante supprimée.*
177. et a d'autres *raturé.*
178. *L'accent aigu remplace l'accent circonflexe dans* mélange *d'abord écrit* mêlange.
179. *Parenthèse fermante supprimée.*
180. est dépensier *surcharge* a beaucoup dépensé d'argent *raturé.*
181. *Entrée au crayon.*
182. *Article raturé.*
183. la *raturé.*
184. *Accent circonflexe supprimé.*
185. franco[is] *raturé.*
186. c'est malin de plaider avec son Seigneur. *ajouté dans la marge; signe de renvoi dans le texte.*
187. *L'accent grave remplace l'accent aigu.*
188. cocombres *raturé.*
189. au lieu de *surcharge* pour exprimer la *raturé.*
190. On dit (nomme *au-dessus raturé*) aussi le <u>manche</u> d'une (de la *au-dessus raturé*) pipe, la partie la plus déliée de la pipe : *toute cette phrase est raturée.*
191. *L'accent grave remplace l'accent aigu.*
192. un b[onnet] *raturé.*
193. ne *et* plus qu' *ajoutés.*
194. el *raturé.*
195. s *final raturé.*
196. *Article au crayon.*
197. *il n'y a pas d'accent aigu sur le* e *final de* mauvaiseté *dans l'entrée.*
198. que l'on engraisse pour tuer. Lorsqu'il est tué il prend le nom de porchais. Ex : Vous *surcharge* Vous avez là de beaux notureaux. Il est en usage parmi les habitants. On se sert aussi du mot *raturé.*
199. d'adresse *raturé.*
200. compte *raturé;* un peu *raturé.*
201. le *raturé.*
202. *Article ajouté sur un bout de papier collé au bas de la page.*
203. ou *sans accent ajouté.*
204. *Accent grave supprimé.*
205. coin de sa *surcharge* lieu où cha[cun] *raturé.*
206. <u>cabinet</u>, sont *surcharge* est *raturé.*
207. Boutique de Notaire *écrit verticalement au crayon dans la marge.*

208. *L'accent grave remplace l'accent aigu.*
209. *Soulignement supprimé sous* on écrit & prononce.
210. remercier. *surcharge un mot illisible raturé.*
211. mes complimens. *ajouté.*
212. L'action de *surcharge* Le mot *raturé.*
213. une *dans le ms.*
214. *Virgule ajoutée;* bien fort *raturé.*
215. il y a des *surcharge* les *raturé.*
216. sont *raturé.*
217. mort, *ajouté.*
218. avant *raturé.*
219. mais *raturé.*
220. & pelote ou peloton ou *raturé.*
221. a *surcharge* est *raturé.*
222. *Article raturé.*
223. plus *surcharge* trop *raturé.*
224. pour *raturé.*
225. pour *surcharge* des cha[ndeliers] *raturé.*
226. plu[tôt] *raturé.*
227. Grande Mauve, ou *raturé.*
228. *Article au crayon.*
229. *Article au crayon.*
230. tems de *surcharge* après diner *raturé.*
231. avec diffusion *ajouté.*
232. Que me ramanchez-vous ? *raturé.*
233. réparer *ajouté.*
234. pour exprimer *raturé.*
235. dire *raturé.*
236. ne *ajouté.*
237. s *final raturé.*
238. C'est le mouvement rétrograde que font les eaux, après un courant rapide. *surcharge au crayon* Tournoiement d'eau dans une rivière *raturé et suivi de* Voy Tourniquet *au crayon raturé.*
239. quelquefois *surcharge* tant *raturé.*
240. & toujours *surcharge* que *raturé.*
241. *Préfixe* Re *raturé.*
242. ou court *ajouté.*
243. le *raturé.*
244. emploie aussi *surcharge* se sert de *raturé.*
245. *Article au crayon.*
246. *Article au crayon.*

247. l'étendue *ajouté au crayon dans l'interligne au-dessous de* latitude.
248. est *raturé*.
249. rien n'est *remplace* tout est sans *raturé*.
250. Cet homme peint dans le grand stile, pour de la *[mot illisible]* vouloir exprimer qu'il peint d'une <u>manière supérieure</u>, mais bien de la <u>manière la plus à la mode</u>. *raturé*.
251. léger *raturé*.
252. ou de vent *ajouté au crayon et raturé*.
253. un fort *au crayon surcharge* le *raturé*.
254. passoit *remplace* a passé.
255. de cuir *ajouté*.
256. *Article raturé*.
257. La chaleur *surcharge* Le tonnerre *raturé*.
258. point. *surcharge* plus *raturé*.
259. *Accent grave supprimé sur le premier* e *de* poele.
260. éteignez, *et* éteint *surchargent* <u>tuez</u> *et* <u>tué</u> *raturés*.
261. On l'appelle en françois *surcharge deux mots illisibles suivis de* on appelle, le tout *raturé*.
262. ou <u>Guimbarde</u>. *surcharge* <u>Bombarde</u> est le nom *raturé*.
263. aux *surcharge* aux traîneaux, traînes et autres *raturé*.
264. s *final raturé*.
265. et *surcharge* ou.
266. On s'en *raturé*.
267. procure *surcharge* retire *raturé*.
268. *Entrée raturée*.
269. <u>touffe</u> *surcharge* &c.
270. On appelle <u>train</u> les occupations quotidiennes du ménage. Mettez vous à votre <u>train</u> ; vous n'avez pas encore commencé votre <u>train</u>, vous êtes bien paresseuse. Vous ne finirez pas votre train aujourd'hui. *surcharge* Ce mot s'emploie ici pour dépenses de luxe, d'éclat, telles que voitures &c. Cet homme mene un gros <u>train</u>. Il fait beaucoup de <u>train</u>. *raturé*.
271. e *final raturé*.
272. Il est *surcharge* Je suis *raturé*.
273. extremement *surcharge* mouillé *raturé*.
274. une *surcharge* la *raturé*.
275. Voy. - Remous. - *raturé. Article au crayon.*
276. Ce so[nt] *raturé*.

[MANUSCRIT 2]

Amancher pour Emmancher, V. actif -
(Mettre un manche.)
Si ce verbe n'étoit jamais employé que dans son
sens propre, celui d'<u>emmancher</u>, - et que l'on ne commît
d'autre faute que de le prononcer mal, je ne m'arrêterois
peut-être pas à en faire ici mention ; mais les signi≈
fications qu'on lui donne, et qu'il n'a pas, autorisent
sans doute l'annotation que j'en fais. -
Il sert à exprimer Raccommoder. Ex : Ce Ciseau,
cette porte sont bien <u>amanchés</u> ou <u>ramanchés</u>. Voy*ez* ce
verbe. Il a <u>amanché</u> cela, on ne peut pas mieux.
Il signifie encore Refaire. Ex : Oh bien ! s'il l'a
défait, il peut bien l'<u>amancher</u> ou le <u>ramancher</u>.
Allumer. v. actif.
Quand on ne joint point de régime à ce verbe,
il est toujours entendu que c'est de la <u>pipe</u> dont on
veut parler. Ex : - Entrons <u>allumer</u>. Veux-tu <u>allumer</u> ?
Quand tu auras <u>allumé</u>, tu me donneras du feu.
Il signifie aussi se reposer, comme dans ces
phrases : Quand je serai au bout de ce guéret, j'<u>allumerai</u>.
Mes enfants, quand vous aurez[(1)] achevé cette partie
de votre ouvrage, vous pourrez <u>allumer</u> ; je vous le per≈
mêts [*sic*]. Ce dernier cens du verbe vient de [ce] que nos
fumeurs mettent toujours à profit leur loisir & leur repos.
Allumer s'emploie aussi pour visiter, mais alors
il est toujours régi par quelque verbe. Ex : Un habi≈
tant dira à un de ses amis : si tu passes dans notre
Paroisse, arrête <u>allumer</u> chez moi, ou <u>entre</u>, <u>viens allu≈
mer</u> à la maison ; c'est-à-dire, <u>viens me voir</u>.
Ahurissant. - **te**. Adjectif verbal.
Cet Adjectif, formé sans doute du participe
présent d'<u>Ahurir</u>, (verbe François qui veut dire <u>interdire</u>,

étonner, rendre stupéfait,) n'est pas lui-même François, et est d'ailleurs employé ici comme synonyme d'ennuyant. Ex : - Cette personne est bien ahurissante. On ne peut se figurer combien il est ahurissant. Dieu ! que ce séjour est ahurissant !

Il est quelquefois substantif, - Finis donc, - ahurissant ;

Apichimon. sub. mas. 1° Bourrelet de linge ou de paille, que l'on met sur le cou du bœuf qui laboure, pour empêcher que le joug ne le blesse. 2° Morceau d'étoffe, peau de mouton, ou autre chose semblable, que nos habitans mettent en guise de Selle, lorsqu'ils montent à cheval.

3° Méchant lit, grabat. Ex : Faites-lui un apichimon. Le moindre apichimon fera mon affaire.

Ce mot vient du Sauvage.

Arse. sub.[2]

qui n'est nullement françois. On l'emploie dans ces phrases : - Cette chambre est si petite, qu'on n'a pas l'arse d'y mettre un lit ; - pour qu'il n'y a pas moyen &c. J'aime à avoir de l'arse, partout où je suis ; - pour - être à mon aise, ou point gêné. Il n'y a pas dans ce lit l'arse de se retourner, ou assez d'arse pour y coucher deux ; - pour exprimer qu'il est bien étroit, ou[3] qu'il n'est pas assez large.

On voit par ces exemples que ce mot est le synonime Canadien de place, espace.

Abât. sub. mas.

Il est fort commun d'entendre dire : nous avons eu, depuis quelque tems, de grands abâts de pluie, - pour de grandes pluies, ou de fréquens orages. Nous aurons - sous peu quelque abât de nége, ou quelque Bordée. Voyez ce mot. - Il n'est pas François.

Appointement. sub. mas. (pension, gages[4] des Officiers d'un Grand.) -

Appointer. - Verbe actif. (Donner des appointemens.) Ce Verbe, françois dans cette acception, est employé ici pour - Nommer à une charge ou place. Ainsi l'on dit : Il a plu à Monsieur le Gouverneur d'appointer Monsieur C. D. Grand-Voyer du District, au

lieu de nommer M*onsieu*r C. D. Grand-Voyer. &c. On apprend
que le Chevalier P. est appointé Gouverneur de
telle Province, pour nommé Gouverneur.
Bombe. sub. fém. ou **Canard**. sub. mas. pour
bouilloire, sub. fém. C'est le vase dans lequel on fait
bouillir l'eau pour le thé. Le dernier de ces mots n'est
pas du tout en usage, qu'oiqu'il [*sic*] soit celui dont on devroit
se servir. On dit donc : Mettez la bombe au feu. Appor≈
tez le canard. Remplissez d'eau la bombe, le canard ; -
au lieu de la bouilloire.
La bombe se dit plus communément dans le
district de Québec, et le canard dans celui de Montréal.
Boucane. sub. fém. au lieu de Fumée. Ex :
Quelle boucane il y a ici ! Exposer quelque chose à la
boucane. La boucane étoit si forte, si épaisse, qu'on
l'auroit coupé [*sic*] avec un couteau. manière de parler très
commune.
Quoique les François aient le verbe Boucaner, ils ne
se servent pas du mot boucane.
Boucaner. V. a. (Faire secher du poisson et de la chair[5]
au soleil ou à la cheminée, comme font les Sauvages &c.) Il
est françois dans ce sens ; ainsi on peut dire, boucaner des
peaux. De la viande boucanée. Des jambons boucanés.
Mais quelque fois [*sic*] on emploie ce verbe comme neutre,
et l'on dit : cette maison boucane trop, pour l'habiter.
votre poêle boucane beaucoup. Cette cheminée a le
défaut de boucaner. Toutes ces phrases ne se peuvent
dire ; il faut employer Fumer.
Berlancille. sub. fém. pour Balançoire,
Escarpolette ou Brandilloire. Jeu d'enfant. (Corde,
branche d'arbre ou planche avec quoi on se balance, on
se brandille.) On ne peut donc plus dire : viens voir
ma berlancille.
Berlanciller. V. n. pour Se Balancer ou
se Brandiller, Verbes Réfléchis. -
Balancez-vous, Brandillez-vous, Enfans ; mais plus
de berlancille.
Butin. sub. mas.
Mot François dont on fait ici un emploi abusif. Les
effets, les meubles, les hardes d'une personne sont chez nous

son butin. Ex : On a saisi et vendu aujourd'hui, les mar= chandises, les meubles, les hardes, les livres, enfin tout le butin d'un tel. Votre butin (vos effets) restera en ma possession, j'usqu'à [sic] ce que vous m'ayez payé. Il s'est échappé de sa pension et a emporté tout son butin ; c'-à-d. tout ce qui lui appartenoit. C'est mon butin, pour mes hardes &c. Il gaspille tout son butin, c'-à-d. son linge, ses habits. Butin est un de ces mots revenus des Camps avec nos Ancêtres, et qui joint à beaucoup d'autres de ce genre, épars dans cet ouvrage, seroient seuls, aux yeux d'un penseur, une preuve presque suffisante du génie militaire & de la vie guerrière des Canadiens d'alors ; si l'histoire ne nous avoit transmis leurs actions.
Tout le monde sait que butin ne se dit que de[6] ce qu'on prend sur les ennemis.

Bordée. sub. fém. Terme marin que nous employons dans cette phrase : nous avons essuyé une furieuse bordée de nége. On dit aussi Abât dans le même sens. V*oyez* ce mot. On dit aussi absolument : il a tombé hier une grande bordée. Car la bordée s'applique à la nége seule ; tandis que l'abât se dit de la nége et de la pluie. On ne dit donc pas une bordée de pluie, mais un abât de nége se dit tous les jours.

Bicler. V. n. au lieu de Loucher. v. n. Ex : Il bicle ; elle a le malheur de bicler. En substituant loucher à ce verbe, on parleroit correctement.

Bicleux. se. adj. pour Louche. adj. des 2 gen*res*. Il est bicleux. Sa sœur est bicleuse, pour louche. On l'emploie aussi comme substantif. Ex : C'est un bicleux, - une bicleuse. - Louche n'est jamais substantif. Cet adjectif a pour synonyme Loucheur, se. adj. et vire-l'œil, sub.[7] V*oy*ez ces mots. Il est sans doute inutile de remarquer que[8] ces mots sont impropres, et que louche est le seul bon.

Brâsser. V. ac*tif.* (Remuer avec les bras, à force de bras. Ex. Brasser de l'or, de l'argent fondu.) On donne ici une autre acception à ce verbe, et l'on dit : je l'ai brassé d'importance, - dans le même sens que l'on dit en françois, - je l'ai savonné (reprimandé[9].) A l'aide d'une petite figure de Rhétorique, et

de ce verbe, les Canadiens font un bon feu, Ex : brassez
ou remuez donc le poêle. Ils disent encore : brassez le
chaudron, la poêle, - pour - brassez ce qui est dedans ; - et
le rôti n'est pas brulé. Quoique cette manière de
parler soit générale et a d'aussi bons effets journellement,
on doit remarquer qu'elle est vicieuse.

Beurrée. sub. fém.
Ce nom, qui ne doit se donner qu'à (une tranche de [pain]
sur laquelle on a étendu du beurre,) - s'applique encore,
ici, à toute tranche de pain sur laquelle on a étendu
quelque substance grasse, onctueuse ou liquide. Ex : Une
beurrée de graisse, de crème, de confiture.

Beurrer. V. ac*tif.* Il n'est pas du tout françois.
Il signifie ici - étendre du beurre sur... Ex : beurrez-
moi du pain. Prenez garde de vous beurrer les mains.
On dit même, beurrer de la graisse, des confitures &c.
Beurrer se trouve dans le Dict*ionnaire* de Danet[10]

Comfortable. adj. des 2 gen*res*. La lang[u]e fran≈
çoise n'a pas un semblable mot ; il est entièrement anglois.
C'est un adjectif à la mode et qui signifie tout ce que l'on
veut. Voici ses principales acceptions.

1° - C'est une nouvelle comfortable, - consolante.
2° - Tems comfortable, journée comfortable, - agréable.
3° - Mener une vie comfortable, - douce, contente.
4° - Liqueur comfortable, - qui fait plaisir, agréable à boire.
5° - Une nourriture, un mêt [*sic*] comfortable[11], - qui
fortifie, confortatif.

Capuche. sub. mas.[12] C'est le mot usité dans
la Campagne pour un chapeau ou bonnet de femme.
Ex. Une capuche de paille, de castor. Apporte la capuche
de ta mère. Où est la capuche de ta sœur ?

Couette. sub. fém. C'est la queue de cheveux
que portent les hommes. Faites-moi la couette. Il n'est
pas françois.
Couette se dit il est vrai pour (lit de plume) mais
alors il est masculin. Ex. On me donna un assez bon couette.
Nous ne faisons pas usage de ce mot dans ce dernier sens.

Cree ou **Cris.** Nom d'une nation Sauvage du
Canada, dont on se sert dans cette phrase : malin
comme un Cree. (on prononce toujours Cris.)

Chienneter. V. n.
On l'emploie à tort au lieu de chienner, (faire des chiens.) Ma chienne a chienneté, pour chienné.

Côte. sub. fém. Ce mot, qui signifie le penchant d'une montagne, d'une colline et les rivages de la mer, Ex : les côtes de l'Océan &c., ne sauroit s'appliquer à toute éminence, hauteur et élévation ; et c'est un des abus que nous en faisons.

Nous nommons aussi côte, dans nos campagnes, une rangée de terres concédées, ou une suite d'habitations. Ex : La côte de la Visitation. Un habitant de la côte Saint Luc. Je viens de la Grand'côte.

Côtes, pluriel signifie campagnes dans cette phrase très usitée, il va courir les côtes. Il a fait sa fortune à courir les côtes. Ceci se dit de certains Merciers qui vont vendant des marchandises de campagne en campagne.

On dit encore d'un vagabond, il court les côtes ; c'est un coureur de côtes ; pour exprimer qu'on ne lui connoit pas d'azile fixe. On dit en françois, dans ce même sens, c'est un coureur.

Chatoner [sic]. V. n. Il s'emploie ici au lieu[13] de chatter, (mettre bas des chats.) La chatte est au moment de chatonner. Elle a chatonné cette nuit, - pour - chatté.

Cavalier. sub. mas. pour Amant. sub. mas. (celui qui aime.) Ex : voilà votre Cavalier qui passe. Cette petite fille parle déjà d'avoir des Cavaliers.

Cantine. sub. fém. ou **Cannevette.** sub. fém.
Nous donnons également ces deux noms, à ce que les François appellent simplement Cantine. C'est un (petit coffre divisé par compartimens, pour porter des bouteilles et des phioles en voyage.)

La Cantine est à l'armée (le lieu où l'on vend du vin et de la bière aux soldats.)[14] Les Canadiens ont encore appliqué ce nom à tout cabaret ou taverne. Il est à la cantine.

Cantinier. sub. mas. C'est celui qui à l'armée tient la cantine, et le mot est françois dans cette seule acception. On doit donc dire le Cabaretier, le Tavernier, et non pas le Cantinier, quand on veut parler d'un homme qui vend, ailleurs qu'à l'armée, de la boisson au détail.

Cantinière. sub. fém. Synonime Canadien de Cabaretière, tavernière. Il n'est[15] usité dans la langue françoise.

Canotée. sub. fém. On entend par ce mot :
1º Tout ce qu'un canot peut contenir, un canot plein. Ex : une canotée de volailles, de sucre. Il vient de partir une canotée d'enfans, ou plein un canot d'enfans.
2º Dans le commerce des pelleteries, la canotée est la charge d'un canot d'écorce. J'ai monté à Michillimakinac avec six canotées ou canots ; car dans ce sens ces mots sont synonimes. - La charge d'un canot employé dans ce commerce est de 60 pièces ou paquets de marchandise, du poids de 90# [= livres] à 100# chacun, et de 1000# pesant de munitions de bouche. C'est ce qui s'appelle un canot ou une canotée.

Canoteur. sub. mas. **Canoteuse**. sub. fém.
Qui aime à canoter. Qui sait bien canoter. Il se dit plus particulièrement des enfans.

Canoter. V. n. - pour - Conduire un canot. Ex. Il sait bien canoter.
On dit encore, les enfants ont canoté tout le jour ; il aime bien à canoter ;[16] allons canoter ; et ce verbe signifie alors - aller, se promener en canot.

Cordeaux. plur. sub. mas. **Courroies**. sub. fém. plur.
ou **Guides**. sub. fém. plur.
Mots employés le plus communément au pluriel, pour exprimer (les longues rênes attachées à la bride d'un cheval attelé,) et pour le conduire. Guides est le mot propre ; et l'on doit dire : donnez-moi les guides, et non pas les cordeaux, ou les courroies.

Câdre. sub. mas. Mot dont on[17] se sert assez inconsidérément au lieu[18] de Tableau ou Peinture ; - voilà un beau câdre, pour une belle peinture, un beau tableau.
Le cadre d'un tableau c'est sa bordure.

Désapointer. v. act*if*. Vieux verbe qui étoit employé dans ce sens : (ôter les appointemens à un homme de guerre. Ex : on a désapointé plusieurs Officiers réformés.) Il n'est plus d'usage. Cependant il

commence à être beaucoup en vogue ici, c'est un mot favori. Il est toujours accompagné de l'auxiliaire être. Ex : J'ai été grandement désapointé aujourd'hui, je n'ai pas trouvé Madame chez elle. Je devois recevoir hier £100, mais combien j'ai été désapointé,[19] en apprenant que mon débiteur étoit enfui ! &c. En un mot, un homme à qui l'on a manqué de parole, qui éprouve quelque contre≈ tems, ou quelque traverse, - qui manque son coup, qui ne vient point à bout de son dessein, qui est trompé dans son attente, ou qui échoue dans ses plans ou ses projets, est dans tous ces cas désapointé.
Toutes ces acceptions sont purement Angloises.

Démancher. V. act*if.* (ôter le manche.)
Outre sa vraie signification, on lui en donne d'autres ici. Ex : -
1° Démettre, - j'ai le bras démanché, le doigt déman≈ ché. - pour - démis.
2° J'ai fait démancher mon écurie[20], ma maison, pour exprimer ou que je les ai fait jetter bas, ou que je n'en ai fait défaire qu'une partie.
3° Mon horloge est démanchée, c'-à-d., ou qu'elle est démontée, ou qu'elle n'est plus réglée, plus en ordre.
4° Sa voiture s'est démanchée entièrement en versant, au lieu de s'est brisée. Il est ici réfléchi. Je vous prêterois volontiers ce fauteuil, mais vous voyez qu'il est tout démanché - (brisé, cassé.)
5° Ma robe étoit devenue trop juste, je l'ai déman≈ chée, - pour décousue. Je serai contraint de faire déman≈ cher cet habit, c'-à-d. découdre, ou défaire.
6° Qui a donc démanché le lit ? Ne vous asseyez pas sur ce lit, vous le démancheriez, - au lieu de dire, défait, déferiez.

Débarquer. V. a. & n. (Sortir, descendre d'un vaisseau.) Terme de marins[21] qu'on emploie dans sa signification ordinaire, et pour
1° descendre de voiture. Ex : M*o*n*sieu*r B... débarquoit de sa calèche, comme je passois devant chez lui ; ou simplement Il débarquoit, comme je passois. Allons, vite, débarque.
2° descendre de cheval. Il est débarqué de cheval, & simplement je débarquerai chez toi, en passant.

3º <u>descendre</u> ou <u>sortir</u> de bateau, de canot. -
Ces manières de parler sont sans doute impropres,
et il seroit très facile de s'en corriger.
4º On dit encore assez mal-à-propos : <u>débarquez</u>
le fouet, de la caléche. <u>Avez-vous débarqué</u>[22] mon
porte-manteau de dessus le cheval ? On seroit aussi
bien entendu, si l'on disoit, - <u>ôtez</u> le fouet de la voiture,
<u>entrez</u> le, - <u>descendez</u> mon porte-manteau,[23] &c. et l'on
parleroit au moins notre langue.

Décent. - te. adj. -
Beaucoup de nos <u>puristes</u> du bon-ton disent
avec satisfaction : M*onsieu*r D. a eu des funérailles très
<u>décentes</u>, pour <u>honorables</u>. Cette maison est bien <u>décente</u>,
c'-à-d. <u>belle</u>, <u>bonne</u>, <u>bien meublée</u>. Cet[24] homme est
bien <u>décent</u> dans son habillement, ou en françois - il est
<u>vêtu bien proprement</u>. Il est extrêmement ou très
<u>décent</u> chez lui, ou dans sa maison, pour exprimer
que cette personne <u>est bien polie</u> au monde, - qu'elle
<u>reçoit bien</u> la compagnie.
Il est aisé de voir que toutes ces expressions sont
angloises.

Dirigé. part. passé. C'est un mot de Cour, que
le verbe <u>être</u> régit toujours et qui n'est jamais françois dans
l'emploi qu'on en fait dans cette phrase. Un secretaire
écrit : je <u>suis dirigé</u> par son Excellence de vous informer
que &c. - Il signifie, je <u>suis enjoint</u> par... j'<u>ai ordre de</u>...
Il est anglois dans ce sens.

Dégobillage. sub. mas. pour Dégobillis sub. mas.
(C'est un mot bas, qui ne[25] se dit que du vin et des viandes
<u>vomis</u>, et qu'on a pris avec excès) Ex. Cela sent le <u>dégobillis</u>,
et non le <u>dégobillage</u>.
Dégobiller, V. act*if*. Synonime de <u>vomir</u>, est aussi un
terme bas. Il est françois.

Décaniller. V. n. Il signifie <u>s'enfuir préci</u>≈
<u>pitamment</u>, <u>se retirer</u>[26] <u>promptement</u>, - <u>sortir en</u>
<u>hâte</u> de quelque lieu. Ex : Ces enfans <u>décanillèrent</u>
bon train, quand ils surent que vous veniez à eux. -
A peine vous vit-on, que toute la maisonnée <u>décanilla</u>.
On dit faire décaniller quelqu'un, dans le même
sens. Si j'étois de vous, je <u>ferois</u>[27] <u>décaniller</u> bien vite

ces gens de votre maison.

On se sert aussi de ce verbe absolument. - Allons, qu'on décanille à l'instant.[28] Vite, décanillez, bande de coquins. -

par Exemple. Façon de parler adverbiale usitée[29] dans le langage famillier. Ex : Oh, par exemple, c'est trop mentir ! - au lieu de - Oh, pour le coup. Cette expression n'a souvent aucun sens distinct, comme lorsqu'elle est précédée de[30] mais. Ex : je ne puis vous prêter mon cheval, mais par exemple - ma voiture est à votre disposition.

Ebrayer. V. a. Donner des coups de corne, de manière à faire mal ou dommage. Il se dit du bétail à corne[s]. Ex. La vache t'ébrayera quelque jour, tu la maltraites trop. Elle a ébrayé l'enfant.

On dit au figuré, d'un homme qui a été bien rude≈ ment battu, - il s'est fait ébrayer ; il l'a ébrayé.

Ebrayer a quelquefois Corner pour synonyme ; mais il faut pourtant remarquer qu'il y a cette différence entre les deux verbes - qu'Ebrayer entraine toujours avec lui l'idée de blessure, - tandis que corner a une signification moins mauvaise, et s'applique seul au jeu que font souvent les vaches en se heurtant de leurs cornes. Voyez Corner.

Etrivant. te. sub. & adj. pour - qui fait des agaceries, qui tourmente. Ex. Finis donc, étrivante. C'est le plus grand étrivant que je connoisse. Elle est étrivante au delà de ce qu'on peut dire. Oh ! qu'il étoit étrivant, - quand il étoit petit !

Etriver. v. a. pour Agacer, Tourmenter par ses jeux &c. Ex : Ne m'étrivez donc plus. Il l'a fait étriver tout le jour.

Etrivant & Etriver ne sont françois ni l'un ni l'autre.

Ecrapoutir. v. a. **Ecrapoutiller.** v. a. Ces verbes qui sont synonimes, signifient - aplatir, écraser, briser par le poids de quelque chose, ou par quelque effort. Ex : Je t'écrapoutirai le nez d'un coup de poing, si je me fâche. Si je vais à toi je t'écrapoutille. Il a mis le pied sur cette arraignée, cette grenouille et les a écrapoutillées. On dit d'une personne qui en a écrasé une autre de ses coups, - il l'a écrapouti, ou écrapoutillé comme un crapaud.

En joignant le pronom personnel à ce verbe, on dit alors : il s'est écrapouti, ou écrapoutillé la main avec le marteau. - Nez, - doigt écrapoutillés - du part. passé.

Embarquer. v. a. & n. On fait de ce verbe le même abus que de Débarquer. Ex. Si la voiture est prête, embarquons vite, - pour - montons dedans. Soyez prête à embarquer à 2 heures, c.-à-d. à monter en voiture. On embarque également une cassette, des effets dans une voiture, pour mettre dedans. Si vous voulez embarquer, Monsieur votre cheval est sellé et à la porte.

Parler ainsi n'est pas parler françois.

Empois. sub. mas. (Espéce de colle faite avec de l'amidon, et dont on se sert à rendre le linge plus ferme.) Ex : Empois[31] blanc. Empois bleu. Mettre le linge dans l'empois.

On donne[32] ici le nom d'empois indifférem≈ ment à l'amidon et à l'empois même. La définition de l'amidon suffira seul [*sic*] pour faire voir que ce n'est pas parler avec justesse. L'Amidon est (une certaine pâte qui est faite de fleur de froment séche, et qu'on délaie pour en faire de l'emplois [*sic*].) -

Ecœurer. V. a. Employé pour Faire soulever le cœur, faire mal au cœur. Ex : La moindre chose l'écœure. Il est facile à écœurer. Ce ragout m'a écœuré. Cette femme est si mal-propre qu'elle en écœure.

Ecœuré. ée. sub. c'est un écœuré du premier ordre, - c'-à-d. un dégouté, difficile. Madame fait bien l'écœurée, dans le même sens.

Ecœurant. te. adj. Il s'emploie pour malpropre. Ce couteau est réellement écœurant. Vos mains sont écœurantes, allez les laver. On dit encore d'une personne sale & malpropre, - quel écœurant morceau !

On l'emploie aussi comme substantif. Quel est cet écœurant, (malpropre.) ?

Ecolter. V. a. s'Ecolter. V. a. pour - se décou≈ vrir l'estomac avec indécence. Il s'applique particulière≈ ment aux femmes. - Ex : Qui vous a écolté de la sorte ? Elle est toute écoltée. Que je vous voie vous écolter de la sorte. - Voyez Ebrâiller.

Ebrâiller. V. a. pour se Débrailler. V. a.
(se découvrir l'estomac avec indécence.)
Ce verbe a la même signification qu'Ecolter, mais
il s'applique aussi bien des hommes que des[33] femmes.
Ex : Elle est toujours ébrâillée. Il est revenu tout ébrâillé.
On dit aussi substantivement d'une fille indécemment
mise, et d'une fille publique, - quelles ébrâillées ! Ce sont des
ébrâillées.
Se débrâiller[34] est le seul mot que la lang[u]e permette. -

Flasque. sub. mas. (un paresseux. Dict*ionnaire* de Boyer.)
On l'emploie ici dans ce sens & de plus dans celui de Peu≈
reux. Il a manqué de courage dans cette occasion, c'est un
flasque. La plus petite fille est moins flasque que lui.

Flasque. adj. des 2 gen*res* (qui est sans force, sans
vigueur.) Cette acception qui est la seule françoise n'est pas[35]
usitée ici ; mais on se sert de ce mot au lieu de mol≈
lasse, dans ces phrases. Cette indienne est bien flasque.
Cette soie est flasque, je n'en veux pas.
Mots[36] bas et populaires.

Flasquer. V. n.
Il signi[fi]e avoir peur.[37] Ex : -
Il a flasqué hier. Un enfant peut le faire flasquer, lui
faire peur. Mot populaire.
Flasquer. V. a. Qui n'est employé qu'à l'infinitif
et dans cette seule phrase, - des fers à flasquer, (à repasser
le linge.) Il n'est pas françois.

Fesser. v. a. (Fouetter, frapper sur les fesses
avec des verges ou la main.) Il ne se dit que d'un
enfant. Ex. Fessez cet enfant.
Cependant on dit ici, tous les jours, d'un homme
qui a été fouetté sur le dos par le bourreau, - il a été
fessé. Le bourreau l'a fessé impitoyablement. La
Cour l[']a condamné à être fessé en plein marché. C'est
parler improprement ; on doit dire fouetté.

Fenouil. sub. fém. pour - Fenouil. sub. mas.
(plante aromatique.) Nous disons, il y a de la fenouil
dans ce tabac ; il faut dire du fenouil, car il est masculin.
Nous donnons à fenouil le synonime fenouillette, qui
n'est rien moins que tel. Voy*ez* ce mot.

Fenouillette. sub. fém. Nous employons ce
  mot pour fenouil, plante aromatique ; mais la fenouil≈
  lette est proprement (une espéce de pomme qui a le
  gout du fenouil.) On ne peut donc pas dire : Il y a de
  la fenouillette, (pour du fenouil,) dans le tabac que vous
  me présentez.
Fàro. sub. mas. Gallant - petit-maitre. Il se dit des
  gens de la campagne. Ex : C'est un fàro. Il fait le
  fàro. Il est beau comme un fàro de campagne, en
  parlant d'un homme extrêmement recherché dans ses
  habillemens.
Fàrôder. V. a.[38] C'est faire le fàro, ou la cour
  aux Dames. Ex : Qui farôdez-vous ? Il y a longtems
  qu'il fàrôde M*ademois*elle N., il devroit bien l'épouser. Il
  commence à fàrôder. Eh quoi, ne se mêle-t-il pas de
  fàrôder, à son âge !
Fine-boutique. sub. fém. Ce terme désigne
  un matois, un rusé, en même tems qu'il se dit d'un idiot,
  d'un esprit borné. Exemples :
  1º - Ne vous y jouez pas, c'est une fine-boutique. Si
  vous traitez avec lui,[39] soyez bien sur vos gardes ; car c'est
  une fine-boutique, et vous pourriez être sa dupe. (gravement.)
  2º - Ne me cite donc jamais l'opinion de P. ; en voilà≈
  t-il pas une fine-boutique ! C'est une fine-boutique, pour
  se mêler de cela ! Oh ! la fine-boutique ! (ironiquement.)
  On sent bien que le ton dont on prononce ce mot,
  détermine[40] le sens qu'on veut lui donner ; et c'est ainsi que
  matois ou fin-matois, rusé ou rusé-compère, [sont] synonimes
  de fine-boutique.
Fignoler. v. n. On dit d'un jeune homme qu'il
  fignole, qu'il commence à fignoler, quand il se met à
  faire des dépenses d'éclat, soit en habits, voitures &c. & à
  faire le galant. Ex : - C'est trop fignoler, tu verras bien vite
  la fin de tes écus. Il n'a pas le sou, et il voudroit fignoler.
Fignoleur. sub. mas. Celui qui fignole. Ex. C'est
  un fignoleur. Il devient fignoleur.
Flamblant[41]. te. adj. Cet adjectif n'est
  pas françois. On lui donne ici,[42] dans l'usage qu'on
  en fait, la signification de brillant, reluisant, et il est presque
  toujours accompagné de l'adjectif neuf, neuve. Exemples :

Il avoit hier un habit tout <u>flamblant</u> neuf. Un
chapeau <u>flambant</u> neuf. Il m'a donné un couteau
tout <u>flamblant</u> neuf. Une épée toute <u>flambante</u> neuve.[43]
Ces expressions sont sans doute figurées et servent
à exprimer le lustre de l'habit et du chapeau,[44] le
poli de l'épée et du couteau ; aussi[45] dit-on en bon[46] françois,
dans ce même sens,[47] des <u>épées flamboyantes</u>, en allusion
au poli de ces armes.
On dit d'une personne habillée tout[48] en neuf, qu'elle
est <u>flamblante</u>. Comme il est <u>flamblant</u>! Te voilà tout
<u>flamblant</u>. Il est tout <u>flamblant</u> nud, pour <u>entièrement</u>
nud ; je te passerois mon épée toute <u>flamblante</u> à[49] travers
le corps, pour <u>toute entière</u>, ou j'usqu'à la garde, sont encore[50]
des manières de s'exprimer très familières. -

Finition. s. f. pour <u>fin</u> sub. f. - à la finition de la Messe.[51]

Ginseng. sub. mas. (plante.) La chute de cette
branche de commerce en Canada a donné naissance à cette
manière de parler proverbiale, - tombé comme le <u>Ginseng</u> ;
c'-à-d. <u>tout-à-coup</u>, et <u>sans espoir apparent de se relever</u>.
C'est pourquoi l'on dit d'un homme qui <u>n'est plus en
faveur</u>, qui <u>est tombé dans le discrédit</u>, qui <u>n'a plus de
popularité</u>, &c. et qui a éprouvé ces inconstances <u>inopi≈
nément</u>, - il est tombé comme le <u>ginseng</u>.

Giboulée. sub. fém. (petite pluie froide, qui tombe
à plusieurs reprises.) C'est dans ce cens qu'on le dit ici de
la nége. - Nous aurons aujourd'hui quelques <u>giboulées</u>, ou
quelques <u>giboulées de nége</u>. Laissez passer la <u>giboulée</u>. Ce
n'est rien que cela, ce ne sera qu'une <u>giboulée</u>.
Il équivaut à <u>petite bordée</u>, que nous employons aussi.
Vo*yez* Bordée.

Gâ. sub. mas. Ce mot signi[fi]e à la campagne - <u>un
jeune garçon</u>. Ecoute, écoute, mon <u>gâ</u>. viens ici, mon <u>gâ</u>.
Il est le plus souvent précédé de <u>petit</u>. Ex. Où est le petit
<u>gâ</u> ? Je vous enverrai mon petit <u>gâ</u>. Vous donnerez ceci
au petit <u>gâ</u>.

Guide. sub. fém. (Longue rêne attachée à la bride d'un
cheval attelé.) Vo*yez* Cordeaux & Courroies.

Gavache. sub.[52] mas.
Ce mot, qui dans sa vraie acception signifie -
<u>Coquin</u>, <u>misérable</u>, est employé parmi nous comme synonime

de poltron. On le fait même féminin, et l'on dit : c'est une vraie gavache, une grande gavache.

Gueusaille. sub. fém. **Gueusasse**. sub. fém. (Canaille.)
Ex : Ce n'est que de la geusasse [*sic*]. C'est la plus franche gueu≈ sasse que je connoisse. Il ne loge chez lui que de la gueusasse. Retire-toi de moi, gueusasse, c'-à-d. coquin. Point de ta gueusaille ici. On se sert également de ces deux mots, quoique gueusaille soit le seul françois.

Gouliâ. sub. mas. Ce substantif répond ici aux adjectifs françois - gouliafre & goulu (qui mange avidement & malproprement.) Ex. Il mange comme un gouliâ, c'-à-d. beaucoup. C'est un gouliâ, un vrai gouliâ. On dit en fran≈ çois dans ce cens, c'est un homme extrêment [*sic*] goulu ; c'est un vrai gouliafre.
Gouliâ se dit aussi d'une femme. Ex. Elle a un appetit dévorant, c'est un vrai gouliâ que cette servante.

Georges. sub. fém. plur. Employé ici pour Orges.
sub. fém. plur. dans cette phrase proverbiale - faire ses georges, pour dire faire son profit, faire bien ses affaires. - Orges,[53] est françois et usité dans ce même sens, - il y a fait ses Orges. Il est du stile familier.

Habitant[54]. sub. mas. C'est ainsi que nous appel≈ lons notre agriculteur, ou laboureur. Ex. Il y avoit bien des habitans au marché. Je suis habitant. Ce n'est pas un homme de la Ville, c'est un habitant, ou un homme de la Campagne. - On ne connoit point ici de paysans, ce sont tous des habitants. - Fils d'habitant.

Habitante. sub. fém. Celle qui habite la Campagne, qui cultive la terre. On voit bien à son teint qu'elle est[55] habitante, ou une habitante.

Hausse. sub. fém. Sorte de vêtement en usage chez nos Sauvages, qui sert à couvrir la jambe. On le nomme aussi Mitasse. sub. fém. Ex. Voilà de jolies hausses ou mitasses. Hausses de cuir. Mitasses d'étoffe. Ce dernier est françois.

Houiller. V. a. Verbe trivial usité parmi le peuple pour changer[56], troquer une chose contre une autre. Il s'ap≈ plique plus particulièrement à l'échange de chevaux. Ex : Veux-tu houiller ton cheval, ou absolument, - veux-tu[57] houiller ? Si tu veux payer chopine, je houillerai avec toi. Houillons,

houillons vite. Il ne doit pas s'employer dans ce sens, mais il est françois dans les phrases suivantes.
Ex : - Je suis houillé de ma femme ; j'en suis las, dégouté. Je suis houillé de mon hôte ; il me déplaît, il me pèse sur les épaules. Je suis houillé de la vie, las de vivre. Ce verbe[58] est quelquefois refléchi, - il se houilla de vin, - pour - se gorgea de vin.

Improuver. v. n.
On dit fort généralement dans nos Villes - ce jeune homme improuve à vue d'œil, pour exprimer qu'il fait des pro≈ grès rapides, ou qu'il se perfectionne bien sensiblement. Cette terre a beaucoup improuvé, depuis 2 ans, pour s'est beaucoup ameliorée. Ces acceptions sont prises de l'Anglois -
Improuver est un verbe françois il est vrai, mais son sens propre est désapprouver. De plus il est actif - Ex : Le Roi improuva très fort la conduite de ce général.

Immatériel. elle. adj. Autre mot françois
auquel on donne des significations qu'il n'a pas. Ex : On dit souvent, et surtout au Barreau, c'est une faute immatérielle, - pour - légère, peu grave. Tout ce que Monsieur dit est absolument immatériel, c'-à-d. inutile, ou hors du Sujet, ou d'aucun poids. Ces phrases sont de purs anglicismes.
Immatériel, elle, adj. est un terme[59] didactique, qui signifie en françois (qui est sans mélange de matière.) Ainsi l'on dit les substances, les formes immaterielles.

Inconsistant. te. adj. C'est l'adjectif Anglois
Inconsistent, qu'il étoit si facile de franciser ! Il signifie incompatible, contraire, contradictoire.
On dit aussi, c'est bien inconsistant de votre part de... pour - c'est bien inconsidéré de votre part que de... Il est du haut ton.

Jument. sub. fém. Terme du Commerce des
pelleteries. C'est une caisse de fusils. Voilà une jument qui pése beaucoup. Cette jument m'a meurtri l'épaule en la portant.

Juifrèsse. sub. fém. au lieu de Juive, qui est
beaucoup plus rarement employée. C'est une Juifresse, - une Juive, une femme juive.
Il ne doit pas se dire.

Jouquer. V. n. pour Jucher. V. n. On ne l'em≈
ploie guère qu'avec le pronom personnel. Ex : Les poules se jouquent à cette heure, pour se juchent à cette heure. Où cet homme s'est-il allé jouquer! (s'est-il allé jucher.) pour exprimer - quel séjour il a pris! où va-t-il se mettre! en marquant de la surprise.
On dit ici - les poules sont jouquées, plus communé≈ ment que - les poules se sont jouquées ou juchées.
Jouquoir. sub. mas. pour Juchoir sub. mas.
Joli-cœur. Ce mot, qui ne va jamais qu'en
compagnie des verbes - s'appeller, se nommer, s'emploie tous les jours dans les phrases suivantes :[60] à vous voir dispo≈ ser de ces fruits, je vois que je me nommerai joli-cœur ; c'-à-d. je vois qu'il n'en restera pas pour moi. Ils man≈ gèrent à eux seuls toutes les pommes, et je m'appellai joli-cœur. Tout le monde se servit, et je m'appellai joli-cœur, c'-à-d. je n'eus rien.
Licher. V. a. pour lécher V. a. (passer la langue
sur quelque chose.) - Licher un plat. S'en licher les barbes ; - au lieu de lécher.
On dit familièrement - d'un fils dépensier - il en a bien liché, il en lichera bien à son père.
Lichefrite. pour Lèchefrite. sub. fém. (ustencile
de cuisine[)].
Légerte. féminin de Léger, re. adj.
L'emploi de légerte pour légère, est une de ces fautes qui se commettent ici journellement. Ex. La compagnie légerte. C'est une fille bien légerte. Il a la tête extrêmement légerte.
Loucheur. euse. adj. pour Louche. adj. des 2 gen*res*
Ex. Cet homme est loucheur, pour louche.
Il est aussi substantif : Ex. je ne veux point d'une lou≈ cheuse. Un loucheur. - On ne sauroit employer louche, dans ces deux phrases, parce qu'il n'est jamais substantif ; mais il faudroit dire : Je ne veux point d'une femme louche. Un homme louche.
Notre loucheur a pour synonimes Bicleux & Vire-l'œil. Voyez ces mots.
Mouiller. V. n. On l'emploie ici presque ex≈
clusivement à celui de pleuvoir, comme : il mouille, il

a mouillé, il mouillera ; au lieu de - il pleut, il a plu,
il pleuvra. Dans ce cens, mouiller ne peut absolu≈
ment pas se dire.
Mouiller est un verbe actif, qui ne s'emploie jamais
en françois, que pour marquer l'action de tremper, hu≈
mecter, rendre humide. Ex : la pluie a mouillé les
chemins. Mouiller un linge dans l'eau. Mouiller l'ancre,
ou simplement - mouiller ; c'-à-d. jetter l'ancre pour arrê≈
ter le vaisseau.

Marier. V. a. pour Epouser. V. a. Dans ce
nouveau sens, que la langue françoise ne sauroit ad≈
mettre, marier est déjà bien en vogue, et l'on dit dans
la bonne compagnie même - Monsieur marie mam≈
selle ; cela veut dire que Monsieur épouse Mademoi≈
selle. Nicolas a marié Lisette, ou a épousé Lisette.
C'est employer, on ne peut pas mieux,[61]
des mots françois à parler anglois.

Mitasse. sub. fém. Mot[62] Sauvage reçu
dans la langue françoise. Nous disons aussi Hausse.
Voyez ce mot.

Mondaine. adj. pour Mondée. part. Ex : de l'orge
mondaine, pour de l'orge mondée. Mondaine est plus
usité dans la campagne que mondée, qui y est aussi
connu.

Micoine ou **Micouène.** sub. fém. Petit vase
de bois qui sert de cuiller à nos Sauvages. Une grande
micoine. une micouène de bois.

Méche. sub. fém. L'extrémité la plus déliée
d'un fouet, et qui souvent est[63] une ficelle rapportée. Ex :
il a usé, il a perdu la méche de son fouet. Ce fouet
n'a plus de méche. On doit employer - Claque.[64]
Méche ou Pipe. sub. fém. Pour exprimer que
la distance est grande d'un lieu à un autre, on dit : Oh ! il
y a une méche d'ici là. J'ai encore une bonne méche à
faire. - Voyez Pipe.

Mécher. V. a.[65]
Ce verbe, quant au sens, répond au verbe françois Rosser.
Ex : Si je vais à toi je te mécherai d'importance. Il
méchoit son cheval sans pitié.

Mâle. sub. mas. Vêtement de tête de nos
habitans ; c'est un bonnet de laine tricottée. Ils lui donnent

aussi le nom de Tuque. Où est mon mâle ? As-tu vu
mon mâle. Voy*ez* <u>Tuque</u>.

Mistimus, en Mistimus. Mots employés pour <u>bien</u>,
<u>très bien</u>. Ex. Ceci est écrit <u>en mistimus</u>. C'est ce qu'on
appelle du <u>mistimus</u>, du <u>bon</u>, du <u>parfait</u>. Il a fait cela
<u>en mistimus</u>, c'-à-d. <u>très bien</u>.

Naturel. elle. adj. On lui donne ici sou≈
vent la signification de <u>salubre</u>, qui <u>contribue à la santé</u>.
Ex : c'est un air bien <u>naturel</u>. Nourriture <u>naturelle</u>. Cette
tisanne est très <u>naturelle</u>, - prenez-en.[66]

Nijon. sub. mas. Il[67] répond ici au mot françois
<u>Bout-d'homme</u>. On lui donne aussi pour synonime - Bougon.
Voy*ez* ce mot.

Originer. V. n. Il n'est pas françois, quoique la
Magistrature même s'en serve ici, et qu'on ait tout lieu de
croire qu'il ne vient point d'une source ignoble ; car ce mot
n'est d'usage que parmi nos <u>gens comme il faut</u>. Voici de
leurs phrases : - Savez-vous d'où ce mot <u>origine</u>, - pour -
Savez-vous d'où <u>dérive</u> ce mot, ou <u>quelle est l'étymologie</u>
de ce mot ? Je ne sais d'où cet homme <u>origine</u>, - au lieu de
dire, - je ne sais <u>d'où il tire son origine, d'où il sort</u>, <u>quelle
est son origine</u>. D'où <u>originez-vous</u> ? pour - <u>de qui</u>, ou <u>de
quel lieu sortez vous</u> ; - d'où[68] <u>tirez-vous votre origine</u> ?
Cette maladie - <u>origine</u> d'un amas d'humeurs ; d'ou [*sic*]
croyez-vous qu'<u>origine</u> cet abus ? - pour <u>provient</u> (de <u>provenir</u>.)

Originer. V. n. C'est encore un de ces mots
pris de l'Anglois, (to originate), et qu'on emploie
dans le sens de[69] - <u>provenir, tirer son origine</u> ou <u>son
étymologie, dériver</u>.[70] Ex : - D'où faites-vous <u>origi</u>≈
<u>ner</u> ce mot ? - pour - <u>dériver</u>, ou <u>quelle est</u>[71] <u>l'etymologie</u> de
ce mot ? Je ne sais d'où cet homme <u>origine</u>, au lieu de dire -
je ne sais d'où il <u>tire son origine</u>, ou <u>quelle est son origine</u>.
D'ou [*sic*] <u>originez-vous</u> ? pour - <u>de qui</u> ou <u>de quel lieu sortez-vous,
tirez-vous votre origine</u> ? Cette maladie <u>origine</u> d'un amas
d'humeurs ; d'ou [*sic*] croyez-vous qu'<u>origine</u> cet abus ? pour -
<u>provient</u>.

Ordonné. ée. part. Autre mot de cour. Ex. <u>Je suis
ordonné par Son Honneur</u> ou <u>Son Excellence</u> de vous dire que...,
pour - <u>j'ai ordre de</u> S*on* H*onneur* ou de S*on* E*xcellence* de vous
dire que... Le régiment <u>est ordonné</u> de se rendre à Quebec, pour,

a ordre, a reçu ordre⁽⁷²⁾ d'aller à Québec. Cette brigade est ordonnée pour Montréal, ou plutôt - cette brigade a reçu l'ordre de se rendre à Montréal.

Toutes ces phrases sont angloises.

Orignal. sub. On donne ici ce nom à l'animal sauvage que les Naturalistes nomment Elan. Ex. Un Orignal. Des Orignaux. Une mère Orignal.

Office. sub. mas & fém.

Ce mot, qui ne doit s'employer que dans ces phrases - rendre de bons offices ; c'est l'office d'un bon père de... ; assister à l'office divin ; j'ai tel office dans l'administration ; le Saint-Office, (l'inquisition.) et qui dans tous ces cas est masculin : - ou comme désignant le lieu où l'on garde la vaisselle, le linge ou ce qui concerne la table, ou enfin les cuisines, - et qui alors est féminin ; ce mot, répéterai-je, a cependant ici une acception plus étendue.

Ainsi, les archives d'un Notaire sont, en Canada, son office. Un Avocat vous envoie à son office trouver ses clercs. Un homme en place vous prie de passer à son office ; il vous y donnera audience à telle heure. Tout homme public, tout homme d'affaire [sic],⁽⁷³⁾ le marchand même⁽⁷⁴⁾ - a son office : c'est le lieu où chacun de ces Messieurs travaille.

Paré. ée. adj. verbal pour Prêt. te. adj.

Ex : Etes-vous paré à partir, pour prêt à partir? Madame est parée à monter en vouture [sic], pour prête à monter &c. Si vous êtes parés, partons. Quand vous serez parés, vous me ferez avertir ; au lieu de prêts, dont on se sert aussi,⁽⁷⁵⁾ moins généralement pourtant que de paré.

Payer. V. a. Il est de mode⁽⁷⁶⁾ chez grand nombre de personnes de dire : j'irai, Monsieur vous payer demain une visite. Il faut pourtant que j'aille payer une visite à Madame. Voulez-vous⁽⁷⁷⁾ bien lui payer mes complimens, mes respects ? Dans ce sens, Faire - est trop vieux, sans doute ! de plus il est françois ! et Rendre n'est pas familier à ces gens.

Je me rappelle à ce sujet d'une phrase qui mérite place ici ; je l'ai entendue [sic] proférer de mes propres oreilles. Elle est d'un homme qui malheureusement a fait trop de bruit ici, et dont les prétendues⁽⁷⁸⁾ lumières et le savoir étoient, à l'époque dont je parle, tellement préconisés, que les mettre en doute eût presque été un crime d'état. Il disoit, un jour, à la Chambre d'Assemblée, dont il étoit Membre : «On me verra toujours paré à payer le regard dû à l'objet en question...» O honte ! Est il ignorance plus crasse que celle-là ?

Pipe. sub. fém. Espéce de mesure de distance
chez nos habitans : c'est à peu-près trois lieues. Ex : Combien y a-t-il d'ici chez-vous ? - Il peut y avoir cinq pipes, ou environ quinze lieues. On compte d'ici à la première habitation deux bonnes pipes, pour - six fortes lieues. Voilà une bonne pipe de faite.
Pipe s'emploie aussi simplement pour grande distance, et n'exprime pas alors[79] de mesure fixe. Ex : Il y a une pipe, d'ici - là ! et une belle pipe ! c'-à-d. - d'ici - là il y a loin, et bien loin ! Au reste, le ton dont on prononce déter≈ mine, le plus souvent, le sens différent de deux phrases semblables.
Dans ce dernier sens, la Pipe a[80] pour synonime la Méche. Voyez ce mot.

Poudine & Poutine. sub. fém. pour Pouding.
(Mêt[81] anglois.)
Les françois en adoptant le mot Pouding des Anglois, n'ont rien changé à son ortographe, mais ils le prononcent Poudingue & le font masculin. Ex. Un poudingue au riz. Un excellent pouding. Le pouding est un bon mêt anglois.

Prouvable. adj. des 2 genres. L'emploi de ce mot
est très commun ici. Il signifie - facile à prouver. Ex. Ce que j'avance est prouvable. C'est prouvable, - pour - on peut en donner la preuve.
Il n'est pas françois.

Plaisant. te. adj. Employé mal-à-propos
pour beau ou agréable, comme dans ces phrases : c'est un tems bien plaisant. Voilà une plaisante après-dinée. - Autre larcin fait à la lang[u]e Angloise.

Peter. V. (faire un pet. -) Outre ce sens, ce verbe
en a d'autres ici. On l'emploie par exemple, pour -
1° Claquer ; - ce fouet péte bien ; faire peter son fouet.
2° crever ; - son fusil lui a pété dans la main.
3° gercer ; - il a la main toute petée ; des lévres[82] que le froid a fait peter.

4° déchirer par quelque effort; son habit est tout peté; son pantalon étoit si juste, qu'en se courbant il a peté.
5° fêler; le froid a fait peter tous mes verres, ou mes vitres. Ce verbe en un mot est d'un usage très commun chez les personnes peu attentives à parler la langue purement; il n'est banni que de la bonne compagnie, et par décence seule.
6° Crevasser. - La terre est toute petée.⁽⁸³⁾

Quêter. V. pour Mendier ou Quémander.

Quêteur. euse. sub. qui ne doit se dire que d'une personne qui quête pour quelqu'un, est non seulement employé ici dans ce sens, mais plus généralement pour Mendiant - & Quémandeur. sub. -

Quitte. sub. mas. pour Acquet. sub. mas. c'-à-d. avantage, utilité. Ex. puisque vous voulez absolument vous y rendre aujourd'hui, vous aurez plus de quitte de passer par ce chemin que par l'autre. On a plus de quitte de s'accorder que de plaider. Quitte ne se peut⁽⁸⁴⁾ nullement dire, il faut employer acquet dans ces phrases. Il suffit d'ailleurs de se rappeller que quitte n'est jamais qu'adjectif, pour se régler dans l'usage qu'on en peut faire.

Relevée. Sub. fém. (tems de l'après-dinée.)
Ce terme est employé ici dans sa vraie signification, mais comme il ne doit être d'usage que dans le Barreau, il seroit peut-être prudent de le lui restituer à jamais, de peur de chicane. Ex. à deux heures de relevée, pour de l'après-dinée.

Ramancher. V. a. On lui donne plusieurs significations, telles que -
1° conter, ou⁽⁸⁵⁾ raconter avec diffusion. Ex. Que me ramanchez-vous? Je ne vous entends pas. Il me ramancha une histoire qui n'avoit ni queue, ni tête.
2° raccommoder, réparer. - Ex. Il a bien ramanché ce chandelier. La calèche est bien ramanchée. Dans ce sens on emploie aussi Amancher. Voyez ce verbe.

Retraiter. V. n. - quand on l'emploie pour signifier faire retraite, se retirer. Ex. L'armée a retraité de deux lieues. Le Général se vit contraint de retraiter, au lieu de dire, qu'il a été obligé de faire retraite, de se retirer. C'est⁽⁸⁶⁾ un anglicisme bien visible.
Ce verbe est aussi employé comme actif, mais alors il signifie Retraire, c'-à-d. retirer par droit de parenté

ou par droit Seigneurial, un héritage qui a été vendu ; c'est
alors un terme de pratique. On dit donc : j'ai <u>retraité</u>
ou je vais <u>retraiter</u> cette terre. On trouve aussi dans les
actes de concessions de terres de[87] certains notaires, «<u>avec
le droit de retraiter</u> ou de <u>retrayer</u>» ; car les deux sont usités.
<u>Retraiter</u> dans aucun de ces sens ne peut s'employer ; il n'est
pas lui-même françois. On doit dire, je vais <u>retraire</u>, j'ai <u>retrait</u> &c.

Retrayer. V. a. ou Retraiter V. a. pour <u>faire un
retrait</u>. - Voyez <u>retraiter</u>.

Résous. participe du verbe Résoudre. Il est
françois sans doute, mais comme tel (il n'est d'usage qu'en
parlant des choses qui se <u>changent</u>, qui <u>se convertissent
en d'autres</u>, et il ne se dit point au féminin - Ex. brouil≈
lard <u>résous</u> en pluie) ; - au lieu qu'ici on l'emploie égale≈
ment dans le sens de <u>déterminé</u>. Ex. Je suis <u>résous</u> à
plaider. Je l'ai <u>résous</u> à venir avec moi. Il s'est enfin <u>résous</u>
à se battre. &c. On doit absolument dire : je suis <u>résolu</u>, je
l'ai fait <u>résoudre</u>, il s'est enfin <u>résolu</u> à... Qu'a-t-il été
<u>résous</u> dans cette assemblée ? - au lieu de - qu'a-t-il été <u>résolu</u> ?

Reintier. sub. mas. Mot employé dans nos
Campagnes pour les <u>reins</u>, quelquefois de l'homme, et tou≈
jours des animaux. Ex. ce jeune homme a le <u>reintier</u>
foible, ou est encore foible du re[i]ntier ; terme badin dans ce
sens. Du <u>reintier</u> d'un cochon on peut faire trois socs.
Il lui a cassé le <u>reintier</u> à force de coups. Il n'est pas françois.

Rapiester[88]. V. a. pour Rapiécer (remettre des
piéces à un habit ou à du linge.) Ex. Je suis à <u>rapiester</u>
ses chemises, pour <u>rapiécer</u>.
Et absolument : on n'est occupé qu'à le <u>rapiester</u>,
pour dire - <u>rapiécer</u> le linge &c. de telle personne ; ou bien,
je <u>rapieste</u> Monsieur.
Rapiesté, ée. part. Ex. habit <u>rapiesté</u>. Veste <u>rapies</u>≈
<u>tée</u>. Il est tout <u>rapiesté</u>.

Souliers. sub. mas.
On donne ici le nom de <u>souliers françois</u>, aux souliers
de cuir qui nous viennent de l'étranger et que les cordonniers
manufacturent ;
Celui de <u>souliers de bœuf</u>, à ceux que nos habitans
se font de la peau du bœuf, et
Celui de <u>souliers sauvages</u>, à ceux que nos Sauvages

font de la peau des bêtes fauves qu'ils tuent, telles que le chevreuil, le caribou, l'orignal.

Sur. - préposition de lieu employée bien communément dans le sens de chez, et bien improprement. Ex : Je viens de sur mon oncle. Je vais sur le Notaire. Je dine sur ma tante. On doit dire chez mon oncle, chez le notaire, chez ma tante.

Sarpidon. sub. mas. pour Tapageur. Ex. C'est un vrai Sarpidon. Quel Sarpidon, bon Dieu !

Suspect. te. adj. (Qui est soupçonné, ou qui mérite de l'être.) On le[89] fait signifier ici en outre, susceptible. Ex : elle est extrêmement suspecte, c'-à-d. susceptible, ou facile à blesser. vous êtes bien suspect, Monsieur. On dit aussi substantivement : c'est une suspecte comme on n'en trouve guère ; pour exprimer qu'elle est bien suscep≈ tible, qu'elle se formalise d'un rien. Il n'est guère d'usage que parmi le peuple et n'est pas du tout françois dans ce sens.

Sur. ure. adj. La langue françoise le fait synonime d'aigre et lui donne ce sens, quand on l'emploie pour marquer la qualité ; c'est pourquoi on peut dire - des pommes sures, des fruits surs ; l'oseille ronde est fort sure. Mais on ne sauroit dire sans blesser la langue, du vin sur, du lait sur, pour du vin, du lait aigres ; parce que sur dans ces phrases exprime le vice de ces liquides. Il faut donc dire du vin aigre, du lait aigre.

Surir. V. a. pour Aigrir - (rendre aigre, faire devenir aigre.) La chaleur surit ou fait surir le lait, pour aigrit le lait. Il n'est pas françois.

Sauvagesse. sub. fém. Femme Sauvage. - C'est une Sauvagesse ; voilà une Sauvagesse. pour une Sauvage, une femme Sauvage.

Sieau. sub. mas. pour Seau. (Vaisseau à puiser ou à conserver de l'eau.) Un sieau férré [*sic*]. Des sieaux de bois - pour un seau, des seaux.

Tuer. v. a. Employé quelquefois pour Eteindre. Ex : Tuez la chandelle. Avez-vous tué le feu ? Cette sorte de meurtre est très commune en Canada. Trois fois heureux, mes Compatriotes, que la corde n'en soit pas la punition !

Tuque. sub. fém. ou **Mâle.** sub. mas. Vêtement de tête de nos habitants ; c'est un bonnet de laine tricottée. Ex :

Donne-moi ma tuque. Avez-vous des tuques à vendre. Voy*ez* Mâle.

Train. sub. mas. Mot françois que l'on emploie à
tort pour signifier : -
1° les occupations quotidiennes du ménage. - Ex. Mettez-
vous à votre train. Quoi! vous n'avez pas encore commencé
ou fini votre train! Vous n'acheverez pas votre train aujour≈
d'hui.
2° Ivre. Ex : Ils vont se mettre en train. Il est revenu
en train à la maison. Ils sont tous en train. Il faut dire
ivres.

Tricoler. V. n. Il se dit ici d'un homme ivre -
qui chancelle. Ex : Il tricole fortement. Je l'ai vu dans
la rue tricolant de la belle sorte. Il n'est pas françois.
Un Vendredi-Saint, Piron étoit ivre et dans les rues
de Paris. Voltaire le rencontre ; il va à lui, l'arrête et lui
représente le scandale qu'il cause. - «Comment! lui dit-il, un
jour comme celui-ci, - un Vendredi-Saint! vous, Piron, -
dans cet état! ah, fi donc!» - Oh! Oh! répond le poëte,
si à pareil jour la Divinité succomba, l'humanité peut
bien chanceler.

Trempe. adj. des 2 gen*res*. Il n'existe pas dans la langue.
Ex. Il est tout trempe. Son habit est tout trempe. Elle
est toute trempe de sueur, c'-à-d. qu'elle a beaucoup sué.
On dit proverbialement - il est revenu trempe comme
une soupe, c'-à-d. très mouillé.
Toutes ces phrases seroient françoises si au lieu de
trempe on disoit trempé, trempée.

Touche. sub. fém. Terme de fumeurs en usage
dans ces phrases : Veux-tu fumer une touche. Viens
fumer une touche. Après avoir fumé quelques touches,
nous nous remîmes en route. C'est-à-dire fumer un
peu & tout au plus une pipe pleine.

Tapin. sub. mas. une tape legère, un soufflet.
Il n'est pas françois.

Tapon. sub. mas. Mot que l'on emploie ici comme
synonime de tas - paquet - touffe. Ex. Un tapon de laine.
tapon de nége. La nége tombe en tapons, pour flocons.
Un gros tapon de graisse.
On dit encore d'un petit enfant gros et gras, c'est un
tapon, - c'est un tapon de graisse.

Tinton. sub. mas. On dit ici - le tinton de la
messe sonne, - on sonne le tinton ; pour exprimer (le
son lent d'une cloche dont le battant ne touche que d'un
côté.) Tinton n'étant pas françois, il faut parler ainsi :
On tinte à la Paroisse ; on tinte la messe, le sermon ; ou
absolument - la cloche tinte.
Tinter la grosse, ou la petite cloche, se peut aussi dire.

Voyage. sub. mas. pour Voie. sub. fém. Ex. -
Deux sols sont d'ordinaire le prix d'un voyage d'eau,
au lieu d'une voie d'eau. On appelle voie d'eau, et
non pas voyage (les deux seaux d'eau que porte un
homme.)
On doit dire[90] aussi voie pour charretée, que nous
employons exclusivement. Ex. Une voie de bois, voie
de pierre, voie de sable, et non voyage ou charretée.

Vulgaire. adj. des 2 genres. Outre son vrai sens,
on lui donne parmi le peuple[91] celui de visible, évident.
Ex. Il est vulgaire qu'il est midi. Il est vulgaire que
tu perdras ton procès. Tout ce que vous dites là, Monsieur
c'est vulgaire.[92]

Vire-l'œil. sub. pour Louche. adj. C'est un terme
d'injure : - ôte-toi de là vire-l'œil ; point de vire-l'œil ici.
Il se dit aussi par dérision, alors le ton détermine le sens
qu'on veut lui donner.
Ses synonimes canadiens sont Bicleux et Loucheur. adj.
Voyez ces mots. On doit remarquer qu'il se dit particulièrement
d'une personne louche d'un seul œil.

Verbalement. adv. Il a plusieurs acceptions.
Ex. Il lui a parlé verbalement, c'-à-d. il lui a parlé
sec. Je l'ai battu verbalement, pour - bien fort, rudement.
On dit d'un postillon, qu'il méne ses chevaux verbalement,
ou qu'il méne verbalement, pour exprimer qu'il méne
bien vite, ou bon train.
Cet adverbe est étranger à la langue françoise.

Notes du manuscrit 2

1. f[ini] *raturé*.
2. qui a plusieurs significations, et *raturé*.
3. ou *surcharge* et.

4. *Point et parenthèse fermante supprimés par nous.*
5. du poisson et de la chair *ajouté au-dessus de* secher.
6. tout *raturé.*
7. et vire-l'œil, sub. *ajouté dans la marge ; signe de renvoi dans le texte.*
8. tous *raturé.*
9. d *surcharge deux* t.
10. Beurrer se trouve dans le Dict*ionnaire* de Danet *ajouté au crayon.*
11. s *raturé.*
12. *Donné comme tel dans le ms.*
13. de celui de chatter qui seul est admis. Ex. La chatte pour *raturé à l'exception de* de chatter.
14. Mais *raturé.*
15. pas *raturé.*
16. il est *raturé.*
17. on *ajouté.*
18. au lieu *surcharge* pour *raturé.*
19. quand *raturé.*
20. *soulignement enlevé sous* écurie.
21. dont *raturé.*
22. z *raturé ; accent aigu ajouté sur* e.
23. pensez débar[quer] *raturé.*
24. te *raturé.*
25. ne *ajouté dans l'interligne entre* se *et* dit.
26. en hate *raturé.*
27. bien *raturé.*
28. à l'instant. *ajouté au-dessus.*
29. ainsi *raturé.*
30. *mot illisible raturé.*
31. l *raturé dans* emplois.
32. ainsi *raturé.*
33. aux *et* qu'aux *remplacés par* des *et* que des.
34. seul *raturé.*
35. fam[ilière] raturé.
36. Mots *remplace* Ces mots sont.
37. et il est populaire *raturé.*
38. & n. *raturé.*
39. f[aites] *raturé.*
40. détermine *surcharge* decide *raturé.*
41. *L'auteur écrit indifféremment* flamblant *et* flambant *dans cet article.*
42. la signi[fication] *raturé.*
43. Il est tout flamblant nud, ou est entièrement nud. *raturé.*

44. et *raturé*.
45. aussi *surcharge* et.
46. bon *ajouté dans l'interligne*.
47. dans ce même sens, *ajouté*.
48. e *final raturé*.
49. à *surcharge* au.
50. encore *surcharge* de ces faç[ons] *raturé*.
51. *Article au crayon*.
52. fém. *raturé*.
53. Il est du stile familier *raturé*.
54. e *final raturé*.
55. une *raturé*.
56. *D'abord écrit* échanger.
57. veux-tu *surcharge* allons *raturé*.
58. Ce verbe *surcharge un mot illisible raturé*.
59. un terme *surcharge* françois *raturé*.
60. Ex *raturé*.
61. *D'abord écrit* C'est on ne peut pas mieux employer
62. francisé du *raturé*.
63. souvent est *surcharge* est quelquefois *raturé*.
64. On doit employer - <u>Claque</u>. *surcharge* pour - Claque - *écrit au crayon*.
65. On l'emploie dans le même sens *raturé*.
66. C'est une acception prise de l'Anglois. *raturé*.
67. Il *remplace* Ce mot *raturé*.
68. d'où *ajouté*.
69. qu'on emploie dans le sens de *surcharge* que ceux qui l'emploient veulent faire signifier *raturé*.
70. Faisons *raturé*.
71. son *raturé*.
72. a ordre, a reçu ordre *surcharge des mots illisibles raturés*.
73. ou qui croit même en avoir *raturé*.
74. d *surcharge* t *dans* marchand ; même *surcharge* &c. l'artisan enfin *raturé*.
75. mais *raturé*.
76. de dire *raturé*.
77. vous *ajouté*.
78. prétendues *ajouté*.
79. alors *ajouté*.
80. *Accent grave raturé*.
81. Mêt *dans les deux occurrences*.
82. petées *raturé*.
83. *La ligne entière avait d'abord été écrite au crayon*.

84. peut *ajouté*.
85. conter, ou *ajouté*.
86. donc *raturé*.
87. quel[ques] *raturé*.
88. *Le verbe avait d'abord été écrit* rapiéceter.
89. le *surcharge* lui *raturé*.
90. doit dire *surcharge* emploie *raturé*.
91. *Virgule supprimée.*
92. *Point-virgule suivi de* c'est *raturé*.

Page du manuscrit 1 de la *Néologie canadienne* de Jacques Viger. Manuscrit conservé au Musée de la civilisation, fonds d'archives du Séminaire de Québec.

ÉTUDE LINGUISTIQUE

ÉTUDE LINGUISTIQUE

Cette partie de l'ouvrage est consacrée à l'étude historique des faits linguistiques (phonétiques, morphologiques, syntaxiques et lexicaux) qui figurent dans la *Néologie canadienne* de Jacques Viger. Le *Französisches Etymologisches Wörterbuch* (FEW) nous a généralement permis, tout au long de nos recherches, de trouver l'étymon des mots, la datation de leurs différents sens, ainsi que leur distribution dans les parlers français. Les glossaires dialectaux ainsi que les ouvrages récents sur les parlers régionaux (de France, de Belgique et de Suisse, notamment) nous ont apporté un complément notable d'informations dans cette recherche des origines. Il faut ajouter à cette documentation les nombreux dictionnaires et ouvrages qui traitent de la langue française et qui couvrent une période qui s'étend du XVIe siècle à nos jours (v. bibliogr.).

Nous avons consulté, en outre, les ouvrages qui traitent des autres variétés de français, notamment du français de l'Acadie, de l'Ontario et des États-Unis ; ces études permettent souvent de découvrir le chaînon manquant dans l'étude historique du français québécois. Tout aussi importante est la comparaison avec les créoles français, en particulier avec celui de la Réunion.

En outre, il nous a paru intéressant de suivre jusqu'à nos jours l'évolution en français québécois des faits linguistiques étudiés. Nous avons consulté systématiquement les publications qui sont le fruit d'enquêtes menées dans les années 1970, soit *Le parler rural de l'Île-aux-Grues* de M. Massicotte, *Le parler populaire du Québec et de ses régions voisines. Atlas linguistique de l'Est du Canada* (PPQ) de G. Dulong et G. Bergeron, *Les parlers français de Charlevoix, du Saguenay, du Lac-Saint-Jean et de la Côte-Nord* de Th. Lavoie, ainsi que *Les parlers français d'Acadie* de G. Massignon, basé sur des enquêtes faites en 1946.

Par ailleurs, le *Dictionnaire québécois d'aujourd'hui* (DQA) nous a fourni des indications sur le sens et l'usage actuels de bon nombre de termes et d'expressions retenus par Viger au début du XIXe siècle.

Enfin, on trouvera ci-dessous, la localisation des parlers d'oïl et francoprovençaux :

OÏL

Nord : Picardie, Artois, Flandres, Belgique wallonne.

Nord-Ouest : Normandie, Bretagne romane, Maine, Anjou, Perche.

Ouest : Poitou, Aunis, Saintonge, Angoumois.

Centre : Orléanais, Touraine, Berry, Nivernais, Bourbonnais.

Centre-Nord : Île-de-France, Champagne.

Centre-Est : Bourgogne.

Nord-Est : Lorraine, Alsace.

Est : nord de la Franche-Comté.

FRANCO-PROVENÇAL

Sud de la Franche-Comté, Suisse romande, Val d'Aoste, Lyonnais, Savoie, nord du Dauphiné.

ASPECTS PHONÉTIQUES

VOCALISME

[ɒ] postérieur sombre à la place de [a] antérieur

abât (Ms. 1 Cahier A; Ms. 2). Littré laisse le choix de deux prononciations pour ce mot, soit *aba* ou *abâ*. Graphie et prononciation attestées, en France, dans les parlers de l'Ouest (RézOuest). Données dans Glossaire.

âbre (Ms. 1 Cahier A). La prononciation *âbre* est largement attestée dans les parlers d'oïl (FEW 25, 88a sous *arbor*). Le [ɒ] postérieur sombre constitue l'une des caractéristiques de la prononciation du français québécois ancien et actuel; il est généralisé dans plusieurs positions (JunPron 52-53; GendrRur 183-184; GendrTend 79-86). Cependant, cette prononciation est de plus en plus sentie comme vieillie de nos jours, et certaines catégories de mots échappent à cette prononciation (DumPron 147-149). Consignée dans Glossaire (sous *âbe* et *âbre*). Relevée également en Acadie (Massignon 274).

brâsser (Ms. 1 Cahier B; Ms. 2). Graphie et prononciation relevées en Anjou notamment (VerrAnj). Consignées dans Dionne et Glossaire.

câdre (Ms. 2). Graphie et prononciation attestées en Anjou et en Touraine (VerrAnj; DavTour sous *câde*). Données dans Glossaire.

ébrâiller (Ms. 1 Cahier A; Ms. 2). Cette prononciation a été relevée notamment en angevin et en wallon (FEW 1, 480a sous *braca*; VerrAnj). Graphie et prononciation qui sont attestées dans Glossaire sous la forme adjectivale *ébrâillé, ée*.

éjârer (s'~) (Ms. 1 Cahier B). Graphie relevée par Dionne. Glossaire donne cette prononciation sous *éjarrer*.

gâ (Ms. 1 Cahier A; Ms. 2). Prononciation largement répandue en langue d'oïl et en franco-provençal (FEW 17, 617b sous **wrakkjo*). Le [ɒ] postérieur sombre est particulièrement fréquent, en français québécois, en finale absolue accentuée (GendrRur 183).

gouliâ (Ms. 1 Cahier A; Ms. 2). Glossaire donne cette prononciation sous *gouliat*. Recueillie lors d'enquêtes orales dans les années 1970 (PPQ 250A).

pesâ (Ms. 1 Cahier A). Graphie et prononciation qui sont connues notamment des parlers vendômois et saintongeais (FEW 8, 608a sous *pisum*; MussSaint). Glossaire a consigné cette prononciation sous *pesat*. Recueillie lors d'enquêtes orales dans les années 1970 (PPQ 899).

[ar] pour [ɛr]

arse (Ms. 1 Cahier B; Ms. 2). *Arse* est la forme qu'a prise, en français québécois, le mot normand *airse* (MoisyNorm). En français, le remplacement de [ɛr] par [ar] est un fait d'origine populaire qui se fait surtout sentir en moyen français; il est encore largement attesté dans le parler populaire de Paris au XVIIe s. Il a été relevé également dans les parlers de l'Ouest et du Centre. Ce trait phonétique, très largement attesté au Québec, a été relevé dans les documents d'archives dès le XVIIe s. (JunPron 39-42). *Arse* est consigné dans Dunn et Glossaire; Clapin et Dionne donnent, en outre, la graphie *arce*. Prononciation recueillie dans les années 1970 (Lavoie 1914).

sarpidon (Ms. 1 Cahier A; Ms. 2). Le mot n'a été relevé dans les parlers français que sous la forme *serpida*. Cependant, la permutation de [ɛr] en [ar] est largement attestée, dans les parlers gallo-romans, dans des mots de la même famille, comme *serpent* par exemple (FEW 11, 519b sous *serpens*). Prononciation relevée dans Glossaire qui donne, outre *sarpidon*, *sarpida* et *serpida*.

[e] à la place de [a]

gérémium (Ms. 1 Cahier A). Prononciation due à l'assimilation; peut-être sous l'influence de la prononciation anglaise, qui n'est pas à écarter dans le cas présent. Consignée dans Dionne; Glossaire la donne sous *gérémiôme* et *gérénium*. Recueillie lors d'enquêtes orales en 1970 (PPQ 1688x; Lavoie 343).

[e] à la place de [ɛ]

[nége] (Ms. 2 sous *abât*, *bordée* et *giboulée*). «Dans le parler populaire, la voyelle *è*, en syllabe accentuée, fermée par les consonnes *r*, *z*, *j*, se prononce *é*» (GendrRur 187-188). Prononciation enregistrée dans Glossaire; encore bien vivante.

[e] à la place de [ə]

[pésant] (Ms. 1 Cahier A sous *berline*). Cette prononciation résulte de l'hésitation qui a eu cours entre [ə] et [e] du XVIe au XVIIIe s. (JunPron 114-115). Figure dans Clapin (*pésant* «cauchemar») et Glossaire. Recueillie dans les années 1970 (PPQ 1163).

[ɛ] à la place de [wɛ]

braye (Ms. 1 Cahier B). La graphie *braye* (*braie* dans certains parlers) pour *broie* est consignée dans les dictionnaires des XVIIe et XVIIIe s. (Cotgrave; Encyclopédie; Trévoux 1771). La prononciation *braye* est attestée dans les parlers du Nord-Ouest, de l'Ouest et du Centre (FEW 15/1, 267a-b sous **brekan*). Relevée dès 1715 dans les documents de la Nouvelle-France (JunPron 57). Prononciation consignée dans Glossaire. Relevée lors d'enquêtes orales au Québec (PPQ 2310; Lavoie 1611) et en Acadie (Massignon 1010).

brayer (Ms. 1 Cahier B). La prononciation *brayer* est attestée au XVe s. Largement relevée dans les parlers du Nord-Ouest, de l'Ouest et du Centre ainsi qu'en franco-provençal (FEW 15/1, 267a sous **brekan*). Consignée dans Glossaire. Recueillie lors d'enquêtes orales au Québec (PPQ 2310; Lavoie 1606) et en Acadie (Massignon 1011).

fréte, fréde (Ms. 1 Cahier A). Survivance de l'ancienne prononciation en [ɛ] largement attestée dans le domaine d'oïl (FEW 3, 797b sous *frigidus*). Le substantif et l'adjectif avaient respectivement les formes *freit* et *freide* au XIe s. *Froit* et *froide* datent du XIIe s. et *froid* du XIVe s. (ReyHist sous *froid*, *froide*). Vaugelas préconise encore la prononciation *fraid*, tandis que Ménage considère qu'elle appartient au discours familier (RossPron 197, n. 12). *Fret* est attesté dès la fin du XVIIe s. dans des documents de la Nouvelle-France (JunPron 57). *Fret* et *frette* sont encore usités en français québécois (DQA qui ajoute sous *froid ou fret* : «Le mot *fret* s'emploie aussi et familièrement dans la plupart des sens et expressions»). Prononciation relevée en Acadie (Massignon 1188) et en Louisiane (ReadLouis).

La prononciation *fréde* a été relevée notamment dans les parlers du Nord-Ouest, de l'Ouest et du Centre (MénAnj sous *fraide*; MartVend sous *fred*; Massignon 1188). Elle semble disparue en français québécois.

[ɛr] pour [a]

berlancille, berlanciller (Ms. 1 Cahier A; Ms. 2). Le remplacement de [a] par [ɛr] dans *berlancille* et *berlanciller* est connu en Orléanais. Cette prononciation est largement attestée, en outre, dans des mots de la même famille, notamment dans les parlers du Centre. Cf. *berlancer* en Touraine et en Anjou, *berlançoire* en Touraine; cf. également *berloncer* en wallon (FEW 1, 362b-363a sous *bilanx*). Peut-être faut-il y voir une analogie avec *bercer*. Prononciation consignée dans Clapin et Glossaire.

Alternance [i] - [e]

lichefrite (Ms. 1 Cahier A; Ms. 2). La graphie *lichefrite* pour *lèchefrite* a figuré dans les dictionnaires français du XVIe au XIXe s.; Trévoux 1704-1771 la relève avec la mention «provincial»; connue notamment en picard, en normand, en poitevin, en wallon et en Suisse romande (FEW 16, 461b sous *lekkon*; HumbGen). Attestée dès 1685 dans des documents de la Nouvelle-France (JunPron 243-244). Consignée dans Glossaire. La prononciation *lichefrite* a été recueillie lors d'enquêtes orales dans les années 1970 (Lavoie 2140).

licher (Ms. 1 Cahier A; Ms. 2). Prononciation du français familier, attestée dès le XIIe s. et probablement due à l'influence de *lisser*. Usitée en français populaire et dans la plupart des parlers gallo-romans (FEW 16, 459a-b sous *lekkon*; Bauche; BW[5] et ReyHist sous *lécher*). Consignée dans Potier (HalPot 146). Encore usuelle en français québécois (DQA ajoute sous *lécher* : «Le mot *licher* s'emploie aussi et familièrement dans la plupart des sens et expressions»). Relevée en Acadie (Massignon 1482) et en Louisiane (ReadLouis).

[i] à la place de [ɛ]

arignée (Ms. 1 Cahier A). *Arignée* figure sous la forme *arigner* dans Palsgrave 1530 (cité dans TLF). Elle est consignée dans les dictionnaires des XVIIe et XVIIIe s. comme prononciation à corriger (Ménage; Richelet 1728 cité dans FEW). Après avoir énuméré sous *araignée* quelques formes dont *arignée*, Féraud 1787 ajoute : «Il n'y a de bon qu'*araignée*.» Attestée dans les parlers du Nord-Ouest, du Centre ainsi qu'en Bourgogne (FEW 25, 79a sous *araneus*). Consignée dans Glossaire. Relevée en Acadie (Massignon 454).

porceline, pourceline (Ms. 1 Cahier A). La forme *porceline* est attestée au XVIe s. Elle figure avec la mention «populaire» notamment chez Richelet 1680; Desgranges 1821 relève la forme *pourceline* et lui donne la mention «paysan» (cité dans FEW). Cette prononciation a été relevée en Picardie, en Normandie, dans le Maine, en Champagne et en wallon (FEW 9, 187a sous *porcellus*). *Porceline* est bien attestée dans les documents du XVIIIe s. (JunPron 97). Consignée dans Glossaire (sous *porceline* et *pourceline*).

[jo] pour [o]

sieau (Ms. 1 Cahier A; Ms. 2). «La prononciation *iau*, née de la fermeture du premier élément de l'ancienne triphtongue *eau*, a vécu en français populaire de la fin du XIIIe siècle au commencement du XVIIe»

(JunPron 70). Elle est connue des parlers du Nord, du Nord-Ouest, de l'Ouest et du Centre ainsi qu'en Suisse romande (FEW 11, 661a sous *sitellus*). Très largement attestée, dès 1686, dans les documents de la Nouvelle-France (JunPron 69-71). Consignée dans Glossaire (sous *siau*). Recueillie lors d'enquêtes orales dans les années 1970 et très répandue (Massicotte V-189; PPQ 36 notamment; Lavoie 610, 611, 1288). Figure avec la graphie *siau* et la mention «anciennement ou familier» dans DQA (sous *seau*). Connue également en Acadie (Massignon 1181) et en franco-américain du Missouri (DorrSteGen).

[o] à la place de [a]

boyard (Ms. 1 Cahier A). *Boyard* qui est un apport des parlers de l'Ouest (FEW 1, 207b sous *bajulus*), s'est imposé en Nouvelle-France au lieu de *bayard* qui est la forme du français général. Il est relevé dès 1672 chez Nicolas Denys avec la graphie *boyar* (cité dans Massignon 609). *Boyard* et *boyart* figurent dans les documents québécois du XVIIIe s. (JunPron 58). Potier consigne *boyard* et *bayard* (HalPot 75, 146). Relevé sous *boyart* avec la prononciation [bwɛjar] dans Glossaire. Recueilli sporadiquement dans les années 1970 avec la prononciation [bɔjar], le mot étant surtout prononcé [bwɛjar] (PPQ 2310; Lavoie 928). Connu également en Acadie (Massignon 609) et en franco-ontarien (LemVieux 25, 276).

otocas (Ms. 1 Cahier A). La prononciation *otoca*, plus rare qu'*atoca* et *ataca*, est due à une assimilation. Elle est attestée dès 1757 chez Bougainville : «Un petit fruit sauvage appelé l'*otoka*» (JunLex 93). Consignée dans Clapin (app. sous *atoca*). Recueillie sporadiquement dans les années 1970 lors d'enquêtes orales (PPQ 1655).

[u] à la place de [o]

couronel (Ms. 1 Cahier A). Sous la forme *couronnel*, le mot est attesté en français général du XVIe s. jusqu'au début du XVIIe s. Prononciation également observée dans les parlers du Nord, en Saintonge et en langue d'oc (FEW 2/2, 934b sous *columna*; TLF sous *colonel*). La tendance à transformer [o] en [u] a eu cours du XIIIe s. jusqu'au XVIe s. en français populaire. Ce trait phonétique est bien attesté dans les documents de la Nouvelle-France (JunPron 15).

pourceline (Ms. 1 Cahier A). La prononciation en [u] dans *pourceline*, attestée dès le XIIIe s., est plus ancienne que celle en [o] de *porcelaine* qui date du début du XVIe s.; Desgranges 1821 consigne *pourceline* avec la mention «paysan» (cité dans FEW). Les prononciations *pourcelaine* et *pourceline* ont été relevées en Normandie, dans le Maine, en

Champagne et en Franche-Comté (FEW 9, 187a sous *porcellus*). *Pourcelaine* figure dès 1732 dans des documents de la Nouvelle-France (JunPron 19). Prononciation consignée dans Glossaire (sous *pourcelaine* et *pourceline*).

[u] à la place de [y]

brouscailler (Ms. 1 Cahier B). Variante phonétique du verbe *brusquailler*; ce dernier est attesté en normand et en saintongeais (FEW 1, 575b sous *bruscum*; MussSaint). Cf., en Anjou, la prononciation en [u] attestée dans un verbe de la même famille, *se brousquer* (FEW *ib.*). L'alternance de [u] et [y] était fréquente anciennement en français (RossPron 213). Cf. également dans Potier *enfouït* pour [ãfyi] (HalPot 148). Consignée dans Glossaire (sous *brousquâiller*) qui enregistre également *brusquâiller*.

[wɛ] à la place de [wa]

gouette (Ms. 1 Cahier A). Le terme est attesté en français sous la forme *gouetre* de 1561 au début du XIXᵉ s. (FEW 4, 353b sous *guttur*). Bescherelle 1858 consigne les graphies *goître* et *goètre*. Relevé en Normandie sous la forme *goîte* et en Touraine sous *gouête* (FEW *ib.*; DavTour). Prononciation consignée dans Glossaire (sous *goite*). Largement attestée lors d'enquêtes orales au Québec (PPQ 2214; Lavoie 2491) et en Acadie (Massignon 1602).

ouète (Ms. 1 Cahier A). La graphie *ouète* est consignée dans Académie jusqu'en 1878 (TLF sous *ouate*); Bescherelle 1858, qui critique cette prononciation, fait le commentaire suivant : «L'Académie dit que l'on doit prononcer *ouète*, *ouèter*. Nous pensons cependant que cette prononciation, bien qu'assez usitée, n'en est pas moins vicieuse, et qu'elle doit être proscrite.» Donnée avec la mention «vieilli» dans DG. Attestée dès 1732 dans les documents d'archives québécois (JunPron 62). Recueillie dans les années 1970 (PPQ 138x).

Quant à la règle qu'évoque Viger au sujet de l'élision ou non de l'article ou de la préposition devant *ouate*, on peut dire que les deux solutions sont admises, mais que pour des raisons d'euphonie l'élision semble l'emporter (TLF sous *ouate*).

[o] à la place de [wa]

épotraillé (Ms. 1 Cahier B). Le remplacement de [wa] par [o] a été observé dans des mots de la même famille, tels que *dépotraillé*, attesté en Champagne notamment; *potrail* a été relevé en Picardie, en Champagne et dans les parlers du Centre (FEW 8, 109a sous *pectoralis*); cf. également *potrine* dans les parlers du Nord, du Nord-Ouest et de l'Ouest (FEW 8, 110a sous **pectorinus*). Relevé dans Glossaire (sous *épotrâillé, ée*). Ce trait phonétique est bien attesté en français québécois (Lavoie 1476 sous *poitrail* et 2363 sous *poitrine*).

CONSONANTISME

LES CONSONNES FINALES

Amuïssement de [l] après consonne labiale

trèfe (Ms. 1 Cahier A). Prononciation relevée dès le XVe s. et largement connue de tout le domaine d'oïl ainsi qu'en Suisse romande (FEW 13/2, 293b- 294a sous *triphyllon*; RollFlore IV, 141-142). Pour une étude détaillée de l'amuïssement du [l] en français québécois, v. JunPron 173-174. Consignée dans Glossaire. Recueillie dans les années 1970 (PPQ 790; Lavoie 1117).

Amuïssement de [r] après consonne + [rə]

gouette (Ms. 1 Cahier A). L'amuïssement de [r(ə)] après une consonne a eu cours dans le parler populaire de l'Île-de-France au XVIIe s.; il a été observé dans ce mot notamment en Normandie (*goîte*) et en Touraine (*gouête*) (FEW 4, 353b sous *guttur*; DavTour). Largement attesté en français québécois ancien et actuel (JunPron 205-208). Donné dans Clapin (sous *goîte*), Dionne (sous *goitte*) et Glossaire (sous *goite*). Relevé lors d'enquêtes orales au Québec (PPQ 2214; Lavoie 2491) et en Acadie (Massignon 1602).

Amuïssement de [k]

bourasse (Ms. 1 Cahier B). De *bourrasque* francisé en *-ache* et *-asse* au XVIe s. (BW[5] sous *bourrasque*; GodCompl; Huguet). Prononciation qui est connue des parlers du Centre et que FEW relève non pas sous l'étymon *boreas* (1, 441b), mais sous celui de *burra* (1, 638b). *Bour(r)asse* est probablement à rapprocher de prononciations telles que *séminarisse, batisse, cataplas* qui attestent l'amuïssement de certaines consonnes finales (JunPron 207-208). Consignée dans Glossaire (sous *bourrasse*).

Maintien de [s] final

deusse (Ms. 1 Cahier A). Les consonnes finales se sont prononcées longtemps en français. Au début du XVIe s., elles étaient encore prononcées devant une pause. Cette tendance s'est maintenue, en français moderne, dans des mots tels que *dix*, *six*, *neuf*, *plus*, *tous*; *deux* et *trois* faisaient partie de ce groupe de mots mais cette prononciation n'est plus acceptée aujourd'hui (Nyrop I, n°315). Attestée en Normandie, en Anjou et en Touraine; en Bourgogne, elle désigne le féminin (FEW 3, 181a sous *duo*; VerrAnj); donnée comme variante populaire et argotique dans TLF (sous *deux*). Consignée dans Glossaire. En Acadie, *deusse* désigne le féminin chez quelques informateurs et les deux genres chez d'autres (Massignon 1431).

troisse (Ms. 1 Cahier A). Même explication historique que pour *deusse*. Prononciation attestée en Normandie et en Bretagne notamment (FEW 13/2, 247b sous *tres*). Consignée dans Glossaire (sous *troisses*).

Maintien du [t] final

fréte (Ms. 1 Cahier A). D'abord écrit *freit* au XIe s. et *froit* du XIIe au XIVe s., puis *froid* au XIVe s. (ReyHist sous *froid*, *froide*). Le maintien du [t] final est hérité de l'ancienne prononciation de *froid* qui, jusqu'au XVIIe s., faisait entendre le [d] final comme un [t] (RossPron 245). Cette prononciation est connue notamment en Touraine, en Anjou, en Poitou, en Saintonge et en franco-provençal (FEW 3, 797b sous *frigidus*; VerrAnj sous *fret'*; MussSaint sous *fret*). Bien attestée en français québécois ancien et actuel (JunPron 188-194; GendrRur 189; DQA qui fait une double entrée : *Froid*, *froide* ou *Fret*, *frette*). Trait phonétique connu en Acadie (Massignon 1188) et dans les parlers franco-américains de la Louisiane (ReadLouis) et du Missouri (DorrSteGen).

Ajout d'un [t]

icit (Ms. 1 Cahier A). Prononciation attestée dans la région parisienne au XVIIe s. chez Tallemant des Réaux, sous la graphie *icyte*; surtout connue des parlers du Nord-Ouest, de l'Ouest et du Centre et encore en usage, de nos jours, en Touraine notamment (FEW 4, 423b sous *hic*; TLF; SimTour). Le [t] non étymologique est probablement le résultat d'une lutte entre plusieurs formes de l'ancien français qui signifiaient «ainsi» et qui ont été léguées à «ici», par une influence analogique, soit *issi*, *issin(t)*, *issit* (House 147-150; JunJum 70). Relevée en 1744 au Détroit par Potier (HalPot 151, 273). Consignée dans

Glossaire (sous *icite*). Encore usuelle de nos jours au Québec (DQA ajoute sous *ici* : «La variante *icitte* est fréquente et elle appartient au registre familier»).

légerte (Ms. 1 Cahier A; Ms. 2). Relevée en wallon sous la graphie *ligerte* (FEW 5, 287a sous **leviarius*). Cette prononciation s'est imposée au moment où le [r] de *léger* se prononçait (il se prononce encore à l'île aux Grues et en Acadie); elle s'oppose à *léger* comme *offerte* s'oppose à *offert*, *ouverte* à *ouvert* (Massicotte II-18; DumPron 33). Comme le fait remarquer M. Massicotte l'influence du [t] de *légèreté* n'est peut-être pas à écarter. Consignée dans Glossaire (sous *légearte* et *légerte*). Recueillie lors d'enquêtes orales au Québec (Massicotte *ib.*; PPQ 693; Lavoie 128, 129 et 145) et en Acadie (Massignon 1425).

LES CONSONNES À L'INTÉRIEUR DU MOT

Amuïssement de [r] implosif

âbre (Ms. 1 Cahier A). L'amuïssement du [r] implosif dans ce mot remonte au XII[e]s. En usage encore au XVIIe s. (RossPron 297), mais condamné par Vaugelas. Anciennement, le [r] disparaissait souvent quand la syllabe suivante ou précédente contenait un autre [r] (Nyrop I, n° 513). Il est attesté partout dans le domaine d'oïl ainsi qu'en Suisse romande (FEW 25, 88a sous *arbor*; HumbGen). Consigné dans Glossaire (sous *âbe* et *âbre*). Recueilli lors d'enquêtes orales au Québec (PPQ 1257; Lavoie 352) et en Acadie (Massignon 274).

notureau (Ms. 1 Cahier A). Les graphies de ce dialectalisme de l'Ouest sont nombreuses et comportent généralement un [r]. L'amuïssement du [r] a été relevé en Normandie (FEW 7, 253b sous *nutritura*). Bien attesté dans les documents d'archives du XVIIe s. (JunPron 163, 234).

Hésitation entre [r] et [l]

couronel (Ms. 1 Cahier A). Prononciation attestée en français de 1542 jusqu'au début du XVIIe s.; elle a été relevée dans le parler de Paris (Desgranges 1821, cité dans FEW), dans les parlers de l'Est, en wallon et en langue d'oc (FEW 2/2, 934b sous *columna*; TLF sous *colonel*). La substitution réciproque du [r] et du [l] est un trait phonétique très répandu dans le français des XVIe et XVIIe s.; également bien attestée dans les documents d'archives au Québec (JunPron 161-162). Consignée dans Glossaire (sous *coronel*).

plairie (Ms. 1 Cahier A). Prononciation relevée au XIIIᵉ s. sous la graphie *plaerie* (FEW 9, 334a sous *pratum*). L'hésitation entre [r] et [l], qui a eu cours aux XVIᵉ et XVIIᵉ s., en France, est largement attestée dans les documents québécois (JunPron 159-162). La prononciation *plairie* est consignée dans Glossaire et a été recueillie lors d'enquêtes orales au Québec (PPQ 519 ; Lavoie 1114) et en Acadie (Massignon 689). Connue également en Louisiane (DitchyLouis).

[l] et [r] parasites

flamblant (Ms. 1 Cahier B ; Ms. 2). La présence du *l* étymologique est attestée du XIIᵉ au XVᵉ s. dans le substantif *flamble* (du lat. *flammula*) ; il s'est effacé par dissimilation (Nyrop I, n° 513 ; Bourciez n° 185, rem. II ; ReyHist sous *flamber* ; FEW 3, 602a sous *flammula*). Nisard relève *flamblé* encore au XIXᵉ s. dans le parler populaire de Paris (NisÉt 269).

cartron (Ms. 1 Cahier A). Prononciation relevée en saintongeais et dans les parlers de l'Est (FEW 2/1, 627b sous *charta*). L'ajout d'un [r] parasite après une consonne intérieure par suite d'une assimilation progressive a donné entre autres les formes *perdrix*, *dartre*, *tertre*, et anciennement *jardrin* (Bourciez n° 178, rem. III). *Cartron* figure dans Glossaire.

chardron (Ms. 1 Cahier A). Prononciation bien attestée dans le domaine d'oïl (FEW 2/1, 368a sous *carduus*). Même explication historique que pour *cartron*. Relevée dès le XVIIIᵉ s. dans les documents québécois (JunPron 216). Consignée dans Glossaire. Recueillie lors d'enquêtes orales au Québec (PPQ 1026 ; Lavoie 319) et en Acadie (Massignon 228).

[ʒ] à la place de [z]

georges (faire ses ~) (Ms. 1 Cahier A ; Ms. 2). *Faire ses* [ʒɔrʒə] pour *faire ses* [zɔrʒə] illustre la tendance, d'origine normanno-picarde, à substituer [ʒ] à [z]. Les documents d'archives québécois en donnent quelques exemples, dont *deux jomme* [sic] pour *deux (z')hommes* relevé au XVIIIᵉ s. (JunPron 140-141). Il peut s'agir également ici d'une étymologie populaire.

[m] à la place de [n]

gérémium (Ms. 1 Cahier A). Le remplacement de [n] par [m] figure, sous la forme *géromium*, dans Platt 1835 ; relevé dans les parlers du Nord-

Ouest, de l'Ouest et du Centre (FEW 4, 118a sous *geranion*). Consigné dans Glossaire (sous *gérémiôme*) et recueilli encore dans les années 1970 (PPQ 1688x; Lavoie 343).

Ajout d'un [t]

castonade (Ms. 1 Cahier A). Attestée dès le XVIe s., la prononciation *castonade* est très largement attestée dans les parlers d'oïl ainsi qu'en Suisse romande (FEW 2/2, 1430b sous *quassare*; HumbGen). Admise dans Académie 1718. Proscrite dans les dictionnaires des XVIIIe et XIXe s. (TLF sous *cassonade*). La forme *castonade* serait due à l'influence de *bastonnade* (Nyrop I, n° 118). Les documents de la Nouvelle-France attestent cette prononciation dès 1676 (JunPron 246). Consignée dans Glossaire, et encore recueillie dans les années 1970 (Lavoie 2205).

thétière (Ms. 1 Cahier A). Prononciation consignée dans Trévoux 1732 qui ajoute dans l'édition de 1771 : «L'usage est pour *théière*.» Relevée dans les parlers du Nord, en wallon et en franco-provençal (FEW 20, 112a sous *teh*). La prononciation *thétière* serait due à l'influence de *cafetière* (BW[5] sous *thé*). Les documents d'archives attestent cette graphie dès 1710 en Nouvelle-France (JunPron 245-246). Glossaire consigne cette prononciation (sous *thétiére*); encore largement répandue dans les années 1970 (Lavoie 2147).

Métathèse [rə] devient [ɛr]

berdas, berdasser (Ms. 1 Cahier B sous *bredas, bredasser*). Viger ayant hésité entre les deux formes de cette famille de mots dans son manuscrit (v. notes 52 et 54 du ms. 1), il convient ici d'en faire mention. La prononciation *berdas, berdasser* pour *bredas, bredasser* est bien attestée dans les parlers du Nord-Ouest et de l'Ouest (FEW 1, 540b sous *brittus*; MinPoit). Consignée dans Glossaire (sous *berda, berdasser*). En français québécois actuel, le nom et le verbe sont surtout usités sous les formes *barda* et *bardasser* (DQA). Connue en Acadie (Massignon 1219 *berdasser, beurdasser*) et en Louisiane (ReadLouis *beurdasser*).

berloque (Ms. 1 Cahier A). *Berloque* pour *breloque* est bien attesté dans le domaine d'oïl (FEW 8, 567b-568a sous **pir-*). Donné dans Dunn, Clapin, Dionne et Glossaire. Recueilli en Acadie (PoirAcad).

ferlasser (Ms. 1 Cahier B). Prononciation relevée dans les parlers du Centre et de l'Ouest (FEW 23, 202b sous *bruire*; MinPhon 161). P. Rézeau qui relève le mot sous les formes *ferlasser* et *frelasser* suggère de le rattacher à FEW 3, 815a-b sous *frl-* (RézVoc). Consignée dans

Dunn et Clapin (sous *ferdasser, ferlasser*), Dionne (sous *ferdasser*) et Glossaire (sous *ferdasser* et *ferlasser*).

Amuïssement du préfixe [rə]

brousse-poil (à ~) (Ms. 1 Cahier A). L'amuïssement du préfixe ne semble pas avoir été relevé ailleurs qu'en français canadien. Consigné dans Dionne et Glossaire. Recueilli en Acadie (Massignon 992).

SEMI-CONSONNE

[j] à la finale

braye (Ms. 1 Cahier B). La graphie *braye* pour *broie* est attestée en français depuis Cotgrave 1611; relevée en Normandie, dans le Berry, en Anjou, en Poitou et en wallon (FEW 15/1, 267a-b sous **brekan*). Le [j] s'explique, selon M. Juneau, par une analogie des formes de l'indicatif imparfait, de l'infinitif, etc., du verbe *broyer* (JunPron 205). Glossaire consigne cette prononciation sous *braye* et *breille*. Elle a été recueillie lors d'enquêtes orales au Québec (PPQ 2310; Lavoie 1611) et en Acadie (Massignon 1010).

AGGLUTINATION

avisse (Ms. 1 Cahier A). Cette prononciation a eu cours au XVIIIe et au XIXe s. Donnée avec la mention «vieux» à la fin du XIXe s.; Bescherelle 1858 écrit : «Vieux mot qui désignait une pièce de fer ou de cuivre, etc., qui était à vis.» Attestée dans les parlers du Nord, du Nord-Ouest, de l'Ouest ainsi qu'en langue d'oc (FEW 14, 558b sous *vitis*). Résulte soit d'une mauvaise coupure de *la* dans *la vis*, soit d'une soudure de la préposition *à* dans *à vis* (JunPron 217; MussSaint). Consignée dans Glossaire.

écopeau (Ms. 1 Cahier A). La prononciation de ce mot provient de l'agglutination de l'article; attestée au XVIe s. Elle a été observée dans de nombreux parlers d'oïl, tels que ceux du Nord-Ouest, de l'Ouest, du Centre, du Nord-Est, ainsi qu'en franco-provençal (FEW 2/2, 1594a sous *cuspis*). Recueillie au Québec dans les années 1970 (Massicotte V-58; PPQ 129; Lavoie 594). Également connue en Acadie (Massignon 298) et dans les parlers franco-américains de la Louisiane (ReadLouis; DitchyLouis) et du Missouri (DorrSteGen).

lévier (Ms. 1 Cahier A). Prononciation qui relève du français populaire (Bauche). «Le peuple dit par corruption *lévier*» (Bescherelle 1858 sous *évier*). La forme *lévier* (souvent *lavier*) est connue notamment en Picardie, dans les parlers du Nord-Ouest, en Champagne, en Bourgogne et en Suisse romande (FEW 25, 70b-71a sous *aquarius*). Recueillie dans les années 1970 (PPQ 100). S'entend encore de nos jours.

ÉTYMOLOGIE POPULAIRE

corporal (Ms. 1 Cahier A). Forme altérée de *caporal* sous l'influence de *corps*; attestée de 1562 à Trévoux 1771. Relevée en normand, en poitevin, en wallon et en franco-provençal (BW^5 sous *caporal*; FEW 2/1, 344a sous *caput*). Consignée dans Clapin, Dionne et Glossaire. La présence du mot anglais *corporal* a pu contribuer au maintien de cette forme ancienne pendant un certain temps en français québécois. Cette forme semble sortie d'usage aujourd'hui.

mondaine (Ms. 1 Cahier A; Ms. 2). La forme *mondaine* pour *mondé* (dans *orge mondaine*) a été relevée par Dionne. Recueillie à quelques points d'enquête dans les années 1970 (PPQ 768s).

port-épic (Ms. 1 Cahier A). Le mot est attesté en français populaire en 1808 et dans Platt 1835, sous les formes *porte-pic* et *porte-pique*. Relevé en Anjou (*portépic*), dans le Maine et dans le Limousin (FEW 9, 191a sous *porcus*). Attesté en Nouvelle-France dès 1648 sous la forme *porte epic* (Massignon 388). Recueilli lors d'enquêtes orales au Québec (PPQ 1595; Lavoie 674) et en Acadie (Massignon *ib.*).

ASPECTS MORPHOLOGIQUES ET SYNTAXIQUES

LE NOM ET L'ADJECTIF

NOMBRE

Pluriel en *-als*

confessionnals (Ms. 1 Cahier B). Probablement par analogie avec un certain nombre de noms courants en *-al* qui ont leur pluriel en *-s* tels que *bal, carnaval, festival, récital*, etc. (Grevisse n° 278).

fanals (Ms. 1 Cahier B). Dupré précise que le pluriel est en *-aux* : «Aucune question ne se pose au sujet du pluriel de ce nom : fanaux.» Le pluriel en *-als* est attesté dans des documents québécois des XVIIIe et XIXe s. : *deux fanal*; *2 vitre a 2 fanale* (TraLiQ 1, 93). Recueilli sporadiquement lors d'enquêtes orales au Québec (Lavoie 2042, 2043) et en Acadie (Massignon 1217).

Pluriel en *-aux*

étaux (Ms. 1 Cahier A). Le pluriel régulier de *étal* est *étaux*. Cependant, la forme *étals* tend à remplacer aujourd'hui *étaux*, en raison de l'homonymie avec le pluriel de *étau* (Grevisse n° 278, rem. 3 ; Dupré ; ReyHist sous *étal*).

GENRE

Le féminin au lieu du masculin

argent (Ms. 1 Cahier A). Attesté au féminin dès le XIVe s. *Argent* est connu au féminin dans tout le domaine gallo-roman (FEW 25, 192b sous *argentum*). Consigné dans Clapin, Dionne et Glossaire qui donnent les syntagmes *de la belle argent, de la bonne argent* qui s'entendent encore de nos jours. Recueilli lors d'enquêtes orales au Québec (PPQ 1750x) et en Acadie (Massignon 1426).

fenouil (Ms. 1 Cahier A). Sous la forme *fenoille*, le féminin a vécu en français, du XIIIe au XVIe s. ; il a été relevé notamment en picard et en saintongeais (FEW 3, 454a sous *fenuculum* ; MussSaint).

gouette (Ms. 1 Cahier A). Le mot (*gouette* : *goitre*) est consigné au féminin dans les dictionnaires, de Furetière 1690 à Trévoux 1732 (FEW 4, 353b sous *guttur*). Les deux genres étaient admis au XVIIIe s. Furetière 1727, qui le donne au féminin, ajoute : «Quelques-uns le font masculin.» Le genre masculin s'impose au XIXe s., et c'est la formulation inverse qui est employée, dans Bescherelle 1858, notamment : «Quelques auteurs l'on fait du féminin.» Consigné dans Clapin, Dionne et Glossaire.

incendie (Ms. 1 Cahier A). Le féminin est observé dans ce mot depuis le XVIIe s.; bien attesté dans les parlers d'oïl et notamment dans ceux du Nord ainsi qu'en Suisse romande (FEW 4, 620a sous *incendium*; HumbGen). Encore relevé au XIXe s. par Desgranges 1821 et Platt 1835 (cités dans FEW *ib.*). *Incendie* «présentant une voyelle finale longue est parfois fait féminin dans un parler fautif. On entend dire erronément : *une grosse incendie*» (Dupré).

poudine (Ms. 1 Cahier A). En français général, le mot anglais *pudding* ou *pouding* pour *plum-pudding*, emprunté en 1678, a pris le genre masculin (FEW 18, 98b-99a sous *pudding*; ReyDAngl). Dans le même sens, le mot est également du genre masculin en français québécois actuel (DQA sous *pouding* ou *pudding*). En revanche, le féminin est largement employé, dans le registre familier, pour désigner le «mets fait de pâte à gâteau déposée sur des fruits» (DQA *ib.*).

Le masculin au lieu du féminin

araignée (Ms. 1 Cahier A). Le masculin a été relevé en Anjou ainsi que dans les parlers du Centre (FEW 25, 78a sous *araneus*). Consigné dans Glossaire.

sentinelle (Ms. 1 Cahier A). *Sentinelle* est attesté au féminin depuis le XVIe s. Le mot a cependant été usité au masculin au XVIIIe s.; consigné au masculin dans Académie 1798-1835 (FEW 11, 471b sous *sentire*). Féraud 1787 fait le commentaire suivant : «Sentinelle est toujours fém[inin]. Quelques auteurs l'ont fait masculin.»

tondre (Ms. 1 Cahier A). Le masculin a été relevé notamment en Normandie et en Saintonge (FEW 17, 387a sous *tundr*). Consigné dans Clapin, Dionne et Glossaire. Recueilli au masculin au Québec (PPQ_91x; Lavoie 2013), en Acadie (Massignon 324) ainsi que dans les parlers franco-américains de la Louisiane (ReadLouis) et du Missouri (DorrSteGen). Le mot ne figure plus dans les dictionnaires usuels.

PRÉFIXATION

En é-

épotraillé (Ms. 1 Cahier B). *Épotraillé* pour *dépoitraillé* a été relevé en Normandie sous la forme *épétrâillé* (FEW 8, 109a sous *pectoralis*). Figure dans Clapin (sous *époitrailler*) et Glossaire (sous *époitrâillé, ée* et *épotrâillé, ée*).

En en-

envarié (Ms. 1 Cahier A). La forme *envarié* pour *avarié* ne semble pas avoir été relevée ailleurs qu'en français canadien. Le remplacement de *a-* par *en-*fréquent anciennement, en français québécois, dans de nombreux mots tels que *envaler, envec*, etc., est probablement hérité des parlers français; cf. en normand *envant, envertir, envouer* (RobNorm). *Envarié* paraît dans un document québécois de 1777. Il peut s'agir également d'un croisement de mots; comme le fait remarquer M. Juneau, «il y a peut-être eu contamination avec *enverguer*, mot de la langue maritime, tout comme *avarier*» (JunPron 246). La forme *envarié* est consignée dans Glossaire (sous *anvarié, ée*).

En in-

inquilibre (Ms. 1 Cahier B sous *équilibre*). Le remplacement de *é-* par *in-* est probablement un apport des parlers saintongeais où il est particulièrement présent et touche un grand nombre de mots : *inpouvantable, induction, ingal, inglise, intranger, inventail*, etc. (MussSaint). Il a été relevé également dans des documents québécois du XVIIIe s. dans des mots tels que *incarlate, induction* (JunPron 242 et 259). *Inquilibre* figure dans Dionne.

SUFFIXATION

En -age

marinage (Ms. 1 Cahier A). Variante de *marinade* «légumes marinés». Consignée dans Glossaire (sous *marinages*). Recueillie au pluriel lors d'enquêtes orales au Québec (PPQ 223; Lavoie 2199) et en Acadie (Massignon 1339).

En -ant

étrivant (Ms. 1 Cahier B; Ms. 2). *Étrivant* a été relevé anciennement en français, comme substantif, au sens de «concurrent» (Godefroy et Huguet sous *étriver*). Figure dans Dionne et Glossaire.

En -*ante*

brunante (Ms. 1 Cahier B). Les formes *brunant, brunante* sont attestées comme adjectifs au XIIe s. Le mot est connu comme substantif sous la forme *breunant* en haut-manceau et *brunant* en Touraine (FEW 15/1, 307b sous **brun*; Massignon 69).

En -*au* au lieu de -*al*

étau (Ms. 1 Cahier A) Un certain nombre de noms en -*al* ont refait le singulier sur le pluriel et ont pris une nouvelle forme en -*au*, comme par exemple *animau, bestiau, chevau, journau*, etc. Les formes en -*au* pour -*al* remontent au Moyen Âge. Elles sont bannies de la langue littéraire dès le XVIIe s., mais ont subsisté dans les parlers d'oïl où elles ont été très répandues (Nyrop II, n°s 291, 299-300). Pour ce qui est du mot *étal*, le remplacement de -*al* en -*au* a pu se produire, en outre, sous l'influence de *étau* (d'abord *estoc* «presse»). *Étau* pour *étal* a vécu en français général de 1564 à Trévoux 1771 : «Quelques-uns disent au singulier *étal*»; ce dernier consigne dans le même article et sous le même mot vedette les deux mots *étau* (*étau* «table» et *étau* «presse»). La forme *étau* a été relevée en Orléanais, en Bourgogne et dans les parlers du Nord-Est et de l'Est (FEW 17, 206b sous **stal*). Figure dans Dionne.

En -*ée*

canotée (Ms. 1 Cahier B; Ms. 2). Ce dérivé de *canot* n'a pas été retenu par les dictionnaires français. En Nouvelle-France, au XVIIIe s., le suffixe -*ée* a été particulièrement productif dans la création lexicale. Potier, qui relève *canotée*, consigne une vingtaine de mots ainsi formés (HalPot 156-158).

En -*erie*

bredasserie (Ms. 1 Cahier B). La forme *bredasserie* a été relevée en Vendée; le mot est également attesté en Touraine sous la variante *berdasserie* (FEW 1, 541a sous *brittus*; RézVoc). Potier le relève en 1744 au Détroit (HalPot 242). Figure dans Dionne et Glossaire (sous *berdasserie*).

En -*eur*, -*eux*

cheniqueur (Ms. 1 Cahier A). Dérivé de *cheniquer*, ce mot ne semble pas être connu ailleurs qu'en français québécois. Figure dans Clapin (sous *cheniqueur, cheniqueux*), Dionne et Glossaire (sous *cheniqueux*).

bicleux (Ms. 1 Cahier A ; Ms. 2). *Bicleux* pour *bicle*. Le suffixe en *-eux* est dialectal dans ce mot ; relevé en Touraine (DavTour) et dans les parlers du Centre (JaubCentre sous *biclu*). Donné dans Glossaire.

bourasseur (Ms. 1 Cahier B). De *bourasser*; *bourasseur* et plus généralement *bourasseux* (Viger lui-même avait d'abord écrit cette dernière forme : v. note 46 du ms. 1) ne semblent être connus qu'en français canadien. Clapin, Dionne et Glossaire consignent *bourasseux*.

En *-ier*

bredassier (Ms. 1 Cahier B). Bien attesté dans les parlers du Nord-Ouest, de l'Ouest et du Centre sous les formes *bredassier* et *berdassier* (FEW 1, 540b sous *brittus*; RézVoc). Potier le relève au Détroit en 1744 (HalPot 242). Donné dans Dionne et Glossaire sous *berdassier* et *bredassier*.

En *-iste*

Montréaliste (Ms. 1 Cahier B). Le suffixe en *-iste* a eu cours du XVIIe au XIXe s. : *Mon-Realiste* 1654 ; *Montrealiste* 1672 ; *Montréaliste* 1727 (DugGent ; DFP sous *montréalais*). Quant à la forme actuelle *Montréalais*, elle n'est attestée que depuis 1859. À la fin du XIXe s., la concurrence entre les gentilés *Montréaliste* et *Montréalais* est forte. Clapin ne relève que *Montréalais*; Dionne (sous *montréaliste*) s'interroge : «Montréalais ou Montréaliste, citoyen de Montréal. Lequel vaut mieux ? [...]. On ne dit plus maintenant que Montréalais.»

En *-on*

sarpidon (Ms. 1 Cahier A; Ms. 2). Variante de *serpida*. Le suffixe *-on* ne semble avoir été usuel, dans ce mot, qu'en français québécois. Figure dans Glossaire.

En *-oux*

graissoux, ouse (Ms. 1 Cahier A). Forme bien attestée dans les parlers du Nord-Ouest et de l'Ouest, ainsi qu'en langue d'oc (FEW 2/2, 1277a sous **crassia*). Du suffixe latin *-osus* qui a donné *-eux* en français et *-ou*, *-ouse* dans certains parlers, dont les parlers poitevins où ce suffixe fut particulièrement productif (MinPhon 122-127). Forme consignée dans Clapin, Dionne et Glossaire.

LE PRONOM

stellà (Ms. 1 Cahier A). De *cestuy la* «celui-là» attesté au XVe s. et largement répandu sous la forme *stila*; également relevé en français populaire (Bauche sous *çti-là*). La forme féminine *stellà* a été largement relevée en Normandie, dans le Berry, en Anjou, en Bourgogne et en wallon (FEW 4, 821a sous *iste*). Consignée dans Glossaire (sous *stèla* et *stel-là*). Bien attestée anciennement au Québec (GendrRur 182 ; JunJum 82) et en Acadie (PoirAcad qui donne *stelle-là* sous *sti-cit*).

stellci(t) (Ms. 1 Cahier A). *Stellci(t)*, de l'ancienne forme *cestui-ci* «celui-ci» largement attestée, au masculin, sous la forme *stisi* tant en langue d'oïl qu'en langue d'oc ainsi qu'en franco-provençal ; la forme féminine *stellci* a été relevée notamment en Sologne (FEW 4, 820b sous *iste*). Consignée dans Glossaire (sous *stel-ci* et *stel-cite*).

LE VERBE

PRÉFIXATION

En *a*-

amancher (Ms. 1 Cahier A ; Ms. 2). Pour *emmancher*. Les formes *amancher* et *emmancher*, qui datent du XVe s., ont coexisté en français jusqu'au XVIIe s. *Amancher*, qui est sorti de l'usage en français général, s'est maintenu dans de nombreux parlers d'oïl et en Suisse romande (FEW 6/1, 222a sous *manicus*). La forme *amancher* est encore bien vivante au Québec dans certains contextes (DQA).

En *é*-

ébrâiller (Ms. 1 Cahier A ; Ms. 2). Le verbe, beaucoup moins usuel que l'adjectif, a été relevé en wallon sous la forme *abrâyer* et sous la forme pronominale dans le Limousin (FEW 1, 480a sous *braca*).

Ébraillé figure au XVIe s. chez Montaigne (FEW *ib.*) ; il a été relevé en Saintonge (MussSaint). Consigné dans Dionne et Glossaire (sous *ébrâillé, ée*). Recueilli dans les années 1970 (Lavoie 2533).

écolter, escolter (Ms. 1 Cahier A ; s'écolter Ms. 2). Sous la forme *escoleter*, le verbe est attesté en français des XIIIe et XIVe s. (FEW 2/2, 917a sous *collum*). L'emploi pronominal figure dans Bescherelle 1858 (sous *écolleter*). Au sens général de «décolleter», le verbe figure encore dans DG (sous *écolleter*) avec la mention «anciennement». Consigné dans Clapin, Dionne et Glossaire (sous *écolleter*).

L'emploi adjectival a été observé dans les parlers du Nord-Ouest (FEW *ib.*).

SUFFIXATION

En -*ailler*

brouscailler (Ms. 1 Cahier B). Attesté en Normandie et en Saintonge sous la forme *brusquailler* (FEW 1, 575b sous *bruscum*; MussSaint). Pour une étude détaillée du suffixe -*ailler*, v. TLF. Consigné dans Glossaire (sous *brousquâiller* et *brusquâiller*).

En -*eter*

chienneter (Ms. 1 Cahier B; Ms. 2). Forme attestée en français de 1573 à 1665; relevée en normand et en wallon (FEW 2/1, 192a sous *canis*). Figure dans Dionne et Glossaire. Recueillie lors d'enquêtes orales dans les années 1970 (Massicotte IV-351; PPQ 653; Lavoie 1452).

empocheter (Ms. 1 Cahier B). *Empocheter* a été relevé en normand, en lorrain et en wallon (FEW 16, 641b sous *pokka). Consigné dans Dionne et Glossaire. Recueilli dans les années 1970, mais moins fréquent que *empocher* (Lavoie 1108).

rapiester (Ms. 1 Cahier B; Ms. 2). Pour rendre compte de la prononciation, Viger, qui avait d'abord écrit *rapiéceter*, l'a remplacé par *rapiester*. *Rapiéceter* est attesté depuis 1624; il est bien représenté dans les parlers d'oïl (FEW 8, 336a sous *pettia*). *Rapiéceter* est attesté dans les documents de la Nouvelle-France dès 1700 (JunPron, 264). Dionne l'enregistre sous *rapièceter*. Encore bien vivant dans les années 1970 (PPQ 323, 327; Lavoie 1724, 1726).

En -*ier*

balier (Ms. 1 Cahier A). Forme attestée en ancien et en moyen français; bien représentée dans les parlers d'oïl (FEW 1, 232b-233a sous *banatlo). Encore retenue dans Richelet 1710, mais condamnée par Trévoux 1752 (cités dans TLF sous *balayer*). Platt 1835 précise : «Du temps de Ménage, on ne savait trop lequel valait mieux de balier ou balayer.» Figure dans Potier (HalPot 161). Consignée dans Dunn, Clapin, Dionne et Glossaire. Forme recueillie lors d'enquêtes orales au Québec et largement attestée (PPQ 281, 2051); connue également en Acadie (Massignon 1224), en Louisiane (ReadLouis) et à la Réunion (ChaudRéun II, 696).

En -*iller*

berlanciller (Ms. 1 Cahier A; Ms. 2). Relevé en orléanais (FEW 1, 363a sous *bilanx*). Consigné dans Glossaire (sous *balanciller* et *berlanciller*) et recueilli lors d'enquêtes orales (PPQ 2048).

écrapoutiller (Ms. 1 Cahier B; Ms. 2). Forme qui semble n'avoir été relevée qu'au Québec. La substitution de -*iller* à -*ir* est cependant attestée dans d'autres mots; cf. *époutiller* pour *époutir* en normand (FEW 9, 550a sous *puls*). Dionne relève *s'accroupiller* pour *s'accroupir*. *Écrapoutiller* est consigné dans Glossaire. Recueilli lors d'enquêtes orales dans la Beauce (LorBeauce).

Résous pour *Résolu*

résous (Ms. 1 Cahier A; Ms. 2). *Résous* (souvent *résout* aux XVIe et XVIIe s.) est bien attesté, avec des variantes sémantiques, dans les parlers d'oïl (FEW 10, 303b sous *resolvere*; ReyHist sous *résoudre*). *Être résous à* est attesté depuis Furetière 1690, qui donne également la forme *résolu*. Dupré (sous *résoudre*) le condamne : «Le participe *résous* est un archaïsme conservé artificiellement; on le laissera aux chimistes, s'ils le jugent nécessaire.» Consigné dans Dunn, Clapin, Dionne et Glossaire.

VERBE DE LA PREMIÈRE CONJUGAISON

retrayer (Ms. 1 Cahier A; Ms. 2). *Retrayer* pour *retraire* au sens de «retirer» est attesté au XVe s., à la forme pronominale (FEW 10, 341a sous *retrahere*). Cette forme s'explique probablement par une influence analogique avec les formes du participe présent, de l'indicatif imparfait et des trois personnes du pluriel de l'indicatif présent du verbe *retraire*.

L'ADVERBE

même (à ~) (Ms. 1 Cahier B sous *à même*). *Mettre qqn à même* «[permettre à qqn de faire qqch.; le laisser libre]»; la locution qui s'emploie, en outre, avec *être* et *laisser* est attestée en français général de 1640 à Académie 1798 (FEW 4, 807b sous *ipse*). «A mesme façon de parler adv. qui n'a d'usage qu'avec les verbes, Estre, mettre & laisser. On dit, *Estre à mesme*, en parlant d'une personne qui aime extremement quelque chose, & qui se trouve en estat de se satisfaire pleinement» (Académie 1694). Pour Furetière 1727, *à même* relève du discours familier et populaire. *À même* a été relevé en Anjou et en Touraine (VerrAnj; DavTour sous *mînme*). Consigné dans Glossaire.

Boire à même [le verre, la bouteille, etc.] est attesté en français général depuis le XIIIe s. (FEW 4, 807b sous *ipse*; Nyrop V, n° 414, rem.). Viger relève cet emploi sans doute parce qu'il est donné comme populaire notamment dans Académie 1798.

Être à même de faire qqch. «être en mesure de» est attesté depuis le XVIIIe s. (FEW *ib.*).

En résumé, les locutions *être à même*, *boire à même qqch.* et *être à même de faire qqch.* sont encore critiquées à la fin du XVIIIe s. Féraud 1787 explique : «Mettre à même et être à même de faire quelque chôse; c. à d. mettre ou être à portée de le faire, donner ou avoir des facilités pour le faire, sont des façons de parler qui m'ont toujours paru bien bizârres, et qui certainement ne sont pas du beau style. L'Acad. dit bien être, mettre, laisser à même, mais elle les dit sans régime.»

moindrement (Ms. 1 Cahiers A et B). L'adverbe *moindrement*, donné comme littéraire ou rare en français général, est employé de nos jours avec la négation *pas* : *pas le moindrement*, «pas le moins du monde» (ReyHist sous *moindre*; PRob 1993; PLar 1998). Dans des phrases affirmatives, *le moindrement* «le moins, très peu, un peu» et *le moindrement que* «aussi peu que, pour peu que» ont été relevés en Normandie (FEW 6/2, 123b sous *minor*). Consigné dans Dunn, Clapin, Dionne; Glossaire, comme Viger, consigne également *la moindrement*. Encore usuel au Québec (DQA : «S'ils sont *le moindrement* intelligents, ils réussiront»). Outre les différences d'emploi et de sens déjà mentionnées, cet adverbe en français québécois s'écarte également de l'usage du français général par sa fréquence; il appartient, par ailleurs, au registre familier.

LA PRÉPOSITION

amont (Ms. 1 Cahier A). *Amont*, «vers le haut de», est attesté du XIIe au XVIe s.; relevé au XVIe s. dans des constructions telles que *amont la cheminée*, *amont les vignes*. *Amont la côte* et *grimper amont un arbre* ont vécu en normand, en vendômois et en boulonnais notamment (FEW 6/3, 85a-b sous *mons*; HaignBoul). Consigné dans Clapin, Dionne et Glossaire. Encore recueilli en quelques endroits au cours d'enquêtes orales menées dans les années 1970 (PPQ 2310 : *amont la pente*).

de pour *à*

affaire (avoir ~ de qqn) (Ms. 1 Cahier B). *Avoir affaire de qqn, de qqch.* a cours depuis l'ancien français; donné avec la mention «familier» à partir d'Académie 1762 (FEW 3, 350a sous *facere*). Les dictionnaires qui l'enregistrent, de nos jours, lui donnent les mentions «archaïque» ou «vieux» (TLF; PRob 1993).

en pour *au*

[en Canada] (Ms. 1 dans le titre; Ms. 1 Cahier B et Ms. 2 sous *ginseng*; Ms. 1 Cahier A sous *travail*; Ms. 2 sous *office* et *tuer*). La règle aujourd'hui est que les noms masculins à initiale consonantique prennent l'article : Aller au Pérou, au Congo, au Canada; la préposition *en* est employée avec les noms masculins à initiale vocalique et les noms féminins (Grevisse n° 318). D. Bouhours dans ses *Remarques nouvelles* tente d'expliquer l'emploi de *en* et *à* devant les noms de pays : «On dira peut-estre que j'explique une difficulté par une autre, & on demandera enfin pourquoy *Chine* & *Japon* conservent toûjours leurs articles contre la regle commune, qui oste quelquefois l'article aux noms de province & de Royaume dans les cas obliques. Je répons que cette irrégularité a principalement lieu pour tout ce qu'on appelle le nouveau monde; que *Chine* & *Japon* ont le mesme régime que les autres païs nouvellement découverts [...]. Il faut excepter *le Canada* des pais : nous disons, *aller en Canada*; & apparemment nous traitons ce païs-là comme les provinces de la France, parce qu'il porte le nom de France, & que nous ne le regardons pas tout-à-fait comme le reste du nouveau monde. Aprés tout, il seroit difficile de donner une bonne raison de tout cela : aussi faut-il avoûer que le caprice de l'usage y a plus de part que la raison ; & il semble que cét usage bizarre prenne quelquefois plaisir à renverser toutes nos idées & tous nos raisonnemens» (Bouhours 11-12). En 1841, Maguire condamne l'emploi de *en* au lieu de *au* devant *Canada* (Maguire 12-13). *En Canada*, qui date du XVIe siècle, était encore en usage au début du XXe siècle.

Sur «chez»

sur (Ms. 1 Cahier A; Ms. 2). *Sur* au sens de «chez» est attesté en français général au XIVe et au XVe s. (FEW 12, 432a sous *super*). Figure dans Glossaire et dans Massignon (1137).

Sus était connu également à l'époque de Viger (v. Index). Le mot est généralement prononcé [sy] de nos jours au Québec (PPQ 1743, 1744); recueilli également en Acadie (Massignon *ib.*). Cette prononciation provient soit de l'amuïssement de la consonne *r* de *sur*, soit de *sus* attesté également avec l'acception de «chez» au XIVe s. (FEW 12, 463a sous *sursum*); il y aurait eu rencontre des deux mots en Nouvelle-France selon M. Juneau (JunPron 169-170; JunPMeun 186).

ASPECTS LEXICAUX

ARCHAÏSMES, DIALECTALISMES ET INNOVATIONS FORMELLES ET SÉMANTIQUES

Nous avons toujours privilégié les définitions de Viger. Comme l'auteur ne donne pas toujours la définition du mot vedette au début de l'article, il a fallu à maintes reprises reconstituer, tout en conservant les mots qu'il emploie, les bribes de définitions qui sont éparses dans les articles. Lorsque l'auteur n'a pas donné de définition, nous en apportons une, encadrée de crochets droits.

Il nous a paru important, en outre, de tenir compte des nombreux mots oubliés et cachés qui se trouvent soit dans les définitions, soit dans les exemples des articles. Il est en effet fréquent de rencontrer dans les articles des termes qui présentent un intérêt certain aujourd'hui, mais qui n'ont pas été traités par Viger parce qu'ils faisaient partie du français de son époque, consigné dans les dictionnaires. Ces mots sont mis entre crochets droits, pour bien montrer qu'il s'agit d'ajouts dans la nomenclature, et ils ont été intercalés à leur rang alphabétique.

D'autre part, un certain nombre de variantes, de synonymes ou d'équivalents du mot vedette ont aussi fait l'objet de commentaires linguistiques ; ces derniers ont été placés à la suite de l'étude historique du mot vedette et ils sont facilement repérables dans l'Index.

abât (Ms. 1 Cahier A ; Ms. 2) ; *abât de pluie, abât de neige,* «grande pluie, fréquens orages ; grande quantité de neige». Le mot est attesté en français dans le sens de «forte pluie» depuis Littré (sous *Abat ou abas*) : «averse, pluie abondante». Relevé avec les mentions «vieilli», «vieux» ou «régional» depuis le début du XXe s. (DG : *des abats d'eau, de grêle* ; GRob ; ReyHist sous *abattre*). Dans cette acception, *abat* est attesté notamment dans les parlers de l'Ouest, du Nord-Ouest et du Centre où il est encore vivant (FEW 24, 17b sous *abbattuere* ; RézOuest et SimTour : *abât d'eau*). Les syntagmes *abat d'eau, abat de pluie, abat de neige* ont été recueillis dans les années 1970 au Québec (PPQ 1175, 1207) ; ils semblent sortis de l'usage aujourd'hui. *Abat d'eau* et *abat de pluie* ont été relevés en Acadie (Massignon 79). V. aussi Aspects phonétiques et Datations.

âbre (Ms. 1 Cahier A). V. Aspects phonétiques.

acquet (Ms. 1 Cahier B); «[avantage, profit, gain]». Dans ce sens, *acquêt* est attesté en français dès le XIIe s.; il est donné comme familier à partir d'Académie 1740 (FEW 24, 111a sous *acquirere*). Féraud, qui cite Académie : «Vous aurez plus d'acquêt de le payer que de le plaider», ajoute : «Cette dernière phrase me paraît surannée.» *Acquêt* «profit, manière de tirer parti d'une chose» a été relevé dans les parlers du Centre (FEW *ib.*). Le mot est consigné dans Glossaire (sous *acquette*); il a été recueilli lors d'enquêtes orales dans les années 1970 (PPQ 2310; LorBeauce). V. *Quitte* (*avoir plus de ~*).

affaire (avoir ~ de qqn) (Ms. 1 Cahier B). V. Aspects syntaxiques.

ahurissant, ante (Ms. 1 Cahier A; Ms. 2); «ennuyant». En français général, l'adj. *ahurissant*, qui n'est attesté que depuis 1866 (GLLF), a pris le sens du verbe *ahurir* dont il dérive : «déconcerter complètement en étonnant ou en faisant perdre la tête» (PRob 1993). L'acception que donne Viger vient probablement de la Normandie où le verbe *ahurir* a été relevé avec le sens atténué d'«étourdir, ennuyer» (FEW 4, 517a sous **hura*), sens qui a vécu en français québécois (Clapin; Glossaire le donne sous *aheurir*). *Ahurissant*, adj. et subst., est consigné dans Glossaire (sous *agurissant, aheurissant, ahurissant, ayurissant*). À notre connaissance, ce sens a disparu de l'usage actuel. V. aussi Datations.

[aimable] (Ms. 1 Cahier A sous *désapointer*); «[mondain, homme de cour, personne qui fait l'aimable]», attesté depuis 1734 (FEW 24, 382a sous *amabilis*). Bescherelle 1858 explique ainsi l'emploi substantivé : «On a dit substantivement, Les aimables de la cour, c'est-à-dire, Ceux qui s'y piquaient de passer pour aimables, pour agréables. Aujourd'hui on le dit ironiquement des jeunes gens qui mettent beaucoup d'importance au talent de plaire par des qualités frivoles.» Cet emploi a disparu (ReyHist).

Allemand (être, avoir une tête d' ~) (Ms. 1 Cahier A); «être entêté, opiniâtre». L'expression est absente des ouvrages consultés. Cf. cependant l'expression argotique *tête de boche* «tête dure», attestée depuis 1862 (TLF sous *boche*) et *tête carrée* «personne entêtée; sobriquet de l'Allemand» depuis 1861 (FEW 13/1, 272b sous *testa*).

allumer (Ms. 1 Cahier A; Ms. 2); «[mettre le feu au tabac d'une pipe; au figuré, prendre un moment pour se reposer ou bavarder (et en profiter pour fumer)]». En emploi transitif, *allumer une pipe* est attesté depuis Bescherelle 1845 (FEW 24, 340a sous **alluminare*). En emploi absolu, *allumer*, dans ce sens et dans le sens figuré, ne semble avoir été relevé qu'en français canadien. Consigné dans Clapin 344 («[s]'emploie souvent elliptiquement, pour "allumer la pipe"»), Dionne («se reposer»), Glossaire. Recueilli encore dans les années 1970 (PPQ 2070 «fumer»;

Lavoie 816 «prendre quelques minutes de repos» et 3131 «fumer»). Connu en Acadie (PoirAcad). V. aussi Datations.

amancher (Ms. 1 Cahier A; Ms. 2); «raccommoder; refaire». Le sens général d'«arranger, réparer, fixer, ajuster qqch.», qui est une extension du sens français de «munir d'un manche», est attesté (surtout sous la forme *emmancher*) dans les parlers du Nord-Ouest, de l'Ouest et du Centre, ainsi qu'en wallon (FEW 6/1, 223a sous *manicus*). Présent dans Glossaire (sous *amancher* et *emmancher*). Cet emploi est également connu en Acadie (Massignon 1160). V. aussi Aspects morphologiques.

amarrer (Ms. 1 Cahier A); «lier, attacher [dans un sens général]». Cette acception est bien attestée dans les parlers du Nord-Ouest et de l'Ouest (FEW 15/1, 2b sous **aenmarren*). Le mot dans ce sens a été recueilli au Québec dans les années 1970 et s'applique alors surtout aux animaux : *amarrer les bêtes, amarrer un cheval* (Massicotte IV-16; PPQ 390 et 422; Lavoie 1230). Relevé en Acadie (Massignon 865, 907; 1659 «attacher ses souliers»), en franco-ontarien (LemVieux 20, 85) et en Louisiane (ReadLouis). Il est connu également à la Réunion, à Haïti et à la Martinique (ChaudRéun II, 681).

amont (Ms. 1 Cahier A). V. Aspects syntaxiques.

[après-dinée] (Ms. 1 Cahier A et Ms. 2 sous *plaisant* et *relevée*); «[après-midi]». Le mot vit en français général depuis le début du XVe s. (FEW 3, 95a sous *disjejunare*). Littré enregistre les formes *après-dînée*, *après-dîner*, *après-dîné*, «temps depuis le dîner jusqu'au soir» et ajoute : «Des grammairiens ont accusé l'Académie d'avoir gardé après-dînée, parce que la dînée étant un repas fait en voyage ne peut exprimer le dîner ordinaire. Mais l'Académie n'a fait ici qu'enregistrer un usage qu'il n'est plus loisible de changer.» Le mot est de nos jours vieux ou régional (GRob). Recueilli lors d'enquêtes orales au Québec dans les années 1970 (Lavoie 27). V. *Relevée*.

araignée (Ms. 1 Cahier A). V. Aspects morphologiques.

argent (Ms. 1 Cahier A). V. Aspects morphologiques.

arignée (Ms. 1 Cahier A). V. Aspects phonétiques.

arse (Ms. 1 Cahier B; Ms. 2); «place, espace». *Arse* est probablement une variante phonétique du mot normand *airse* : *avoir l'airse*, «avoir le temps, la facilité de faire une chose» (MoisyNorm). La forme *airse* est probablement issue du croisement des mots *aire* et *aise*. *Aire* a depuis le XIIe s. le sens général d'«espace libre» (FEW 25, 160b sous *area*). *Aise* a également été relevé dans le sens d'«espace large» (FEW 24, 143b sous *adjacens*). Cf. en français du XIIIe s. *aveir aise de*, «avoir l'occasion, la facilité (de faire qqch.)», et, avec la même acception au XVe s., *avoir l'aise*; relevé également en Normandie (FEW 24, 144a). Consigné dans Dunn, Clapin et Dionne (qui le donnent aussi sous *arce*), Glossaire. *Avoir* [dlars] ou [dlas] est bien attesté, encore de nos jours, dans les régions de Charlevoix, du Saguenay et du Lac-Saint-Jean (Lavoie 1914). V. également Aspects phonétiques.

attisée (Ms. 1 Cahier B); «[feu vif fait avec une bonne quantité de bois]». Le mot est attesté dans les parlers du Nord et du Nord-Ouest (FEW 13/1, 358a sous *titio*; ReyHist sous *attiser* : mot picard, «bois pour le feu» et «grand feu»). Recueilli partout au Québec lors d'enquêtes orales en 1970 (PPQ 79; Lavoie 2026) et encore bien vivant (DQA sous *attiser*). Relevé également en Acadie (Massignon 1204).

avisse (Ms. 1 Cahier A). V. Aspects phonétiques.

bagage (Ms. 1 Cahier B); «ménage [meubles, objets domestiques]». «Pendant longtemps, bagages a désigné le matériel de l'armée, l'équipement, les ustensiles et, avec une valeur collective au singulier, l'équipage de guerre d'une armée» (ReyHist). Furetière 1690 l'applique à des particuliers : «On dit aussi, qu'on a du bagage logé chez soy, quand on y a logé des filous, ou gens de mauvaise vie, qui a tous moments sont contraints de demesnager, d'emporter leur bagage, leurs meubles.» Figure avec la mention «familier» dans Académie 1835-1932, qui le définit : «mobilier de pauvres gens». Au Québec, cette acception a été recueillie dans les années 1970 dans la région du Saguenay (Lavoie 1989 «ameublement d'une maison»).

baiser (Ms. 1 Cahier B); «retaper [«tromper, attraper»]». Extension sémantique de *baiser* «posséder charnellement», mot du langage familier attesté dès le XVIe s. Le mot est consigné dans l'argot parisien depuis 1881. Ce sens a été relevé dans les parlers du Nord-Ouest, du Centre et en Bourgogne, «tromper, duper, attraper qqn» et est attesté dès 1871 en Vendômois (FEW 1, 269a sous *basiare*; TLF; ReyHist; MartVend). Connu également à la Réunion (ChaudRéun II, 703-704).

Le syntagme *baiser en guedou*, dans le même sens, est absent des ouvrages consultés. *Guedou* vient peut-être de *guilledou*, mot d'origine incertaine, mais qui pourrait être formé du radical de l'ancien français *guiller*, «tromper, séduire», et de l'adjectif *doux*. *Guedou* pourrait aussi se rattacher à la famille de *gadoue*, comme l'indique M. Juneau (FEW 22, 83b; JunLex 188).

Baiser en pincettes, dans le même sens, est un emploi figuré de *baiser en pincettes*, «baiser qqn en lui pinçant légèrement les joues». V. *Pincettes (baiser en ~)*. V. *Retaper*.

balier (Ms. 1 Cahier A). V. Aspects morphologiques.

banal (Ms. 1 Cahier A) ; «taureau». Du syntagme *taureau banal*. L'adjectif *banal*, terme féodal attesté en France dès le XIIIe s., a le sens de «qui appartient au seigneur». Le mot, dans son emploi substantivé, a été relevé en orléanais sous la forme *banau* (pour une explication de cette forme, v. *étau*), «taureau communal» (FEW 15/1, 51b sous *ban*). Au Québec, il a été relevé sporadiquement dans les années 1970 dans la région de Montmorency (PPQ 474) et dans Charlevoix (Lavoie 1261).

Au sens d'«homme extrêmement fort et de grande taille» (par analogie avec la grande taille et la force du taureau), *banal* est absent des ouvrages consultés. Cf. en français général, *taureau banal*, «homme débauché», consigné dans les dictionnaires de Furetière 1690 à Trévoux 1752 (FEW *ib.*). Glossaire, qui l'enregistre, lui donne le sens d'«homme effronté».

bandon (Ms. 1 Cahier B) ; *donner bandon aux animaux*, «les laisser partir pour courir les champs». *Bandon*, dans *metre a bandon* «donner permission, licence de faire qqch.», est attesté en français, du XIIIe au XVIIe s. (FEW 15/1, 49b sous *ban*). Le mot est relevé en orléanais : *bestes a bandon*, «bétail sans garde», et en Suisse romande : *a bandon* «(laisser le bétail) sans surveillance» (FEW *ib.*).

L'emploi par extension de *bandon*, «saison de l'année où il est permis et d'usage de laisser aller les animaux par toute la campagne», semble n'avoir été relevé qu'au Québec. (La période des *bandons* s'étendait du début de mai à la saint Michel, le 29 septembre, ou au plus tard au début d'octobre).

Basque (malin comme un ~ ; être un malin ~) (Ms. 1 Cahier B) ; cette expression est absente des sources consultées. Probablement à rapprocher, quant au sens, de la locution *un tour de Basque* : une supercherie (TLF sous *basque* ; DunBouq).

bavasser (Ms. 1 Cahier B) ; «parler beaucoup, confusément (Il ne se dit guères que d'une personne ivre)». Attesté en 1584 chez Montaigne au sens de «bavarder» (TLF ; ReyHist). *Bavasser* a été relevé dans les parlers du Nord-Ouest, de l'Ouest et du Centre (FEW 1, 195a sous *baba*). Consigné dans Cotgrave 1611, il est absent de la plupart des dictionnaires des XVIIe et XVIIIe s. *Bavasser* est réintroduit dans les dictionnaires depuis AcadCompl 1842. Il est, de nos jours, donné avec les mentions «vieilli, péjoratif ou familier» et est souvent senti comme «régional» (TLF). Recueilli dans les années 1970 (PPQ 2241 «parler à tort et à travers»). Connu dans le même sens en Acadie (Massignon 1784). Dans l'usage actuel au Québec, *bavasser* est employé au sens de «parler de façon indiscrète, divulguer ce qui devrait être tenu secret (à l'insu de qqn)» et dans celui de «bavarder, aimer beaucoup parler» (DQA; PPQ 2238, 2241; Lavoie 2870, 2933).

beauté (une ~) (Ms. 1 Cahier B); «beaucoup, un grand nombre; peu, petit nombre». Attesté en français du XIIIe s. sous les formes *boutee, botee* avec le sens de «grande quantité» (FEW 15/1, 210b sous **botan*). Cf. Godefroy : «*Une boutee de* roisins bons et menus».

Par antiphrase, *une beauté* au sens de «peu, petit nombre» est connu des parlers du Nord-Ouest et du Centre; cf., dans le Perche, *boutée*, «un peu» (FEW *ib.*). Consigné dans Clapin, Dionne; Glossaire (sous *bôtée*). Connu en Acadie (PoirAcad). Encore bien vivant de nos jours au Québec.

ber (Ms. 1 Cahier A); «petit lit où l'on couche les enfants à la mammelle». Attesté depuis le XIIe s., d'abord sous la forme *bers*, le mot a été évincé à partir du XVIIe s. (Furetière 1690 : «On disoit autrefois *bers* au lieu de *berceau*») par *berceau*, un dérivé de *bers*, attesté depuis le XVe s. *Ber* (ou *bers*) a été largement relevé dans les parlers du Nord-Ouest, de l'Ouest et du Centre (FEW 1, 337a sous **bertiare*; ReyHist sous *ber* ou *bers*). TLF l'enregistre avec la mention «vieux». *Ber* est largement attesté dans les documents d'archives québécois (JunLex 115 et suiv., pour une étude détaillée). Encore bien vivant dans les années 1970 (PPQ 140; LorBeauce). Relevé également en Acadie (Massignon 1164).

berlancille (Ms. 1 Cahier A; Ms. 2); «corde, branche d'arbre ou planche avec quoi on se balance». Le mot a été relevé à Blois, dans l'Orléanais (FEW 1, 363a sous *bilanx*). Consigné dans Glossaire qui enregistre les formes *berlancille* et *balancille*. Relevé sporadiquement dans les années 1970, sous la forme *balancille* (PPQ 2047). V. aussi Aspects phonétiques.

Des trois autres termes donnés par Viger comme synonymes, seul *balançoire* est consigné sans mention dans les dictionnaires (PRob 1993; PLar 1998); *escarpolette* est aujourd'hui donné comme vieilli (PRob 1993), mais il est consigné sans mention dans PLar 1998; et *brandilloire* est archaïque (ReyHist sous *brandir*).

berlanciller (Ms. 1 Cahier A; Ms. 2); «se balancer ou se brandiller». *Berlanciller* a également été relevé à Blois (FEW 1, 363a sous *bilanx*). Figure dans Glossaire (sous *berlanciller* et *balanciller*). Recueilli dans les années 1970 sous les formes *balanciller, barlanciller* et *beurlanciller* (PPQ 2048). V. aussi Aspects phonétiques et Aspects morphologiques.

Des deux synonymes donnés par Viger, seul *se balancer* est encore en usage. *Se brandiller*, attesté depuis le XVIes., est consigné avec la mention «vieux» depuis Académie 1932 (FEW 15/1, 246a sous *brand*; TLF; ReyHist sous *brandir*).

berline (Ms. 1 Cahier A); «sorte de voiture d'hyver pour la commodité des voyages». Il s'agit d'un véhicule rudimentaire fait d'un long traîneau ceinturé par des panneaux verticaux qui couvrent les quatre côtés (CorrVoit 101). Extension sémantique de «voiture hippomobile suspendue, à quatre roues et à deux fonds, garnie de glaces et d'une capote» (PRob 1993), sens qui est attesté depuis Académie 1718. Le mot désigne une voiture rudimentaire en Bourgogne et en wallon (FEW 15/1, 95b sous *Berlin*). Au XVIIIe s., au Québec, *berline* désignait, comme en France, une «voiture d'été»; la première attestation sûre de *berline*, «voiture d'hiver», daterait de 1793 (JunLex 138). Consigné dans Clapin : «Voiture dont l'arrière-train est en forme de longue caisse, et qui sert spécialement aux boulangers pour le transport et la distribution du pain». Enregistré aussi dans Glossaire : «voiture pour les voyageurs» et «voiture de livraison». Recueilli dans les années 1970 : «traîneau bas à patins pleins»; le mot est généralement prononcé *barline* (PPQ 1101C; Lavoie 874). Connu également en Acadie (Massignon 669).

berloque (Ms. 1 Cahier A); «montre sujette à aller mal». Très largement représenté, sous cette forme, dans le sens de «montre détraquée» ou «vieille montre», dans les parlers d'oïl et en franco-provençal (FEW 8, 567b-568a sous **pir-*). Consigné dans Dunn, Clapin, Dionne et Glossaire. Le mot a été recueilli, dans les années 1970, au sens de «chose de peu de valeur» (PPQ 1791E). V. aussi Aspects phonétiques.

beurrée (Ms. 1 Cahier B; Ms. 2); «tranche de pain sur laquelle on a étendu quelque substance grasse, onctueuse ou liquide». Attesté dès le XVIe s. au sens de «couche de beurre étendue sur le pain», et depuis 1642 dans celui de «tartine de beurre» (FEW 1, 664a sous *butyrum*). *Beurrée*, au sens large donné ici, est un apport des parlers du Nord-Ouest, de l'Ouest et du Centre (FEW *ib.*); encore usité en Normandie notamment (LepNorm). Le sens de «tartine de beurre» est lui-même senti, de nos jours, comme vieilli ou régional (TLF; ReyHist sous *beurre*; PRob 1993; PLar 1998 signale, par ailleurs, qu'il s'agit d'un régionalisme canadien. Au Québec, le mot est encore bien vivant (DQA : *beurrée de beurre, de margarine, de confiture, de miel, de mélasse*, etc.). Relevé en Acadie (Massignon 1315), en franco-ontarien (LemVieux 17, 141) et en franco-américain du Missouri (DorrSteGen).

beurrer (Ms. 1 Cahier B; Ms. 2); «[enduire du pain de graisse, de confiture, etc.]». *Beurrer*, d'abord relevé sous la forme *burer*, est attesté depuis le XIIIe s., avec l'acception de «recouvrir d'une couche de beurre»; l'extension sémantique que l'on observe ici vient des parlers du Nord-Ouest (FEW 1, 664b sous *butyrum*). Ce sens est encore bien vivant au Québec (DQA sous *beurre* : «Beurrer du pain avec du miel, de la confiture»). Relevé également en Acadie (Massignon 1314).

L'emploi pronominal *se beurrer* (les mains, par ex.) au sens de «se salir, se tacher avec qqch. qui s'étale» est encore courant au Québec (DQA *ib.*). Recueilli en franco-ontarien (LemVieux 2, 68).

bicler (Ms. 1 Cahier A; Ms. 2); «loucher». *Bicler* a eu cours du XVIe au XVIIe s.; remplacé à partir du XVIIe s. par la forme *bigler*, elle-même donnée comme vieillie de nos jours dans le sens de «loucher» (ReyHist sous *bigle*). *Bicler* a été largement relevé en France d'oïl ainsi qu'en franco-provençal (FEW 1, 380a sous **bisoculare*). Consigné dans Glossaire. Recueilli au début des années 1970 (PPQ 2095s).

bicleux (Ms. 1 Cahier A; Ms. 2); «louche [qui est atteint de strabisme]». Relevé notamment en Touraine (DavTour). Consigné dans Glossaire. Recueilli au début des années 1970 (PPQ 2095). V. *Louche*, *Loucheur* et *Vire-l'œil*. V. aussi Aspects morphologiques.

biner (Ms. 1 Cahier B); «avoir du dépit, enrager». *Biner* est un apport de la Saintonge (MussSaint : *biner*, «endêver, se dépiter»). Encore connu, de nos jours, dans les parlers de l'Ouest (*biner*, «maugréer», DubGloss). Consigné dans Glossaire. V. *Corner*.

[bled d'Inde] (Ms. 1 Cahier B sous *coton*); «maïs». Daté de 1583 dans FEW 4, 640a sous *Indes* et de 1603 dans ReyHist (sous *blé*). «Céréale originaire de l'Amérique, le maïs figure toujours dans les Mémoires et Relations de la Nouvelle France - de Champlain à Montcalm -, sous le nom de *bled d'Inde*, par opposition au *bled froment*» (Massignon 721). Le mot est vieux en français général, mais figure dans les dictionnaires comme «régionalisme canadien» (ReyHist, PRob 1993 et PLar 1998 sous *blé*). *Blé d'Inde* qui entre dans de nombreux syntagmes au Québec, est le mot courant pour désigner le maïs (DulDictC; DQA sous *blé*).

Au figuré, **avoir, donner un beau bled d'Inde**, «[faire] un pied de nez», est consigné dans Glossaire (sous *blé d'Inde*) dans une acception voisine : *pousser un blé d'Inde*, «dire, lancer une injure». *Pousser un blé d'Inde*, «taquiner», a été recueilli dans les années 1970 (PPQ 2275).

bleuet (Ms. 1 Cahier B); «[variété d'airelle]». Désigne le *Vaccinium myrtilloides* et le *Vaccinium angustifolium*. Le nom s'applique à la plante et au fruit. Attesté d'abord sous les formes *bleue* ou *blue* chez Cayet 1605, Lescarbot 1609 et Champlain 1620; Champlain 1632 écrit *blue* et *bluet* (cités dans Massignon 211). Les formes *bleuet* et *bluet* sont attestées en Normandie et dans les parlers de l'Est, ainsi qu'en Suisse romande où elles s'appliquent à l'«airelle noire» (FEW 15/1, 148a-b sous **blao*). Enregistré dans Bescherelle 1858 : *bluet du Canada*. Relevé par Potier (HalPot 238). Connu partout au Québec sous les formes *bleuet*, *bluet* et *beluet* (PPQ 1653; Lavoie 622; DQA sous *bleuet*), ainsi qu'en Acadie (Massignon 211).

blonde (Ms. 1 Cahier B); «amante [au sens de «jeune fille courtisée; fiancée»]». Cet emploi de *blonde* est attesté depuis Boiste 1829. Consigné généralement dans les dictionnaires avec la mention «populaire ou familier» à partir du XIXe s. Le mot est vieilli aujourd'hui en français général. *Blonde* a été relevé dans de nombreux parlers d'oïl ainsi qu'en Suisse romande (FEW 15/1, 170b sous **blunda-*; ReyHist sous *blond*, *blonde*). Le terme est encore connu partout au Québec où il a pris, en outre, l'acception plus étendue de «femme, jeune fille que l'on fréquente ou avec laquelle on vit maritalement; femme avec laquelle on est marié» (DQA sous *blond*). Relevé en Acadie (Massignon 1722) et dans les parlers franco-américains (DFQ).

Aller voir sa blonde a été relevé dans les parlers du Centre notamment (JaubCentre). Encore en usage au Québec.

Les expressions *être un amoureux de 36 blondes* et *être fort sur la blonde* sont à rapprocher, quant au sens, des nombreuses expressions formées avec le mot *blonde*, dont, entre autres, *aller aux blondes*, *aller à la blonde*, relevées en France dans les parlers de l'Est notamment (FEW *ib.*), ainsi que *courtiser la brune et la blonde*, «faire la cour à beaucoup de femmes», depuis Académie 1835 (FEW 15/1, 308b sous **brun*).

Le mot *amante* que Viger donne comme synonyme de *blonde* est vieilli ou littéraire de nos jours (TLF). V. *Amant*, *amante* sous *Cavalier*.

bombarde (Ms. 1 Cahier A); «petit instrument de fer, qui a une languette au milieu dont on tire un son en le mettant entre les dents et en le touchant avec le bout du doigt». Dans cette acception, *bombarde* a été relevé dans les parlers du Centre, en Bourgogne ainsi qu'en franco-provençal (FEW 1, 430b sous *bombus*). Consigné dans TLF (qui cite Molard : *bombarde* ou *guimbarde*). Bescherelle 1858 précise : «On a aussi donné le nom de *bombarde* à l'instrument appelé depuis *guimbarde*.» Le mot *guimbarde* est attesté depuis 1739 (ReyHist). *Bombarde* est encore le terme usuel au Québec pour désigner cet instrument (PPQ 2060; Lavoie 3056; DQA). V. *Trompe*.

bombe (Ms. 1 Cahier A; Ms. 2); «vase dans lequel on fait bouillir l'eau pour le thé». *Bombe* «projectile offensif qui avait anciennement une forme sphérique» a donné en français, par analogie de forme, le sens ancien de «vase sphérique en verre». Attesté dans Trévoux 1752 (TLF; ReyHist). Cf. également en langue d'oc le sens de «flacon de terre rond à cou très court» (FEW 1, 431a sous *bombus*). La même analogie est sans doute à l'origine du sens de «bouilloire» en français québécois; attesté depuis 1779 (1766 dans *bombe à thé*, «théière») (DFQ 31). Recueilli lors d'enquêtes orales en 1970 (PPQ 170, qui indique que *bombe* est bien attesté surtout dans l'est du Québec; Lavoie 2132). Le mot est vieilli de nos jours au Québec. Attesté en Acadie (Massignon 1267). V. *Canard*.

Le mot *bouilloire*, dans le même sens, est attesté depuis Académie 1740 (ReyHist). Il était peu usité au Québec à l'époque de Viger, et celui-ci précise : «Le dernier de ces mots [*bouilloire*] n'est pas du tout en usage, quoiqu'il soit celui dont on devroit se servir.» Mot usuel de nos jours, l'arrivée de la *bouilloire électrique* l'ayant confirmé dans l'usage général.

bord (Ms. 1 Cahier B); «verso d'un livre; côté». Cet emploi de *bord* découle du sens nautique de «côté d'un navire» (FEW 15/1, 180a sous *bord; ReyHist). Au sens large de «côté», *bord* est un apport des parlers du Nord-Ouest et de l'Ouest (FEW *ib.*). Relevé également par Potier (HalPot 238). Usuel au Québec où il se substitue à *côté* dans de nombreux contextes (DQA). Connu en Acadie (Massignon 1143) ainsi que dans les parlers franco-américains de la Louisiane (DitchyLouis) et du Missouri (DorrSteGen).

bordée (Ms. 1 Cahier A; Ms. 2); *bordée de neige*, «[chute de neige abondante]». En français, *bordée*, terme de marine dérivé de *bord*, est attesté depuis 1546. Le sens métaphorique de «grande quantité, salve» (bordée d'insultes, d'injures, depuis Académie 1762) provient de l'ancien sens collectif de «pièces d'artillerie rangées sur chaque bord d'un vaisseau» (ReyHist sous *bord*). Attesté en Saintonge : *bordée de pluie, de grêle*, «grande quantité» (FEW 15/1, 181a sous *bord), ainsi que chez Georges Duhamel : *quelques bordées de grêlons* (TLF). Relevé par Potier à Lorette en 1744 (HalPot 156). Toujours bien vivant au Québec (DQA). *Bordée de neige* est attesté en Acadie (Massignon 108, qui donne comme première attestation la date de 1727). Le mot est connu en français de la Réunion au sens de «grande quantité» (ChaudRéun II, p. 708).

bordel (Ms. 1 Cahier A); «sorte de voiture d'hyver pour la commodité des voyages». Le *bordel* étant une voiture rudimentaire faite de planches et de madriers, on peut penser que le terme est un dérivé de *bord*, lequel a donné les mots *bordages*, *bordaille*, *bordé* au sens d'«ensemble des planches qui revêtent le corps d'un bâtiment» (FEW 15/1, 181b sous *bord); l'influence de *bordel* au sens de «cabane, maisonnette», lui-même issu de *bort*, «planche, d'une certaine grosseur, comme membrures et madriers», n'est peut-être pas à écarter et pourrait expliquer la substitution de suffixe (FEW 15/1, 187a sous *bord*; ReyHist). Ce mot qui semble n'avoir été relevé que par Viger a disparu.

boucane (Ms. 1 Cahier A; Ms. 2); «fumée». Déverbal de *boucaner* au sens de «fumer de la viande, du poisson pour les conserver». *Boucane* a été relevé en Normandie et en Saintonge avec l'acception de «fumée (épaisse)» (FEW 20, 72b sous *mokaém*). Le mot appartient au langage familier de nos jours au Québec (DQA sous *boucan 2*). Relevé en Acadie (Massignon 1210) ainsi que dans les parlers français des États-Unis (McDermMiss; DorrSteGen).

boucaner (Ms. 2); v. tr., «faire secher du poisson et de la chair au soleil ou à la cheminée, comme font les Sauvages». Attesté depuis 1575, *boucaner* est un dérivé de *boucan*, mot tupi (Brésil), utilisé en français depuis 1578 et désignant le «gril de bois sur lequel les Caraïbes fument leur viande» (FEW 20, 72a sous *mokaém*; ReyHist sous *boucan*). Le verbe, dans cette acception, est senti comme vieilli de nos jours au Québec (DQA).

Boucané dans *viande boucanée* et *jambon boucané*, syntagmes que donne Viger, est également vieilli (DQA).

boucaner (Ms. 1 Cahier A; Ms. 2); v. intr., «fumer [dégager de la fumée]». Extension sémantique de *boucaner* v. tr. (v. ci-dessus). Cet emploi a été relevé en Normandie : «fumer (d'une cheminée), fumer en flambant, fumer démesurément» (FEW 20, 72a sous *mokaém*). Le mot appartient au langage familier de nos jours au Québec (DQA sous *boucan 2*). Relevé en Acadie (Massignon 1211).

boudin (faire du ~) (Ms. 1 Cahier B); «bouder». Première attestation de cette expression qui est encore usuelle dans le langage familier (PRob 1993). V. Datations.

bougon (Ms. 1 Cahiers A et B); «[bout (d'une chandelle); pipe au tuyau très court]». Hérité de Normandie où le mot désigne surtout des bouts de bois : *bougon*, «morceau de bois gros et court» (FEW 15/1, 174b sous *bogen*), sens qui a été recueilli également à l'île aux Grues (Massicotte V-129). *Bougon (de pipe)* figure dans Glossaire. Recueilli dans les années 1970 (PPQ_2072B; Lavoie 3135). *Bougon de pipe* est connu en Acadie (PoirAcad, qui signale également le terme de pêche *hareng bougon* «hareng dont la tête et la queue ont été coupées»). En Louisiane, *bougon* désigne un «épi de maïs petit et peu garni de grains» (ReadLouis).

Bougon, «homme de petite taille», figure dans FEW, qui relève son utilisation en Louisiane et qui le classe parmi les mots d'origine obscure (FEW 21, 284a). En parlant d'une personne, cf. également en bas-manceau le sens d'«enfant mal conformé» (FEW 15/1, 174b). Encore bien attesté au Québec dans les années 1970 (PPQ_2178; Lavoie 2303). Relevé en Acadie (PoirAcad) et en Louisiane (DitchyLouis). V. *Nijon*.

bouquin (Ms. 1 Cahier A); «plume teinte, petit cilindre, percé aux extrémités, soit d'étain, de fer, de cuivre ou d'argent, ou même un os, dont nos habitans se servent pour orner leurs pipes, ou en alonger ce qu'ils appellent le manche». Le mot désignait d'abord au XVIe s. un «bec adapté à une corne de bœuf pour en faire une trompe de chasse» (PRob 1993). Par analogie, il a été employé pour désigner l'«embouchure d'une pipe» depuis 1833; *bouquin* est donné comme vieilli aujourd'hui dans ce sens (TLF; ReyHist sous *bouche*). Recueilli dans les années 1970 (PPQ_2072x; Lavoie 3039). V. aussi Datations.

bourasse (Ms. 1 Cahier B); «mauvaise humeur». Emploi figuré de *bourrasque*, «coup de vent très fort», attesté depuis le XVIe s. sous les formes *bourrache*, *bourrasse* (GodCompl; Huguet; FEW 1, 441b sous *boreas*; TLF). L'emploi figuré est donné, de nos jours, comme archaïque (ReyHist sous *bourrasque*). V. aussi Aspects phonétiques.

bourasser (Ms. 1 Cahier B); «gourmander, gronder continuellement». *Bourasser* est probablement à rattacher à la famille de *bourre* plutôt qu'à celle de *bourrasque*, qui a donné tardivement le verbe *bourrasquer*, «se livrer à des bourrasques, à des emportements», attesté depuis 1863 et donné comme néologisme par Littré (TLF). *Bourasser* est peut-être un héritage de l'Anjou, où le mot a le sens de «bousculer, rudoyer, malmener, bourrer de coups» (FEW 1, 640b-642a sous *burra*; VerrAnj). Courant au Québec au sens de «brusquer, malmener, rudoyer qqn» et de «maugréer, bougonner» (DQA sous *bourrasser*).

bourasseur, euse (Ms. 1 Cahier B); «[qui a] l'humeur à la gronderie, [qui est] d'une humeur hargneuse». Déverbal de *bourasser*. Consigné dans Clapin (sous *bourasseux*), Dionne et Glossaire (sous *bourrasseux*). Relevé, sous la forme *bourrasseux* dans les années 1970 (PPQ_2251; Lavoie 2882; JunGl 162). Connu en franco-ontarien (LemVieux 13, 132). V. aussi Aspects morphologiques.

bourguignon (Ms. 1 Cahier A); «gros glaçons que l'on apperçoit soulevés à la surface de la rivière, lorsqu'elle est prise». Attesté dans ce sens, selon FEW, depuis Trévoux 1752 (FEW 1, 472b sous *Bourgogne*; TLF; ReyHist : acception spéciale et inexpliquée). Cette acception est beaucoup plus ancienne puisqu'elle est attestée dès 1613 chez Champlain : «Nous nous mismes en deuoir et passames par quantité de *bourguignons*, qui sont morceaux de glace separez des grands bancs par la violence des vents» (cité dans Massignon 133). Le mot est probablement à rattacher à l'étymon *burra* plutôt qu'à celui de *Bourgogne* (Massicotte I-123, qui donne de nombreux exemples du mot, employé sous différentes formes et acceptions et qui ont en commun le sème de «bourrelet»). Consigné dans Potier (HalPot 240). Relevé au sens de «gros glaçons sur l'eau» dans les années 1970 (Massicotte II-68 et II-79; PPQ 1229; Lavoie 217). Attesté en Acadie (Massignon *ib.*).

boyard (Ms. 1 Cahier A); «brancard». Attesté en français, dès le XIIe s., sous les formes *baiart*, *bayart* et *boyart*. Le mot a été très largement relevé tant en langue d'oïl qu'en langue d'oc, ainsi qu'en franco-provençal sous les formes *bayart(d)* et *boyart(d)* (FEW 1, 207b sous *bajulus*; ReyHist sous *bard*, qui mentionne les différentes hypothèses concernant l'origine du terme). *Bayart* (*baïart*) est consigné dans les dictionnaires jusqu'au début du XXe s. (TLF). Relevé dans Glossaire (sous *boyart*). Recueilli dans les années 1970 (PPQ 2310; Lavoie 928). Attesté en Acadie (Massignon 609). V. aussi Aspects phonétiques.

brâsser (Ms. 1 Cahier B; Ms. 2); *brasser le poêle*, «[remuer les tisons, la braise]»; *brasser la poêle, le chaudron*, «[agiter les mets qu'ils contiennent]». *Brasser* est attesté dans des emplois métonymiques en français général et en français régional. Cf. dans un exemple du XVIIe s. : «Disant ceci, toujours son lit (la paillasse de son lit) elle *brassait*» (cité dans DG), et de nos jours en Vendée : *brasser le lit*, «faire le lit» (RézVend 303). Au Québec, *brasser le poêle* a été relevé dans les années 1970 (Lavoie 2025).

Au figuré, *brasser*, «savonner (réprimander)», est connu des parlers du Centre, dans un sens voisin : «traiter avec précipitation, sans ménagement et comme à tour de *bras*» (JaubCentre). Clapin, Dionne et Glossaire ont enregistré le terme. Encore usuel de nos jours (DQA : «être l'objet d'une réprimande, se faire dire son fait. Il s'est fait *brasser* par la directrice»). V. *Savonner*. V. également Aspects phonétiques.

braye (Ms. 1 Cahier B); «instrument dont on se sert à brayer le lin, le chanvre». Attesté sous la forme *broie* depuis le XVe s. La variante *braye* est consignée dans Cotgrave 1611 et elle est connue des parlers du Nord-Ouest, de l'Ouest et du Centre (FEW 15/1, 267a-b sous **brekan*). V. Aspects phonétiques.

brayer (Ms. 1 Cahier B); *brayer du lin, du chanvre*, «séparer les filets de la partie ligneuse». Variante de *broyer*; les deux formes sont attestées depuis le XVe s. (FEW 15/1, 267a sous **brekan*). V. aussi Aspects phonétiques.

bredas (Ms. 1 Cahier B); «remue-ménage». De *bredasser* (*berdasser*) (v. plus loin). Le substantif *bredas* (*berdas*), qui a pris en français québécois le sens du verbe *bredasser*, est peu attesté dans les parlers de France. Cf. dans le Maine : *bréda*, «soirée de jeu», et *berdas*, «niaiserie»; dans les parlers du Centre : *bardadas*, «grand bruit, comme d'une chose qui tombe avec fracas» (FEW 1, 540b sous *brittus*; JaubCentre sous *bardadas*). Courant encore de nos jours au Québec sous les formes *barda*, *borda*, *beurda* avec l'acception de «tapage, bruit» (PPQ 1840; Lavoie 2407; DQA sous *barda*).

Faire le bredas «faire les gros ouvrages de l'intérieur de la maison, la lessive, le blanchissage, le lavage du linge, des meubles, etc.». *Bredas*, qui ne paraît pas dans cette acception sous l'étymon *brittus* dans FEW, vient probablement du mot *bat-draps* («battoir de lavandière»), formellement et sémantiquement proche, attesté également sous la forme *ba(r)dra*; le mot a donné, en outre, en Anjou le verbe *badrasser*, «taper à coup de *badras*, du linge». Le croisement des deux mots (*bredas*, «remue-ménage», et *ba(r)dras*, «battoir»), est possible puisqu'ils viennent l'un et l'autre des parlers du Nord-Ouest et de l'Ouest (FEW 1, 252b sous *barda'a* et FEW 1, 295b sous *battuere*). Le mot a pris de nos jours, au Québec comme en Acadie, le sens général de «ménage». Il a été relevé sous les formes *barda* (la plus fréquente), *borda*, *beurda* et *berda* (PPQ 273; Lavoie 2047); figure dans DQA (sous *barda*). Relevé en Acadie (Massignon 1218, *beurdas*). V. aussi Aspects phonétiques, sous *berdas*, *berdasser*.

bredasser (Ms. 1 Cahier B); «s'occuper à des ouvrages de ménage inutiles». Le verbe, sous les formes *berdasser* et *bredasser*, est bien attesté dans les parlers du Nord-Ouest, de l'Ouest et du Centre au sens de «s'occuper de choses insignifiantes; s'agiter beaucoup pour ne rien faire d'utile; remuer avec bruit» (FEW 1, 540b sous *brittus*; MussSaint sous *beurdasser*; MinPoit sous *berdasser*, *beurdasser*; JaubCentre sous *berdasser*; RézVoc sous *bredasser*). Consigné par Potier au Détroit en 1744 : *bredasser* «faire mille petits ouvrage[s]» (HalPot 242). Recueilli dans les années 1970 et très répandu (PPQ 278; Lavoie 810). Courant encore de nos jours (DQA sous *barda*). Connu également en Acadie (Massignon 1219, *beurdasser*, *berdasser*) et en franco-ontarien (LemVieux 29, 71).

Bredasser **qqn** «maltraiter légèrement». Le sens de «secouer qqn, remuer qqch.» est bien attesté dans les parlers du Nord-Ouest et du Centre (FEW 1, 541a sous *brittus*). Courant encore de nos jours au Québec (DQA sous *barda* : *bardasser*, «bousculer, secouer qqn»). V. aussi Aspects phonétiques, sous *berdas*, *berdasser*.

bredasserie (Ms. 1 Cahier B); «tracasserie». Relevé avec la signification de «radotage» en Touraine et en Vendée (FEW 1, 541a sous *brittus*). Potier enregistre en 1744 *bredasserie* sans définition; il faut probablement lui donner le sens de «petits ouvrages» qui correspond à l'acception du verbe *bredasser* qu'il a défini (v. ci-dessus). Recueilli dans les années 1970 (PPQ 278s, «menus ouvrages»). Inusité ou rare aujourd'hui. V. aussi Aspects morphologiques.

bredassier, ière (Ms. 1 Cahier B); subst., «tracassier, ière». Le terme a été relevé dans les parlers du Nord-Ouest et de l'Ouest où il s'applique à une «personne bavarde, bête, brouillonne» (FEW 1, 540b sous *brittus*); en Poitou, «qui parle beaucoup sans rien dire» (RézVoc). Potier relève le mot sans le définir (v. plus haut *bredasser* et *bredasserie*). Dionne et Glossaire (sous *berdassier*) consignent le terme au sens, entre autres, de «celui qui se mêle des affaires des autres», «chicanier». Recueilli sporadiquement, dans les années 1970, sous la forme *bardassier*, «qui s'agite bruyamment» (PPQ 1840x, 2272x). Inusité ou rare de nos jours au Québec, la forme usuelle étant *bardasseux, berdasseux*. V. aussi Aspects morphologiques.

Brillant (prendre du café comme la ~) (Ms. 1 Cahier B). L'expression est peut-être à rapprocher de *prendre son café* qui signifie «prendre du plaisir, passer un moment agréable», attestée au XIXe s. et aujourd'hui sortie d'usage (ReyExpr sous *café*). L'emploi d'un nom propre, ici *Brillant*, était fréquent anciennement dans les expressions en français général; cf. notamment *parler comme la servante à Pilate* (NisPar 173-174).

brouscailler (Ms. 1 Cahier B); «maltraiter de paroles ou autrement». Extension sémantique du verbe *brusquailler*, attesté en Normandie et en Saintonge au sens de «s'agiter brusquement» (FEW 1, 575b sous *bruscum*; MussSaint). Relevé dans Glossaire sous les formes *brousquâiller* et *brusquâiller*. V. aussi Aspects phonétiques et Aspects morphologiques.

brousse-poil (à ~) (Ms. 1 Cahier A). V. *Rebrousse ou brousse-poil (à ~)*. V. Aspects phonétiques.

brun (faire ~) (Ms. 1 Cahier B); «[faire nuit]». L'expression *il fait brun*, «la nuit approche», est attestée du XIVe s. à 1863. Connue notamment en Touraine, en Poitou, au Berry et en Lorraine (FEW 15/1, 307b sous **brun*). Consignée avec la mention «familier» dans Littré et avec celle de «vieux ou littéraire» dans TLF. «La nuance de «sombre, obscur» [que comportait l'adj. *brun*], qualifiant la nuit, la mer, une pièce (vers 1165), est sortie d'usage au XVIIe s. mais survit dans certains dérivés archaïques ou régionaux» (ReyHist). Consignée dans Glossaire. Très bien attestée, au Québec, dans les années 1970 (Massicotte I-19; PPQ 1713A; Lavoie 30).

brunante (Ms. 1 Cahier B); subst., «la brune, le tems entre le soleil couché et la nuit»; loc. *à la brunante* «sur la brune». De l'adjectif *brunant, ante*, «brun, de couleur brune ou sombre», formé à la fin du XIIe s. sur le verbe *brunir* (ReyHist sous *brun, brune*). *La breunant* «instant qui suit le coucher du soleil» a été relevé en Haut-Maine (FEW 15/1, 307b sous **brun*), et *a la brunant* «au crépuscule» en Touraine (cité dans Massignon 69). Le substantif et la locution figurent comme régionalismes canadiens dans TLF; ReyHist (sous *brun, brune*); PRob 1993 et PLar 1998. Le substantif et la locution sont consignés dans Dunn («"A la brunante" est une jolie expression qu'il faut conserver»), Clapin (sous *breunante*), Dionne et Glossaire. Encore bien vivant au Québec (DQA). Recueilli en Acadie (Massignon 69) et en franco-ontarien (LemVieux 1, 179). V. aussi Aspects morphologiques.

Le mot *brune* «tombée de la nuit; soir» que donne Viger comme équivalent français de *brunante* est consigné, de nos jours, avec la mention «vieux» (PRob 1993) ou «littéraire» (PLar 1998).

La locution *sur la brune* (depuis le XVe s.) que Viger donne en remplacement de *à la brunante*, a été évincée par *à la brune* attestée depuis 1643 (ReyHist sous *brun, brune*).

buffet (Ms. 1 Cahier A); «bureau». Le mot désigne, entre autres, en ancien et en moyen français le «bureau du greffier» (FEW 1, 598a sous *buff*). «Le *buffet* désigne, en effet, à l'origine un «étal», un «comptoir (de changeur)», une «table (de greffier)»; c'est donc un parfait synonyme de bureau [...]» (GuirÉtym).

butin (Ms. 1 Cahier A; Ms. 2); «effets, meubles, hardes d'une personne». Extension sémantique de *butin*, «ce qu'on prend sur l'ennemi», attesté depuis le XVIe s. Très répandu en langue d'oïl ainsi qu'en Suisse romande, où il désigne soit l'«ensemble des biens d'une personne», soit les «vêtements», ou le «mobilier», souvent avec une valeur dépréciative (FEW 15/2, 32b-33a sous *bûte*). Consigné dans Dunn, Clapin, Dionne et Glossaire. Encore largement attesté dans les années 1970 (PPQ 99, «mobilier», et 1907, «vêtements»; Lavoie 1989, «ameublement d'une maison», et 2528, «vêtement»); le mot, dans ces acceptions, est vieux de nos jours. Relevé en Acadie (Massignon 1617, qui donne la date de 1646 comme première attestation de cette acception en Nouvelle-France). V. *Hardes*.

cabrouet (Ms. 1 Cahier A); «voiture à deux roues, longue et étroite dont nos charetiers se servent». Le mot, qui est attesté en français général depuis 1740, a été utilisé dans les Antilles au sens de «charrette dont on se sert pour le service des sucreries». Le terme est attesté dans les parlers du Nord-Ouest et de l'Ouest où il a été relevé en Normandie («espèce de petite charrette sans ridelle») et en Saintonge («sorte de brouette qui sert dans le commerce à transporter les caisses, sacs, bales») (FEW 1, 375a-b sous *birotium*; MussSaint). Donné comme régional dans TLF. Consigné dans Dunn (sous *cabrouet* : «haquet»), Clapin (sous *cabarrois*), Dionne (sous *cabarouet*) et Glossaire (sous *cabarouet, caberouet, cabrouet*). Recueilli au Québec dans les années 1970 au sens général de «voiture d'été à 2 roues pour transporter les marchandises» et prononcé [kabarwɛ], [kabarwɛt] (PPQ 1109A, 1110; Lavoie 912). Attesté en Acadie (Massignon 672). Le *cabrouet* est également une «petite voiture d'été à deux roues pour la promenade» (CorrVoit 106). Dans ce sens, le mot a été recueilli dans les années 1970 (PPQ 1107A; Lavoie 903).

câdre (Ms. 1 Cahier A; Ms. 2); «peinture, tableau». De *cadre* «bordure entourant un tableau, une estampe». Par métonymie, le mot désigne depuis le XVIe s., en français populaire ou familier, un «tableau, une peinture»; bien attesté en France d'oïl, et en Suisse romande (FEW 2/2, 1404a sous *quadrus*; TLF; ReyHist; Hanse : «cadre ne désigne pas un tableau, une gravure (emploi assez courant en Wallonie), mais son encadrement»). Relevé dans Glossaire. Figure dans DQA avec la mention «familier». V. aussi Aspects phonétiques.

cage (Ms. 1 Cahier B); «train de bois flottés [composé de plusieurs radeaux, se déplaçant au fil de l'eau ou tiré par un bateau]». Emploi spécialisé issu de *cage* au sens d'«espace clos, généralement à claire-voie», attesté depuis le XIIe s. (TLF; ReyHist). Attesté en Nouvelle-France dès 1698 au sens de radeau : «Comme plusieurs personnes de cette ville se sont plein que ceux qui font venir du bois En *Cajeu* laissent ensuite les *cages* sur la greue, dont le public En est beaucoup Incommodé, ledit Conseil ordonne que dans 24. heures lesdites *cages* seront démontées» (cité dans Massignon 312). Les auteurs qui ont relevé le terme le donnent comme synonyme de *cajeux* (Dunn : «Mot du crû canadien que personne ne pouvait inventer à notre place; gardons-le»; Clapin; Dionne; Glossaire; DulDictC). Recueilli lors d'enquêtes orales au Québec (PPQ 1321B; Lavoie 561) et en Acadie (Massignon *ib.*). V. *Cajeux*. V. *Crible* et *Dram* à la section Emprunts à l'anglais.

cahot (Ms. 1 Cahier A); «petite butte de neige [dans les chemins]». *Cahot* est attesté depuis le XVe s. au sens de «saut que fait une voiture en roulant sur un terrain mal uni» et, par métonymie, d'«aspérité de terrain provoquant les cahots» (FEW 16, 233b sous *hotton*; ReyHist). Dunn précise le sens : «c'est un trou dans nos chemins d'hiver, large comme le chemin lui-même, et plus ou moins long et profond, dans lequel la voiture plonge brusquement.» Le mot figure, en 1788, dans un texte en anglais publié dans *The Quebec Gazette* (cité dans DictCan). Recueilli dans les années 1970 (PPQ 1082x; Lavoie 171).

Abattre les cahots, «aplanir le chemin en coupant les petites buttes de neige». Chaque propriétaire devait entretenir sa portion de chemin : «Le cultivateur se sert d'une «gratte à neige» tirée par un cheval; cet instrument permet d'atténuer les trous, les «chaos»» (LeclVoit 70-71). Recueilli dans les années 1970 (PPQ 1079 : *abattre, baisser, gosser, étêter, couper les cahots*).

cajeux (Ms. 1 Cahier B); «trains de bois flottés». Sous la forme *cageux*, le terme est consigné au sens de «radeau» dans FEW, sous l'étymon *cavea*, daté de 1671 (FEW 2/1, 553b sous *cavea*). Le mot est beaucoup plus ancien puisqu'il apparaît, en Nouvelle-France, dans les *Relations des jésuites* dès 1640 sous la forme *caieux* (*caieul* en 1649, *cayeux* en 1656, *cajeu* en 1691 : «Le *Cajeu* est une espèce de traîneau formé de plusieurs pièces et branches de bois liées ensemble, que l'on conduit, et sur lequel on se passe à la perche» (cité dans Massignon 313). *Cajeux* doit probablement être rattaché à l'étymon *caio*, qui a donné au XVe s. *cail*, «retranchement ou palissade de pieux mis dans la rivière pour préserver les moulins de la violence de l'eau» et *kaye* ou *cay*, «quai, jetée» (FEW 2/1, 46a-b sous *caio*; La Curne sous *cay*; Massignon 313). Potier relève le mot au sens de «radeau», sous la forme *cajeu* à Lorette en 1743 (HalPot 243). Donné comme synonyme de *cage* dans Dunn et Clapin (sous *cageux*), Dionne et Glossaire (sous *cageu*), DulDictC. Recueilli dans les années 1970 (Massicotte V-165; PPQ 1321B, «radeaux de billes réunis et toués par un bateau»; Lavoie 561, «train de bois», et 568, «radeau rudimentaire fait de deux ou trois billes de bois»). Relevé en Acadie (Massignon *ib.*). V. *Cage*. V. *Crible* et *Dram* sous Emprunts à l'anglais.

[**calèche**] (Ms. 1 Cahier A sous *brancard, débarquer* et *ramancher*); «[voiture à deux roues munie d'un siège à deux places et d'une capote mobile]». C'est le mot usuel au Québec pour désigner le *cabriolet*. Elle est appelée *calèche canadienne* pour la distinguer de la *calèche européenne* à quatre roues. Le mot est un emprunt à l'allemand *Kalesche*. Il est attesté depuis 1646 sous la forme *calege* (*calèche* depuis 1656) au sens de «voiture élégante, à quatre roues, découverte sur le devant et munie à l'arrière d'une capote de cuir qui s'abat ou se relève à volonté» (FEW 2/1, 85a et 16, 297b sous *kalesche*; TLF; ReyHist). Recueilli dans les années 1970 (PPQ 1107A; Lavoie 903).

[**canadien**] (Ms. 1 Cahier A sous *bourgogner*, etc.); anciennt. Subst.,«[descendant de parents français né en Nouvelle-France (appelée aussi Canada)]»; adj., «[relatif aux descendants des Français venus s'établir en Nouvelle-France]». Lahontan en 1704 précise le sens du mot :

«*Canadiens*, sont des naturels de *Canada* nez de pere & de mere François» (Lahontan 270). Après la Conquête, le mot désignera officiellement tous les habitants du Canada sans égard à leur origine (Glossaire; DFP; DugGent 133; DQA). Le mot a cependant conservé encore longtemps son sens restrictif comme en font foi les attestations de Viger.

canard (Ms. 1 Cahier A); «vase qui sert à bouillir l'eau pour le thé». Probablement par analogie de forme avec le bec du canard; analogie présente également en français moderne, où, dans le domaine médical, on appelle *canard* un «bol fermé pourvu d'une long bec que l'on emploie pour donner à boire aux malades», sens attesté depuis Lar 1928 (FEW 2/1, 166a sous *kan*; TLF). Recueilli dans les années 1970 (PPQ 170, qui montre, comme à l'époque de Viger, que *canard* était le mot courant dans la région de Montréal; Lavoie 2132). Comme son synonyme *bombe*, *canard* a vieilli et il est remplacé de nos jours par *bouilloire*, qui est le terme de la langue générale (DQA). Connu en Acadie (Massignon 1267). V. *Bombe*.

cannevette (Ms. 1 Cahier B et Ms. 2 sous *cantine*); «petit coffre divisé par compartimens, pour porter des bouteilles et des phioles en voyage». Dans cette acception, *canevette* n'est consigné dans les dictionnaires français que depuis 1834 (FEW 2/1, 167b sous *canaba*) et a été relevé jusqu'au début du XXe s. comme terme maritime. Attesté également en provençal : *canaveto*, «coffret où l'on met les bouteilles». Le terme est beaucoup plus ancien puisqu'il est attesté à l'île Bourbon en 1727 et qu'il se rencontre dans les documents d'archives de la Réunion où il est attesté dès 1728. Selon R. Chaudenson, *canevette* viendrait des provinces de l'ouest de la France. En effet, le mot figure dans Musset avec l'acception de «vase en terre» (ChaudÉtude; MussSaint). Potier le relève en 1743 (HalPot 172). *Canevette* semble avoir disparu de nos jours au Québec. V. *Cantine*.

[canot] (Ms. 1 Cahier B et Ms. 2 sous *canotée* et *canoter*); «[embarcation légère, mue à la pagaie et primitivement faite d'écorce de bouleau]». De l'espagnol *canoa*, lui-même emprunté de l'arawak *canaoa*, une langue des Bahamas. La forme *canot* est attestée depuis 1599 (FEW 20, 60b sous *canaoa*). Sous cette forme, le mot est usité en français général dans des syntagmes figés (*canot de plaisance*, *canot de sauvetage*, *canot pneumatique*) (ReyHist). *Canot* est courant au Québec.

Aux XVIIIe et XIXe s., dans le vocabulaire du commerce des fourrures, le terme désigne une embarcation faite sur le modèle du canot d'écorce, mais beaucoup plus longue. A. Henry, auquel Viger s'est référé pour expliquer les termes du commerce des fourrures, écrit : «*The canoes, which I provided for my undertaking, were, as is usual, five fathom and a half in length, and four feet and a half in their extreme breadth, and formed of birch-tree bark, a quarter of an inch in thickness»* (Henry 13-14; v. également le document III des Appendices).

canotée (Ms. 1 Cahier B; Ms. 2); «tout ce qu'un canot peut contenir, un canot plein». Dérivé de *canot*. *Canotée* est absent des dictionnaires français. Relevé au Détroit, en 1744, par Potier (HalPot 156). Le mot a été relevé en anglais canadien au XVIIIe s. et au début du XIXe s. (DictCan). V. aussi Aspects morphologiques.

Dans le vocabulaire du commerce des fourrures, la *canotée* est la «charge d'un canot d'écorce». Le mot y a en effet un emploi spécialisé : il désigne un poids précis, à savoir «60 pièces ou paquets de marchandise, du poids de 90 à 100 livres chacun, et de 1000 livres pesant de munitions de bouche» (Viger se réfère au texte de la page 15 de l'ouvrage de A. Henry, reproduit dans le document III des Appendices).

canoter (Ms. 1 Cahier B; Ms. 2); «conduire un canot; aller, se promener en canot». Dérivé de *canot*. Les dictionnaires donnent 1858 comme date de la première attestation de *canoter* (FEW 20, 60b sous *canaoa*; TLF et ReyHist sous *canot*). V. aussi Datations.

canoteur, euse (Ms. 1 Cahier B; Ms. 2); «qui aime ou qui sait bien canoter». Dérivé de *canot*. Attesté dès 1686, en Nouvelle-France, avec l'acception de «matelot en service dans un canot» (Troyes 37). Potier relève le mot dans cette dernière acception (HalPot 193). En français général, c'est *canotier* qui s'est imposé au sens de «matelot de l'équipage d'un canot», attesté depuis la fin du XVIe s., et «amateur montant un canot de plaisance» depuis Bescherelle 1845 (FEW 20, 60b sous *canaoa*; TLF). *Canoteur* n'a été consigné que dans GRob, qui remarque : «La forme normale est *canotier*, qui vieillit, à cause du sens II («chapeau»).» *Canoteur* est le mot courant au Québec (DFP; DQA).

cantine (Ms. 1 Cahier B; Ms. 2); «petit coffre divisé par compartimens, pour porter des bouteilles et des phioles en voyage». Attesté, en français, de Richelet 1680 à Bescherelle 1858 (FEW 2/1, 232a sous *canthus*). Donné avec la mention «vieilli» dans TLF. Le mot semble sorti d'usage. V. *Cannevette*.

cantine (Ms. 1 Cahier B; Ms. 2); «cabaret ou taverne». Extension sémantique du mot *cantine*, qui désignait un «magasin fournissant les troupes en tabac (1720), puis en vin, en bière (1740)» (FEW 2/1, 232a-b sous *canthus*; ReyHist). Au sens général que lui donne Viger, c'est-à-dire «lieu où l'on se réunit pour boire», *cantine* ne semble pas avoir été relevé ailleurs. En français moderne, on trouve cependant *cantine*, «lieu où l'on sert à boire et à manger pour une collectivité» (ReyHist). Au sens qu'il a chez Viger, *cantine* ne vit plus au Québec.

Les mots *cabaret*, attesté depuis le XIIIe s., au sens de «lieu où l'on se réunit pour boire et pour jouer», et *taverne*, attesté depuis le XIIe s. au sens de «lieu public où l'on mange et où l'on boit en payant», sont considérés comme «vieux» de nos jours (ReyHist; PRob 1993; PLar 1998).

cantinier, ière (Ms. 1 Cahier B; Ms. 2); «[personne] qui vend, ailleurs qu'à l'armée, de la boisson au détail». Dérivé de *cantine*. Extension sémantique de *cantinier, ière*, «personne qui tient une cantine, à l'armée», mot attesté depuis Académie 1762 et donné comme vieux de nos jours (FEW 2/1, 232b sous *canthus*; ReyHist sous *cantine*; PRob 1993). N'est plus en usage au Québec de nos jours.

Cabaretier, depuis le XIVe s.; il est attesté presque exclusivement en picard et en wallon jusqu'au XVIe s. Le mot a eu cours surtout au XVIIe et XVIIIe s. (ReyHist sous *cabaret*). *Tavernier* est attesté depuis le XIIIe s.; comme *cabaretier*, il est aujourd'hui sorti d'usage en français général (ReyHist sous *taverne*). *Détailleur*, de sens plus général que les deux termes précédents, est attesté dès le XIIIe s. (FEW 13/1, 46b sous *taliare*). Littré, qui l'enregistre encore, écrit : «celui qui vend en détail; aujourd'hui on dit plutôt détaillant» (Littré; TLF sous *détailler*; ReyHist sous *tailler*).

capuche (Ms. 1 Cahier B; Ms. 2); «chapeau, bonnet de femme». Variante picarde de *capuce* ou *capuchon*. Le mot est consigné dans les dictionnaires depuis Littré 1863, au sens de «coiffe de femme en forme de capuchon se prolongeant sous forme de pèlerine» (Littré; ReyHist). Il a été relevé dans les parlers du Nord et du Nord-Ouest au sens de «capuchon» (FEW 2/1, 277a sous *cappa*). Pour Viger, le mot désigne une coiffure d'été (*capuche de paille*) et d'hiver (*capuche de castor*). À la fin du XIXe s., le mot semble surtout désigner une «coiffure légère» (Dunn : «capine d'été»; Clapin : «coiffure de femme en forme de capuchon, plus légère qu'une capine, et se portant durant la belle saison»; Dionne : «bonnet de nuit à l'usage du sexe»). Recueilli dans les années 1970 (PPQ 1966 et 1924x, «capuchon»; 1946, «bonnet de laine»; Lavoie 2632, «capuchon de la pèlerine»). Courant au Québec au sens de «capuchon» (DQA). Relevé en Acadie (Massignon 1682).

cariole (Ms. 1 Cahier A); «voiture d'hyver des villes et des campagnes, pour le plaisir de la promenade ou l'utilité des voyages». *Carriole* désigne, en français général, une «petite charrette campagnarde» (ReyHist sous *carriole*). De l'ancien provençal *carriol*, «chariot». Relevé en Normandie au XVIe s., au sens de «voiture à quatre roues» et depuis 1669 avec l'acception de «charrette à deux roues» (FEW 2/1, 435a sous *carrus*). *Carriole*, «voiture d'hiver», est une extension du sens français attestée en Nouvelle-France à la fin du XVIIe s. (JunPMeun 111 n. 27). Consigné dans Dunn : «En fr*ançais* Voiture à roues. Ici, Voiture d'hiver à un seul ou deux sièges, composée d'une boîte placée sur deux patins très bas et en bois solide.» Il figure aussi dans Clapin, Dionne et Glossaire (sous *carriole*). Recueilli dans les années 1970 : «voiture d'hiver pour la promenade» (PPQ_1101D ; Lavoie 873, 874). Encore courant de nos jours (DQA ; CorrVoit). Relevé en Acadie (Massignon 669).

cartron (Ms. 1 Cahier A). V. Aspects phonétiques.

casque (Ms. 1 Cahier B) ; «bonnet de fourrure». *Casque* est attesté depuis le XVIe s. au sens d'«arme défensive qui couvre la tête» (FEW 2/2, 1435b sous **quassicare*). Le mot a en français général de nombreux emplois par analogie. Il a vécu en français populaire : *casque à mèche* (iron.), «bonnet de coton, bonnet de nuit» (TLF). Consigné dans Dunn, Clapin et Glossaire. Très bien attesté dans les enquêtes orales faites dans les années 1970 (PPQ_1947, «toque de fourrure», 1944, «casquette» ; Lavoie 2629, «toque de fourrure», 2622, «casquette»). Courant encore de nos jours (DQA : *Un casque en (de) poil* : «une toque de fourrure»). Connu en Acadie (Massignon 1634, «bonnet de fourrure» et «casquette»).

casseau (Ms. 1 Cahier A) ; «sorte de petit meuble d'écorce ou de bois, pour mettre des fruits ou autres choses». De *cassiau* (XIIe s.), *cassel* (XIIIe s.) «petite caisse» (FEW 2/1 311b sous *capsa*). Au sens de «petit récipient», le mot a été relevé dans le Nord-Est (Argonne), «écuelle de bois» ; en Touraine, «écuelle, récipient» ; en Poitou, «plat en terre, écuelle» ; en Aunis et en Saintonge, «vase» (attestations citées dans Massignon 360). Le sens de «cornet» (Glossaire, sous *cassot* : «Notre *cassot* est souvent en forme de cornet») est sans doute un apport des parlers normands, où *cassot* a été relevé au sens de «cornet en papier» (FEW *ib.*). Enregistré par Potier «boîte d'écorce» (HalPot 245). Toujours bien vivant (DQA, *casseau* ou *cassot* : «Petit récipient cubique (en bois, en carton, en plastique, etc.) pour conditionner certains produits alimentaires périssables (petits fruits, frites, etc.)»). Relevé en Acadie (Massignon 360) et en Louisiane (DitchyLouis). V. *Meuble*.

castonade (Ms. 1 Cahier A). V. Aspects phonétiques.

cavalier (Ms. 1 Cahier B ; Ms. 2) ; «amant». Au XVIIe s., *cavalier* était un titre de politesse entre gens du monde, attesté depuis Cotgrave 1611 ; il a pris à cette époque le sens de «celui qui accompagne une dame, qui lui fait la cour» (FEW 2/1, 5a sous *caballarius* ; ReyHist). Consigné dans cette acception dans Furetière 1690 : «Se dit aussi d'un galant qui courtise, qui mene une Dame. En cette promenade, en ce bal, chaque Dame avoit son cavalier». Le mot dans cette acception est sorti d'usage en français général. Consigné dans Dunn, Clapin, Dionne et Glossaire. *Cavalier* est donné comme vieux de nos jours au Québec (DQA). Relevé en Acadie (Massignon 1721).

Amant et *amante* sont attestés depuis le XIIe s.; ils désignent une «personne qui aime d'amour et qui est aimée». Ce sens est donné comme «vieux» de nos jours (ReyHist sous *aimer*; PRob 1993; PLar 1998). V. *Amante* sous *Blonde*.

[**chambre**] (Ms. 1 Cahier A sous *espérer*); «[pièce d'une maison]». En français classique, le mot *chambre* désignait une «pièce contenant généralement un lit, mais où l'on recevait les visiteurs, les invités (auj. en ce sens on dit «pièce»)» (DFCl). En Suisse romande, le mot *chambre* est encore usuel au sens de «pièce en général» (PidRom : *chambre de bains, à manger, à lessive*). De nos jours, en français général, le terme est réservé à la «pièce où l'on couche». *Chambre* a été recueilli lors d'enquêtes orales au Québec pour désigner différentes pièces (PPQ 64 : *chambre à manger*; 65 : *grande chambre*, «pièce qui tient lieu de salon»; 66 : *chambre de bain*). Relevé également en Acadie (Massignon 1141, 1142 et 1145).

chandelle (éviter une belle ~) (Ms. 1 Cahier B); «éviter un grand malheur, un péril». Probablement par analogie avec l'expression *devoir une belle, une fière chandelle à qqn*, c'est-à-dire «devoir reconnaissance à la personne qui nous a sauvé d'un péril, d'un désastre» (TLF; DunBouq).

chardron (Ms. 1 Cahier A). V. Aspects phonétiques.

charger (Ms. 1 Cahier A); «mettre le tabac dans la pipe». *Charger*, «mettre la quantité de matière qui convient (par ex. sur la quenouille, dans la pipe)», est consigné dans les dictionnaires depuis Trévoux 1704 (FEW 2/1, 415b sous *carricare*). En emploi absolu, le verbe ne semble pas avoir été relevé ailleurs qu'au Québec. Recueilli dans les années 1970 (PPQ 2070; Lavoie 3150).

chatonner (Ms. 1 Cahier B; Ms. 2); «mettre bas des chats». Attesté en français depuis 1530. Largement relevé dans les parlers du Nord-Ouest, de l'Ouest et du Centre, ainsi qu'en franco-provençal (FEW 2/1, 516b sous *cattus*). *Chatonner* est absent des dictionnaires des XVIIe et XVIIIe s., évincé par son synonyme *chatter*, attesté depuis 1642 (FEW *ib.*). Il sera réintroduit dans les dictionnaires à partir du XIXe s. TLF qui enregistre les deux mots précise que *chatter* est plus rare que *chatonner* (TLF *chatter* sous *chat^1* et *chatonner* sous *chaton^1*). PRob 1993 ne consigne que *chatonner* avec la mention «rare». Relevé par Glossaire. *Chatonner* a été recueilli au Québec dans les années 1970; il était beaucoup plus fréquent que *chatter* (Massicotte IV-364; PPQ 665; Lavoie 1466). Relevé en Acadie (PoirAcad sous *chatouner*).

chienneter (Ms. 1 Cahier B; Ms. 2); «faire des chiens». Le mot est attesté, en français, de 1573 à 1665. Il a été relevé en normand et en wallon (FEW 2/1, 192a sous *canis*). Remplacé par le synonyme *chienner*, attesté depuis le XVe s., mais lui-même donné comme peu usité (Laveaux; Poitevin; TLF). Les deux mots sont aujourd'hui sortis d'usage en français général. *Chienneter* figure dans Dionne et Glossaire. *Chienneter* et *chienner* ont été recueillis dans les années 1970, au Québec, avec une plus grande fréquence pour le premier terme (Massicotte IV-351; PPQ 653; Lavoie 1452). V. aussi Aspects morphologiques.

clairon (Ms. 1 Cahier B); «aurore boréale». Extension sémantique de «portion du ciel qui paraît lumineuse au milieu des ombres de la nuit», sens attesté de 1687 à 1869; cf. en picard *clairon* «éclat passager de la lune ou du soleil» et «éclaircie de beau temps entre deux ondées» (FEW 2/1, 740b sous *clarus*). Glossaire: «S'emploie généralement au pluriel en ce sens.» Encore bien attesté (surtout au pluriel) dans les années 1970 (PPQ 1161; Lavoie 66); recueilli en Acadie (Massignon 68). V. *Tirans*.

[claque] (Ms. 2 sous *mèche*); «extrémité la plus déliée d'un fouet, et qui souvent est une ficelle rapportée». Extension sémantique de *claque* au sens de «coup donné avec le plat de la main et qui produit un bruit sec», attesté depuis le XIVe s. Le mot a été relevé en Savoie avec la signification que donne Viger, celle de «mèche de fouet», et en Bourgogne avec celle de «fouet» (FEW 2/1, 727a sous *klakk-*).

confessionnals (Ms. 1 Cahier B). V. Aspects morphologiques.

[confortatif] (Ms. 1 Cahier B et Ms. 2 sous *comfortable*); «qui fortifie», terme de médecine attesté du XIIIe au XIXe s. (FEW 2/2, 1044b sous *confortare*; ReyHist sous *conforter*).

cordeaux (Ms. 1 Cahier A ; Ms. 2) ; «longues rênes attachées à la bride d'un cheval attelé». De *cordeau*, «petite corde», d'abord attesté sous la forme *cordel* au XIIe s. Cette acception a été relevée notamment dans les parlers du Nord, en Anjou, dans le Berry et en Champagne (FEW 2/1, 646a-b sous *chorda*). Consigné dans Dunn, Clapin et Dionne (sous *cordeau*), Glossaire (sous *cordeaux*). Donné comme régionalisme canadien dans TLF. Recueilli dans les années 1970, où il était plus fréquent que *guides* et *rênes* (PPQ 443 ; Lavoie 1555 ; LorBeauce). Courant encore au Québec (DQA sous *corde*). Relevé en Acadie (Massignon 913).

Outre *cordeaux*, Viger enregistre *courroies*, qu'il condamne. *Courroies* est un nom générique qui sert de définissant et qui a le sens large de «bande étroite d'une matière souple et résistante servant à lier et à attacher». *Guides*, comme le précise Viger («guides est le mot propre»), est le terme du français général qui désigne les «courroies qu'on attache au mors d'un cheval attelé». Les *rênes* sont les «courroies fixées aux harnais de tête d'une bête de selle pour la diriger». Littré (sous *rêne*) précise l'emploi et le niveau de langue des deux équivalents : «Un cheval de selle a des *rênes*, un cheval de voiture a des *guides*. Cependant *rênes* se dit en tout cas dans le style noble.»

[corner] (Ms. 1 Cahier B sous *ébrayer*); «frapper de ses cornes (en parlant du bétail à cornes)». *Corner* est bien attesté en France d'oïl et en franco-provençal (FEW 2/2, 1192a sous *cornu*). Consigné dans Littré : «Éloignez-vous, mes enfants, cette vache corne.» Figure avec la mention «populaire» dans DG, qui donne *se corner* en parlant des animaux qui se frappent avec leurs cornes. Dans ce sens, le mot ne figure plus dans les dictionnaires usuels. Consigné dans Glossaire. Recueilli dans les années 1970, surtout à la forme pronominale en parlant des vaches qui se donnent des coups de cornes (PPQ 511; Lavoie 1274). V. *Ébrayer*.

corner (Ms. 1 Cahier B); «enrager, éprouver un dépit, un déplaisir grand et sensible». Il s'agit probablement d'un emploi figuré du verbe dialectal *corgner*, «regarder de côté, de travers, loucher», attesté dans les parlers du Nord-Ouest et de l'Ouest. Cf., en outre, l'adjectif *corgne*, relevé en Bourgogne et qui signifie «de mauvaise humeur» et le substantif *corgne*, «personne peu aimable, de mauvaise humeur», connu encore de nos jours dans les parlers de l'Ouest (FEW 2/2, 1200b sous *cornu*; DubGloss). Relevé par Potier : «se dépiter, enrager, bouder» (HalPot 250). Ce sens n'a pas été consigné dans les principaux glossaires québécois. V. *Biner*.

corporal (Ms. 1 Cahier A). V. Aspects phonétiques.

côte (Ms. 1 Cahier A; Ms. 2); «éminence, hauteur et élévation». Dans son acception maritime, *côte* est attesté dès 1502, en gascon et depuis 1530 au sens de «partie du rivage que la mer vient battre»; depuis 1653 dans celui de «terre qui avoisine le rivage de la mer» (FEW 2/2, 1249a sous *costa*; ReyHist). Par extension, on a donné le nom de *côte*, en Nouvelle-France, aux «rives des grands cours d'eau». Consigné dans Dionne (*côte du nord* : «la rive nord du fleuve Saint-Laurent»; *côte du sud* : «la rive sud du fleuve») et dans Glossaire. Recueilli à l'île aux Grues (Massicotte II-6). Courant encore au Québec (DQA). En franco-américain, les rives du Mississippi portaient également le nom de *côtes* (McDermMiss).

côte (Ms. 1 Cahier B ; Ms. 2) ; «rangée de terres concédées, suite d'habitations ; (au pluriel) campagnes». Extension sémantique de l'acception québécoise de «rives des grands cours d'eau» (v. ci-dessus). Cette extension découle du fait que les terres étaient concédées en bordure des grands cours d'eau sous le régime seigneurial ; le mot, dans cette acception, s'est imposé dès le XVIIe s. Potier le relève à Lorette en 1743-1744 (HalPot 250). Dans cette acception, *rang* a évincé *côte* dans la langue courante aujourd'hui ; ce dernier est cependant toujours vivant en toponymie (v. BlaisTop). Consigné dans Dunn, Glossaire ; donné comme un terme historique dans DQA. Ce sens a été relevé en Louisiane (ReadLouis).

côtes (coureur de ~) (Ms. 1 Cahier B ; Ms. 2) ; «vagabond».*Coureur* est attesté en français général au XVe s., avec l'acception de «marchand ambulant» ; encore consigné au XVIIIe s. avec ce sens. L'acception de «vagabond» a eu cours notamment dans les parlers du Nord-Ouest, de l'Ouest et en Bourgogne. Cf. les syntagmes *coureur de champ*, «batteur de campagne», *coureur de chemins* (FEW 2/2, 1570b sous *currere*).

côtes (courir les ~) (Ms. 1 Cahier B ; Ms. 2) ; «aller vendre des marchandises de campagne en campagne [en parlant d'un mercier]». Suivi d'un nom de lieu, courir signifie «parcourir fréquemment» (ReyHist).

[coton] (Ms. 1 Cahier A sous *sucet*) ; «tuyau du blé d'Inde, ou sa tige, dégarnie de ses épis». *Coston*, «tige de laitue», est attesté du XVIe s. à Cotgrave 1611. Largement connu des parlers d'oïl : «tige d'une plante ; bas de la tige d'un végétal ; tige dure et souvent creuse, etc.» (FEW 17, 128a-b sous **skot*). Encore employé, de nos jours, en Touraine (SimTour). Relevé dans Potier : *cotons de tabac*, «cotes» (HalPot 250). Consigné dans Dunn, Dionne et Glossaire. Recueilli lors d'enquêtes orales au Québec (Massicotte III-284 ; PPQ_892 ; Lavoie 1176) et en Acadie (Massignon 261). V. *Sucet*.

coton (Ms. 1 Cahier B) ; «[épi de bled d'Inde dégarni de ses grains : rafle de maïs]». Autre emploi de *coton*, «tige d'une plante, trognon de chou, etc.», largement attesté dans les parlers d'oïl (FEW 17, 128a-b sous **skot*). Consigné dans Dunn, Clapin, Dionne et Glossaire. Recueilli dans les années 1970 (PPQ_892x). Encore usuel au Québec (DQA). Ce sens est également connu en Louisiane et à la Réunion (ChaudRéun II, 736). V. *Sucet*.

couette (Ms. 1 Cahier A ; Ms. 2) ; «queue de cheveux que portent les hommes». Diminutif de *queue* au sens de «cheveux de derrière attachés avec un cordon et couverts d'un ruban roulé autour (sous l'Ancien Régime)», depuis 1765. *Couette* dans ce sens a été relevé en Saintonge et dans les Vosges (FEW 2/1, 525b-526a sous *cauda* ; MussSaint).

Consigné dans Dionne : «Autrefois l'on portait la couette dans la province de Québec.» De nos jours, en français québécois comme en français général, le mot désigne surtout une «mèche de cheveux» (ReyHist; DQA).

Couette, «lit de plume». Attesté depuis le XIIe s. et très répandu partout en France d'oïl et d'oc, ainsi qu'en franco-provençal (FEW *culcita*). Le mot qui était sorti de l'usage en français général a été repris au XXe s. pour désigner un «édredon garni de plume, de duvet ou de fibres synthétiques, recouvert d'une housse amovible» (ReyHist; PRob 1993; PLar 1998). Emploi courant également au Québec de nos jours.

coup (faire ~) (Ms. 1 Cahier A sous *faire coup*); «aller combattre». De *coup* au sens d'«action humaine, surtout inattendue», attesté depuis le XIe s. (FEW 2/2, 865b sous *colaphus*). Richelet 1680 : «Ce mot au pluriel signifie qqfois combat, bataille, lieux où l'on se bat»; Furetière 1690 : «On dit en ce sens, qu'un homme va aux coups, pour dire, qu'il va aux occasions, qu'il essuye des coups de canon et les autres dangers de la guerre; qu'il va faire le coup de pistolet, pour dire, qu'il va deffier l'ennemy, qu'il va escarmoucher contre luy.» *Coup* était usuel, en Amérique, au XVIIe s., pour désigner les attaques surprises des indigènes; cf. en 1646 : «[...] les Yroquois ne mentoient point en ce qu'ils avoient maintenu que ce n'estoit pas eux qui avoient fait le coup de cet Automne» (JournJés 53). Dans le vocabulaire de la guerre et de la marine, au XVIIe s., les locutions verbales composées de *faire* suivi d'un substantif sans article étaient fréquentes : *faire assaut*, *faire feu*, *faire sentinelle* (Furetière 1690). L'absence de l'article, dans certaines locutions en français, remonte au Moyen Âge et est hérité du latin classique qui n'a pas d'articles; cf. au XIe s., *sempre ferrai granz colps*; également *entreprendre guerre*, *faire combat* (Nyrop IV, n°s 118 et suiv.).

couronel (Ms. 1 Cahier A). V. Aspects phonétiques.

créature (Ms. 1 Cahier B); «femme». *Créature* au sens de «femme» est attesté en français depuis le XIIe s. Connu des parlers du Nord-Ouest, de l'Ouest et du Centre (FEW 2/2, 1297b sous *creatura*). En français général, *créature* s'emploie encore de nos jours avec un adjectif, *une belle créature* ou en emploi laudatif *une créature de rêve* (ReyHist sous *créer*). Consigné dans Dunn, Clapin (sous *criature*), Dionne, Glossaire : «Femme, épouse, jeune fille (sans y ajouter une signification désobligeante)». Recueilli dans les années 1970 (PPQ 1733; Lavoie 2776 et 2818). Vieux de nos jours au Québec.

L'emploi péjoratif du mot *créature*, «femme de mauvaise vie», dans ***aller voir la créature, fréquenter la créature*** est attesté en français depuis le XVIIᵉ s.; il est donné comme vieux de nos jours (FEW *ib.*; ReyHist sous *créer*; PRob 1993).

Cree ou **Cris (malin comme un ~)** (Ms. 1 Cahier B; Ms. 2). Le mot *Cris* (au singulier, le mot s'orthographie *Cri* de nos jours) désigne un membre d'une nation amérindienne du Nord canadien dont la langue appartient à la famille algonquienne. *Cree* est la forme anglaise.

L'expression ***malin comme un Cris*** est plutôt à rapprocher de l'expression normande *méchant comme un cri*, qui «se dit d'une femme acariâtre, d'un enfant indiscipliné» (FEW 16, 387a sous *kriec*). Consigné dans Dionne (sous *cri* : *méchant comme un cri*) et Glossaire (sous *cri* et *cric* : *malin comme un petit cric* (en parlant d'un enfant)). Recueilli avec la prononciation [kRik] dans les années 1970 en parlant d'un enfant (PPQ 1837A; Lavoie 2740).

crocheter (Ms. 1 Cahier A); «couper [des pois] avec un petit crochet au bout d'un bâton». *Crocheter*, dérivé de *crochet*, est attesté en français depuis le XVᵉ s. au sens de «faire agir grâce à un crochet» (ReyHist sous *croc*; FEW 16, 400b sous **krok*). Ne semble pas avoir été relevé ailleurs dans le sens précis de «couper des pois». Consigné dans Glossaire. Recueilli dans les années 1970 (PPQ 889).

crocheteur (Ms. 1 Cahier A); «celui qui crochette [*sic*] des pois». Dérivé de *crocheter*. N'a pas été relevé ailleurs dans ce sens.

débarquer (Ms. 1 Cahier A; Ms. 2); v. tr., «[sortir qqch. d'un véhicule; descendre qqch. d'un endroit élevé]». Extension sémantique de «faire sortir (des personnes, des choses) d'un navire, mettre à terre» (PRob 1993). Le verbe est courant également au sens de «faire descendre qqn, qqch. d'un endroit élevé quelconque (un arbre, une clôture, un toit, etc.). Recueilli lors d'enquêtes orales (PPQ 2167, «faire descendre qqn de juché», 1476, «abattre un oiseau»). Relevé en Acadie (Massignon 686, «décharger»).

Débarquer, v. intr., «descendre de voiture; descendre de cheval», est également une extension de «quitter un navire, descendre à terre» attesté depuis la fin du XVIᵉ s. La même extension de sens est attestée en français général depuis 1713 (ReyHist sous *barque*). Cependant, au Québec, *débarquer* v. tr. et intr. se démarque du français général par sa grande fréquence et par le fait que son emploi s'étend à d'autres domaines que celui des transports (Dionne; Glossaire; MartRech 30; DQA). Relevé en Acadie (Massignon 674). V. *Embarquer*.

dégelée (Ms. 1 Cahier A); «dégel». Attesté, dans ce sens, en Normandie, en Aunis et en Saintonge (FEW 4, 87b sous *gelare*; MussSaint). Ce sens a disparu en français québécois.

dégobillage (Ms. 1 Cahier A; Ms. 2); «dégobillis». Dérivé de *dégobiller*. *Dégobillage* est attesté depuis 1809 (ReyHist sous *gober*); il signifie «action de dégobiller» et «matières vomies» (FEW 4, 179b sous **gobbo-*). Enregistré avec la mention «populaire» dans GLLF et TLF. *Dégobillage* est absent du PRob 1993 et du PLar 1998.

[dégobillis] (Ms. 1 Cahier A et Ms. 2 sous *dégobillage*); «matières vomies». Le mot est attesté en français depuis 1641 (FEW 4, 179b sous **gobbo-*). Enregistré jusqu'au début du XXe s. dans les dictionnaires et qualifié de «mot bas, dégoûtant, trivial». TLF le donne avec la mention «populaire et vieilli».

démancher (Ms. 1 Cahier A; Ms. 2); «[défaire (une construction); défaire, découdre (un vêtement); défaire (le lit)]». Bien attesté dans les parlers de l'Ouest : «défaire (une maison), détruire» (FEW 6/1, 221a sous *manicus*; MussSaint); recueilli, de nos jours, en Vendée, au sens de «détricoter» (RézVend 336); connu également en wallon : «défaire, démonter, disloquer, désunir» (FEW *ib.*).

Démanchée, «démontée; détraquée [en parlant d'une horloge]». Cet emploi a été relevé en langue d'oïl comme en langue d'oc en parlant d'une montre, d'un mécanisme quelconque qui ne fonctionne plus (FEW 6/1, 221a-b).

deusse (Ms. 1 Cahier A). V. Aspects phonétiques.

drigaille (Ms. 1 Cahier A); «[effets personnels, meubles, vêtements d'une personne]». Dans ce sens, le mot a été relevé en Poitou : «mobilier d'une ferme», «objets de ménage», «tout ce qui compose le mobilier et la garde-robe» (FEW 22/2, 86a; 23, 26a). Relevé avec une valeur dépréciative en Bretagne romane : *drigailles*, «objets sans valeur et un peu encombrants»; en Touraine : *drigage*, «choses mêlées» (FEW 23, 214b, 234b et 261a). Encore vivant en Vendée, où il signifie «accoutrement» et «ensemble d'objets indéterminés» (RézVend 327). Le mot est à rattacher au néerl. *drille* (FEW 25/2, 70a). Pour une étude détaillée du mot, v. JunLex 180-185. La première attestation du mot en Nouvelle-France remonte à Potier 1744 : *drigail*, «meubles, bagage» (HalPot 254-255). Consigné dans Dunn («Mot plaisant pour exprimer nos meubles, nos effets»), Clapin (sous *drigail*), Dionne (sous *drégaille*), Glossaire (sous *drégail, drigail*). Recueilli sporadiquement dans les années 1970 (PPQ 1791x). Disparu de nos jours au Québec. Le mot a été relevé dans les parlers franco-américains (ReadLouis; McDermMiss).

ébarouir (s' ~) Ms. 1 Cahier B); «[se disjoindre sous l'effet du soleil (en parlant des douves d'un tonneau, d'une futaille, etc.)]». *Ébarouir*, «dessécher (les bordages d'une embarcation, les douves d'une futaille) de manière à les disjoindre», est consigné depuis Bescherelle 1845 (cité dans FEW). La forme pronominale a été relevée en Aunis et en Saintonge (FEW 15/1,71b sous *barwjan*); elle figure dans LittréS. Potier l'enregistre au Détroit en 1748 (HalPot 255). Recueillie au Québec dans les années 1970 (PPQ 226B).

Ébaroui est consigné depuis Corneille 1694 au sens de «desséché (en parlant de l'effet du soleil sur le bois des navires)» (FEW *ib.*). Relevé dans les parlers de l'Ouest en parlant des douves d'une futaille (MussSaint; RézVend 241). *Ébaroui* a été recueilli au Québec (PPQ 226A; Lavoie 2124) et en Acadie (Massignon 1293).

ébrâiller ([s'] ~) (Ms. 1 Cahier A ; Ms. 2) ; «se découvrir l'estomac avec indécence». Variante de *se débrailler*. La forme pronominale a été relevée avec la même acception dans le Limousin (FEW 1, 480a sous *braca*).

Ébrâillé, ée, plus usuel que le verbe, est attesté au XVIe s. au sens de «débraillé» ; relevé en emploi substantivé en Saintonge et en franco-provençal : «personne dont les habits et la chemise sont ouverts par devant et découvrent sa poitrine nue» (FEW *ib.* ; MussSaint). Figure dans Dionne et Glossaire. Recueilli dans les années 1970 (Lavoie 2533).

L'emploi substantivé, *une ébraillée*, «fille indécemment mise», et par extension «fille publique», ne semble pas avoir été relevé ailleurs. V. *Fille*. V. aussi Aspects phonétiques et Aspects morphologiques.

ébrayer (Ms. 1 Cahier B; Ms. 2) ; «donner des coups de corne, de manière à faire mal ou dommage». De *breuilles*, «entrailles du poisson, de la volaille, du gibier, que l'on vide». Au sens d'«éventrer», on trouve les formes *esboillier* en ancien français, *esbroueillier* en moyen français; relevé sous celles d'*ébrueiller, ébreuiller* en normand. Le mot est largement attesté dans les parlers d'oïl et d'oc sous différentes variantes (FEW 1, 470b-471a sous *botulus*). Relevé sous la forme *ébreuiller* par Potier (HalPot 255). Recueilli dans les années 1970, à l'île d'Orléans (PPQ 1430 : *ébreiller*, «vider la morue de ses entrailles»). V. *Corner*.

Ébrayer qqn, «battre qqn», ne semble pas avoir été relevé ailleurs. Le mot semble disparu de nos jours au Québec.

[écarquiller] (Ms. 1 Cahier B sous *éjârer (s'~)*) ; «écarter, ouvrir les jambes». Altération de *écartiller* (v. ci-dessous) ; attesté depuis le XVIe s. au sens général d'«écarter» : *écarquiller les yeux, les jambes, les doigts* (FEW 2/2, 1427a sous *quartus*; ReyHist). En français québécois comme en français général, *écarquiller* ne s'emploie de nos jours qu'en parlant des yeux : *écarquiller les yeux*, «les ouvrir démesurément». V. *Écartiller* et *Éjârer (s' ~)*.

[écartiller] (Ms. 1 Cahier B sous *éjârer (s'~)*); «écarter, ouvrir les jambes». Le mot date de la fin du XVIe s. *Écartiller* est relevé dans Bescherelle 1858, Littré et DG qui renvoient à *écarquiller*. *Écartiller* a été relevé dans des parlers du Centre, en Poitou et en Bourgogne notamment (FEW 2/2, 1426a-b sous *quartus*). Courant encore au Québec (DQA : *écartiller les yeux, les bras*; *s'écartiller les jambes*; au fig. : être *écartillé*, «être partagé par deux choses contradictoires»). V. *Écarquiller* et *Éjârer (s' ~)*.

écœurant, ante (Ms. 1 Cahier A; Ms. 2); adj., «malpropre». Ce sens a été relevé en haut-manceau et dans des parlers du Centre. Le mot est attesté en français général au sens de «qui écœure, soulève le cœur», depuis le milieu du XIXe s. (ReyHist sous *cœur*; PRob 1993); il figure dans les dictionnaires depuis Larousse 1870 (FEW 2/2, 1172b sous *cor*).

L'emploi substantivé *un écœurant*, «un malpropre», a été recueilli lors d'enquêtes orales (PPQ 2273, «individu répugnant»). L'adj. et le nom s'emploient couramment au propre et au figuré au Québec (DQA sous *écœurer*). V. aussi Datations.

écœurer (Ms. 1 Cahier A; Ms. 2); «faire soulever le cœur, faire mal au cœur». Sous la forme *esqueuré*, le mot est attesté depuis Cotgrave 1611 au sens ancien de «très amaigri, affaibli». *Écœurer*, «affadir le cœur de dégoût», date de 1642, mais il est peu usité, le mot étant considéré comme vulgaire à l'époque classique. Il s'est répandu au XIXe s.; attesté depuis 1864 au sens de «dégoûter» et aussi d'«indigner en provoquant un dégoût moral» (FEW 2/2 1172b sous *cor*; ReyHist sous *cœur*). Courant au Québec et usité au propre et au figuré (DQA).

Écœuré, ée, subst. *C'est un écœuré*, «un dégoûté, un difficile». L'emploi substantivé est absent des sources consultées.

écolter (Ms. 1 Cahier A; s'écolter Ms. 2). V. Aspects morphologiques.

écopeau (Ms. 1 Cahier A); «éclat, morceau de bois que la hache ou quelque autre instrument tranchant font tomber du bois qu'on abat, ou qu'on met en œuvre». Variante de *copeau*. V. Aspects phonétiques.

L'*écopeau* servant à faire prendre un feu, l'expression *sec comme un écopeau* est à rapprocher de *sec comme une allumette* (Littré sous *sec*).

Écossois (galeux comme un ~) (Ms. 1 Cahier B); Viger avait d'abord écrit *fier comme un Écossois*, expression courante en français général (DunBouq). L'emploi de *galeux*, au sens d'«homme de rien» que ce terme avait au XVIIe s., ne semble pas avoir eu cours dans cette expression en français général.

écrapoutiller (Ms. 1 Cahier B ; Ms. 2). Variante d'*écrapoutir* (v. ci-dessous). Figure dans Glossaire ; plus rare de nos jours qu'*écrapoutir*.

Écrapoutiller qqn comme un crapaud, «écraser qqn de ses coups». Cf. en Poitou : *acrapaudai*, «être aplati comme un crapaud» (FEW 16, 362b sous **krappa*).

À la forme pronominale, *s'écrapoutiller* (contre le mur) signifie «s'accroupir». On dit plutôt de nos jours *s'écrapoutir* (DQA).

Écrapoutillé, ée : *doigt écrapoutillé*, «écrasé» ; *nez écrapoutillé*, «aplati, court». V. également Aspects morphologiques.

écrapoutir (Ms. 1 Cahier B ; Ms. 2) ; «aplatir, écraser, briser par le poids de quelque chose, ou par quelque effort». Attesté en poitevin du XVIe s. : *escrapoutir*, «écraser». Le verbe a été relevé dans les parlers du Nord-Ouest et de l'Ouest (FEW 16, 369b sous *crasen*). Figure dans Dunn, Clapin, Dionne et Glossaire. Encore vivant au Québec (DQA). Relevé en Acadie (Massignon 820).

écroi (Ms. 1 Cahier A) ; «petits des animaux, et particulièrement des bêtes à cornes». Dans cette acception, *écroi* n'a pas été relevé dans les autres parlers français. De l'ancien français *escroistre*, «accroître, augmenter», forme bien attestée en Normandie et qui a donné *escrois* au sens général et abstrait d'«accroissement (de bien, etc.)» (FEW 2/2, 1327b sous *crescere*). Ce dernier ouvrage relève également l'emploi canadien : *écroits*, «les petits d'un troupeau» (FEW *ib.*). Par ailleurs, le verbe *accroître* a donné également au sens d'«accroissement» et d'«augmentation d'un troupeau par reproduction» le terme *accroît*, beaucoup plus attesté (FEW 2/2, 1328a). Les glossairistes qui ont enregistré le mot le donnent généralement au pluriel et dans un sens concret : Dunn (sous *croît* : «Le pop[ulaire] dit Les *écroîts*, pour les petits d'un troupeau»), Clapin (sous *croîts* et *écroîts*), Glossaire (sous *écroît*, «accroissement du bétail»). Pour Viger, *écroi* s'emploie aussi au singulier et désigne notamment le «petit de la vache». Le mot semble être sorti de l'usage. Relevé en Louisiane (DitchyLouis : *écroit*, «croît, croissance du bétail»).

[égrafignure] (Ms. 1 Cahier A sous *graffigner*) ; «blessure faite avec les ongles». Sous la forme *esgrafigneure*, le mot est attesté en français du XVIe s. ; il a été relevé dans des parlers du Nord-Ouest, de l'Ouest et du Centre, ainsi qu'en wallon (FEW 16, 351b sous *grafla*). Consigné dans Dunn, Clapin, Dionne (sous *égraffignure*) et Glossaire (sous *égrafignure*). De nos jours, au Québec comme en Acadie, la forme usuelle est *grafignure* (PPQ 2141 ; Lavoie 2395 ; DQA sous *grafigner* ; Massignon 1539), attestée également dans de nombreux parlers d'oïl (FEW 16, 351a). V. *Graffigner*.

éjârer (s' ~) (Ms. 1 Cahier B); «écarter, ouvrir les jambes». Le mot est un apport des parlers de l'Ouest et du Centre (FEW 4, 66a sous *garra). Relevé par Potier en 1746 (HalPot 160 et 256). Consigné dans Dionne (sous *éjârer (s')*) et Glossaire (sous *éjarrer*). Recueilli dans les années 1970 (PPQ 2161, «s'étaler par terre»; Lavoie 2423, «s'étaler par terre» et 2424, «écarter les jambes»). Le mot est vieux aujourd'hui au Québec. Relevé en Acadie (Massignon 1578, «s'étaler par terre»). V. *Écarquiller* et *Écartiller*. V. aussi Aspects phonétiques.

embarquer (Ms. 1 Cahier A; Ms. 2); «monter en voiture; mettre [qqch. dans une voiture]». En français général, le verbe signifie d'abord dans son emploi transitif «faire monter (qqn) à bord d'un navire» et dans son emploi intransitif «monter à bord d'un bateau pour un voyage». Depuis le XIXe s., par extension sémantique, il s'applique à un moyen de transport quelconque (TLF). Comme pour le verbe *débarquer*, l'usage québécois se démarque de celui du français général par une plus grande fréquence (MartRech 30) et par ses nombreux emplois au propre et au figuré qui ne s'appliquent pas qu'au domaine des transports : *embarquer sur une clôture, sur un fauteuil* (en parlant d'un animal), etc.) (DQA). V. *Débarquer*.

empocheter (Ms. 1 Cahier B). V. Aspects morphologiques.

empois (Ms. 1 Cahier A; Ms. 2); «amidon». Emploi métonymique consigné dans Glossaire (sous *empois* et *emplois*). Recueilli dans les années 1970 (Lavoie 1714 : *empois cru*, «amidon de patate»). À quelques reprises, Viger a écrit *emplois* qui est probablement dû à l'attraction du terme *emploi*.

ençà (Ms. 1 Cahier A); «çà». L'interjection *ençà!* a été relevée en jersiais. De *çà*, interjection au sens de «allons! voyons! eh bien!», généralement placée en début de phrase pour inviter, encourager, inciter à faire qqch. *Çà* entre dans des locutions telles que *or çà! bon çà! oh çà!* et *ah çà!* La forme *ençà* est peut-être issue de la locution *ah çà!* proche phonétiquement; en effet, outre la forme *ansa!*, le jersiais connaît également *assa!* Par ailleurs, une confusion avec l'adverbe de temps *en çà*, vieilli de nos jours, n'est peut-être pas à écarter (FEW 4, 372b sous *hac*; TLF sous *çà*^{2}; ReyHist sous *çà*). L'interjection *çà* et certaines des locutions qui le comportent le mot *çà* sont aujourd'hui vieillies (ReyHist sous *çà*).

[ennuyant] (Ms. 1 Cahier A et Ms. 2 sous *ahurissant*); «[qui lasse l'intérêt ou la patience]». Cette forme est attestée depuis 1677; les dictionnaires de la fin du XIXe s. précisent qu'elle est moins fréquente que la forme *ennuyeux* (Littré) et la donnent comme familière (DG). TLF l'enregistre avec la mention «vieilli ou régional». *Ennuyant* a été relevé dans les parlers du Nord-Ouest, de l'Ouest, en wallon, ainsi qu'en Suisse romande (FEW 4, 703b sous *inodiare*). Forme encore très usitée au Québec (DQA sous *ennuyer*).

envarié, ée (Ms. 1 Cahier A). V. Aspects morphologiques.

épicailles (en donner sur les ~) (Ms. 1 Cahier B); «[gronder qqn]». L'expression ne semble pas avoir été relevée ailleurs. Il s'agit d'un emploi figuré, emprunté probablement au domaine du vannage du grain. Le mot est attesté en ancien provençal : *espigailh*, «débris d'épis qui restent sur l'aire après qu'on a vanné le blé»; surtout attesté dans les parlers de l'Ouest (FEW 12, 173a sous *spica*). Le mot est encore connu de nos jours, dans cette région, sous la forme *épigail* «petit épi tombant à part» (DubGloss). Le remplacement du *g* de *épigail* par *c* (= *k*) fournit un autre exemple de ce trait phonétique largement attesté dans les documents anciens au Québec (JunPron 151). L'expression est aujourd'hui sortie d'usage.

épinette (Ms. 1 Cahier B); «[épicéa]». Le terme sert à désigner l'épinette blanche (*Picea glauca*) et l'épinette noire (*Picea mariana*) (MVictFl 143-144). Attesté dès 1664 chez Boucher : «Il y a une autre espece d'arbre, qu'on nomme Epinette : c'est quasi comme du sapin» (BouchHist 42-43). En France, le mot est attesté au XIIIe s. avec les acceptions de «buisson épineux» et de «petite épine» (ReyHist sous *épine*). Relevé dans les parlers du Nord-Ouest, de l'Ouest et du Centre au sens de «petite épine», «aubépine», etc. (FEW 8, 548b sous *spina*; aussi 12, 178a sous *pinus*; JunPMeun 138-139). Relevé en Acadie (Massignon 152).

Arbre de vie et *arbre du paradis* ne sont pas des synonymes d'*épinette* comme le croit Viger; ils désignent le thuya (*Thuja occidentalis*). *Arbre de vie* est attesté de 1553 à Larousse 1876 (FEW 14, 542b sous *vita*; RoussAnnedda; RoussPl 159). *Arbre du paradis* a été relevé en 1877 (FEW 7, 615b sous *paradisus*).

épiochon (Ms. 1 Cahier A); «épi de blé d'Inde, ou maïs, petit, cassé, ou peu garni de grains». Diminutif de *épi*; relevé sous les formes *épiochon* et *piochon* dans les parlers du Nord-Ouest, de l'Ouest et du Centre, où il s'applique à toutes sortes d'épis (FEW 12, 173b sous *spica*; RézVend 221, «épis plus courts que les autres»). Consigné dans Glossaire (sous *épiochon* et *piochon*). Bien attesté dans les années 1970, sous la forme *épiochon* et celle plus fréquente de *piochon* (PPQ 891 et Lavoie 1174, «petit épi de maïs»; PPQ 767B et Lavoie 1058, «épi d'avoine rabougri»). Les deux formes ont été relevées en Acadie (Massignon 746). *Épiochon* est attesté en Louisiane (DitchyLouis).

épotraillé (Ms. 1 Cahier B); «[qui a] la poitrine découverte». De *poitrail*; la forme *épétrâillé* a été relevée en Normandie au sens de «débraillé» (FEW 8, 109a sous *pectoralis*). En français général, *poitrail* a produit le composé familier *dépoitraillé*, attesté depuis 1876 (ReyHist sous *poitrail*). Consigné dans Clapin (sous *époitrailler*) et Glossaire (sous *époitrâillé, épotrâillé*). V. *Ébrâiller* et *Écolter*. V. également Aspects phonétiques et Aspects morphologiques.

équilibre (être dans l' ~) (Ms. 1 Cahier B). V. *Inquilibre (être dans l' ~)*.

équipage (Ms. 1 Cahier B); «[état d'une personne qui a été battue]». Le sens figuré d'«état, situation» date du XVIIᵉ s. D'abord consigné dans *en bon équipage* en 1636, puis *en mauvais équipage*, «en mauvais état», de Oudin 1640 à 1864 (FEW 17, 117a sous *skipa*; ReyHist sous *équiper*). Furetière1690 écrit : «On dit figurément en Morale, qu'un homme est en pauvre, en triste *équippage*, lorsqu'il est mal vestu, qu'il n'a pas dequoy vivre, ou qu'il a été bien battu et maltraité.» Bescherelle 1858 précise l'usage : «Il ne se dit guère qu'en mauvaise part. Être *en fort mauvais équipage, dans un triste équipage, dans un piteux équipage.*» *Équipage* est consigné dans Dionne et Glossaire au sens de «gâchis».

équiper (Ms. 1 Cahier B); «maltraiter, battre». *Esquipper* est attesté en ancien français avec l'acception d'«éclabousser» (Godefroy). *Équiper* a vécu en français général au sens de «maltraiter, railler», de Furetière 1690 à Académie 1878, qui le donne comme familier (FEW 17, 117a sous *skipa*). Furetière 1690 en précise le sens : «On dit figurément d'un homme qui a été blessé grievement, ou battu, ou maltraité en quelque rencontre, qu'il a été mal *équippé*.» Dionne et Glossaire l'enregistrent avec la valeur affaiblie qu'il a encore de nos jours de «salir qqch. (un vêtement, par ex.)» et à la forme pronominale «se salir», «se blesser».

escabeau (Ms. 1 Cahier A). V. Datations.

escargot (tête d' ~) (Ms. 1 Cahier A sous *tête*); «personne entêtée, opiniâtre». Ne semble pas avoir été relevé ailleurs.

espérer (Ms. 1 Cahier A); «[attendre l'arrivée, la venue de qqn; absolt attendre, patienter]». Le verbe s'est introduit en français avec le sens qu'il avait en latin : «considérer (qqch.) comme devant se réaliser» (avoir espérance); ce sens s'est conservé jusqu'à nos jours (ReyHist; Nyrop IV, nº 117). Il a signifié «attendre» du XIIᵉ au XIXᵉ s.; cette acception est répandue dans de nombreux parlers d'oïl et d'oc, ainsi qu'en franco-provençal (FEW 12, 164b sous *sperare*; ReyHist; TLF). Déjà critiquée au XVIIIᵉ s., notamment par Féraud 1787, qui écrit : «Il ne faut pas confondre espérer avec attendre, et les employer indifféremment l'un à la place de l'autre, comme on fait assez mal à propos, dans les Provinces méridionales surtout, où l'on dit : Je vous espérais, pour je vous atendais [*sic*].» En construction absolue, *espérer* est connu dans le Maine et dans le Midi (FEW 12, 165a; DepMots : Provence : *Espère un peu, j'arrive*). Consigné, de nos jours, avec la mention «vieilli et régional» (TLF). Classé, à tort, par Viger comme un anglicisme. Recueilli lors d'enquêtes orales au Québec (PPQ 2258) et en Acadie (Massignon 1749). Vieux de nos jours au Québec.

[estomac] (Ms. 1 Cahier A et Ms. 2 sous *ébrâiller, écolter*; Ms. 1 Cahier B sous *pesant*) ; «[poitrine ; sein, gorge]». Le sens de «poitrine» date du XIIe s. Très répandu en France d'oïl et d'oc, ainsi qu'en franco-provençal (FEW 12, 281b sous *stomachus*). Consigné dans Clapin et Glossaire. Ce sens est vieux de nos jours au Québec comme en français général (ReyHist; PRob 1993). Connu en Acadie (Massignon 1527).

Au sens de «seins, gorge», *estomac* a été largement relevé en France d'oïl, ainsi qu'en Suisse romande (FEW 12, 281b-282a). Consigné dans Clapin et Dionne. Vieux de nos jours au Québec. Connu en Acadie (Massignon 1528).

étage (premier ~) (Ms. 1 Cahier A); «rez-de-chaussée». *Premier étage* a signifié «rez-de-chaussée» du XVe au XVIIe s. en français général. Le sens moderne d'«étage au-dessus du rez-de-chaussée et, éventuellement de l'entresol» est attesté depuis Furetière 1690 (FEW 12, 240a sous *stare*; ReyHist). Encore courant au Québec (DQA).

étau (Ms. 1 Cahier A). V. Aspects morphologiques.

étrivant, ante (Ms. 1 Cahier B ; Ms. 2); adj. et subst., «qui fait des agaceries, qui tourmente; [personne qui agace]». De *étriver* avec suffixe *-ant*. Consigné dans Glossaire. Bien attesté dans les années 1970 (PPQ 2276; Lavoie 2880). V. Aspects morphologiques.

étriver (Ms. 1 Cahier B ; Ms. 2) ; «agacer, tourmenter par ses jeux, etc.». Attesté en français, du XIIe s. à Trévoux 1704, au sens de «quereller, disputer, débattre». La valeur affaiblie de «taquiner» a été relevée en Normandie, en Champagne et dans le Maine notamment (FEW 27, 255b-256a sous **strid*). L'expression *faire étriver*, «faire enrager», est usitée, encore de nos jours, en Normandie (Orne) (LepNorm). *Étriver qqn* et *faire étriver qqn* ont été recueillis lors d'enquêtes orales au Québec (PPQ 2275; Lavoie 2881) et en Acadie (Massignon 1777). Vieillis de nos jours.

La graphie **taurmenter** que Viger donne sous *étriver* dans le ms. 1, rend probablement compte de l'étymologie. Le mot, qui est issu de *tormentum*, s'est prononcé anciennement *tormenter* en français ainsi que dans de nombreux parlers (FEW 13/2, 44b et 45a sous *tormentum*).

fanals (Ms. 1 Cahier B). V. Aspects morphologiques.

[faner, fener] (Ms. 1 Cahier A sous *foin*). Viger dit à propos de ce mot : «On dit ici : *faner* pour *fener* le foin». Il semble ignorer que la forme moderne est *faner*. Ce verbe est d'abord attesté, en ancien et en moyen français, sous la forme *fener* ; *faner*, altération de *fener*, est attesté depuis le XIVe s. (ReyHist sous *foin*[1]). *Fener* a été relevé partout en France d'oïl ainsi qu'en Suisse romande (FEW 3, 458a- b sous *fenum*). Potier l'enregistre : *fener Le foin pour : faner* (HalPot 146, 260). *Fener* a été relevé sporadiquement dans les années 1970 (PPQ 812x). Recueilli également en Acadie (Massignon 702).

[fanfan] (Ms. 1 Cahier A sous *moucher*); «enfant». Attesté depuis 1525. «Le mot ne s'est maintenu que dans le nom Fanfan la Tulipe (1819)» (ReyHist sous *enfant*). Recueilli au Québec dans les années 1970 comme sobriquet (PPQ 1735).

fard (Ms. 1 Cahier A); «mélange de diverses viandes, ou seulement d'herbes, d'œufs et d'ingrédiens, hachés menu et assaisonnés, qu'on met dans le corps de quelques animaux, ou dans quelque autre viande». Attesté dès le XIIIe s. en ancien français et en ancien provençal sous la forme *fars*. Relevé en Normandie, en Anjou et en Saintonge notamment (FEW 3, 415a sous *farsus*). La forme moderne *farce*, attestée depuis le XIIIe s., représente le féminin de *fars* (ReyHist sous *farce*). Potier l'enregistre sous la forme *far* (HalPot 260). Consigné dans Dunn, Dionne et Glossaire (sous *fars*). Recueilli sporadiquement dans les années 1970 (PPQ 209C et 2310). Le mot *farce* qui a éliminé *fard* de nos jours, n'était pas fréquent au début du XIXe s., d'après Viger : «Bien peu de personnes employent ici le vrai mot.»

fàro (Ms. 1 Cahier A; Ms. 2); «gallant, petit-maître de campagne». Attesté, en français général, depuis 1743 sous la forme *faraud*, «celui, celle qui se pavane dans ses beaux habits»; mot dialectal qui est très bien attesté en France d'oïl et d'oc (FEW 16, 199b sous **heriwald*; GuirÉtym). Figure dans PRob 1993 (sous *faraud*), qui indique qu'il est «vieux ou régional». Consigné dans Dunn, Clapin et Dionne (sous *faraud*); Clapin précise que le mot n'a pas au Canada la connotation négative qu'il a en France. Recueilli au Québec dans les années 1970 (PPQ 2283 et 2285; Lavoie 2886). Vieilli de nos jours.

Beau comme un fàro de campagne, «extrêmement recherché dans ses habillemens», n'a pas été relevé ailleurs.

Au sens de «galant, amoureux», *fàro* est attesté en wallon; relevé au XIXe s. en français populaire, au sens d'«amant de cœur, maquereau» (FEW 16, 199b-200a). Consigné au sens d'«amoureux» dans Clapin, Dionne et Glossaire (sous *faraud*). Recueilli lors d'enquêtes orales au

Québec (PPQ 1878) et en Acadie (Massignon 1721). Vieilli de nos jours.

farôder (Ms. 1 Cahier A ; Ms. 2) ; «faire le fàro ou la cour aux Dames, faire l'amour». Le verbe est largement attesté en langue d'oïl et y signifie «se pavaner, être très élégant, etc.» (FEW 16, 200a sous **heriwald*). L'emploi par extension de «courtiser» ne semble pas avoir été relevé ailleurs. Les deux sens sont consignés dans Clapin et Glossaire (sous *farauder*).

Faire l'amour, «courtiser», que Viger emploie dans la définition du verbe *farôder* a signifié «courtiser» jusqu'au XVIIIe s. L'acception «accomplir l'acte sexuel (avec qqn)», attestée depuis 1622, ne s'imposera qu'au XIXe s. (ReyHist).

fectif (Ms. 1 Cahier B) ; «certain, sûr, vrai». Il s'agit probablement d'une extension sémantique du mot *effectif* au sens de «réel». L'altération de la forme a été relevée à Marseille : *fettif*. Cf. également les formes adverbiales *fectivement* en poitevin et *fettivament* à Marseille (FEW 3, 206a sous *effectus*).

[fener] (Ms. 1 Cahier A sous *foin*). V. *Faner, fener*.

fenouil (Ms. 1 Cahier A). V. Aspects morphologiques.

fenouillette (Ms. 1 Cahier A ; Ms. 2) ; «fenouil». Au sens de «fenouil», *fenouillette* est attesté dans le Dauphiné sous la forme *fenoulhet*, ainsi que dans le Gers et le Béarn (FEW 3, 454a sous *fenuculum*).

ferlassement (Ms. 1 Cahier B) ; «[bruit que fait un tissu]». De *ferlasser*. Le mot ne semble pas avoir été relevé ailleurs qu'au Québec. Il est consigné dans Dionne (sous *farlassement*) et Glossaire. Semble disparu de nos jours.

ferlasser (Ms. 1 Cahier B) ; «se dit du bruit que fait une étoffe roide que l'on manie». Le verbe connaît plusieurs formes. La variante *ferlasser* a été relevée dans le Centre et l'Ouest ; *ferlasser*, que FEW classe parmi les mots d'origine obscure au tome 23, 202b, serait plutôt à classer, selon P. Rézeau, sous *frl-* au tome 3, 815a-b (RézVoc) ; la forme *ferdasser* a été relevée dans les parlers du Nord-Ouest, du Centre et de l'Ouest, et celle de *fertasser* dans le Centre (FEW 3, 785a sous *frictare*). Les glossairistes québécois qui ont relevé le verbe le donnent sous les formes *ferlasser* et *ferdasser* ; consigné dans Dunn, Clapin, Dionne et Glossaire. V. aussi Aspects phonétiques.

fesser (Ms. 1 Cahier A ; Ms. 2) ; «fouetter sur le dos». *Fesser* vient de l'ancien français *faisse, fece* «bande, lien» et non de *fesse*. Il signifie, depuis le XVe s., «battre en donnant des coups sur les fesses» (FEW 3, 424b-

425a sous *fascia*; ReyHist). Le sens général de «battre, frapper, fouetter» que l'on connaît au Québec est un apport des parlers du Nord-Ouest et de l'Ouest; le sens de «fouetter» a été relevé notamment en Saintonge (FEW 3, 425a). *Fesser*, «donner le fouet», est consigné dans Bescherelle 1858. Figure dans Dionne et Glossaire. Courant au Québec au sens général de «frapper qqn; frapper sur qqch.» (DQA sous *fesse*). Relevé en Acadie (Massignon 1591).

fièrement (Ms. 1 Cahier A); «beaucoup, bien». Au sens de «très, extrêmement», *fièrement* est attesté depuis le XIIIe s. Qualifié de «familier» à partir du XIXe s. (FEW 3, 480b sous *ferus*). Bescherelle 1858 l'enregistre avec la mention «populaire» : «Cet homme est *fièrement* bête, *fièrement* dupe. Il a été *fièrement* puni.» Relevé en picard et en normand (FEW *ib.*). Figure avec la mention «vieilli» dans PRob 1993. Consigné dans Dunn et Clapin.

fignoler (Ms. 1 Cahier B; Ms. 2); «faire des dépenses d'éclat soit en habits, voitures, etc.; faire le galant». Bien attesté en France d'oïl et d'oc, ainsi qu'en franco-provençal où il signifie principalement «s'habiller avec recherche, faire l'élégant» (FEW 3, 564a sous *finis*). Figure dans Dunn, Clapin et Dionne. L'emploi pronominal a été relevé en Acadie : *se fignoler*, «s'attiffer, se parer avec soin» (PoirAcad).

fignoleur (Ms. 1 Cahier B; Ms. 2); «celui qui fignole». De *fignoler*. Relevé avec cette signification, notamment en Normandie, dans le Berry, en Poitou, en Bourgogne, ainsi qu'en wallon et généralement sous la forme *fignoleux* (FEW 3, 564a sous *finis*; RézVoc sous *fignoleux*). Bescherelle 1858 le définit ainsi : *fignoleur*, «fashionable de la campagne». Clapin et Dionne l'enregistrent au sens de «coq de village, élégant», sous la forme *fignoleux*. Ici encore, Viger montre sa préférence pour le suffixe *-eur*. V. à ce sujet *bourasseur* et *quêteur*.

[fille] (Ms. 1 Cahier A sous *amancher* et *balier*); «[servante]». Dans cette acception, *fille* est attesté depuis le XVIIe s. (Molière); le mot était usuel dans des syntagmes tels que *fille de ferme*, *fille de boutique*, *fille d'auberge*, *fille de salle*, etc. (FEW 3, 517a sous *filia*; ReyHist). Ce sens est vieux de nos jours au Québec comme en français général (PRob 1993; PLar 1998).

La locution *fille publique* (sous *ébrâiller*), «prostituée», est attestée depuis 1771. Figure dans PLar 1998 avec la mention «péjoratif».

fine-boutique (Ms. 1 Cahiers A et B; Ms. 2); «matois, rusé». Probablement formé sur le modèle de *fin matois*, *fin matou*, *fin merle*, *fin renard*. Au figuré, *boutique* qui a une connotation négative, a été employé dans l'expression *cela vient de la boutique de qqn*, «cela est de sa propre invention, de sa méchanceté», attestée de 1694 à 1878. Cf.

également *ouvrir boutique*, *ouvrir la boutique*, «dire tout ce qu'on a sur le cœur» (FEW 25, 21a sous *apotheca*) et, en Saintonge, *boutiquesse*, «cancanière» (MussSaint). Glossaire consigne *boutique* et lui donne la signification d'«intrigant, fâcheux, importun».

Au sens d'«idiot, esprit borné», *fine-boutique* est employé par antiphrase.

finition (Ms. 2); «fin». Attesté une première fois dans cette acception à la fin du XIVe s.; repris au XIXe s. (1820) au sens de «limite, achèvement» (ReyHist sous *fin¹*). A vécu également en France d'oïl, ainsi qu'en Suisse romande (FEW 3, 557a sous *finire*; HumbGen). Consigné avec la mention «vieilli ou populaire» dans TLF. Consigné dans Dunn, Clapin et Glossaire.

flambe (Ms. 1 Cahier B); «flamme». *Flambe*, du latin *flammula*, est attesté depuis le XIIe s.; connu également sous la forme *flamble* du XIIe au XVe s.; largement relevé en France d'oïl et d'oc (FEW 3, 602a sous *flammula*). Consigné dans TLF avec la mention «vieux et régional». *Flambe* était encore bien vivant dans les années 1970 au Québec (PPQ 78; Lavoie 2027). Relevé en Acadie (Massignon 1205).

flamb(l)ant, ante (Ms. 1 Cahier B; Ms. 2); «[qui est] habillé tout en neuf». Attesté depuis le XIIe s., le mot s'applique d'abord à ce qui a l'éclat du feu. Au XIXe s., employé seul au figuré, l'adjectif prend en argot le sens de «beau, superbe» (1837) et celui de «richement équipé, vêtu» depuis Balzac (FEW 3, 603b sous *flammula*; ReyHist sous *flamber*). Les exemples que donne Viger («On dit d'une personne habillée tout en neuf, qu'elle est *flambante*. Comme il est *flambant*! Te voilà tout *flambant*») sont donc antérieurs aux attestations du français général. Figure dans PRob 1993 avec la mention «vieilli».

La locution *flambant neuf*, qui est usuelle de nos jours en français général, est attestée depuis 1808, et est donnée comme populaire. Elle a été relevée en Anjou, en Saintonge, dans le Berry, dans des parlers du Centre et en gascon où elle est généralement prononcée *flambant neu* (FEW 3, 603b).

La locution *flambant nu*, qui ne semble pas avoir été relevée ailleurs, a probablement été créée sur le modèle de *flambant neuf*, le rapprochement pouvant être facilité par la ressemblance dans la prononciation des deux mots, puisque *neuf* était souvent prononcé [nø] anciennement. Locution encore courante au Québec (DQA sous *flambant*). V. aussi Aspects phonétiques et Datations.

flandrin (Ms. 1 Cahier A); subst., «paresseux». Extension de *flandrin*, «personne élancée et molle». Relevé dans les parlers du Nord, dans le Berry, en Bourgogne et en Auvergne notamment avec la signification de «lent, flâneur, fainéant, traînard, paresseux» (FEW 3, 605b sous *Flandern*; ReyHist; GuirÉtym, qui décèle dans *flandrin* une racine provençale et le rapproche de *farandel*, «dégingandé»). Consigné dans Clapin (qui le donne comme adj.) et Dionne. Relevé en Acadie (PoirAcad : «S'entend, ici, plutôt d'un paresseux»).

flâner (Ms. 1 Cahier A); «paresser, faire le paresseux». Verbe d'origine dialectale, attesté une première fois en Normandie en 1638. Le mot entre en français général au XIXe s. (1808) (FEW 15/2, 135b sous *flana*; TLF; ReyHist). *Flâner* a probablement été introduit en Nouvelle-France par les colons normands bien avant que le mot ne soit connu en français général.

flasque (Ms. 1 Cahier A); subst., «flaque [d'eau]». Altération de *flaque*, forme normande ou picarde de l'ancien adj. *flache* au sens de «mou». Variante attestée depuis le XVe s. (BW[5]; GuirÉtym; ReyHist). *Flasque* n'étant usité que comme adj., au sens de «mou», on peut se demander si Viger, qui a par ailleurs raturé cet article, n'a pas voulu écrire *flache* «mare d'eau», variante très répandue dans les parlers d'oïl (à l'exception des parlers normands et picards qui connaissent la forme *flaque* qui s'est imposée en français général) (FEW 3, 592b).

flasque (Ms. 1 Cahier A; Ms. 2); subst., «peureux». Extension du subst. *flasque* au sens de «paresseux»; ce dernier sens est consigné dans Richelet 1680 et Furetière 1690 et 1727.

Flasque, adj., «qui a perdu son apprêt, mollasse [d'un tissus, d'une étoffe]». Ce sens est attesté depuis 1642 (FEW 3, 593a sous *flaccus*).

flasquer (Ms. 1 Cahier A; Ms. 2); «avoir peur». Extension de *flacher* au sens de «fléchir, céder, se soumettre», attesté sous différentes formes et nuances sémantiques en France d'oïl (FEW 3, 591a sous *flaccus*).

flasquer (fer à ~) (Ms. 1 Cahier A; Ms. 2); «fer à repasser le linge». Le verbe *flasquer*, «repasser le linge», est un apport des parlers de l'Ouest; de *flasque*, «fer à repasser dans lequel on met des charbons ardents» (FEW 3, 606b et 15/2, 137a sous *flaska*). *Flasque*, «fer à repasser», et *flasquer* (surtout dans *fer à flasquer*) sont bien attestés dans les documents québécois des XVIIe et XVIIIe s. (JunPron 130 n. 38). Viger précise que le verbe n'est employé que dans *fer à flasquer*.

fréde (Ms. 1 Cahier A). V. Aspects phonétiques.

fréte (Ms. 1 Cahier A). L'expression *fréte comme glace* est attesté en parlant d'une personne dans Oudin 1640 : *froid comme glace*, «d'humeur froide». L'expression est connue également en Normandie avec une variante : *froid comme un glaçon* (LepComp 392). V. Aspects phonétiques.

fricasser (Ms. 1 Cahier A); «dissiper [de l'argent]». Attesté dans ce sens depuis1611 (ReyHist; FEW 3, 791b-792a sous *frigere*); donné de nos jours avec la mention «vieux» (PRob 1993). Figure dans Potier (HalPot 265).

Le verbe *fricasser* dans l'expression *fricasser une ramasse, une dégelée à qqn*, «battre rudement», est peut-être une extension de *fricasser* au sens de «frotter d'une manière répétée», attesté en Anjou et en Bourgogne (FEW 3, 791b). Cf. également en français populaire le syntagme *une fricassée de pain sec* au sens de «volée de coups», attesté depuis 1808 (FEW 3, 792b). *Fricasser* a été relevé dans *fricasser un coup de pied* dans le parler franco-américain du Missouri (DorrSteGen).

Se fricasser de, «[se moquer de]». Il s'agit peut-être d'un emploi figuré de *se fricasser les mains*, «se frotter les mains», relevé en Anjou (FEW 3, 791b, qui relève l'acception canadienne «se moquer de»; VerrAnj). Dans ce sens, le verbe a été consigné par Potier en 1745 (HalPot 265). Figure dans Dunn, Clapin, Dionne et Glossaire.

fripper (Ms. 1 Cahier B); «fripponner, voler, tromper qqn». *Friper* au sens de «voler, dérober» est attesté en français, du XVIe s. à Trévoux 1771 (FEW 3, 396b sous *faluppa*). Consigné dans les dictionnaires du XIXe s. au sens de «voler les écrits, les idées d'un auteur» (Bescherelle 1858; Littré). Quant au redoublement ou non du *p* dans *fripper*, l'usage est encore fluctuant à l'époque de Viger : Trévoux écrit le mot avec deux *p* tandis qu'Académie n'en met qu'un.

[fripponner] (Ms. 1 Cahier B sous *fripper*); «[voler]». Au sens de «voler de petites choses», il est attesté depuis 1580, et au sens d'«escroquer qqn» depuis 1585 (ReyHist sous *fripon*). Le verbe est vieux de nos jours et ne figure plus dans les dictionnaires usuels.

gâ (Ms. 1 Cahier A; Ms. 2); *(petit) gâ*, «jeune garçon». Au sens de «petit garçon, enfant», *gars* est bien attesté dans les parlers du Nord-Ouest et du Centre; *petit gars* a été relevé en Bretagne et en Normandie (FEW 17, 617b sous **wrakkjo*). Richelet 1680 précise le niveau de langue : «Ce mot signifie garçon, mais il ne se dit guere à Paris et méme il ne se dit que dans le bas burlesque. Le *petit gars* lui vint sauter au cou.» *Petit gars* est consigné avec la mention «régional ou vieilli» (TLF), ou «rural» (GLLF; ReyHist). Le mot *gars*, dans toutes ses acceptions, est généralement senti comme familier de nos jours (PRob 1993; PLar 1998). *Petit gars* a été recueilli lors d'enquêtes orales (PPQ 1815; Lavoie 2756); encore usuel en français québécois (DQA). Recueilli en Acadie (Massignon 1716). V. aussi Aspects phonétiques.

galipote (courir la ~) (Ms. 1 Cahier A); «[courir le guilledou, la prétentaine]». Extension sémantique de *courir la ganipote* au sens de «vagabonder la nuit», relevé en Aunis et en Saintonge. Le mot est un apport des parlers de l'Ouest ; *galipote* désigne en poitevin une «course effrénée ; une course de nuit par suite de sortilège» (FEW 17, 478b sous *wala*). *Galipote* ne s'emploie au Québec que dans la locution *courir la galipote* ; c'est pourquoi la définition que donne Viger au début de son article : *galipote* «bordel, boucan» ne nous semble pas exacte. Potier relève *courir la galipote* au Détroit en 1745 (HalPot 267). La locution est consignée dans Clapin, Dionne et Glossaire. Recueillie dans les années 1970 (PPQ 2291 ; Lavoie 2802), elle est encore bien vivante (DQA, «rechercher des aventures amoureuses»). Connue également en Acadie (Massignon 1774).

garde-corps (Ms. 1 Cahier A). V. Datations.

gaspiller (Ms. 1 Cahier A) ; «[détériorer, abîmer, mettre en mauvais état du linge, des vêtements]». Ce sens est consigné de Furetière 1690 jusqu'au XIXe s. Attesté dans les parlers normands et en wallon, «gâcher, endommager» (FEW 14, 195a sous *waspa-*). TLF l'enregistre avec la mention «vieilli». Figure dans Glossaire, Bélisle[3] : («détériorer par malfaçon : gaspiller une chemise»).

gavache (Ms. 1 Cahier A ; Ms. 2) ; «poltron». Attesté depuis le XVIe s. au sens d'«homme lâche» ; donné comme «vieilli» depuis Boiste 1829. Le mot a également été relevé en normand, en saintongeais et dans des parlers du Centre (FEW 4, 4b sous **gaba*). Consigné dans TLF qui le donne comme peu usité et vieux. L'emploi au féminin, *une gavache*, avec le même sens, ne semble pas avoir été relevé ailleurs.

georges (faire ses ~) (Ms. 1 Cahier A ; Ms. 2). V. Aspects phonétiques.

gérémium (Ms. 1 Cahier A). «[plante de la famille des géraniacées]». Désigne le *Géranium Robertianum* (Linné) (RollFlore III, 308 ; MVictFl). Les horticulteurs appellent aussi *géranium* le *pélargonium*.

Le *Géranium Robertianum* est aussi appelé **bec-de-grue**. Figure dans les dictionnaires depuis 1708 (FEW 1, 309b sous *beccus* ; RollFlore III, 309). V. également Aspects phonétiques.

ginseng (tomber comme le ~) (Ms. 1 Cahier B ; Ms. 2) ; «tomber tout-à-coup et sans espoir apparent de se relever». Fait allusion au commerce du *ginseng* qui tomba brusquement en raison de la mauvaise qualité du produit. Marie-Victorin qui relève l'expression, l'explique ainsi : «Malheureusement, au lieu de laisser la racine sécher lentement dans les greniers, on la séchait au four pour aller plus vite. Ce fut la cause de la dépréciation du Ginseng canadien et bientôt de ce grand trafic il ne resta que le dicton populaire : "C'est tombé, ou ça tombera comme le Ginseng !"» (MVictFl 410). L'expression a disparu.

glumer (Ms. 1 Cahier A); «[dépouiller qqn]». Le mot n'a pas été relevé dans la documentation que nous avons consultée. Il s'agit peut-être d'une création verbale issue de *glume*, «enveloppe d'une graine», ou de *grume*, «écorce qui reste sur le bois coupé non encore équarri» (ReyHist sous *glume* et *grume*), sur le modèle de *plume*, *plumer*, ce dernier verbe signifiant également «dépouiller, voler qqn»; il est attesté dans ce sens figuré depuis le XIIIe s. (ReyHist).

gouette (Ms. 1 Cahier A). V. Aspects phonétiques et Aspects morphologiques.

gouliâ (Ms. 1 Cahier A; Ms. 2); subst., «personne qui mange avidement et malproprement». Attesté sous la forme *goulias* au XIIIe s.; il signifie «glouton». Il a été relevé en Normandie, à l'île anglo-normande de Guernesey, dans le Bourbonnais et en Bourgogne (FEW 4, 318a sous *gula*). Figure dans Dionne et Glossaire (sous *gouliat*). Recueilli sporadiquement dans les années 1970 (PPQ 250). Vieux de nos jours. V. aussi Aspects phonétiques.

[gouliafre] (Ms. 1 Cahier A et Ms. 2 sous *gouliâ*); même sens que *gouliâ*. D'abord relevé sous la forme *gouillafre* en 1630, puis sous celle de *gouliafre* de Furetière 1690 à 1930 (FEW 4, 318b sous *gula*). Bien attesté dans les parlers d'oïl sous les deux formes. Le mot, sous la graphie *goulafre* (depuis 1821), est encore vivant au sens de «goinfre», dans le nord-est de la France et en Belgique (ReyHist sous *goule*; PRob 1993; PLar 1998).

graffigner (Ms. 1 Cahier A); «entamer et déchirer légèrement la peau avec les ongles». *Grafigner*, «gratter avec les ongles», est attesté au XIIIe s. et depuis le XVe s. au sens d'«égratigner». Figure dans les dictionnaires, de Furetière 1690 à Larousse 1948 (cités dans FEW); Bescherelle 1858 précise : «Expression populaire que les gens sans instruction emploient quelquefois par corruption pour Égratigner.» Largement répandu dans les parlers d'oïl et d'oc, ainsi qu'en francoprovençal; connu également dans certains parlers en parlant des chats qui griffent (FEW 16, 350b sous *krafla*). Consigné dans Dunn, Clapin et Dionne (sous *graffigner*), Glossaire (sous *grafigner*). Recueilli dans les années 1970 (PPQ 2140; Lavoie 2394) et encore bien vivant; s'emploie également pour *griffer* en parlant d'un chat (DQA sous *grafigner*). Relevé en Acadie (Massignon 1538).

graisse (Ms. 1 Cahier B); «[volée de coups]». De *graisser*, «battre». Attesté notamment à la fin du XVIIIe s. dans le parler de Paris au sens de «forte réprimande» et de «volée de coups» en normand (FEW 2/2, 1282b sous *crassus*).

graisser (Ms. 1 Cahier B); «[rosser]». Attesté dans les parlers normands. Le verbe entre dans des expressions telles que *graisser les épaules à qqn* «bâtonner», qui a été relevée en français populaire depuis Furetière 1690, et *graisser la peau*, attestée avec la même signification depuis Féraud 1787 (FEW 2/2, 1282b sous *crassus*). *Graisser* figure dans Glossaire. V. *Mêcher* et *Moucher*.

graissoux, ouse (Ms. 1 Cahier A); adj., «gras, grasse». Variante dialectale de l'adj. *graisseux*; *graissoux* est bien attesté dans les parlers du Nord-Ouest et de l'Ouest, ainsi qu'en langue d'oc (FEW 2/2, 1277a sous *crassia*). Figure dans Clapin (sous *graissou, oue*), Dionne (sous *graissou*), Glossaire (sous *graissoux, ouse*).

En emploi substantivé, *graissoux* a été recueilli sporadiquement dans les années 1970 (PPQ 1912 : [gresu], «femme malpropre»; PPQ 1284B et Lavoie 397, «aide cuisinier»). Le mot est probablement disparu de nos jours. V. également Aspects morphologiques.

griche-poil (Ms. 1 Cahier A); «malin, espiègle». FEW ne le relève qu'au Canada. Cf. en Anjou, *griche-midi*, «hargneux» (FEW 16, 393b sous **krisan*). Consigné dans Clapin et Dionne. Recueilli dans les années 1970 (PPQ 1837B : «enfant colérique»). Connu également en Acadie (PoirAcad : «personne revêche»).

griche-poil (à ~) (Ms. 1 Cahier B). V. *Regriche ou griche-poil (à ~).*

gricher (Ms. 1 Cahier A); «grincer les ou des dens». *Grisser les dens* au XIVe s.; *gricher les dentz* au XVIe s. La forme *gricher* a été relevée notamment dans les parlers du Nord-Ouest, en Poitou et en français populaire (FEW 16, 393a sous **krîsan*; MinPoit). Consigné dans Clapin, Dionne et Glossaire. Largement recueilli dans les années 1970 au sens de «grincer des dents» (PPQ 2106; Lavoie 2354); encore bien vivant de nos jours au Québec (DQA). Relevé en Acadie (Massignon 1478).

grichou (Ms. 1 Cahier A); «[enfant] malin». Déverbal de *gricher*; bien attesté sous les formes *grichu, gricheux, grissou, griçoux*, en picard et dans les parlers du Nord-Ouest et du Centre, où il signifie «de mauvaise humeur, grognon» (FEW 16, 393a sous **krîsan*). Consigné dans Dunn, Clapin et Dionne (sous *grichoux*), Glossaire (sous *grichou*). Recueilli dans les années 1970 (PPQ 1837A et Lavoie 2740 : «enfant colérique»). Relevé en Acadie (PoirAcad : «revêche, hargneux»).

Grichou «[personne] laide» est une extension du sens précédent; cf. en Bourgogne *grichoux*, «grisâtre, incolore (de la figure)»; cf. également en Normandie, le verbe *gricher*, qui signifie notamment «faire une mine désagréable; faire des grimaces» (FEW *ib.*).

[guenille] (Ms. 1 Cahier A sous *amarrer* et *apichimon*); «[lambeau de vieux linge, de tissus, chiffon]». Attesté sous la forme *gnille* en moyen français. Mot emprunté aux parlers du Centre et de l'Ouest. Attesté au sens de «chiffon» dans Cotgrave 1611; il prend, en outre, le sens de «vêtement sale et déchiré» à partir de 1664 (FEW 14, 113a sous **wadana-*; GuirÉtym; ReyHist). Le sens de «chiffon, lambeau déchiré de vêtements» figure encore dans les dictionnaires du XIXe s. (Bescherelle 1858; Littré). Encore usuel au Québec : «morceau de vieille étoffe, de vêtement dont on ne se sert plus» (DQA).

gueusaille (Ms. 1 Cahier A sous *gueusasse*; Ms. 2); «canaille». Dérivé de *gueux*; attesté depuis 1630, «groupe de mendiants»; le mot est aujourd'hui sorti d'usage (FEW 16, 98b sous *guit*; ReyHist sous *gueux*).

gueusasse (Ms. 1 Cahier A; Ms. 2); «canaille; coquin». Dérivé de *gueux*; variante de *gueusaille*. Relevé dans le parler de Paris (1790) au sens de «troupe de gueux»; la forme *gueusasse* est surtout attestée en langue d'oc et en franco-provençal. *Gueusasse* a également été relevé comme variante de *gueuse* (FEW 16, 98b sous *guit*; NisPar 134). En français québécois comme en français général, le mot est aujourd'hui sorti d'usage.

habitant, ante (Ms. 1 Cahier A; Ms. 2); «agriculteur, laboureur». Le mot désigne en français général depuis le XIIIe s. «celui qui habite un endroit, une maison»; il s'est appliqué, avec le développement des colonies, à un «particulier auquel le souverain a accordé des terres à défricher et à planter dans les colonies»; il est synonyme de *colon* pour Trévoux 1771 (FEW 4, 369a sous *habitare*; ReyHist sous *habiter*; JunPMeun 126-127). Par extension, *habitant* a pris à la fin du XVIIe s. (1675) le sens de «personne qui cultive la terre». Potier relève le mot à Lorette en 1743-1744 (HalPot 271). C'est le mot usuel pour Viger qui l'emploie constamment dans ses articles. Consigné dans Dunn, Clapin, Dionne et Glossaire. Le mot est vieux et péjoratif de nos jours au Québec (DQA). Connu en Acadie dans les «régions d'influence canadienne» (Massignon 623). Relevé dans les parlers franco-américains de la Louisiane (DitchyLouis), du Mississippi (McDermMiss) et du Missouri (DorrSteGen), ainsi qu'à la Réunion, à la Martinique, et à Haïti (ChaudRéun I, 599).

Le féminin **habitante**, «celle qui habite la Campagne, qui cultive la terre» n'a pas été retenu par les glossairistes québécois (Dunn, Clapin, Dionne et Glossaire, entre autres).

[hardes] (Ms. 1 Cahier A et Ms. 2 sous *butin*); «[vêtements d'une personne]». Attesté au XIIe s. en ancien normand sous la forme *fardes* au sens d'«habillements ordinaires». Attesté sous la forme *hardes*,

«bagage, vêtements, linge et coffre d'une personne», depuis 1539 (FEW 3, 416a-b, sous *fard*; ReyHist). Le mot figure encore sans mention dans les dictionnaires du début du XXe s. (DG). Donné aujourd'hui comme vieux ou régional en français général (PRob 1993). Recueilli dans les années 1970 au Québec (PPQ 1907; Lavoie 2528). Vieux de nos jours.

herbe à dinde (Ms. 1 Cahier A); «[achillée millefeuille]». *Achillea millefolium*, L. «Les noms vulgaires appliqués en France à cette plante sont innombrables, mais «Herbe à dindes» paraît être un pur canadianisme, fondé d'ailleurs sur l'emploi de la plante dans l'alimentation de cette volaille» (MVictFl 592). Consigné dans Dionne et Glossaire (sous *herbe*). Recueilli dans les années 1970 (PPQ 777, qui relève aussi le synonyme *herbe à mille feuilles*; Lavoie 3148). En Acadie cette plante se nomme *herbe à dindons* (Massignon 233).

herbe à la puce (Ms. 1 Cahier A); «[sumac vénéneux]». *Rhus radicans* L. Synonyme : *Rhus toxicodendron* L. (MVictFl 392-393). En France, le terme *herbe à puces* est attesté depuis le XVIe s. et désigne une grande variété d'espèces de plantes (FEW 9, 522b sous *pulex*). Consigné dans Dionne et Glossaire. *Herbe à (la) puce* est le nom usuel de cette plante au Québec (DQA sous *herbe*). Connu également en Acadie (Massignon 196).

houiller (Ms. 1 Cahier A; Ms. 2); «changer, troquer une chose contre une autre [surtout des chevaux]». Cette acception ne semble pas avoir été relevée ailleurs que chez Viger. *Houiller* est peut-être à rattacher au verbe *holler*, qui a signifié «courir d'une foire à l'autre», «marchander sans fin», attesté en wallon (FEW 16, 222a sous *hollen*). Cf. également le verbe *huier* (prononcé également *houiller*), qui signifie «crier, héler» (FEW 4, 506a-b sous *hui*-), et *houailler* «crier haut; faire des cris pour indiquer le lieu où l'on est», connu des parlers normands, hauts-manceaux et orléanais (FEW 4, 503a sous *hu*-). Mot sorti d'usage.

houiller (Ms. 1 Cahier A; Ms. 2); *se houiller* «se gorger de vin». De l'ancien français *aouller*, *æuller*; *ouiller* est une contraction de *aouiller*, de l'ancienne forme de *œil* (ReyHist sous *œil*). Emploi métaphorique de «remplir un tonneau jusqu'à la bonde». La forme pronominale est attestée en ancien français : *se aouiller*, «se rassasier»; relevée en Anjou et dans le Languedoc au sens de «s'enivrer» (FEW 7, 317a-b sous *oculus*). Cf. également dans les parlers du Nord-Ouest et de l'Ouest le sens de «rassasier». Consigné dans Glossaire (sous *houiller* et *ouiller*). Recueilli à Verchères dans les années 1970 (PPQ 252x : *ouillé*, «gavé»).

Être houillé de qqn, de qqch., «être las, dégoûté de qqn, de qqch.». Ce sens a été relevé en Anjou et en Vendée : *œillé de*, *ouillé de* «las de; fatigué; qui en a assez de» (FEW 7, 317b sous *oculus*). Le mot n'est plus employé de nos jours en français québécois.

icit (Ms. 1 Cahier A). V. Aspects phonétiques.

incendie (Ms. 1 Cahier A). V. Aspects morphologiques.

[inquilibre (être dans l' ~)] (Ms. 1 Cabier B sous *équilibre*); «indécis, irrésolu». De *équilibre* dans son sens général d'«égalité, équivalence». L'expression signifie que les chances de faire ou de ne pas faire quelque chose sont égales. Figure dans Dionne (sous *équilibre* et *inquilibre*). Expression disparue. V. également Aspects morphologiques.

joli-cœur (s'appeler, se nommer ~) (Ms. 1 Cahier A; Ms. 2); «[se retrouver le bec dans l'eau]». Par antiphrase de l'expression *faire le joli coeur*, «faire le galant». Cf. l'expression *être joli garçon*, «être dans une vilaine position» (FEW 16, 286a sous *jol*). *S'appeler* suivi d'un nom a été utilisé en français populaire dans d'autres expressions, comme par exemple : *s'appeler La Roche*, «être brave, etc.» (NisPar 152). *S'appeler joli-cœur* qui, au début du XIXe s., s'employait tous les jours selon Viger, est aujourd'hui sortie d'usage.

jouquer (se ~) (Ms. 1 Cahier A; Ms. 2); «se jucher». Au XIIe s. *joquier*, «être juché (d'un oiseau)». La forme pronominale a été relevée dans les parlers du Nord-Ouest et de l'Ouest ainsi qu'en franco-provençal (FEW 16, 288a sous *juk*; RézVoc). Consigné dans Clapin et Glossaire. Recueilli dans les années 1970 (Massicotte IV-324; PPQ 620). Relevé en Acadie (Massignon 1583).

Au figuré, *se jouquer* (d'une personne) «se mettre [loger, habiter]». Relevé dans ce sens en picard dans son emploi absolu : *jouquer*, «loger, habiter» (FEW 16, 288b); le français populaire connaît également cet emploi sous la forme *jucher* (ReyHist).

Jouqué «[juché, perché]». *Jouquer*, v. intr., est bien attesté dans les parlers d'oïl et d'oc et en franco-provençal (FEW 16, 288a; RézVoc). Relevé en Acadie (Massignon 952).

jouquoir (Ms. 1 Cahier A; Ms. 2); «juchoir». Attesté en Picardie et en Bourgogne (FEW 16, 288b sous *juk*). Consigné dans Dionne et Glossaire. Recueilli lors d'enquêtes orales au Québec (PPQ 621; Lavoie 1415) et en Acadie (Massignon 951).

juifrèsse (Ms. 1 Cahier A; Ms. 2); «juive». Le mot est attesté au XIVe s. sous la forme *juiesse*. La forme *juiferesse* (*juivresse*) a été relevée en Anjou, dans les parlers du Nord, de l'Est, en wallon et en Suisse romande (FEW 5, 53a sous *judaeus*; MénAnj : *Juivresse*). La fréquence de *juifrèsse* était plus grande que celle de *juive* au début du XIXe s., selon Viger. Le mot est aujourd'hui sorti de l'usage.

jument (Ms. 1 Cahier A; Ms. 2); «caisse de fusils (Terme du Commerce des pelleteries)». À rapprocher du terme *taureau* usité dans la langue du Nord-Ouest canadien au XIXe s., au sens de «sac fait de peaux de buffle vertes, rempli de pémican ou de viande pulvérisée, pesant généralement 90 livres» (Gagnon 136).

[lèche-crachats] (Ms. 1 Cahier A sous *payer*); «[personne qui flatte servilement]». *Crachat* a été relevé comme terme d'injure pour désigner un «individu méprisable» (Édouard).

légerte (Ms. 1 Cahier A; Ms. 2). V. Aspects phonétiques.

lévier (Ms. 1 Cahier A). V. Aspects phonétiques.

lichefrite (Ms. 1 Cahier A; Ms. 2). V. Aspects phonétiques.

licher (Ms. 1 Cahier A; Ms. 2); *en licher (à qqn)*, «[obtenir de l'argent de qqn]». Emploi figuré de *lécher*, «manger, boire». Le verbe a également le sens d'«obtenir qqch.» : *lécher un repas*, «manger en parasite chez qqn» (FEW 16, 456a sous *lekkon*); Bescherelle 1858 relève l'expression : *Lécher l'ours*, «sucer les parties en prolongeant le procès». Cf. également *licher*, «manger son bien», relevé en Lorraine et en Suisse romande (FEW 16, 459b sous *lekkon*). Consigné dans Glossaire.

S'en licher les barbes, «passer la langue sur qqch.». En français général, l'expression est employée au figuré : «se dit d'un homme qui s'est vu frustrer d'un avantage attendu»; attesté dans les dictionnaires de Furetière 1690 à Larousse 1873 (FEW 16, 456a sous *lekkon*). Glossaire relève l'expression au sens de «se pourlécher les babines», et au figuré, «se délecter à la pensée de quelque chose de friand». V. aussi Aspects phonétiques.

[louche] (Ms. 1 Cahier A et Ms. 2 sous *bicleux* et *vire-l'œil*); «[qui est atteint de strabisme]». Au début du XIVe s., *louche* qualifie les yeux atteints de strabisme et, à la fin du XIVe s., une personne; ce dernier emploi a disparu (ReyHist). Littré et DG le relèvent encore sans mention. L'adjectif est encore consigné de nos jours dans ce sens, mais il est vieux (PRob 1993).

loucheur, euse, subst. et adj. (Ms. 1 Cahier A; Ms. 2). V. Datations.

mal (tomber d'un ~) (Ms. 1 Cahier B); «[avoir une crise d']épilepsie». *Tomber d'un mal* a été relevé dans le parler populaire de Paris en 1821; attesté en wallon. *Tomber de mal* est attesté en normand et en haut-manceau, et *tomber du mal* en normand et en bourbonnais (FEW 6/1, 126b sous *malus*). Consigné dans Dunn («Nous disons *Tomber d'un mal*») et dans Glossaire («*tomber d'un mal, tomber de son mal*»). Recueilli dans les années 1970 (PPQ_2207 : *tomber dans les mals, tom-*

ber dans un mal*; Lavoie 2446 : *tomber dans les mals, tomber d'un mal*). Vieilli de nos jours.

Viger tire les quatre synonymes qu'il donne à ce mot du dictionnaire de l'Académie de 1798 : «On dit, *Mal caduc, haut mal*, pour dire, L'épilepsie. Il tombe du *mal caduc*, du *haut mal*. Le peuple dit, *Mal de Saint-Jean*, et plus communément, *Mal de Saint*, pour dire, Le *haut mal*». *Mal caduc, mal de Saint* et *mal de Saint-Jean* sont aujourd'hui sortis d'usage. **Haut mal**, qui est attesté depuis le XIVe s., figure dans PRob 1993 avec la mention «vieux». Le terme a été recueilli sporadiquement dans les années 1970 au Québec (PPQ_2207). Connu en Acadie (Massignon 1611).

mâle (Ms. 1 Cahier A; Ms. 2); «bonnet de laine tricottée». Il s'agit probablement d'un emploi métaphorique de *mâle*, «rocher, sommet rocheux», attesté en langue d'oc; cf. également le sens de «grosse tête dure» en franco-provençal (FEW 6/1,119b sous *malleus*; Rohlfs 68). *Mâle*, dans ce sens, n'a été relevé que par Viger. V. *Tuque*.

malin, igne (Ms. 1 Cahier A et sous *rustique*); «difficile, épineux, fatigant». Attesté dans *c'est bien malin*, «c'est bien difficile; c'est un beau miracle» depuis 1808. *Malin*, «difficile à faire, à comprendre; malaisé (avec une négation ou une forme équivalente)» figure avec la mention «populaire» depuis DG (FEW 6/1, 107b sous *malignus*).

manche (Ms. 1 Cahier A; Ms. 1 Cahier A sous *bouquin*); *manche de pipe*, «[tuyau de pipe]». FEW ne donne que l'attestation canadienne (FEW 6/1, 219a sous *manicus*). Consigné dans Dunn, Clapin, Dionne et Glossaire. Recueilli dans les années 1970 (PPQ_2072x; Lavoie 3139). Connu en Acadie (PoirAcad).

manchonnier (Ms. 1 Cahier B); «artisan qui travaille en pelleterie». Dérivé de *manchon*, «cylindre de tissu, de fourrure, pour protéger les mains». Ce sens a été relevé en picard, en saintongeais, à Nice (sous la forme *manchounié*) (FEW 6/1, 211a sous *manica*; MussSaint). Figure dans Dunn, Clapin, Dionne : «*Manchonnier* vient du fait que le fourreur fabrique des manchons; mais il fabrique aussi d'autres choses.»

manquer (la ~ belle) (Ms. 1 Cahier B); «[l'échapper belle]». Au sens d'«avoir laissé échapper une belle occasion», la locution est attestée depuis 1666, mais elle est donnée comme familière à partir du XIXe s. Au sens d'«avoir échappé à un grand danger», elle est consignée avec la mention «familière» à partir d'Académie 1718; «on dit plutôt *l'avoir échappé belle*», indique Académie 1935 (FEW 6/1, 141b sous *mancus*). *La manquer belle* ne figure plus dans les dictionnaires usuels.

Manquer au sens de «faillir» suivi d'un infinitif sans préposition (dans : *il a manqué périr* et *il a manqué mourir*) a probablement été relevé par Viger en raison de la condamnation de cette construction par l'Académie. Considérée comme «fautive» également par Littré (GougÉtude 147). Les constructions *manquer de* + infinitif et *manquer* + infinitif sont encore courantes de nos jours en français général (ReyHist).

marier (Ms. 1 Cahier A; Ms. 2); «épouser». *Marier*, verbe transitif au sens d'«épouser», est attesté dès le XIIe s. Largement attesté dans les parlers d'oïl et d'oc, ainsi qu'en franco-provençal (FEW 6/1, 348b sous *maritare*). Relevé en français populaire (Bauche). Vit encore notamment dans les parlers du Nord (CartNord). «Au sens de «prendre pour femme», l'usage moderne a généralisé la construction réfléchie *se marier avec* (après 1170) aux dépens de l'ancienne construction transitive, *marier qqn* (1176)» (ReyHist sous *mari*). Viger, comme beaucoup d'autres auteurs, considère cet emploi du verbe *marier* comme un anglicisme. Consigné dans Dunn, Clapin (qui le classe comme anglicisme, p. XXX), Dionne, Glossaire. Bien attesté dans les années 1970 (PPQ 1887; Lavoie 2791) et encore usuel (DQA). Relevé en Acadie (Massignon 1731) et en franco-ontarien (LemVieux 1, 217).

[marinade] (Ms. 1 Cahier A sous *marinage*); «chose marinée, bouillie dans le vinaigre». Vient probablement de *marinade* au sens d'«aliments préparés pour se conserver des années entières à la mer», sens emprunté au langage maritime et consigné dans les dictionnaires, de 1840 à DG; il s'agit d'une extension de *marinade* au sens d'«assaisonnement dans lequel on laisse tremper les viandes et les poissons avant de les faire cuire» (FEW 6/1, 346a sous *marinus*). Clapin, Dionne et Glossaire enregistrent le mot au pluriel. Recueilli dans les années 1970 (PPQ 223; Lavoie 2199) et encore usité (DQA sous *mariner* : «Marinades : condiments faits de morceaux de fruits ou de légumes macérés dans du vinaigre mélangé avec des épices ou des aromates»). V. *Marinage*.

marinage (Ms. 1 Cahier A); «chose marinée, bouillie dans le vinaigre». Déverbal de *mariner*, «laisser tremper de la viande dans du vinaigre», attesté depuis Furetière 1690. En français général, *marinage* désigne la «préparation que l'on fait subir à certaines viandes destinées à être conservées», sens attesté depuis 1867 (FEW 6/1, 346a sous *marinus*). Consigné dans Glossaire (sous *marinages*). Recueilli dans les années 1970, mais beaucoup moins fréquent que *marinade* (PPQ 223; Lavoie 2199). Relevé en Acadie (Massignon 1339). V. *Marinade*. V. aussi Aspects morphologiques.

matelat (Ms. 1 Cahier A); «trait qui se décoche avec un arc». Le mot désigne un «trait d'arbalète»; il est attesté sous la forme *maturas* au XIIe s., *matelat* à la fin du XIIe s., *matelas* du XIVe au XVIIe s. et *materas*, qui a donné la forme moderne *matras* consignée depuis 1608. Le mot est donné comme terme historique depuis Richelet 1680 (FEW 6/1, 463b sous *mataris*).

matelot (Ms. 1 Cahier A); «insecte». Le mot, dans cette acception, est absent des sources consultées. Cf. Bescherelle 1858, qui le relève en ornithologie où il désigne l'«hirondelle de fenêtre».

mauvaiseté (Ms. 1 Cahier B); «méchanceté». La forme *malvaistié*, «méchanceté, perversité de la nature humaine, volonté de faire le mal», est attestée dès le XIIe s. La forme *mauvaiseté* est relevée depuis 1701. Le mot a été très largement relevé en France d'oïl et d'oc, ainsi qu'en franco-provençal (FEW 6/1, 97b-98a sous *malifatius*). Il a été banni des œuvres littéraires au XVIIe s. (ReyHist sous *mauvais*). Attesté sporadiquement dans les années 1970 au Québec (PPQ 414, 1548x, 2310), il est depuis sorti d'usage.

méchant (Ms. 1 Cahier A); «difficile, épineux, fatigant; [mauvais]». *Méchant* est attesté au sens de «mauvais» en français classique; il a été relevé dans de nombreux dialectes d'oïl et d'oc (FEW 2/1, 28a sous *cadere*; ReyHist). Consigné dans Clapin, Dionne et Glossaire en parlant des chemins. Recueilli dans les années 1970 (PPQ 1064, «chemin glaiseux»; Lavoie 158, «pente très raide», 160, «chemin impraticable»). V. *Rustique*.

mèche (Ms. 1 Cahier A; Ms. 2); «grande distance». Emploi figuré, issu probablement du sens de «cordon de fils de coton ou de chanvre que l'on fait brûler». Le mot est connu également en français québécois au sens de «longue période de temps» (PPQ 1730; DulDictC). Cf. en argot : *et mèche*, «et davantage, un peu plus» (FEW 6/3, 325a sous *myxa*). Figure dans Glossaire et DulDictC. V. *Pipe*.

mèche (Ms. 1 Cahier A; Ms. 2); «extrémité la plus déliée d'un fouet». V. Datations.

mècher (Ms. 1 Cahier A; Ms. 2); «rosser». De *mèche*, «ficelle d'un fouet»; probablement sur le modèle de *fouet, fouetter*. Cf. le sens figuré de «gronder qqn» dans le Limousin (FEW 6/3, 324a sous *myxa*). Glossaire l'enregistre au sens de «maltraiter». V. *graisser* et *moucher*.

menoirs (Ms. 1 Cahier A); «[chacune des] deux pièces de bois qui se prolongent en avant d'une charette, ou que l'on attache par une chaîne de fer aux voitures d'hyver en Canada et entre lesquels est placé le cheval qui les traine». Le mot est attesté au XIIIe s. : *meneoire*, «timon d'une voiture»; en moyen français : *menueres*, «les deux brancards d'une charrette». Relevé en picard, en normand, en orléanais et en bourguignon (FEW 6/2, 103b sous *minare*). Consigné dans Dunn (sous *menoir*), Clapin (sous *menoires*), Dionne (sous *ménoire*) et Glossaire (sous *menoire*). Recueilli lors d'enquêtes orales au Québec (PPQ 1119; Lavoie 921) et en Acadie (Massignon 678). V. *Travail*.

[meuble] (Ms. 1 Cahier A sous *casseau*; Ms. 1 Cahier B sous *plated*); «vase, [vaisselle d'argent]». *Meuble* a eu le sens d' «ustensile de ménage, objet servant à garnir une maison, sans en faire partie», du XVe s. à la fin du XVIIIe s. (FEW 6/3, 1a sous *mobilis*). Furetière 1727 : «Les meubles précieux sont les tableaux, la vaisselle d'argent.» Cet emploi est critiqué à la fin du XVIIIe s. : «Il ne faut pas confondre *meuble* et *ustensile* : on les distingue bien dans une cuisine. [...] Un auteur moderne a confondu ces deux mots. Pourquoi, dit-il, ne pas substituer le fer au cuivre dans les *meubles* servant à la préparation des alimens et des remèdes. Le mot est très impropre» (Féraud 1787). Enfin, Littré restreint l'usage à «certains objets qu'on peut porter sur soi. Ce couteau à plusieurs lames est un *meuble* fort commode.» Sens aujourd'hui disparu en français général comme en français québécois. V. *Casseau*.

micmac (Ms. 1 Cahier A); «baragouin, baragouinage». En jersiais, le mot a le sens de «discours confus» et en Franche-Comté de «bavardage, racontars»; il s'agit probablement d'une extension du sens d'«intrigue; désordre, situation embrouillée» (FEW 16, 589b sous *muytemaker*). Une allusion à la langue des Amérindiens de ce nom n'est peut-être pas à écarter. Figure dans Dionne : «Langage incompréhensible». *Micmac* a désigné le parler populaire des Franco-Américains de la Nouvelle-Angleterre (DulDictC).

mistimus (en ~) (Ms. 1 Cahier B; Ms. 2); «bien, très bien». Il s'agit peut-être d'une création de l'auteur. *Mistimus* était l'un des pseudonymes de Viger avec *Mistigri*. Fait peut-être référence au valet de trèfle, qui se nomme *misti* ou *mistigri* et qui est la carte maîtresse dans le jeu du même nom (FEW 6/2, 178a sous *mit-*).

[mitaine] (Ms. 1 Cahier B sous *manchonier*); «[moufle fourrée de fourrure]». *Mitaine* au sens de «gant qui couvre complètement la main et n'a qu'une division pour le pouce» est attesté depuis le XIIe s. (FEW 6/2, 177a sous *mit-*). *Moufle* date du XIIIe s. En français général, les deux mots ont été employés concurremment jusqu'à la fin du XIXe s. En Nouvelle-France, *mitaine* est attesté dès 1609 chez Lescarbot. C'est le mot usuel encore de nos jours au Québec.

moindrement (le ~) (Ms. 1 Cahiers A et B). V. Aspects syntaxiques.

mondaine (orge ~) (Ms. 1 Cahier A; Ms. 2). V. Aspects phonétiques.

Montréaliste (Ms. 1 Cahier B). V. Aspects morphologiques.

moucher (Ms. 1 Cahier A); «rosser». Attesté au sens de «battre, infliger une correction» dès le XVIe s. Cette acception a été consignée dans les dictionnaires à partir de 1640; figure avec la mention «populaire» dans Littré. Bien attestée dans les parlers d'oïl et en franco-provençal (FEW 6/3, 177a sous *muccare*). De nos jours, le mot est usuel en français général, dans son sens figuré et familier de «remettre (qqn) vertement à sa place, lui dire son fait» (PRob 1993). Consigné dans Dunn, Clapin et Dionne. Encore vivant au Québec, où il signifie «réprimander (qqn) durement» et «recevoir une râclée» (DQA). V. *Graisser* et *Mêcher*.

mouiller (Ms. 1 Cahier A; Ms. 2); «pleuvoir». «D'après l'emploi du participe passé adjectivé *mouillé* au sens de «pluvieux» (XIII[e]s.), il a eu en langue classique le sens de «pleuvoir», y compris à la forme impersonnelle (1636)» (ReyHist). Ce sens s'est maintenu en français populaire et dans les parlers du Nord-Ouest et de l'Ouest, en wallon et en Suisse romande (FEW 6/3, 48a sous *molliare; RézOuest et RézVendée). Potier a relevé le mot au Détroit en 1744 (HalPot 280). Dunn, qui l'enregistre, écrit que c'est «le plus canadien des mots». Courant au Québec dans la langue familière (DQA). Relevé en Acadie (Massignon 77) et dans les parlers franco-américains de la Louisiane (ReadLouis) et du Missouri (DorrSteGen).

mulon (Ms. 1 Cahier A); «grosse meule [de foin]». D'abord attesté sous la forme *muilun, muillon* au XIIe s., puis *mulon* au XIIIe s. *Mulon*, qui désigne soit une «petite meule», soit une «grosse meule de foin», est très répandu dans les parlers d'oïl ainsi qu'en Suisse romande; le sens de «grosse meule» est attesté en Bretagne romane et en Suisse notamment (FEW 6/3, 307b-308a sous *mutulus*). Recueilli lors d'enquêtes orales au Québec (Massicotte III-177; PPQ 814B et 835) et en Acadie (Massignon 703 et 712). V. *Veuilloche*.

naturel (Ms. 1 Cahier A; Ms. 2); «qui contribue à la santé». Dès le XIIe s., le mot est attesté au sens de «produit par la nature seule, sans que l'homme s'en mêle» (FEW 7, 50a sous *naturalis*; ReyHist). Il s'agit d'un glissement de sens qui figure dans Glossaire : «Travailler comme ça, c'est pas naturel.»

nijon (Ms. 1 Cahier A; Ms. 2); «bout d'homme». *Nijon* dans ce sens ne semble pas avoir été relevé ailleurs que chez Viger. Sous la forme *nigeon*, le terme a désigné en normand un «nigaud, une personne minutieuse»; dans le Maine, en Anjou, en Orléanais et en Touraine, il a signifié «qui passe son temps à des riens» (FEW 7, 118a sous *nidicare). Cf. également, de nos jours, dans les parlers de l'Ouest : *nijhon*, «gamin dissipé et vicieux» (DubGloss). Le mot est aujourd'hui sorti d'usage au Québec. V. *Bougon*.

niveleux (Ms. 1 Cahier A); «qui requiert beaucoup d'application d'esprit, de tems, et de dextérité». *Nivelleux* a vécu en français général au sens de «qui ne s'amuse qu'à des bagatelles», d'Académie 1694 à Trévoux 1771. De *niveler*, «vétiller, s'amuser à des bagatelles», attesté de 1663 à Trévoux 1771, et «mettre beaucoup de temps à faire peu de chose», relevé en Champagne; cf. en normand le substantif *nivelerie*, «travail minutieux consacré à des bagatelles» (FEW 5, 295a sous *libella*; ReyHist sous *niveau*). Consigné dans Dionne et Glossaire. *Niveleux* semble sorti de l'usage au Québec; cependant, un verbe de la même famille, *nivelasser*, «faire de menues besognes» (PPQ 278; Lavoie 810 et 2048), et un nom, *nivelassage* (PPQ 278s), ont été recueillis dans les années 1970.

nix (Ms. 1 Cahier A); «[non, pas du tout]». Emprunté à l'allemand *nichts*. Mot en usage au XIXe s. dans l'argot de Paris; largement relevé dans les parlers d'oïl, ainsi qu'en Suisse romande (FEW 16, 599b sous *nichts*). Le mot est probablement entré en français canadien par l'anglais; en effet, *nix* est également connu en anglais britannique et américain dans la langue argotique depuis 1789 (OED, Webster). Consigné dans Dionne (sous *niqse*) et Glossaire. Ce mot n'est plus usité au Québec.

L'expression *nix for stein* ne figure pas dans les sources consultées.

notureau (Ms. 1 Cahier A); «jeune cochon que l'on engraisse pour tuer». De *nurture* au XIe s., *noureture*, *noreture* au XIVe s., au sens de «bétail qu'on élève». Le mot, surtout attesté en Normandie, désigne un «jeune porc sevré et qu'on nourrit avec soin»; relevé sous les formes *norreturiau*, *norturiau*, *notureau*, *nourturiau* (FEW 7, 253b sous *nutritura*). Consigné dans Glossaire (sous *nortureau* et *nourritureau*). Bien attesté dans les documents des XVIIe et XVIIIe s. (JunPron 21, 163, 234), mais n'est plus connu aujourd'hui; recueilli sporadiquement dans les années 1970 (Lavoie 1351). V. *Porchais*. V. également Aspects phonétiques.

office (Ms. 1 Cahier A; Ms. 2). Viger a tiré du dictionnaire de l'Académie, les sens français du mot *office*. *Rendre de bons offices*, attesté depuis le XVIe s., subsiste, spécialement dans le domaine des relations internationales (ReyHist sous *office^1*). Le sens de «devoir» dans *c'est l'office d'un bon père* est donné avec la mention «vieux» dans (PRob 1993); celui de «fonction que l'on doit remplir» dans *j'ai tel office dans l'administration* est également vieilli (PRob 1993). Enfin, *office* au sens de «lieu où l'on garde la vaisselle, etc.», qui était du genre féminin à l'époque de Viger, est aujourd'hui employé au masculin (ReyHist sous *office²*; PRob 1993). V. Emprunts à l'anglais.

oiseau blanc (Ms. 1 Cahier A); «ortolan». Plectrophane des neiges ou bruant des neiges, *Plectrophenax nivalis* L. (GodOis). Consigné dans Dionne («bruant, excellent à manger»), Bélisle³ («nom pop. du plectrophane ou bruant des neiges, sorte d'ortolan des pays nordiques»). Recueilli dans les années 1970; *oiseau blanc* est l'appellation populaire et usuelle de cet oiseau au Québec (PPQ 1547; Lavoie 719). Connu en Acadie (PoirAcad sous *oseau, oueseau*). V. *Ortolan*.

orignal (Ms. 1 Cahier A; Ms. 2); «élan». Désigne l'*Alces alces americana*, l'élan d'Amérique. Le mot est d'origine basque; la forme primitive *orignac* est la forme du pluriel de *oregna* «cerf» (FEW 20, 18b sous *orein*). La forme *orignac* est attestée dès 1603 dans Champlain : «Il s'en alloit à Tadousac pour troquer des flesches, & chairs d'*orignac*» (Champlain I, 49). Boucher, qui en 1664, fait une bonne description de l'animal, le nomme *original* (BouchHist 54). La même année, la forme *orignal* est attestée dans un document du Conseil souverain (cité dans Massignon 362). Le mot est consigné dans les dictionnaires depuis Trévoux 1704. C'est le terme usuel encore de nos jours pour désigner cet animal au Québec (DQA) et en Acadie (Massignon *ib.*).

[ortolan] (Ms. 1 Cahier A sous *oiseau blanc*); autre nom de l'*oiseau blanc* (v. ce mot). Consigné dans Bélisle³. Relevé dans les années 1970 (PPQ 1547). Le mot désigne aussi et plus généralement l'*Eremophila alpestris*, l' «alouette commune» et l'«alouette cornue», sens que relèvent Dionne, Glossaire, PPQ 1531, RoussBouch 322 et Massignon 400. V. *Oiseau blanc*.

ouète (Ms. 1 Cahier A). V. Aspects phonétiques.

papier-nouvelle (Ms. 1 Cahier A); «papier-public». Attesté, au pluriel, dans les dictionnaires, de Féraud 1788 à Académie 1878 (FEW 7, 591a sous *papyrus*). Dunn, qui enregistre le mot, le considère comme un anglicisme (sous *papier-nouvelles* : «Trad. de Newspaper, mais traduction baroque et inutile, car Journal dit la même chose»).

Papier-public est attesté de 1760 à Académie 1878 (FEW *ib.*). Relevé notamment au pluriel et sans mention dans Littré et Académie 1878. DG considère le mot comme vieilli.

paré, ée (Ms. 1 Cahier A; Ms. 2); «prêt, te». Attesté au XIVe s. au sens de «préparé»; connu comme terme de marine, *paré*, «prêt à faire quelque manœuvre ou à se battre», depuis 1702. Attesté au sens général de «prêt», en argot et dans les parlers picards, bretons, poitevins et saintongeais (FEW 7, 622b-623b sous *parare*). Recueilli dans les années

1970 (PPQ 277), mais vieilli de nos jours au Québec. Relevé en Acadie (Massignon 1233), en franco-ontarien (LemVieux 2, 31), en Louisiane (ReadLouis) et à la Réunion (ChaudRéun II, 828).

passe-rose (Ms. 1 Cahier B); «rose d'outremer, ou rose trémière». *Althæa rosea*. Le mot est connu depuis le XIIIe s. Il a été relevé notamment en Bretagne romane ainsi qu'en wallon (FEW 10, 479b sous *rosa*; RollFlore III, 83). Donné comme synonyme régional de *rose trémière* (TLF; PRob 1993). Très largement attesté dans les années 1970 au Québec (PPQ 1683; Lavoie 336) et encore vivant.

Rose d'outremer, autre nom que Viger donne comme synonyme, est attesté dès 1500 et figure dans les dictionnaires jusqu'à DG (FEW 14, 11a sous *ultra*). Le mot a donné par altération *rose trémière* (PRob 1993). L'appellation **mauve de jardin** a été relevée en 1767 (RollFlore *ib.*).

[peinturer] (Ms. 1 Cahier A sous *cariole*); «[couvrir de couleur]». Dérivé de *peinture*. Au sens d'«enduire qqch. d'une seule couleur», *peinturer* est attesté depuis le XVe s., mais il est donné comme «peu usité» de 1784 à Académie 1878 (FEW 8, 430b sous *pictura*). En français général, le mot a pris le sens péjoratif de «faire de la mauvaise peinture» (ReyHist sous *peintre*); il est cependant encore utilisé dans la langue technique (TLF). Le mot est vieux et il est consigné avec la mention «régionalisme canadien» dans TLF. Certains grammairiens déplorent l'abandon, en français général, de la forme *peinturer* : «Combien de personnes oublient ou ignorent que *peinturer* existe à côté de *peindre*, avec un sens très différent, et qu'il vaudrait beaucoup mieux dire peinturer que peindre une grille ou une porte cochère!» (Stapfer 191). *Peinturer* est encore courant au Québec pour décrire l'action de «couvrir de peinture un mur, un meuble, etc.» (DQA).

pelleter (Ms. 1 Cahier B). V. Datations.

pelote (Ms. 1 Cahier A sous *pelote* et *retontir*); «[balle à jouer]; balle du jeu de paume». Le mot désigne au XII[e]s. une «boule de métal» et la «balle du jeu de paume avant qu'elle ne soit recouverte de drap» attesté depuis 1723 (FEW 8, 480a sous *pila*). *Pelote* a été relevé notamment en Normandie et en Saintonge au sens général de «balle à jouer» (FEW *ib.*).

Jeu de pelote a été relevé en français général (Encyclopédie sous *paume*).

Pelote de neige, «boule de neige», est attesté de 1587 à Larousse 1923 (cité dans FEW); Académie 1935 recommande d'employer plutôt *boule* (FEW 8, 480b sous *pila*). *Pelote de neige* a disparu du français général (ReyHist). Au Québec, lors d'enquêtes orales dans les années

1970, *boule* et *motte de neige* étaient plus attestés que *pelote* (PPQ 1214; Lavoie 125, 126). De nos jours, les mots usuels sont *balle*, *boule* et *motte de neige* (DQA).

Les termes **battoir** et **raquette**, que Viger donne dans son article *pelote*, sont des termes du jeu de paume, employés dans leur sens technique. Le *battoir* est «un instrument rond ou quarré par un bout, garni d'un long manche, le tout couvert d'un parchemin fort dur : on s'en sert à la longue paume pour chasser les balles» (Encyclopédie). La *raquette* est «un instrument propre à jouer à la courte paume ou au volant. C'est une palette faite ordinairement d'un treillis de cordes de boyaux de chat, fort tendue & montée sur un tour de bois qui a un manche de médiocre longueur» (*ib.*).

perdrix (Ms. 1 Cahier B); «faisan sauvage». Tétraonidés. Le mot est attesté depuis le XIIe s.; il désigne en France la *Perdix cinerea* (FEW 8, 226a sous *perdix*; RollFaune II, 335). Au Canada, c'est un générique qui s'applique aux différents genres et espèces de la famille des Tétraonidés (GodOis 126). Boucher emploie le mot en 1664 : «Il y a trois sortes de perdrix» (BouchHist 70-71 et RoussBouch 320). Relevé par Potier : «perdrix de Savannes (ou) aux yeux rouges» (HalPot 285). Nom courant encore de nos jours (PPQ 1495, «gélinotte du Canada», 1496, «tétras des savanes»; Lavoie 705 : *perdrix blanche, brune, d'hiver, de bois, de savane, grise, noire*; DQA). Relevé en Acadie (Massignon 416, «gélinotte», 418, «tétras du Canada»).

pesâ (Ms. 1 Cahier A); «tige [sèche] des pois». Sous la forme *pesaz* au sens de «chaume de pois», le mot est attesté depuis le XIIe s. Il est connu de la majorité des parlers d'oïl (FEW 8, 608a sous *pisum*). Consigné dans quelques dictionnaires sous la forme *pesat* (Bescherelle 1858; Littré; DG). Potier le relève à Lorette en 1743-1744 : *pésa* (HalPot 285). Recueilli dans les années 1970 (Massicotte III-279; PPQ 899; Lavoie 1167); relevé également en Acadie (Massignon 782). V. aussi Aspects phonétiques.

pesant (Ms. 1 Cahier B); «sorte d'oppression ou d'étouffement qui survient quelquefois durant le sommeil, en sorte qu'on croit avoir un poids sur l'estomac». Substantivation de l'adjectif *pesant*, «indisposé», attesté au XIIIe s.; cf. également en moyen français et en français moderne le sens d'«alourdi par un mal (du corps, d'une partie du corps)», de Furetière 1690 à Trévoux 1771 (FEW 8, 190b sous *pensare*). Cf., en français du XVIe s., *pesard* (1546) et *pesart* (1566) au sens de «cauchemar» (FEW 8, 192a). Figure dans Clapin (sous *pésant*), Dionne et Glossaire. Recueilli lors d'enquêtes orales au Québec (PPQ 2173; LorBeauce) et en Acadie (Massignon 1594). Le mot est aujourd'hui sorti d'usage.

peter (Ms. 1 Cahier A ; Ms. 2); «gercer [mains, lèvres]». Attesté en Bretagne romane, en Saintonge, dans le Limousin et en Aquitaine (FEW 8, 133a-b sous *peditum*). Consigné dans Glossaire.

Peter «déchirer par quelque effort» a été relevé en langue d'oc (FEW *ib.*).

Peter «crevasser [de la terre]»; au sens général de «craquer», *péter* a été largement relevé en France d'oïl et d'oc (FEW *ib.*).

Les autres sens de *péter* que Viger relève sont français.

peter (Ms. 1 Cahier A); «mourir». V. Datations.

pincettes (baiser en ~) (Ms. 1 Cahier B sous *baiser*); «prendre doucement les deux joues de celui qu'on baise». Attesté sous la forme *baiser à la pincette* dès 1640. *Baiser en pincettes* est consigné dans les dictionnaires, d'Académie 1798 à Larousse 1874 (cités dans FEW); le syntagme, sous la forme *baiser à pincettes*, est connu également des parlers du Nord, ainsi qu'en wallon et en Suisse romande (FEW 8, 543b sous **pints-*). L'expression n'est plus enregistrée dans les dictionnaires du XXe s. Consigné dans Dionne (sous *pincette (à la)* : «S'embrasser *à la pincette*») et Glossaire (sous *pincette* : «bec *en pincette*»). De nos jours, l'expression usuelle est : *donner un bec à (en) pincette(s)* (PPQ 1831; Lavoie 2737; DQA).

pipe (Ms. 1 Cahier A; Ms. 2); «espéce de mesure de distance chez nos habitans : c'est à peu-près trois lieues»; [par extension] «grande distance». Relevé en 1803 : «Ayant plusieurs fois questionné des *Canadiens de frontière* sur des distances de lieux, et de temps, sur des mesures de grandeur ou de capacité, j'ai trouvé qu'en général ils n'avaient pas d'idées nettes et précises [...]. "Il y a, me disaient-ils, d'ici à tel endroit, la distance d'une ou deux fumées de pipe [...]"» (Volney 416). Cette acception appartient, à l'origine, au langage des «voyageurs». Clapin qui relève le mot l'explique ainsi : «*In the language of the old French «voyageurs», a* pipe *meant two leagues, i. e. the time of smoking a pipe. Still in use, among the French-Canadians, to mean a good distance*» ClapAmer). Encore connu dans les années 1970 (PPQ 1088 : «Trajet qui dure un certain temps, le temps de fumer une pipée»). DulDictC : «Ancienne mesure de distance des coureurs de bois (quatre à six kilomètres)»; «très longue distance». Connu en franco-américain du Mississippi (McDermMiss). V. *Mèche*.

pistolage (Ms. 1 Cahier A); «sorte de limaçon du genre de la porcelaine». Le mot est absent des sources consultées. V. *Pucelage*.

[place] (Ms. 1 Cahier A sous *écrapoutir*); «[plancher, espace libre d'une pièce]». Dans cette acception, le mot a été largement relevé dans les parlers du Nord-Ouest, de l'Ouest et du Centre, surtout au sens de «plancher, sol d'une pièce» (FEW 9, 37b-38a sous *platea*). Consigné dans Glossaire. Ce sens est vieilli de nos jours en français québécois. Relevé en Acadie (Massignon 1104) et en Louisiane (DitchyLouis).

plairie (Ms. 1 Cahier A). V. Aspects phonétiques.

plaisant (Ms. 1 Cahier A; Ms. 2); «beau, agréable». Le mot est attesté depuis le XIIe s. au sens de «qui est agréable, qui plaît» (FEW 9, 2b sous *placere*). Académie 1694 à 1878 précise : «Il est peu usité en ce sens, et ne s'emploie que dans des phrases négatives.» Académie 1694 : «On dit en poésie, *plaisant* séjour, *plaisante* demeure, *plaisant* bocage.» Pour Féraud 1787, le mot est un anglicisme. Au XIXe s., dans cette acception, *plaisant* est donné comme vieilli dans Bescherelle 1858, qui précise : «Il s'employait autrefois dans le sens absolu d'agréable, et il s'appliquait aux personnes et aux choses.» *Plaisant* est d'un usage plus courant, aujourd'hui, en français général : «Le mot, en ce sens, a vieilli; cependant, plus expressif que agréable (lié à plaire, plaisir), il retrouve un usage, notamment dans le style soutenu» (GRob). Ce qui distingue l'usage du mot en français général d'avec celui qui prévaut en français québécois, c'est d'une part la fréquence, beaucoup plus élevée en français québécois, et d'autre part le registre d'emploi : alors que le mot relève du style soutenu en français général, il fait partie de la langue courante en français québécois. Donné comme un anglicisme par Viger. Le mot anglais *pleasant* explique peut-être la grande fréquence de *plaisant* au Québec.

[poche] (Ms. 1 Cahier B sous *pochetée*); «[grand sac de toile dont on se sert pour mettre le blé, l'avoine, etc.]». Attesté depuis le XIVe s.; relevé dans les parlers du Nord-Ouest et du Centre (FEW 16, 638a-b sous *pokka). Encore usuel dans les parlers tourangeaux (SimTour). Bescherelle 1858 le consigne comme terme de commerce : «grand sac de toile dans lequel on met du blé, de l'avoine, etc. [...]. On dit plus ordinairement Sac.» Relevé dans Clapin. Recueilli dans les années 1970 (Massicotte III-243; PPQ 873); courant encore de nos jours (DQA : «grand sac (de papier, de plastique, de jute...) dans lequel on met des objets à transporter»).

pochetée (Ms. 1 Cahier B); «contenu d'une poche». De *pocheter*. Attesté une première fois avant 1608, puis repris en 1906 (ReyHist sous *poche*). Le mot a été relevé en normand et dans les parlers du Centre (FEW 16, 638b sous *pokka); il vit encore de nos jours en Touraine (SimTour). Les dictionnaires qui le relèvent encore le donnent avec la mention «vieux ou régional» dans ce sens (TLF; PRob 1993; ReyHist sous *poche*). Potier l'enregistre en 1743-1744 à Lorette (HalPot 186). Recueilli dans les années 1970 et encore vivant de nos jours (Massicotte III-244; PPQ 873; DQA sous *poche*).

poisson blanc (Ms. 1 Cahier B); «[corégone]». Désigne le *Coregonus clupeaformis* (MélPoiss 136). En français général, *poisson blanc* s'applique aux poissons d'eau douce à chair pâle; se dit de certains Cyprinidés (GLLF; GRob; FEW 8, 584a sous *piscis*). Boucher emploie le mot en 1664 (BouchHist 79; RoussBouch 333). Encore usuel au Québec (Lavoie 773; DulDictC; DFP).

poisson doré (Ms. 1 Cahier B); «[doré]». Ce poisson existe sous deux espèces au Québec : le doré noir, *Stizostedion canadense*, et le doré jaune ou doré blanc, *Stizostedion vitreum* (RoussBouch 332). *Poisson doré* est attesté dès 1664 dans Boucher (BouchHist 79). Après en avoir fait une description détaillée, Kalm ajoute que la chair de ce poisson est blanche et excellente et qu'il se trouve en abondance dans le Saint-Laurent, dans la région de Québec et dans celle de Montréal (Kalm 509-511). Ce poisson s'appelle de nos jours *doré* (DQA).

porceline (Ms. 1 Cahier A). V. Aspects phonétiques.

porchais (Ms. 1 Cahier A); «petit cochon mort, de quatre mois ou environ, que l'on a engraissé pour tuer». *Porchet*, «petit porc», est attesté en ancien et en moyen français; la forme *porchet* est bien attestée en franco-provençal; le mot prend la forme *porquet* (Cotgrave 1611) en langue d'oc (FEW 9, 190a sous *porcus*). Consigné dans Dionne (sous *porchette*), Glossaire (sous *porchet* et *porchet'*). Recueilli sporadiquement dans les années 1970; le mot *porcelet* était beaucoup plus fréquent que *porchais* (PPQ 542A). V. *Notureau*.

port-épic, porc-épic (Ms. 1 Cahier A); «animal qui, comme le *porc-épic*, porte des piquans au lieu de poil». En France, *porc-épic* désigne un mammifère rongeur de la famille des Hystricidés. Le hérisson, *Erinaceus europaeus*, porte aussi ce nom en Normandie (FEW 9, 191a sous *porcus*). Le terme *porc-épic* désigne au Canada l'*Erethizon dorsatum* et il est attesté depuis 1603 (Champlain I, 11 : *porc-espic*). Relevé en Acadie (Massignon 388). V. également Aspects phonétiques.

L'*urson* est l'autre nom de l'*Erethizon* (Bescherelle 1858). «Buffon l'appelle "L'Urson du Nord de l'Amérique ou Porc-Épic de la Baie de Hudson, Brisson"» (Massignon 388). Le «vrai *porc-épic*», pour reprendre les termes de Viger, est un «mammifère rongeur (hystricidé) de l'Ancien monde, à longs piquants dorsaux»; le *hérisson* est le nom que l'on donne à un «mammifère insectivore d'Eurasie tempérée, caractérisé par ses piquants dorsaux»; et le *coendou* est un «rongeur arboricole d'Amérique du Sud» également couvert de piquants (GLar).

poudine (Ms. 1 Cahier A; Ms. 2); «mêts anglois du nom de pouding». *Poudine* vient probablement de l'anglais *pudding*; le remplacement de *gn* par *n* était fréquent anciennement en français québécois dans les mots empruntés à l'anglais (GendrPhon 43). Cette prononciation semble disparue aujourd'hui. Le mot désigne une grande variété de desserts : le «plum-pudding», un «dessert à base de pâte déposée sur des fruits», une «crème à base de lait, d'œufs ou de riz, etc.» (DQA *pouding* ou *pudding*). V. *Poutine*. V. également Aspects morphologiques.

poudrer (Ms. 1 Cahier A); «[tourbillonner dans le vent (de la neige)]». Extension sémantique du sens de «dégager de la poussière (en parlant de chemins, etc.)», attesté depuis l'ancien français et relevé dans ce sens dans de nombreux parlers d'oïl (FEW 9, 562a-b sous *pulvis*). Relevé par Potier à Québec en 1743 (HalPot 289). Toujours vivant au Québec (DQA). Relevé en Acadie (Massignon 111).

poudrerie (Ms. 1 Cahier A); «neige soulevée par un gros vent». Le mot sous la forme *pouldrerie* a été relevé au sens de «poussière» au XVIe s. (FEW 9, 563a sous *pulvis*; ReyHist sous *poudre*). Repris, par analogie, en parlant de la neige, dès 1695 en Nouvelle-France (CanBAloi). Relevé par Potier (HalPot 290) et par la plupart des glossairistes; Dunn («Le mot est pur franco-canadien, et c'est le chef-d'œuvre de *notre* langue»), Clapin («Le mot *poudrerie* serait ainsi comme synonyme de *poussière de neige*»). Courant encore de nos jours (DQA sous *poudre* : «neige fine et sèche déjà au sol et que le vent soulève en rafales, en tourbillons»). Relevé en Acadie (Massignon 110).

pourceline (Ms. 1 Cahier A). V. Aspects phonétiques.

poutine (Ms. 1 Cahier A; Ms. 2); «mêts anglois du nom de pouding». *Poutine* est probablement, comme l'a démontré P. Gardette, un mot issu du latin *puls*, *pultis*, «bouillie», très largement attesté, sous différentes formes, en France d'oïl et d'oc (FEW 9, 549b-550a et b ; Gardette 94). Le mot *poutine* est généralement considéré par les glossairistes québécois comme un anglicisme; considéré ainsi par Viger, Dunn, Clapin et Glossaire notamment. En français québécois, le mot désigne un «mets sucré à base de fruits et de pâte» ou une «crème à base de lait», sens donnés aujourd'hui avec la mention «vieilli ou familier» (DQA sous *pouding* ou *pudding*); *poutine* désigne plus généralement, de nos jours, une «portion de frites garnie de fromage en grains et recouverte d'une sauce brunâtre légèrement épicée» (DQA sous *poutine*). En Acadie, *poutine* désigne un «mets fait avec des pommes de terre râpées» (Massignon 1342 : le terme «poutine», généralement rapproché de l'anglais *pudding*, semble avoir une autre origine, peut-être liée à des termes signifiant «purée»). V. *Poudine*.

prouvable (Ms. 1 Cahier A; Ms. 2); «facile à prouver». D'abord attesté sous la forme *provable* au XIVe s., puis sous celle de *prouvable* au sens de «qu'on peut prouver». Relevé dans quelques parlers d'oïl, dont ceux du Centre et de l'Ouest (FEW 9, 404b sous *probare*). Le mot est absent des dictionnaires jusqu'à la fin du XVIIIe s. C'est la raison pour laquelle Viger, ne l'ayant pas trouvé dans les sources qu'il a consultées, dit : «Il n'est pas françois.» Figure dans Féraud 1787, qui semble le considérer comme un mot nouveau : «C'est un mot de Leibnitz : il peut être utile et il est à souhaiter que l'usage l'adopte.»

pucelage (Ms. 1 Cahier A); «sorte de limaçon du genre de la porcelaine». Le mot, qui désigne le *Meretrix chione*, est consigné depuis Trévoux 1752, mais ne figure plus de nos jours dans les dicionnaires usuels (FEW 9, 525b sous **pullicella*; RollFaune XIII, 15). Il est encore connu en Normandie (LepVoc 32, qui explique ainsi le mot : «allusion à la fente que présente ce coquillage. Le choix du terme a pu aussi être influencé par l'appellation *porcelaine puce*»). V. *Pistolage*.

Québecquois ou **Québéquois** (Ms. 1 Cahier A); «gens de Québec». Du toponyme *Québec*. La présence du deuxième *q* est probablement due à la forme *Quebecq* donnée dans les premières attestations du toponyme qui figurent sur la carte de Levasseur dressée en 1601 et sur celle de Champlain tracée en 1613 (BlaisTop 11). Les formes *Québecquois* et *Québequois* ont eu cours aux XVIIIe et XIXe s. La forme actuelle *Québécois* date de 1817 (DugGent 133). Le mot s'applique d'abord aux habitants de la ville de Québec; il désigne, en outre, les habitants du Québec depuis les années 1960 (DugGent 133).

quêter (Ms. 1 Cahier A; Ms. 2); «mendier, quémander». Extension sémantique de *quêter* (d'abord sous la forme *quester*), «demander, recueillir (de l'argent) pour des œuvres charitables ou pieuses», attesté depuis 1588; le sens de «mendier» a été relevé en Bretagne romane et en Bourgogne (FEW 2/2, 1409a sous *quaerere*). «De nos jours, *quêter* se dit «demander et recueillir des aumônes» [...] spécialement à propos d'une quête religieuse» (ReyHist sous *quête*). Recueilli au Québec dans les années 1970 (PPQ 1757; Lavoie 1785) et encore courant.

quêteur, euse (Ms. 1 Cahier A; Ms. 2); «mendiant, quémandeur». Attesté depuis le XVe s. au sens de «celui, celle qui quête pour des œuvres charitables ou pieuses»; le sens de «mendiant» a été relevé en jersiais sous la forme *queûteux* et en languedocien (FEW 2/2, 1409b sous *quaerere*). Consigné dans Dunn, Clapin, Dionne et Glossaire (sous *quêteux*). Recueilli dans les années 1970 également sous la forme *quêteux* (PPQ 1758). Figure dans DQA (sous *quête* : «Ancienmt. Personne qui vivait de la charité publique en quêtant de porte en porte»). C'est par souci de correction que Viger écrit *quêteur* au lieu de *quêteux*, qui est la forme usuelle de ce mot dans cette acception. Au sujet du suffixe *-eur* à la place de celui de *-eux*, v. *bourasseur* et *fignoleur*.

quitte (avoir plus de ~) (Ms. 1 Cahier A ; Ms. 2) ; «acquet». *Avoir plus de quitte à*, «plus d'avantages», est un apport des parlers saintongeais (FEW 2/2, 1473a sous *quietus*). Consigné dans Dionne et Glossaire. Connu en Acadie (PoirAcad). V. *Acquet*.

quitter (Ms. 1 Cahier A) ; «laisser». Le sens de «laisser» est attesté dans le domaine d'oïl, notamment dans les parlers picards, normands, saintongeais et bourguignons ; également répandu dans le domaine d'oc et en franco-provençal (FEW 2/2, 1474a sous *quietus*). Encore en usage dans les parlers de l'Ouest, entre autres (DubGloss). Potier le relève à Québec en 1743 : «*quitte* La cette Roche {laisse La cette pierre» (HalPot 291). Recueilli sporadiquement dans les années 1970 (PPQ 527x : *quitter avec sa mère*; 529 : *quitter tarir*; 851x : *quitter javeler l'avoine*; 2248x : *quitte-le faire*).

racérer (Ms. 1 Cahier A) ; «mettre de l'acier avec du fer, afin de rendre celui-ci propre à couper». Employé pour *acérer*, qui est lui-même un mot rare de nos jours (PRob 1993 ; PLar 1998). Attesté sous la forme *racherer*, «regarnir d'acier», aux XIVe et XVe s. dans les parlers du Nord ; il a été relevé en Normandie (FEW 24, 105a sous *aciarium*). Figure dans Potier : «*reacerer* un hache {La retremper y remettre de L'acier» (HalPot 293). Consigné dans Glossaire. Recueilli dans les années 1970 (Lavoie 441).

ramancher (Ms. 1 Cahier A ; Ms. 2) ; «conter, ou raconter avec diffusion [tenir des propos peu clairs]». Cette acception a été relevée en Bretagne romane, en Anjou, en Touraine, en Poitou et en Saintonge (FEW 6/1, 224b sous *manicus*). Potier relève ce sens au Détroit en 1748 : «je ne sçais ce qui me *remmancha* {me dit» (HalPot 293). Figure dans Dionne et Glossaire. Le mot a été recueilli dans les années 1970 (PPQ 2244 : *ramancher (des histoires)*) et est encore vivant (DQA : «Dire, raconter (des choses insensées)»). Relevé en Acadie (Massignon 1786, «radoter»).

ramancher (Ms. 1 Cahier A ; Ms. 2) ; «raccommoder, réparer». *Ramancher* a eu cours en français, du XVIe au XVIIe s., au sens de «mettre un autre manche (à un outil)» ; au sens large et général de «réparer qqch.», le verbe est connu au XVIe s., «remettre en état», et a été relevé dans les parlers bas-manceaux, «réparer, refaire» (FEW 6/1, 222b sous *manicus*). Cette acception est encore courante au Québec (DQA).

ramasse (Ms. 1 Cahier A) ; «volée de coups». Relevé en Normandie et très bien attesté dans les parlers de l'Est ainsi qu'en wallon (FEW 10, 44a sous *ramus*). Figure dans Clapin, Dionne et Glossaire. Recueilli lors d'enquêtes orales au Québec (PPQ 1845 ; Lavoie 2923) ainsi qu'en Acadie (Massignon 1805).

rapiester (Ms. 1 Cahier B ; Ms. 2) ; «remettre des pièces à un habit ou à du linge». Viger avait d'abord écrit *rapiéceter* ; qu'il a corrigé pour *rapiester*, une forme qui se rapproche d'avantage de la prononciation. *Rapiéceter* au sens de «mettre beaucoup de petites pièces à un habit, etc. pour le raccommoder», est attesté depuis 1624. Cette forme entre en concurrence avec *rapiécer* qui est attesté depuis 1549. Richelet 1680 précise : «On devroit dire *rapiécer*, mais l'usage est pour *rapiécetter*» ; en 1732, sous *rapiéceter*, il ajoute : «L'Académie reçoit l'un & l'autre de ces termes. Mais Danet est pour *rapiécer*.» Trévoux 1771 accepte les deux termes : «On dit également bien *rapiécer* & *rapiéceter* un habit ou du linge.» Donné avec la mention «vieilli» dans DG. Largement attesté en langue d'oïl, notamment dans les parlers normands, angevins, bourguignons et champenois (FEW 8, 336a sous *pettia*). Consigné dans Dionne (sous *rapièceter*). Recueilli dans les années 1970 (PPQ 323 ; Lavoie 1724) ; relevé en Acadie (Massignon 1258). V. également Aspects morphologiques.

ratapiat (Ms. 1 Cahier A) ; «baragouin, ou langage qu'on n'entend point». Cf. dans le Beaujolais : *faire des rapiapia*, «faire des papotages» (VurpBeauj) ; dans l'Orléanais : *ratapiole*, «personne ou chose méprisable, ridicule» (MartVend) ; et en Anjou : *ratapans*, «bavardages, explications alambiquées» (VerrAnj). Consigné dans Dionne (sous *ratapias*) et Glossaire (sous *ratapia*). Semble avoir disparu.

rebrousse ou **brousse-poil (à ~)** (Ms. 1 Cahier A) ; «de mauvaise humeur». Relevé en Anjou, *être à rebous-poil*, «être de mauvaise humeur, chagrin, maussade» (FEW 10, 137a sous *reburrus* ; VerrAnj). Extension sémantique de *prendre qqn à rebrousse-poil*, «maladroitement, de telle sorte qu'il se rebiffe». *Être à rebrousse-poil* a été relevé dans les années 1970 (Lavoie 2879 : «être de mauvaise humeur» et 2920 : «être en colère»). V. aussi Aspects phonétiques sous *brousse-poil (à ~)*.

regriche ou **griche-poil (à ~)** (Ms. 1 Cahier B) ; «[à rebrousse-poil]». De *regricher*, d'abord attesté comme participe adjectif au XVIe s. : *regrissé*, «qui a le poil hérissé». Cf. en Normandie, *gricher*, «être de mauvaise humeur». Le sème de «mauvaise humeur» est très présent dans les mots de cette famille, dans les parlers du Nord et du Nord-Ouest (FEW 16, 393a-b sous **krisan*). Figure dans Glossaire (sous *regriche-poil (à ~)* : «brosser *à regriche-poil*»). Les deux formes ont été relevées en Acadie au sens de «caresser un animal à rebrousse-poil» (Massignon 992). V. *Griche-poil*.

regricher (Ms. 1 Cahier B) ; «[se hérisser (des cheveux)]». Ce sens a été relevé dans les parlers du Maine, de l'Anjou et dans l'Orléanais (FEW 16, 393b sous **krisan* ; VerrAnj ; MartVend). Consigné dans Dionne et Glossaire. Recueilli comme adjectif lors d'enquêtes orales au Québec

(PPQ 2115 : *regriché*, «ébouriffé») et en Acadie (Massignon 1455). Le mot est également connu des parlers louisianais, «se rebrousser, en parlant des cheveux, du poil» (DitchyLouis).

reintier (Ms. 1 Cahier A; Ms. 2); «reins». Dérivé dialectal de *reins* au sens de «lombes, bas de l'épine dorsale et la région voisine»; largement connu des parlers du Nord-Ouest et du Centre (FEW 10, 248b sous *ren*). Consigné dans Dunn, Clapin (sous *reinquier*), Dionne et Glossaire (sous *reinquier* et *reintier*). Recueilli lors d'enquêtes orales au Québec (PPQ 2121s, «région lombaire»; Lavoie 2371, «colonne vertébrale», 2375, «rein») et en Acadie (Massignon 1514). Connu des parlers franco-américains de la Louisiane et du Missouri (DitchyLouis sous *reintier*; DorrSteGen sous *reinquier*).

relevée (Ms. 1 Cahier A; Ms. 2); «tems de l'après-dinée». Le mot est substantivé au XIIe s. et désigne, par allusion, le moment où l'on se relève après la sieste (ReyHist sous *relever*). À partir du XVIIe s., *relevée* se spécialise comme terme de la langue juridique; figure en français général de 1636 à Académie 1935 : «seulement terme de procédure ou de pratique, dans *séance de relevée*». Largement connu au sens d'«après-midi» dans les parlers normands, bretons romans et bas-manceaux (FEW 5, 278a sous *levare*). Attesté, en Nouvelle-France, en 1656-1657 dans le *Journal des jésuites* : «a deux heures de la *Relevée*» (cité dans Massignon 1391). Consigné dans Clapin («En France, ce mot n'est plus usité qu'au palais de justice») et Glossaire. Recueilli lors d'enquêtes orales au Québec (Massicotte I-15; PPQ 1710; Lavoie 27) et en Acadie (Massignon *ib.*). V. *Après-dinée*.

résous (Ms. 1 Cahier A; Ms. 2). V. Aspects morphologiques.

[retaper] (Ms. 1 Cahier B sous *baiser* et *pincettes*); «[tromper]». Le verbe est attesté en français général dans : *il a été bien retapé* au sens de «fort maltraité, critiqué, tourné en ridicule», enregistré dans Académie de 1798 à 1878 (FEW 13/1, 103a sous *tapp-*). Le sens de «tromper, rouler qqn» est une extension sémantique qui semble n'avoir eu cours qu'en français canadien (FEW 103b). Potier le relève au Détroit en 1748 (HalPot 294). Consigné dans Glossaire. Recueilli lors d'enquêtes orales dans les années 1970 (PPQ 1791x). V. *Baiser, Baiser en guedou* et *Baiser en pincettes*.

retontir (Ms. 1 Cahier A); «rebondir (faire des bonds)». Dans ce sens, le verbe a été relevé en Touraine (FEW 13/2, 418a sous *tunt-*). Cf. également dans les parlers poitevins : *retontiner*, «rebondir, en parlant d'une balle ou d'un ballon» (MinPoit). Consigné dans Dunn, Clapin, Dionne et Glossaire. Recueilli lors d'enquêtes orales au Québec dans les années 1970 (PPQ 2168; Lavoie 2417) et encore courant (DQA).

retontir (Ms. 1 Cahier A); «retentir». Attesté au XIVe s. en wallon sous la forme *retondir*. Consigné sous cette forme en français général de 1515 à 1660; relevé sous les deux formes *retondir* et *retontir* en Bretagne romane, en Normandie, en Saintonge, en Poitou, en Champagne, ainsi qu'en langue d'oc (FEW 13/1, 345b sous *tinnire* et FEW 13/2, 418a sous *tunt-*). Consigné dans Dunn, Clapin, Dionne et Glossaire. Encore courant au Québec (DQA).

[retraire] (Ms. 1 Cahier A; Ms. 2 sous *retraiter*); «retirer par droit de parenté ou par droit Seigneurial, un héritage qui a été vendu» (v. plus loin *retraiter* et *retrayer*). *Retraire* a eu cours en français, du XIIIe s. à Académie 1694 : «retirer un bien des mains d'un acquéreur (en lui en remboursant le prix)»; figure dans Académie 1718 à 1935 avec la remarque : «on dit plutôt *retirer*» (FEW 10, 343a sous *retrahere*).

retraiter (Ms. 1 Cahier A; Ms. 2); «retirer par droit de parenté ou par droit Seigneurial, un héritage qui a été vendu» (v. *retraire* et *retrayer*). De *retrait* (FEW 10, 343a sous *retrahere*); *retraiter* ne semble pas avoir été relevé ailleurs dans ce sens.

retrayer (Ms. 1 Cahier A; Ms. 2); «faire un retrait». Même sens que *retraire* et *retraiter* (v. ces mots plus haut). *Retrayer* est attesté au XVe s., à la forme pronominale, au sens de «se retirer» (FEW 10, 341a sous *retrahere*). V. également Aspects morphologiques.

rhimb de vent (Ms. 1 Cahier B); «rhumb de vent». Terme de marine. D'abord attesté sous la forme *ryn de vent*, «rumb», au XVe s.; *rim de vent* figure en français de 1573 à 1606 (FEW 16, 719b sous *rim*). Forme empruntée à l'anglais *rim*. L'altération, en français, de *ryn* en *rumb* (1553) s'est faite sous l'influence de l'espagnol *rombo*. En français général, *aire de vent* et *quart de vent* ont supplanté l'ancien *rum de vent* (ReyHist sous *rhumb*). Figure dans Dionne (sous *rin de vent*) et Glossaire (sous *rain-de-vent*), qui donnent au mot, outre l'acception maritime, le sens large de «direction». Recueilli dans les années 1970 avec l'acception de «saute de vent» (PPQ 1191; Lavoie 80).

robe de bœuf (Ms. 1 Cahier A); «peau de buffle préparée d'un seul côté». Au sens de «peau», *robe* est attesté en ancien provençal : *rauba de buou*, «peau de bœuf». En français général, *robe* est attesté depuis 1640 avec l'acception de «pelage (de certains animaux, cheval, bœuf)»; également connu dans *robe de laine*, «quantité de laine qu'on lève en tondant un mouton», syntagme qui a figuré dans les dictionnaires de Trévoux 1752 à Larousse 1875 (FEW 16, 675b sous **rauba*; ReyHist). Consigné dans Clapin (sous *robe : robe de buffalo*) et Glossaire (sous *robe : robe de buffle*). Recueilli lors d'enquêtes orales dans les années 1970 (PPQ 1102B : *robe de buffalo*). Le syntagme a été usité en anglais canadien dès 1775 *buffalo robe* (DictCan). *Robe* a été plus largement usité dans *robe de carriole*. Figure dans Clapin, Glossaire, DQA («*robe de carriole*, couverture de voyage en fourrure, en peau, dont on se servait l'hiver»).

Les termes *bœuf, buffle* et *buffalo* désignent le *Bison bison*, un bovidé de l'Amérique du Nord, connu sous le nom de *bison*. Les termes *bœuf* (*bœuf illinois, bœuf sauvage*) et *buffle* sont usités concurremment aux XVIIe et XVIIIe s. dans les relations de la Nouvelle-France (BlaisTop 23). *Buffalo* est le terme anglais.

rustique (Ms. 1 Cahier A); «[tenace (en parlant d'une personne); difficile, épineux, fatigant (en parlant de qqch.)]». Il s'agit probablement d'une extension de *rustique* au sens dialectal de «vigoureux, solide, robuste», largement attesté dans les parlers du Nord-Ouest et du Centre (FEW 10, 593a sous *rusticus*). En parlant d'une personne, *rustique* a été relevé au sens de «rusé, intelligent» en Saintonge (MussSaint) et en Anjou avec la signification de «décidé, hardi» (VerrAnj : «Se dit d'un gaillard ou d'une femme qui a la langue bien affilée»). Dionne l'enregistre au sens de «difficile à vivre». Recueilli au Québec dans les années 1970 (PPQ 2179A : «vigoureux, résistant, en santé»).

sarpidon (Ms. 1 Cahier A; Ms. 2); «tapageur». Le mot est attesté, sous les formes *serpidas, serpida*, en Bretagne romane où il a le sens d'«enfant turbulent, malin, bruyant»; en Anjou, *serpida* a été relevé comme adjectif et signifie «effronté» (FEW 11, 522b sous *serpens*). Figure dans Dionne (sous *sarpida* : «enfant effronté») et Glossaire (sous *sarpidon, sarpida* et *serpida*). Le mot est aujourd'hui sorti d'usage. V. aussi Aspects phonétiques et Aspects morphologiques.

[sauvage] (Ms. 1 Cahier A et Ms. 2 sous *micoine* et *soulier*; Ms. 2 sous *boucaner*); subst., «[Amérindien]»; adj., «[relatif aux Amérindiens]». Le mot a cours en français général depuis le début du XIIIe s. au sens de «qui vit en dehors des sociétés civilisées (de peuples, de gens)». Le substantif est attesté depuis 1596 (FEW 11, 617b sous *silvaticus*; ReyHist). Ce sens est vieilli de nos jours en français général (PRob 1993; PLar 1998) comme en français québécois (DQA). *Sauvage* est le seul mot qu'emploie Viger pour parler des Amérindiens et de leur culture. Le terme était usuel dans les écrits de la Nouvelle-France, et il l'est resté en français québécois jusqu'au XIXe s., époque à laquelle il entre en concurrence (probablement sous l'influence de l'anglais) avec *Indien*. *Amérindien* est aujourd'hui le terme usuel (DQA).

sauvagesse (Ms. 1 Cahier A; Ms. 2); «une sauvage, une femme sauvage». Attesté dès 1632 chez Sagard. À partir du XIXe s., le mot est relevé dans les dictionnaires avec la mention «vieux ou ironique» (FEW 11,

618a sous *silvaticus*; ReyHist sous *sauvage*; PRob 1993). Figure dans DQA (sous *sauvage* : «Autrefois. Femme amérindienne»). Le mot est vieux et péjoratif de nos jours au Québec. *Une sauvage* a figuré sans mention dans les dictionnaires d'Académie 1762 à DG (FEW 11, 617b).

[savonner] (Ms. 1 Cahier B et Ms. 2 sous *brâsser*); «réprimander». D'abord attesté dans la locution *savonner la tête à qqn*, depuis 1669. Les dictionnaires donnent *savonner qqn* comme «populaire» ou «familier» (Bescherelle 1858, Littré, DG). Présent de nos jours dans la locution vieillie *savonner la tête de qqn* (TLF; ReyHist sous *savon*; PRob 1993).

[scier les bleds] (Ms. 1 Cahier A sous *couper*); «couper les bleds à l'aide de la faucille». Le verbe est largement attesté dans les parlers galloromans sous de nombreuses formes, dont *seter, seer, seyer, soyer*, etc. (FEW 11, 363b-364a sous *secare*). Trévoux 1771 le relève : «Scier se dit aussi des blés qu'on coupe avec des faucilles qui ont de petites dents comme des scies. Quelques-uns en ce sens, disent *soyer* ou *scier*; mais les honnêtes gens disent *scier*.» Le mot est vieux ou dialectal (GLLF; TLF; ReyHist). *Couper à la faucille* était l'expression utilisée lors d'enquêtes effectuées dans les années 1970 (PPQ 839; Lavoie 1068).

sentinelle (Ms. 1 Cahier A). V. Aspects morphologiques.

sieau (Ms. 1 Cahier A; Ms. 2). V. Aspects phonétiques.

[soc] (Ms. 1 Cahier A et Ms. 2 sous *reintier*); «reintier d'un cochon». Ne semble pas avoir été relevé dans ce sens ailleurs qu'en français canadien. Potier le relève au Détroit : Le Soc d'un cochon {le rable (HalPot 298). Recueilli dans les années 1970 (PPQ 581, «échinée»; Lavoie 3150, «échine de porc»). Usuel encore au Québec comme terme de boucherie (DQA : «Morceau de viande de porc qui provient de l'épaule»).

sorcière (Ms. 1 Cahier A); «tourbillon de neige ou de poussière, occasionné subitement par un fort vent, et de peu de durée». Le mot, dans ce sens, est un apport des parlers angevin, poitevin et saintongeais (FEW 12, 121a sous *sors*; MinPoit; VerrAnj : «tourbillon de vent attribué aux sorciers»; RézOuest). Consigné dans Dionne et Glossaire. Recueilli lors d'enquêtes orales dans les années 1970 (Massicotte I-167; PPQ 1192; Lavoie 81); recueilli également en Acadie (Massignon 94).

Sorel (Ms. 1 Cahier A); «habitant de Sorel». Gentilé qui n'a pas été relevé par les glossairistes québécois. La forme actuelle, *Sorelois*, date de 1876 (DugGent; DQA).

soulier (Ms. 1 Cahier A; Ms. 2); *souliers françois*, «souliers de cuir qui nous viennent de l'étranger et que les cordonniers manufacturent». FEW relève cet emploi canadien : «chaussures visant à l'élégance» (FEW 3, 751a sous *France*). Consigné dans Clapin (sous *français (souliers ~)* : «Dans les premiers temps de la colonie, on appelait ainsi le soulier à boucles, importé de France»), dans Glossaire : «souliers avec semelles fabriqués par les cordonniers (par opposition à *souliers de bœuf*, à *souliers mous*, à *souliers sauvages*, etc.)». Recueilli lors d'enquêtes orales au Québec (PPQ_1776x) et en Acadie (Massignon 1655).

Souliers de bœuf, «ceux que nos habitans se font de la peau du bœuf». FEW consigne cet emploi canadien : «bottes sans semelles» (FEW 12, 364a sous **subtelare*). Consigné dans Clapin : «Bottes sans semelles, ou gaillards, confectionnées avec du gros cuir auquel on a laissé sa couleur naturelle». Recueilli lors d'enquêtes orales dans les années 1970 (PPQ_2078 : «mocassins pour aller en raquettes»; Lavoie 2671 : «chaussure sans semelle fabriquée avec du cuir de bœuf»). Recueilli en Acadie (Massignon 1669).

Souliers sauvages, «ceux que nos Sauvages font de la peau des bêtes fauves qu'ils tuent, telles que le chevreuil, le caribou, l'orignal». Attesté en Nouvelle-France dès 1643 (cité dans Massignon 1669). Figure dans Glossaire : «chaussures molles, ordinairement sans semelles». Recueilli lors d'enquêtes orales au Québec (PPQ_2078 : «mocassins pour aller en raquettes»; Lavoie 2670 : «chaussure sans semelle faite de peau d'orignal, de chevreuil ou de caribou»), et en Acadie (Massignon *ib.*).

soupe (dormir comme une ~) (Ms. 1 Cahier A); «[dormir profondément]». L'expression a été relevée en français général en 1739; variante de *dormir comme une souche*. Les nombreuses expressions qui contiennent le mot *soupe* expliquent sans doute cette variante (NisPar 93; DunBouq).

souris-chaude (Ms. 1 Cahier A); «chauve-souris». Les formes attestées sont *chauve-souris*, *souris-chauve*; *chaude-souris* et *souris-chaude*. Attesté dès le XIIIe s., *caude soris*. *Souris-chaude* est très largement connu des parlers d'oïl et d'oc (FEW 12, 112a-b sous *sorix*). Recueilli lors d'enquêtes orales dans les années 1970, où *souris-chaude* est plus fréquent que *chauve-souris* (PPQ_1597; Lavoie 673); recueilli également en Acadie (Massignon 390).

stellà (Ms. 1 Cahier A). V. Aspects morphologiques.

stellci(t) (Ms. 1 Cahier A). V. Aspects morphologiques.

sucet (Ms. 1 Cahier A); «tuyau du blé d'Inde, ou sa tige, dégarnie de ses épis et que l'on fait manger au bétail à cornes». Il s'agit probablement d'un mot des parlers de l'Ouest. Cf. en Vendée, *soucès* : «restes» (FEW 12, 379a sous *succedere*) et *souchin* : «foin de bonne qualité» (RézVend). Dans les parlers du Nord-Ouest, *sucet* désigne le «chèvrefeuille» (FEW 12, 389b sous *suctiare*). Le mot est attesté en Nouvelle-France avant 1725 (MorHist 198 : *suces de bled'Inde*). Consigné dans Glossaire. Recueilli lors d'enquêtes orales dans les années 1970, mais moins fréquent que son synonyme *coton* (PPQ 892). V. *Coton*.

sur (Ms. 1 Cahier A; Ms. 2). V. Aspects syntaxiques.

suspect, ecte (Ms. 1 Cahier A; Ms. 2); «susceptible». Dans ce sens, *suspect* semble n'avoir été relevé qu'en français d'Amérique (FEW 12, 470b sous *suspectus*). Consigné dans Clapin (sous *suspec*) et Glossaire. Recueilli lors d'enquêtes orales dans les années 1970 (PPQ 1837A, 2310) et encore vivant de nos jours. Attesté dans les parlers franco-américains du Missouri (DorrSteGen sous *suspec*) et de la Louisiane (DitchyLouis; ReadLouis).

tapin (Ms. 1 Cahier A; Ms. 2); «tape légère, soufflet». Relevé au sens de «gifle» en 1790; connu des parlers picards, normands, bourguignons, wallons et suisses romands (FEW 13/1, 100b sous *tapp-*). Figure dans Dionne, qui a relevé le mot dans les *Mémoires* de Philippe Aubert de Gaspé. Recueilli en franco-ontarien (LemVieux 9, 151).

tapon (Ms. 1 Cahier A; Ms. 2); «tas, paquet, touffe». *Tapon* est attesté, depuis Furetière 1690, au sens d'«étoffe ou autre matière chiffonnée et formant une sorte de boule compacte»; sens donné, de nos jours, avec la mention «vieilli» ou «familier» (PRob 1993; PLar 1998). Le sens large attribué à ce mot, en français québécois, vient notamment des parlers du Nord-Ouest, du Centre et de la Bourgogne, où le mot est attesté avec les acceptions de «morceau (de qqch. de mou, viande, etc.)», «petite masse en désordre», «petit amas», «motte de beurre, de laine», «poignée, tas» (FEW 17, 308b-309a sous **tappo*). *Tapon* est encore vivant en Touraine où il signifie, entre autres, «petit amas de fibres, d'herbe, de farine, etc.» (SimTour). Consigné dans Dionne et Glossaire. Recueilli lors d'enquêtes orales dans les années 1970 (PPQ et Lavoie, qui donnent de très nombreux emplois du mot). Toujours en usage au Québec (DQA : *tapon de poussière, tapon de journaux, tapon de nuages noirs, de neige, de terre, tapons*, «grumeaux»). Recueilli également en Acadie (Massignon 1326 : «grumeaux»).

Tapon, «petit enfant gros et gras», est connu en Sologne («gros enfant») et en Anjou («individu ou animal petit et râblé») (FEW 17, 309a sous **tappo*). Glossaire l'enregistre au sens de «grosse femme».

tauraille (Ms. 1 Cahier A); «jeune veau, génisse (taure)». Dérivé de *taure*. Bien attesté au sens de «génisse» dans les parlers normands, beaucerons, angevins, orléanais et saintongeais (FEW 13/1, 132b sous *taurus*). Consigné dans Dionne («petite taure»), Glossaire (sous *tauráille* : «jeune bœuf, génisse»). Relevé lors d'enquêtes orales dans les années 1970 (PPQ 506A, «veau femelle», et 507, «génisse»). Recueilli en Acadie (Massignon 837, «génisse»).

[**taure**] (Ms. 1 Cahier A sous *tauraille*); «génisse». Attesté dès le XVIe s. Terme d'élevage. Très largement attesté en France d'oïl et d'oc (FEW 13/1, 132b sous *taurus*). Donné aujourd'hui comme terme régional ou technique (PRob 1993; PLar 1998). Recueilli dans les années 1970, surtout pour désigner la génisse de un à deux ans (PPQ 507; Lavoie 1312).

tête de boule (Ms. 1 Cahier A); «personne entêtée, opiniâtre». Fait peut-être allusion à la tribu amérindienne de ce nom. Selon Kalm, ce nom leur a été attribué en raison de leur stupidité (Kalm 838). Bougainville en 1758 les décrit ainsi : «Ils ont peu d'idées et peu de mots, nulle prévoyance de l'avenir» (RAPQ 1923-1924, 325).

thétière (Ms. 1 Cahier A). V. Aspects phonétiques.

tinton (Ms. 1 Cahier B; Ms. 2); «son lent d'une cloche dont le battant ne touche que d'un côté». Attesté au XVe s., *tinton*, «bruit», et dans Cotgrave 1611 au sens de «son d'une cloche» (FEW 13/1, 347a sous *tinnitare*). Potier l'enregistre au Détroit en 1744 (HalPot 301). Recueilli lors d'enquêtes orales dans les années 1970 (PPQ 1896, «glas»; 2310, «dernier coup de cloche avant la messe»).

tirans (Ms. 1 Cahier A); «aurore boréale». Extension sémantique de *tirants*, «rayons qui annoncent du mauvais temps», attesté en Normandie, «rayons solaires filtrant à travers les nuages» en haut-manceau et «raies formées par la pluie qu'on voit tomber au loin» en Moselle (FEW 6/1, 399b sous *martyrium*). Consigné dans Dionne et Glossaire (sous *tirant*). Recueilli dans les années 1970 (PPQ 1161; Lavoie 66). V. *Clairon*.

tire (Ms. 1 Cahier A); «sorte de sucre en bâton que l'on procure de la mélasse, en la faisant bouillir». Déverbal de *tirer* (le produit à demi durci est étiré). Ce sens est une innovation québécoise (ReyHist sous *tirer*). Consigné dans Dunn : «Mélasse ou sirop à demi durci sur le feu, et ensuite bien étiré avec les mains». Recueilli lors d'enquêtes orales dans les années 1970 (PPQ 242B : *tire (de la) Sainte-Catherine*, *tire à la mélasse*). Encore courant (DQA : «Confiserie de consistance molle faite avec de la mélasse ou du sirop de cassonade qu'on fait cuire. *La tire (de la) Sainte-Catherine*»).

Bâton de tire, «[tire étirée en bâtonnet]». Recueilli en 1970 (PPQ 242B : *tire en bâton*).

Tire est également connu dans *tire d'érable* : «confiserie de consistance semi-liquide, de couleur brune et translucide, provenant de la concentration du sirop d'érable» (DQA ; Massicotte V-220).

tondre (Ms. 1 Cahier A) ; subst. masc., «[amadou]». Le mot est attesté, au féminin, au sens d'«amadou» dès le XIIe s. en ancien normand. Relevé en Picardie, en Normandie, en Bretagne romane, en Aunis et en Saintonge (FEW 17, 387a sous *tundr*). Figure dans Littré au féminin. *Tondre* est attesté en Nouvelle-France dès 1634 : «un morceau de *tondre* allumé» (cité dans Massignon 324). Potier l'enregistre à Lorette en 1743-1744 (sans genre) (HalPot 22). Recueilli au masculin dans les années 1970 (PPQ 91x ; Lavoie 2013). Connu également en Acadie (Massignon *ib.*), en franco-ontarien (LemVieux 19, 164) et en Louisiane (ReadLouis). V. Aspects morphologiques.

touche (fumer une ~) (Ms. 1 Cahier A ; Ms. 2) ; «fumer un peu et tout au plus une pipe pleine». Attesté dans le parler boulonnais au sens d'«aspiration qu'un fumeur tire de sa pipe à chaque coup de langue» : *funmer eune touche, funmer quiques touches* (HaignBoul). Cf. également en picard, *touke*, «prise de tabac», et en béarnais, *toucha*, «priser du tabac» (FEW 13/2, 7a sous *tokk-*). Consigné dans Dunn, Clapin et Dionne (*Tirer une touche*), Glossaire (*fumer, tirer une touche*). Recueilli dans les années 1970 : *fumer, prendre, tirer une touche* (PPQ 2070 ; Lavoie 3131). Encore en usage (DQA : «bouffée de cigarette ou de pipe»). L'expression devait être assez répandue puisqu'elle est attestée, en outre, dans les parlers réunionnais et martiniquais (ChaudRéun II, 881).

tourniquet (Ms. 1 Cahier B) ; «tournoiement d'eau dans un trou fait dans la glace d'une rivière, particulièrement le printems». Ne semble pas avoir été relevé ailleurs qu'en français canadien ; cf. les sens de «filet mis en mouvement par l'action de l'eau» et «gyrin, coléoptère qui tourne sur l'eau» (FEW 13/2, 58a sous *tornare*). Consigné dans Clapin et Dionne (sous *tourniquet*), Glossaire (sous *tourniquette*). Recueilli lors d'enquêtes orales dans les années 1970 (Lavoie 209).

train (Ms. 1 Cahier A ; Ms. 2) ; «occupations quotidiennes du ménage». *Train* est attesté au sens de «genre de vie, manière d'agir» au XIIe s. Relevé en Bretagne romane : *faire son train*, «faire son ménage» (cité dans Massignon 1218) ; en Savoie : *faire son train*, «s'occuper des travaux habituels du ménage» ; en Alsace : «train d'une maison» ; et en Suisse romande : «travaux qu'exige un domaine» (FEW 13/2, 163b et 164b sous **traginare*). Consigné dans Glossaire. Recueilli dans les années 1970, souvent dans le syntagme *train de la maison* (PPQ 273 :

«ménage de chaque jour»; Lavoie 2047 : «ménage»). Recueilli en Acadie (Massignon 1218 : «faire du ménage»).

train (en ~) (Ms. 1 Cahier A; Ms. 2); «ivre». Extension de *mettre en train*, «exciter au plaisir, mettre en bonne disposition», attesté depuis Cotgrave 1611, et d'*être en train*, «être en bonne disposition, de bonne humeur», expression enregistrée dès le début du XVIIe s. *En train*, «légèrement ivre», a été relevé dans les parlers normands, poitevins et lorrains; attesté en français général de 1872 à 1933 (FEW 13/2, 164b sous **traginare*). Consigné dans Dunn, Clapin et Dionne. Recueilli dans les années 1970 (PPQ 267 : «un peu ivre»). V. Datations.

traîne (Ms. 1 Cahier A); «sorte de voiture d'hyver, qui sert aux habitans pour charrier le bois, les denrées, le foin, etc.; [et pour] Voyager». Attesté dès le XIIe s. en langue d'oc (Quercy), au sens de «traîneau pour le transport de lourds fardeaux». Le mot a eu cours en français général de 1457 à 1636. Il a été relevé entre autres dans les parlers du Nord-Ouest, de l'Ouest et du Centre (FEW 13/2, 165a sous **traginare*). Potier le relève à Lorette en 1743-1744 (HalPot 302). Recueilli lors d'enquêtes orales en 1970 (Massicotte V-196; PPQ 1089B) et encore usité (DQA sous *traîner* : «Voiture sur patins bas qui glisse sur la neige ou la glace, qui sert au transport (du bois, des marchandises...)»). Cette *traîne* est souvent munie de bâtons fixés à la verticale de chaque côté de la plate-forme d'où son nom de *traîne à bâtons* (CorrVoit 151 et LeclVoit 9-11). Recueilli en Acadie (Massignon 668).

traîne de clisse (Ms. 1 Cahier A); «voiture d'hyver des Sauvages, qui leur sert à transporter leur venaison et autres choses. C'est une planche très mince, courbée par devant». Recueilli dans les années 1970 (PPQ 1103 : *traîne de clisse*, *traîne d'éclisse*). Ce type de traîneau long et étroit, sans patins est nommé, de nos jours, *traîne sauvage*, *tabagane* ou *tobagane* (PPQ 1103; DQA sous *traîner*).

Clisse variante d'*éclisse*. Le mot est attesté au XIe s. sous la forme *esclice* et sous celle de *clice* au XIIe s., au sens d'«éclat de bois allongé». Au XIVe s., en Anjou, sous la forme *cliche* et sous celle de *clisse* au XVIe s., le mot désigne du «bois de fente servant à des ouvrages légers». Connu des parlers picards et normands sous la variante *cliche* (FEW 17, 152a sous **slitan*). Les deux formes (*clisse* et *éclisse*) sont connues au Québec (DulDictC sous *clisse* et *éclisse*).

traîneau (Ms. 1 Cahier A); «traîne des Canadiens, mais d'une dimension beaucoup plus petite, assez souvent avec des bras. Elle sert aux enfans à courir et glisser sur la neige». Spécialisation de *traîneau*, «voiture à patin que l'on traîne (ou pousse) sur la neige» (ReyHist sous *traîner*).

Dunn l'enregistre avec ce commentaire : «Le plus petit de nos véhicules d'hiver, auquel, à la campagne, on attelle les chiens, et qui sert aux enfants pour tirer des *glissades*»; Bélisle[3] : «Petite voiture appelée luge en France». Recueilli dans les années 1970 (PPQ 1103) et encore en usage (DQA sous *traîner*).

travail (Ms. 1 Cahier A); «brancard». Extension du sens technique de «machine à trois ou quatre piliers entre lesquels les maréchaux attachent les chevaux vicieux pour les ferrer ou pour les panser», attesté dès le XIIIe s. Le sens de «brancard» ne semble pas avoir été relevé ailleurs qu'en français canadien (FEW 13/2, 291b sous *tripalium*; ReyHist sous *travailler*). Connu en Nouvelle-France dès 1724 (JunLex 99). Recueilli lors d'enquêtes orales dans les années 1970, où il est bien attesté, mais un peu moins fréquent que *menoirs* (PPQ 1119). V. *Menoirs*.

trèfe (Ms. 1 Cahier A). V. Aspects phonétiques.

trempe (Ms. 1 Cahier A; Ms. 2); «trempé». Largement attesté dans les parlers de l'Ouest, du Centre, en Bourgogne et en franco-provençal. Féraud 1788 l'enregistre avec la mention «barbarisme provençal» (FEW 13/1, 169b sous *temperare*). Consigné dans Clapin, Dionne et Glossaire. Encore en usage (DQA sous *tremper*). Recueilli en Acadie (Massignon 8 «(terrain) détrempé»).

Tout trempe, «extrêmement mouillé», relevé dans Clapin et Glossaire. Encore vivant (DQA).

Trempe comme une soupe, «très mouillé». L'expression est attestée en français général depuis Académie 1798 : *trempé comme une soupe* (FEW 17, 285a sous *suppe*; ReyExpr sous *soupe*).

tricoler (Ms. 1 Cahier A; Ms. 2); «[chanceler (d'un homme ivre)]». Attesté en Bretagne romane et dans les parlers de l'Ouest (FEW 17, 258b sous **strikan*). Consigné dans Dunn, Clapin, Dionne et Glossaire. Recueilli lors d'enquêtes orales dans les années 1970 (PPQ 268x; 2153x).

troisse (Ms. 1 Cahier A). V. Aspects phonétiques.

trompe (Ms. 1 Cahier A); «petit instrument de fer, qui a une languette au milieu dont on tire un son en le mettant entre les dents et en le touchant avec le bout du doigt». «*Trompe* est passé en français pour désigner un instrument de musique à vent : d'abord une trompette, puis un petit instrument à bouche qui vibre (guimbarde)» (ReyHist). Consigné dans les dictionnaires, de Richelet 1680 à Académie 1878 (FEW 17, 376a sous *trumba*). Le mot était déjà moins usuel dans la seconde moitié du XIXe s.; Bescherelle 1858 précise : «On dit plus ordinairement *guimbarde*.» Recueilli encore dans les années 1970, mais beaucoup moins fréquent que *bombarde* (PPQ 2060). Connu en Acadie (PoirAcad). V. *Bombarde*.

tuer (Ms. 1 Cahier A; Ms. 2); «éteindre». *Tuer*, «éteindre (le feu, une chandelle)», est attesté depuis le XVe s. Figure dans Académie 1694 à 1762 : «Se dit quelquefois pour Esteindre.» Bescherelle 1858 le donne comme «provincial», tandis que Littré et DG l'enregistrent sans mention. Bien attesté dans les parlers du Nord-Ouest, de l'Ouest et du Centre (FEW 13/2, 446a sous *tutari*). Consigné dans Dunn, Clapin et Dionne. Recueilli lors d'enquêtes orales au Québec (PPQ 96; Lavoie 2037) et en Acadie (Massignon 1216). Aujourd'hui sorti d'usage.

tuque (Ms. 1 Cahier A; Ms. 2); «vêtement de tête de nos habitans; c'est un bonnet de laine tricottée». Emploi métaphorique de *tuc*, *tuque* en usage dans les parlers du domaine d'oc, notamment en gascon où il a le sens de «montagne, hauteur» (FEW 13/2, 398b sous **tukka*). Le mot *tuque* a été également employé comme terme de marine pour désigner une «espèce de tente ou d'abri qu'on élève à l'arrière d'un vaisseau», probablement un emploi métaphorique du sens de «montagne» (FEW 23, 102a-b). *Tuque* est attesté en Nouvelle-France dès 1726 (JunLex 224-226). Toujours en usage en français québécois (DQA). V. *Mâle*.

verbalement (Ms. 1 Cahier A; Ms. 2); «[avec vivacité, rudesse]». Dans cette acception, le mot est probablement à rapprocher du sens saintongeais de «tout droit, directement» (MussSaint).

veuilloche (Ms. 1 Cahier A); «petite meule de foin». Le mot est attesté au XVe s. en ancien Poitou : *velloche*, «meule de foin». *Veuilloche* (connu aussi sous la variante *veillotte*) est largement relevé dans les parlers du Nord-Ouest, de l'Ouest et du Centre (FEW 14, 555a-b sous *viticula*). Consigné dans Dunn (sous *veillotte*), Clapin (sous *veilloche*, *veillotte*), Dionne (sous *veilloche*) et Glossaire (sous *vailloche*, *veilloche*). Recueilli lors d'enquêtes orales au Québec (Massicotte III-144; PPQ 814A, 814B; Lavoie 1137) et en Acadie (Massignon 703). V. *Mulon*.

vire-l'œil (Ms. 1 Cahier A; Ms. 2); subst., «[personne qui] louche d'un œil». Relevé comme adj. au sens de «qui louche», dans le Bourbonnais (FEW 14, 394a sous *vibrare*). Mot disparu de l'usage au Québec. V. *Bicleux* et *Loucheur*.

[voie] (Ms. 1 Cahier A; Ms. 2 sous *voyage*); «[quantité transportée]». Ce sens est attesté dès le début du XVIe s., «mesure équivalant à une charretée» (FEW 14, 378a sous *via*). *Voie* qui s'employait dans *voie d'eau*, *voie de charbon*, *voie de bois* a disparu avant la fin du XIXe s. (ReyHist).

voyage (Ms. 1 Cahier A; Ms. 2); «voie». «Il s'est employé par métonymie pour désigner ce que l'on transporte en un voyage, c'est-à-dire une charretée, d'où le sens (1872) de «charge transportée» (cf. voie) qui a disparu» (ReyHist). Bien attesté en franco-provençal (FEW 14, 382b sous *viaticum*). Consigné dans Dunn, Clapin et Dionne. Encore bien vivant (DQA). Recueilli en Acadie (Massignon 711), en Louisiane (ReadLouis; DitchyLouis) et à la Réunion : *un voyage d'eau* (ChaudRéun II, 675).

[**voyageur**] (Ms. 1 Cahier A sous *jument*); hist., «[personne mandatée pour conduire des expéditions à des postes de traite désignés, dans le but de faire la traite des fourrures avec les Amérindiens]». Le mot prend cette acception à la fin du XVIIe s. avec l'expansion et l'organisation du commerce des fourrures. Le terme est entré en anglais canadien en 1793, où il est également orthographié *voyager* (DictCan). Connu également en anglais américain (Mathews). Relevé en franco-américain du Mississippi (McDermMiss).

vulgaire (Ms. 1 Cahier A; Ms. 2); «visible, évident». Attesté en moyen français : *être vulgaire*, adj., «trop bien connu de tout le monde»; relevé dans le langage de Paris au sens de «visible» et dans les parlers normands, hauts-manceaux et alsaciens au sens d'«évident» (FEW 14, 642b sous *vulgaris*). Consigné dans Glossaire.

EMPRUNTS AUX LANGUES AMÉRINDIENNES

achigan (Ms. 1 Cahier B); «[gros poisson d'eau douce de la famille des Microptéridés]». Le mot est issu des langues de la famille linguistique algonquienne. Cuoq le définit ainsi : «espèce de grosse tanche dont le nom algonquin fut adopté par les colons venus de France» (CuoqAlg 12a sous *acigan*). Attesté dès 1655 sous la forme *achigen* (RJ XLII, 70), *ouchigan* chez Boucher 1664 et *achigan* depuis 1683. Le mot désigne une variété de perche et s'applique au *Micropterus dolomieui* (achigan à petite bouche) et au *Micropterus salmoides* (achigan à grande bouche) (MélPoiss 316). Figure dans TLF, ReyHist, PRob 1993 et PLar 1998. Attesté en anglais canadien dès 1800 (DictCan). Terme usuel pour désigner ce poisson au Québec (DQA).

apichimon (Ms. 1 Cahier A; Ms. 2); «bourrelet de linge ou de paille, que l'on met sur le cou du bœuf qui labourre; morceau d'étoffe, peau de mouton, ou autre chose semblable, que nos habitans mettent en guise de Selle lorsqu'ils montent à cheval; méchant lit, grabat». Le mot est connu des langues de la famille algonquienne. Relevé dans Fabvre, au

XVIIe s., au sens de «litière, lit, matelas» (Fabvre 34 sous *aspichim8n*). Cuoq, qui lui donne le sens de «lit, litière, literie», ajoute : «Ce mot se dit de tout ce qu'on met sous soi pour n'être pas couché sur la dure. Ainsi une paillasse, une coîte, un matelas, une couverture, une peau, du foin, de la paille, des branches de cèdre, de pruche ou de sapin etc., dès qu'on les met sous soi pour être moins durement couché, sont un *apicimon* »(CuoqAlg 55b sous *apicimon*). Potier le relève avec un sème voisin : «*apichimon* { morceau d'ecorce qu'on met dans Les pinces du Canot pour Servir de marche-pied aux Canoteurs» (HalPot 219). Le mot a eu une certaine diffusion au XVIIIe s.; il figure, en effet, sous la plume de Bougainville en 1757 : «*Apichimon* : terme sauvage usité dans la langue française parmi les Canadiens pour exprimer l'équipement d'hiver» (cité dans Massignon 1622). Glossaire reprend les trois sens donnés par Viger et en donne d'autres à valeur péjorative où le mot s'applique à toutes sortes de choses. Viger a écarté le sens de «chapeau de paille» qu'il lui avait d'abord donné. Recueilli en Acadie au sens de «mal mis» en parlant d'une personne (Massignon *ib.* : «il a l'air d'un *apichimon*»). Relevé en anglais canadien et américain (DictCan sous *appichimon*; Mathews sous *apishamore*). Mot aujourd'hui sorti de l'usage en français québécois comme en anglais canadien et américain.

caribou (Ms. 1 Cahier A); «renne». Désigne le *Rangifer tarandus*. Le mot est emprunté à une langue de la famille linguistique algonquienne, probablement au micmac *Xalibu* (FEW 20, 60b sous *kalibu*). Il signifierait «pelleteur», allusion à l'habitude qu'a l'animal de creuser profondément la neige avec ses sabots (RoussBouch 307). *Caribou* est attesté dans les relations de la Nouvelle-France dès 1609 chez Lescarbot. Consigné dans les dictionnaires français depuis Trévoux 1721. Nom usuel de cet animal au Québec comme en Acadie (DQA; Massignon 366). Le mot est entré en anglais canadien en 1665 où il est connu sous les formes *caribou* et *cariboo* (DictCan). Le mot figure encore de nos jours sous la forme *caribou* en anglais canadien (Gage) et américain (Webster).

maskinongé (Ms. 1 Cahier B); «espèce de brochet». Désigne le *Esox maskinongy* de la famille des Ésocidés. D'origine algonquienne, *maskinongé* (orthographié également *masquinongé*) viendrait de *mac*, «gros», et *kinonje*, «brochet» (CuoqAlg sous *mackinonje* et *maskinonje*). Le mot est donné en 1680 sous la forme *masquinongé* (BlaisTop : sur une carte de Vachon de Belmont de 1680). Potier le relève sous cette dernière forme à Lorette en 1743-1744 (HalPot 223). *Maskinongé* figure dans TLF (qui donne 1709 comme première attestation) ainsi que dans PRob 1993 et PLar 1998 notamment. Le mot est entré en anglais canadien sous la forme *maskalonge* en 1794 (DictCan sous *muskellunge*). Il est usuel encore de nos jours sous les formes *maskinonge* et *muskellunge* en anglais canadien (Gage) et *muskellunge* en anglais américain (Webster). Terme usuel pour désigner ce poisson en français québécois (DQA).

micoine ou **micouène** (Ms. 1 Cahier A; Ms. 2); «petit vase de bois qui sert de cuiller à nos Sauvages». Le mot appartient à la famille linguistique algonquienne et a été relevé notamment en ojibwé, en cri, en naskapi, en montagnais et en micmac (Fabvre 62 sous *emik8an*; Lacombe 337 sous *emikkwân* ; Baraga 241b sous *êmikwân*; Piggott sous *e:mikkwa:n*; CuoqAlg sous *emikwan*). Attesté, sous la forme *micouanne*, dès 1695 (Massignon 1288); largement usité au XVIIIᵉ s. (JunPron 62). Figure dans Dunn (sous *micouenne*), Clapin (sous *micouan, micouenne*; v. également app. 361), Dionne (sous *micouanne, micouenne*) et Glossaire (sous *micouenne*). Recueilli lors d'enquêtes orales dans les années 1970 au sens de «louche», «grande cuiller de bois pour faire le beurre ou verser le sucre d'érable dans les moules»; attesté surtout dans la région de Montréal (PPQ 168, 990). Consigné dans DQA (sous *micouenne* ou *micoine* : «Autrefois. Grande cuiller de bois ou d'écorce employée à divers usages domestiques, spécialt à la cabane à sucre»). Le mot a été relevé en Acadie (Massignon *ib.*) et en Louisiane (DitchyLouis).

mitasse (Ms. 1 Cahier A; Ms. 2); «sorte de vêtement en usage chez nos Sauvages, qui sert à couvrir la jambe» (définition donnée sous *hausse*). *Mitasse* est emprunté aux langues de la famille algonquienne; attesté notamment en montagnais (Fabvre 162, *mitas*, «bas de chausses»), en ojibwé (Piggott, *mita:ss*) et en cri (Lacombe, *mitâs*). Cuoq le fait venir du mot *tas* qu'il définit ainsi : «chausses des Aborigènes du Canada, ce que les colons français ont appelé mitasses»; selon cet auteur, le mot *tas*, qui désignait dans la langue algonquine les chausses des Amérindiens, a désigné également, par extension, les guêtres et les bas des Français : «Tant qu'il n'est pas nécessaire de distinguer avec précision de quelle espèce de chausses on parle, ce petit mot suffit pour exprimer indifféremment toute espèce de chausses [...]. Mais lorsqu'il est nécessaire de dire avec précision de quelle espèce de chausses on parle, il faut mettre devant *tas*, le mot qui exprime cette espèce» (CuoqAlg 383a sous *mitas* et *tas*). Relevé en Nouvelle-France dès 1669 (JunGl 158 n. 32, qui souligne que FEW 6/2, 178a, l'a classé par erreur sous *mit-*). Cependant, comme le fait remarquer M. Juneau, l'influence de *mitaine* n'est peut-être pas étrangère à l'entrée de ce mot en français canadien (JunInv 218). Figure dans Dunn, Clapin (aussi app. 361) et Glossaire. Considéré aujourd'hui comme un terme appartenant à la culture amérindienne dans cette acception; le mot est cependant encore vivant en français québécois au sens de «chaussure de laine, de feutre ou d'étoffe portée par grand froid» et «grosse mitaine pour se protéger les mains du froid» (DQA). Il est entré en anglais canadien en 1732 (DictCan sous *mitashes* or *mitasses*) et en anglais américain (Mathews). Recueilli en Acadie (Massignon 1670) et en Louisiane (ReadLouis). V. *Hausse*.

otocas (Ms. 1 Cahier A); «[plante des marais, à baies rouges et acides et, par ext., la baie elle-même]». Le mot est probablement entré en français canadien par la langue huronne. Attesté chez Sagard dès 1632 sous la forme *toca*; la forme *atoka* est attestée depuis 1656 et *otoka* depuis 1757 (JunLex 91-96). Désigne le *Vaccinium macrocarpon* (airelle à gros fruits) et le *Vaccinium oxycoccos* (airelle canneberge) (MVictFl 440). Potier relève le mot à Lorette en 1743-1744 : *atoca, atoka* (HalPot 220). Figure sous la forme *atoca* dans TLF, PRob 1993 et PLar 1998. Attesté en anglais canadien depuis 1760 (DictCan). Recueilli lors d'enquêtes orales dans les années 1970; les formes *otoca* et *atoca* ont été relevées sporadiquement, la forme la plus fréquente étant *ataca* (PPQ 1655; Lavoie 309-310). Le mot est usuel encore de nos jours (DQA sous *atoca* ou *ataca*). Dans le commerce, ce fruit est généralement nommé *canneberge*. V. aussi Aspects phonétiques.

EMPRUNTS À L'ANGLAIS

appointement (Ms. 1 Cahier A; Ms. 2); «emploi, charges, place». De l'anglais *appointment*, «an office or position» (OED; Webster; Kœssler sous *appoint (to)* : «assigner; nommer (à un poste), d'où *appointment*, nomination (à un emploi, à une charge) [...] et concr. l'emploi, la charge mêmes»).

appointer (Ms. 1 Cahier A; Ms. 2); «nommer à une charge ou place». Emprunt à l'anglais *to appoint* «name to an office or position» (OED; Webster; Gage; Kœssler sous *appoint (to)* : v. ci-dessus). Dunn, Clapin, Dionne et Glossaire enregistrent le terme; Dagenais (sous *appointements* : appointer ne veut pas dire «nommer», mais «verser des appointements»).

belt (Ms. 1 Cahier B); «baudrier». Forme abrégée des mots anglais *crossbelt* et *shoulder belt*, «a belt worn over both shoulders, and crossing in front of the breast; also, in later use, a single belt passing obliquely across the breast» (OED).

bourgogner (Ms. 1 Cahier A); «battre d'une manière honteuse, battre à plates coutures». Extension sémantique du verbe anglo-américain *to burgoyne*, «to capture, take prisoner». Dérivé verbal du patronyme *Burgoyne*, nom du général britannique John Burgoyne qui combattit les Américains et qui fut fait prisonnier à Saratoga en 1777 (Mathews sous *burgoyne (to ~)*). Consigné dans Glossaire. Le verbe a disparu du français québécois comme de l'anglais américain.

cheniquer (Ms. 1 Cahier A); «craindre de se faire battre». Probablement de l'anglais *to sneak*, «to go stealthily or furtively : slink» (Webster). Cette forme viendrait de *shneak*, ancienne prononciation d'origine irlandaise (Glossaire). Les parlers du Nord de la France connaissent le verbe *cheniquer* au sens de «boire de l'eau-de-vie», mais le lien avec le verbe québécois est difficile à établir en raison de l'écart sémantique entre les deux verbes (FEW 17, 47b sous *schnick*). Pour une étude plus détaillée sur l'origine et la prononciation du mot, voir BPFC vol. I, 18; 121-123; 144-146. Disparu de nos jours.

cheniqueur, euse (Ms. 1 Cahier A); «qui chenique». De *cheniquer* (v. ce mot). Figure dans Clapin, Dionne et Glossaire (sous *cheniqueux*). Disparu de nos jours. V. aussi Aspects morphologiques.

comfortable (Ms. 1 Cahier B; Ms. 2); en français moderne, l'adjectif *confortable*, est un emprunt à l'anglais (depuis 1786); ce dernier l'avait lui-même emprunté au français à l'époque où ce mot signifiait «consolant, secourable», sens qui est attesté en ancien français (FEW 2/2, 1044b sous *confortare*; ReyHist sous *conforter*).

Le sens de «consolant [d'une nouvelle]» a eu cours en anglais : «strengthening or supporting (morally or spiritually); encouraging, inspiriting, reassuring, cheering : *your last letter was not comfortable*» (OED). Dans ce sens, *confortable* peut également être une survivance de l'ancien sens français de «qui conforte», attesté au XIIe s. Cf. en ancien français : «Les tres gentilx et tres confortables lettres» (Godefroy). Donné dans AcCompl 1842 avec la mention «vieux» (cité dans TLF sous *conforter*) et dans Bescherelle 1858 : «Se disait autrefois pour Consolant.» Ces emplois n'ont plus cours au Québec.

Au sens d'«agréable [du temps, d'une journée]», *confortable* est également à rattacher à l'anglais : «affording or fitted to give tranquil enjoyment and content» (OED). Encore courant en français québécois.

Les sens de «qui fait plaisir, agréable à boire [d'une boisson], qui fortifie [d'une nourriture]», sont des emprunts à l'anglais : «strengthening or refreshing to the bodily faculties or organs; sustaining» (OED). Cf. Bescherelle 1858, qui considère le mot comme un anglicisme «très intelligible et très nécessaire en français» et qui donne comme exemple : *nourriture confortable*. V. *Confortatif*.

L'expression **mener une vie confortable** est usitée, de nos jours, en français général; *confortable* y a, entre autres sens, celui de «qui assure un bien-être, une tranquillité psychologique». Le mot n'est cependant utilisé, en français, qu'avec des noms de choses (ReyHist sous *conforter*; PRob 1993; PLar 1998).

coppre (Ms. 1 Cahier B); «sou (monnoie de compte, la 20ᵉ partie de la livre, valant 12 deniers)». De l'anglais *copper* «a copper coin; a penny or halfpenny» (OED). «Hist. in colonial times, a copper coin valued at one half-penny in York currency» (DictCan). Consigné sous la forme *coppe* dans Dunn : «sou (ancien cours)»; Clapin : «Mot aujourd'hui presque tombé en désuétude, et qui s'entendait autrefois couramment pour la pièce de un sou»; Glossaire (sous *cope*).

crible (Ms. 1 Cahier B); «trains de bois flottés». De l'anglais canadien *crib*, «a raft of logs lashed together for floating downstream» (Gage, qui le donne comme un mot de l'anglais canadien). «Hist. in the Ottawa Valley especially, one of the small units or assemblages of logs that, in groups of 25 or 30, formed a raft of timber, used in driving from the camps to the mills or shipping points» (DictCan). Figure dans Dunn, Clapin («La plus petite partie d'un train-de-bois, ou cage [...]»), Dionne et Glossaire (sous *cribe*, *crible*). Recueilli lors d'enquêtes orales dans les années 1970 (PPQ 1321B; Lavoie 561). Consigné en anglais américain (Mathews).

décent (Ms. 1 Cahier A; Ms. 2); «honorables [en parlant de funérailles]». De l'anglais *decent*, «proper and right : *a decent burial*» (Gage).

Décent au sens de «belle, bonne, bien meublée [d'une maison]» est également un emprunt sémantique à l'anglais : «meeting at least the minimum standards of quality, etc.» (Gage).

Décent avec l'acception de «vêtu bien proprement» vient du sens anglais «properly dressed to be seen in public» (Gage; OED).

Décent, «poli», vient du sens anglais «kind, accommodating, pleasant» (OED).

désappointer (Ms. 1 Cahier A; Ms. 2); «[tromper qqn dans son attente ou dans ses espérances]». Surtout employé au passif. Attesté au figuré depuis Cotgrave 1611. Il disparaît au milieu du XVIIᵉ s. et est repris en 1761 par Voltaire à l'anglais *to disappoint* (lui-même emprunté anciennement au français). Le mot dans cette acception n'est pas enregistré comme un anglicisme dans les dictionnaires du XIXᵉ s. et du début du XXᵉ s. (Bescherelle 1858; Littré; DG le donne comme un néologisme). «*Désappointé*, qui a été critiqué en français au début du XIXᵉ s., s'est répandu dans l'usage sans que sa formation et son rattachement sémantique soient clairs pour le locuteur» (ReyHist sous *point*).

dirigé (Ms. 1 Cahier A ; Ms. 2) ; *être dirigé de*, «être enjoint de, avoir ordre de». De l'anglais *to direct*, «to request or enjoin with authority» (Webster ; Gage) ; à la forme passive : «I was *directed to*» (GHarrap). Kœssler (sous *direct (to)* : «donner des instructions, des ordres à»).

dram (Ms. 1 Cahier A) ; «train de bois flottés». Mot anglo-canadien qui désigne «a section of a timber raft, made up of several cribs lashed together» (Gage et DictCan, qui le donnent comme un terme appartenant de nos jours à l'histoire du flottage du bois). Consigné dans Maguire, Clapin («La fraction la plus considérable d'un train de bois, ou cage [...]») et Dionne (sous *drame*).

finir avec (Ms. 1 Cahier B) ; «n'avoir plus besoin, ou achever, terminer et simplement finir». De l'anglais *to finish with*, «finish using ; come to the end of one's need of : *Have you finished with my book yet?*» (Gage). Relevé dans Dagenais (sous prépositions (emploi des ~) 414).

game (-coq) (Ms. 1 Cahier B) ; «[mâle élevé et entraîné pour les combats de coqs]». De l'anglais *game-cock*, «a rooster bred and trained for cockfighting» (Gage ; Webster).

hausse (Ms. 1 Cahier A ; Ms. 2) ; «sorte de vêtement en usage chez nos Sauvages, qui sert à couvrir la jambe». De l'anglais *hose*, «a cloth leg covering that sometimes covers the foot» (Webster). *Hose* est employé, comme terme générique, en 1763, dans un exemple anglais, qui explique le mot *mitasse* : «a kind of hose» (DictCan sous *mitashes* or *mitasses*). Le mot *heuse* au sens de «botte, guêtre», qui a vécu en ancien français et qui a été relevé en Normandie, n'est probablement pas à retenir ici comme origine de *hausse* (FEW 16, 228a sous *hosa*). Consigné dans Dunn, Clapin et Dionne (sous *hausses*), Glossaire (sous *hausse*). Recueilli en Acadie (Massignon 1670). V. *Mitasse*.

immatériel (Ms. 1 Cahier A ; Ms. 2) ; «léger, peu grave». De l'anglais *immaterial* «of no substantial consequence : unimportant» (Gage ; Webster ; Kœssler : «On verra que *material* signifie important, essentiel ; *immaterial* est donc sans importance»). V. *Matériel*.

improuver (Ms. 1 Cahier A ; Ms. 2) ; «faire des progrès, se perfectionner ; s'améliorer». De l'anglais *to improve* «make better ; become better» (Gage ; Webster ; Kœssler : «ne pas confondre *to improve*, improuver et *to improve*, mettre à profit, faire valoir, amener à un état plus profitable, cultiver (ses relations), améliorer, perfectionner»).

Le verbe français *improuver* a signifié «réfuter (une opinion)» au XIVe s., «contredire» au XVe s., «blâmer, désapprouver» au XVIe s. ; «il est quasiment sorti d'usage» (ReyHist). Absent des dictionnaires usuels.

inconsistant (Ms. 1 Cahier A; Ms. 2); «incompatible, contraire, contradictoire; inconsidéré». Emprunt à l'anglais *inconsistent*, «not compatible with another fact or claim; containing incompatible elements; incoherent or illogical in thought or actions» (Webster; Kœssler sous *inconsistency, inconsistent*). Consigné dans Dunn, Clapin et Dionne.

major, ore (Ms. 1 Cahier B); «majeur». Forme empruntée à l'anglais. L'adjectif est donné par Viger également dans *tierce majore* pour *tierce majeure*. *Major* a été relevé comme subst. masc. dans Clapin et Dionne («Jeu de cartes, dans lequel le roi d'atout joue le rôle principal»).

matériel (Ms. 1 Cahier B); «de grande conséquence, important, essentiel». De l'anglais *material*, «having real importance or great consequences» (Webster; Kœssler sous *material*). Consigné dans Glossaire; DavLang (sous *material*). V. *Immatériel*.

obligé (Ms. 1 Cahier A); *être obligé à qqn pour qqch*. Formule de politesse calquée sur l'anglais : «I am much obliged to you for your kindness» (GHarrap).

office (Ms. 1 Cahier A; Ms. 2); «[bureau, étude, cabinet de travail (d'un notaire, d'un avocat, d'un médecin, d'un homme d'affaires, d'un marchand, etc.)]». De l'anglais *office*, «a place in which the functions (as consulting, record keeping, clerical work) of a public officer are performed; the directing headquarters of an enterprise or organization; the place in which a professional man (as a physician or lawyer) conducts his professional business» (Webster; Gage). Consigné dans Dunn, Clapin, Dionne et Glossaire. Encore en usage au sens de «réception, bureau»; emploi critiqué (DQA). V. également les sens français du mot *office* dans la partie Archaïsmes.

ordonné (être ~ de) (Ms. 1 Cahier A; Ms. 2); «avoir ordre de». Emprunt sémantique à l'anglais *to order*, «to command to go or come to a specified place» (Webster).

originer (Ms. 1 Cahier A; Ms. 2); «provenir, tirer son origine ou son étymologie, dériver». Forme francisée du mot anglais *to originate*, «to take or have origin : begin» (Webster). Cependant, en français général, le verbe *originer* issu du terme *origine* est attesté sporadiquement à différentes époques. Attesté une première fois en moyen français : *originer*, «créer pour»; *originé de*, «qui tire son origine de», attesté à la fin du XVe s. Repris en 1791 : *originer de*, «provenir de» (FEW 7, 416a sous *origo*). Le verbe est réintroduit en français moderne, à la forme pronominale : *s'originer*, «faire remonter son origine à» (vers 1968) (TLF et ReyHist sous *origine*). Semble peu usité; il est absent des dictionnaires usuels. Relevé dans DavLang (sous *originate (to)*), Dagenais (sous *origine*) et DarbDict.

payer (Ms. 1 Cahier A; Ms. 2); *payer une visite, ses compliments, ses respects* «faire, rendre». De l'anglais *to pay*, «give; make; offer : *to pay* compliments, *to pay* a visit» (Gage). «*To pay* a un sens beaucoup plus large que *payer* : l'angl. l'emploie là où nous avons tendance à user du verbe faire, qu'il s'agisse de faire sa cour, un compliment, une visite, attention» (Kœssler sous *Pay (to)*). Consigné dans Dunn, Clapin, Dionne, Glossaire et Dagenais. Encore usité dans certains milieux en contact avec l'anglais.

plated (Ms. 1 Cahier B); «fourré, ée [«plaqué, ée»], pour les vases et autres meubles de cuivre dorés ou argentés d'un côté». En anglais : *plated* «covered or overlaid with a thin film of gold or silver. Also used with reference to metals other than gold and silver» (OED).

L'adjectif *fourré*, au sens de «recouvert d'or ou d'argent», est attesté en orfèvrerie depuis 1464, mais il est vieux de nos jours (ReyHist sous *fourrer*; PRob 1993). V. le sens de *meuble* qui figure dans la définition dans la partie Archaïsmes.

retraiter (Ms. 1 Cahier A; Ms. 2); «faire retraite, se retirer [d'une troupe]». De l'anglais *to retreat*, «to retire before superior force or after a defeat (of an army or a combatant)» (OED). *Retraiter* est attesté, en français, au XVe s., «retirer une troupe», et au XVIe s., «se retirer, disparaître» (FEW 10, 342a sous *retrahere*). *Retraiter*, au sens de «se retirer (d'une troupe)», semble peu usité en français; figure dans TLF, qui donne un exemple d'emploi datant de 1931.

rôle (Ms. 1 Cahier A); «petit pain». De l'anglais *roll*, «a small piece of dough which is cut, shaped, and often doubled or rolled over and then baked» (Gage). Dionne enregistre le mot au sens de «gâteau au beurre, sans sucre» (sous *rôlle*).

style (Ms. 1 Cahier A); *dans le (grand, haut) style*, «du meilleur goût, de la dernière mode». Pris en ce sens, *style* est un anglicisme : «a fashionable, elegant, or admirable way or manner : *She dresses in style*» (Gage; Kœssler). Consigné dans Glossaire.

DATATIONS

Avec toute la prudence que commande ce genre de compilation, nous avons relevé dans le travail de Viger un certain nombre de mots et de sens qui peuvent être considérés comme des premières attestations. Comme le fait remarquer à juste titre P. Rézeau dans *Le «Vocabulaire poitevin»* : «[Il] faut évidemment y voir un jalon qui demain sera dépassé.»

abat : *de grands abâts de pluie*, «fortes pluies», est attesté en français depuis 1863 (FEW 24/1, 17b sous *abbattuere*).

ahurissant : *cette personne est bien ahurissante*, «ennuyeuse». L'adjectif *ahurissant* est consigné dans les dictionnaires français depuis 1866, d'après Lexis et GLLF.

allumer : *entrons allumer*, «mettre le feu au tabac d'une pipe». *Allumer une pipe* n'a été relevé qu'en 1845 (FEW 24, 340a; ReyHist).

baiser : *il a été baisé dans telle occasion*, «trompé, attrapé». Ce sens a été relevé en 1871 dans MartVend; en 1881 comme terme argotique (TLF).

blonde : «amante [jeune fille courtisée; fiancée]». Figure dans les dictionnaires français depuis Boiste 1829.

boudin (faire du ~) : *il fait du boudin pour dire d'une personne qu'elle boude*. L'expression est consignée dans Bescherelle 1858.

bouquin : «c'est ou une plume teinte, ou un petit cilindre, percé aux extrémités, [...] dont nos habitans se servent pour orner leurs pipes, ou en alonger ce qu'ils appellent le manche». Ce sens est attesté depuis 1833, d'après TLF et ReyHist sous *bouche*.

canoter : «conduire un canot» et «se promener en canot». Le sens que donnent les dictionnaires est celui de «se promener, pratiquer la promenade en canot». Il est attesté depuis 1858, d'après TLF et ReyHist.

écœurant : «malpropre». Attesté depuis 1870 (FEW 2/2, 1172b).

écœurer : «faire soulever le cœur, faire mal au cœur». Attesté en français général depuis 1864 (FEW 2/2, 1172b; ReyHist sous *cœur*).

escabeau : «on appelle ainsi un meuble à plusieurs degrés, portatif, dont on se sert dans la maison, pour atteindre à quelque chose d'élevé, en montant dessus». Cette acception est attestée depuis 1875, selon TLF.

flambant : *on dit d'une personne habillée tout en neuf, qu'elle est flambante*. Dans ce sens le mot est attesté depuis 1837 (FEW 3, 603b; ReyHist sous *flamber*).

garde-corps : «balustres que l'on met au bord des ponts, des quais, etc.». Dans ce sens que relève GLLF : «barrière établie le long du tablier d'un pont, le long d'une terrasse, d'un lieu élevé pour empêcher les passants de tomber», le mot est daté de 1872.

loucheur, euse, subst. : *je ne veux point d'une loucheuse. Un loucheur*. Le substantif *loucheur, euse*, «personne qui louche», est attesté depuis 1823 (ReyHist sous *louche*).

loucheur, adj. : *cet homme est loucheur*. L'emploi adjectival n'est attesté en français général que depuis 1936. Il est rare d'après ReyHist sous *louche*.

mèche : «extrémité la plus déliée d'un fouet, et qui souvent est une ficelle rapportée». Attesté depuis Académie 1835 (FEW 6/3, 323a; TLF; ReyHist).

pelleter : «remuer, jeter avec une pelle». Attesté sous l'ancienne forme *peltrer* en 1776; la forme *pelleter* est attestée en français général depuis 1845 (FEW 7, 481a; ReyHist sous *pelle*).

péter : *Je crains qu'il en pète*. Au sens de «mourir», *péter* est attesté depuis Flaubert 1844 (FEW 8, 133b).

train (en ~) : «ivre». Attesté en français général depuis 1872 (FEW 13/2, 164b).

voyage : «charge transportée». Attesté depuis 1872 (ReyHist).

APPENDICES

Les documents que nous présentons dans cette partie contiennent des listes de mots et d'expressions dressées par Jacques Viger lui-même et par le député-poète Ross Cuthbert. Ce dernier a fourni à Viger un nombre considérable de mots et d'expressions. Viger a largement puisé dans ces listes pour établir sa nomenclature ; l'ajout de nombreux signes, les phrases raturées, les précisions ajoutées montrent, de toute évidence, qu'il a travaillé en s'aidant de ces listes. Les mots et les expressions qu'elles contiennent constituent la base de son travail.

Les articles *Boucane* et *Boucaner* du manuscrit 2 de la *Néologie canadienne* de Jacques Viger. Manuscrit conservé au Musée de la civilisation, fonds d'archives du Séminaire de Québec.

I. LISTES DES MOTS ET DES EXPRESSIONS RELEVÉS PAR JACQUES VIGER

DOCUMENT I
(de la main de Jacques Viger)

Proverbes, & autres manières de parler en usage.

Le vent se tourne du côté des mitaines. - Il se met au froid.
On peut ramer sans culottes.
C'est trop de valeur.
Ç'à fait trembler, - çà fait peur.
C'est comme le moulin de La Chine, qui ne s'arrête plus quand il est <u>parti</u>.
A go-et-gon.
Il a un œil à la coque et l'autre à la mouillette, pour louche des deux yeux.
Il a la tête comme un procès-verbal.
ni quoi - ni qu'est-ce.
chat échaudé craint l'eau froide.
manger à la croc [*sic*] au sel [1].
manger de l'avoine - couper l'herbe sous le pied.
[manger] des guêpes.
leste comme un chien de plomb.
ric-à-rac.
cracher sur les tisons.
il a[2] sot, comme un fondeur de cloches.
courir les côtes.
Il a perdu un pain sur sa fournée.
Les pieds lui brulent.
Il a bien des croutes à manger.
c'est un bout d'homme.
à preuve (adverbe).
Il n'a pas la tête aux pieds.
mettre la charrue devant les bœufs.
à moi le mur.
il branle dans le manche.
Le lard sera à bon marché, les cochons s'embrassent. - (de 2 hommes qui s'embrassent).
Je ne suis pas la servante du curé.
Ça le remêt sur farine.
prendre martre pour Renard.
<u>fumer</u>, (sinonime de <u>corner</u> & <u>biner</u>).
une suerie. - abriller - s'abriller.

DOCUMENT II
(de la main de Jacques Viger)

Pour établir cette liste de mots, Viger s'est inspiré de l'ouvrage d'Alexander Henry, *Travels and Adventures in Canada and the Indian Territories* (v. bibliogr.).

Histoire naturelle.

Noms Canadiens.
Pierre-à-calumet (compact lime-stone).
Masquinongé (a specie of Pike ou Brochet).
Caribou (par les Sauvages - O'tic, A'tic) Le Renne.
Le Liard (populus nigra, - poplar-tree).
Oiseau blanc (Emberiza hyemalis).
Poisson doré (pickerel, petit Brochet).
Orignal (cervus alces, - moose-deer) Elan.
Pantère, Tigre & plutôt Couguar } Felis concolor).
Perdrix - This name is given to more than one species of grouse. The birds here intended, are red grouse.
Loup-Cervier ou Lynx.
Carcajou ou Glouton.
Maringouin.
Moustic.
Fenouillette ou Fenouil.
Foin sauvage.
Herbe à la puce.
Herbe à Dinde.
Matelot.
Otocas.
Souris-chaude.
Tondre sub*stantif.*
Achigan.
Epinette ou Arbre de vie ou du paradis.
Passe rose ou Mauve des Jardins.
Poisson blanc.
Bleuet.

DOCUMENT III
(de la main de Jacques Viger)

La majorité des termes ainsi que le texte qui suit proviennent également de l'ouvrage précédemment cité d'Alexander Henry. Les extraits que Viger a retenus sont séparés dans son texte par des tirets et se trouvent aux pages 13-14 ; 14 ; 15 ; 23-24 ; 24 en note ; 30 ; 53 en note ; 78.

Voyages au H*aut*-Canada

Voyageur - canot d'écorce - guide - camper - wattap - gum - varengues - brigade - bouts-de-canot - piéces - portage - décharge - pierre à calumet - masquinongé - caribou (par les Sauvages - O'tic, a'tic) - Le cèdre (thuya occidentalis) - hyvernement - lait (pour rum) - perdrix - coureur des bois - Gens de terres (têtes de boule)[3] - mal de raquette - jeu de la crosse - awapou - apichimon - le Liard (populus nigra, poplar-tree) - washes - faire chaudière - faire de l'eau - Indian path - Emberiza hyemalis (oiseau blanc) - tripe de roche (Waac) - folle avoine, riz sauvage (avena fatua, zizania aquatica) - rapide - poisson doré (pickerel) - Elan (moose-deer, cervus alces) - praline - pantère, tigre, & plutôt couguar (felis concolor) - esclave - stroud blanket - Bastonnois - Sacacoua - équipement.

The canoes, which I provided for my undertaking, were, as is usual, five fathom & 1/2 in length, and 4 1/2 feet in their extreme breadth, and formed of birch-tree bark, a quarter of an inch in thickness. The bark is lined with small splints of cedar-wood; and the vessel is further strengthened with ribs of the same wood, of which the two ends are fastened to the gunwales : several bars, rather than seats, are also laid across the canoe, from gunwale to gunwale. The small roots of the spruce-tree afford the wattap, with which the bark is sewed; and the gum of the pine-tree supplies the place of tar and oakum. Bark, somme [sic] spare wattap & gum, are always carried in each canoe, for the repairs which frequently become necessary. - To every 3 or 4 canoes, which constitute a brigade, there is a guide or conductor. - The freight of a canoe... consists in 60 piéces, or packages, of merchandise, of the weight of from 90 to a 100 p*ounds* each; & provisions to the amount of 1000 p*ounds*. - We now reached the channels of the grand Calumet, which lie amid numerous islands, and are about 20 miles in length. In this distance, there are 4 carrying-places (portage) besides 3 or 4 décharges, or discharges, which are places where the merchandize [sic] only is carried, & are therefore distinguishable from portages, or carrying-places, where the canoe itself is taken out of the water, & transported on men's shoulders. - The pierre à calumet is a compact lime-stone, yielding easily to the knife, & therefore employed for the bowls (fourneau) of tobacco-pipes, both by the Indians & Canadians. -

Among the pike, is to be included the species called, by the Indians, maskinongé. - In North América [sic], there is no partridges; but the name is given to more than one species of grouse. The birds here intended, are red grouse. - Baggatiway, called by the Canadians le jeu de la crosse, is played with a bat and ball. The bat is about 4 feet in length, curved, & terminated in a sort of racket. Two posts are planted in the ground, at a considerable distance from each other, as a mile or more. Each party has its post, and the game consists in throwing the ball up to the post of the adversary. The ball, at the beginning, is placed in the middle of the course, & each party endeavours as well to throw the ball out of the direction of its own post, as into that of the adversary's.

DOCUMENT IV

Liste de mots dressée par Viger et dans laquelle il a puisé pour établir sa nomenclature.

travail, menoir
guides, corrois
cordeaux, courroies
canard, bombe
faire coup
office
appointer
désappointer
opportunité
confortable
incliner
guide en fait de voyageur
amarrer
à mont la côte
la relevée
payer visite
paré pour prêt
la sentinelle - factionnaire
un incendie
chardron
obligé, obligation
garde-corps

avisse pour vis
boucane
demancher
amancher, emmancher
ramancher
embarquer & débarquer
tuer la chandelle
allumer, charger
manche d'une poile
couette
cariole, traineau
traine & traine de clisse
cabriolet, cabrouet
brancard
boyard
bran de scie
berlancille pour brandilloire
berlanciller pour se brandiller
trompe - instrument - il est françois
gouette
butin

stile
décent
robe de bœuf
caribou
orignal
chat sauvage
bouquin
cadre
improuver
retraiter
voyage d'eau
scieau
argent
retrayer
balayer
frasil
frimat
poudrerie
tirans
bolle
faucille
crocheter
tambour
rigole
tondre
empois
pesâ
amidon
buffet
houiller
plairie
couronel
corporal
cartron
pipe : mesure
bourg[u]ignon
bordée
onglée

côte
cheniquer
jument
âbre
frét, fréde
ahurissant
mitaine
mitasse, hausse
tuque, mâle
matelat
mouiller
sorcière
espérez-moi
berre
mèche
mèche : mesure
marier quelqu'un
araignée *fém.*
fenouil m*asc.*
fart ou farce
berloque
brimbale
escousse
papier cassé
papier brouillard
notureau
taure, tauraille
licher
tire
orge mondée
resous de résoudre
pelote, paume
raquette
matelot, insecte
loucher, bicler
mouillette
grouiller
écroi

ça fait trembler :
ça fait peur
c'est trop de valeur
chez nous
étage
diriger
remettre
banal
étal
celle-ci
celle-là
deusse, troisse
treffle
geremium
j'ai arrêté une maison, un habit,
    des bottes
affaire matériel
cas matériel
superbe
embarrasser
oubli
bord
micmac
brin
casseau
papier nouvelles
papier tenture - tapisserie
cornichon
escabeau
pucelage
porchais
pourceline
pouliche
ouette
épiochon
micoine
Juive
bougon

balle & paille
boudin
berdâs, berdasser
remue-ménage
souliers françois
souliers de bœuf
apichimon
prouvable
rustique
niveleux
suspect
malin
vulgaire
chance, chanceux
ça te froise
emberlicoter
batailleur
gourdin
fouillouses
écopeau
chaume
bandon
capuche
lévier
mitonner - choyer
train - dépense, ivre
biner, corner, dépit
vire-l'œil
écœurer
borgne
verglas
couche chaude
chauve-souris
bourasser
ençà
brouscailler
tricoler
se fier

rubrique
malin basque
escolter
dresser
dévider
crible, train
marinage
fine-boutique
driller
tapon
retailles
étriver
tout plein
bête-puante
portépis
débrailler
devergondé
ebrailler
attends-toi-zy
rappelle-toi-z-en
brayer du lin
fener le foin
veilloche, mulon
belt, bandoulière
retontir
tinton
originer
délivrer les lettres
c'est un game
un game coq
conviens-toi-z-en
donne-moi-z-en
plated, fourré
fourreur - pelletier
butard
barbeau, insecte
criquet
tomber d'un mal

haut mal
mal de Saint
mal de saint Jean
épilepsie
quêteur
tamis
nix, nix for stein
je suis ordonné de
empêtrer
pelleter
du mil - foin
décaniller
fictif, ive, adj.
sûrir
graissoux, se
verbalement
glumer
warrant
bill
indictement
indicter
râle, râler
ébarouir
éclopé
galimafrée
jouqué
aveindez-le
dégrader
ebourifler
culasse
Guide - longue rêne attachée à la bride d'un cheval attelé.
Rêne - courroie de la bride d'un cheval.
Cordeau - corde de moyenne grosseur.
Courroie - pièce de cuir coupée en long, étroite et qui sert à lier, à attacher quelque chose.

II. LISTES DES MOTS ET DES EXPRESSIONS RELEVÉS PAR ROSS CUTHBERT

DOCUMENT V
(de la main de Ross Cuthbert)

Notte pour Jacques Viger - Esquire

Epigraphe de ton Dictionaire

Athenes tu as fini, Rome tu vas périr
L'Ecole Canadienne, dissipe ton Souvenir
Extrait de... *L'Aréopage*
par le Square Ross Cuthbert

[Col. A]
tu pars comme un fusil sans plaque
il chante comme un rêve
il leve le c... comme une bête puante
il marche comme un chien qui vient des vêpres
un beau canard!!
c'est son père tout racopié
il braille comme un veau
haut comme un choux [sic]
ils en font un patira
c'est comme baise mon pouce
c'est un valtreux
J'aime cela comme la colique
Ecoutes [sic] donc, mon fiston
J'ai déboulé en bas de la cote
Je me suis agrippé ⁽⁴⁾ après les branches
Je marchois après lui / pour <u>derriere</u>
courir au busc
déplanter un oiseau, &c.
un cheval qui <u>coure</u> [sic] le gallop [sic]
manger de la sagamité
il bègue / pour begaye
Je ne bèguerai pas, pour te dire cela

c'est de l'Etaim [*sic*] fine
il est mal à main
c'est un homme factieux / pour facécieux [*sic*]
il m'a donné des mauvaises raisons / pour il m'a mal reçu, &c.
c'est une raison ça
impotheques, déventes
Les gros chiens ne se mordent pas
il a été presque, presquement / pour preste
c'est long comme d'icite à demain
Je l'ai tournaillé, travaillé
ç'a fait <u>grincher</u> les dents
ç'a ne portera pas a terre / pour relever
vite, pendant que c'est chaud / <u>vitement</u>
Je me suis Estropié

[Col. B]

essayer <u>à</u> manger
c'est <u>tout de bon</u>, pour serieusement
c'est un chétif
il est dur comme un cheval
donner le bois[5] pour les Ecopaux
il est jouqué comme un dinde
poulailler
il est Elingué. Etiré
c'est usé à forfait<u>e</u>
régal, je me suis régalé
Les bouchers donnent trop de régal
il a éparpillé cela
Il a les yeux à la perdition de son âme
il a les jambes comme des batons de traine
cet homme a un beau paroli
il est bien induqué
il n'est pas mechant / pour exprimer qu'il a quelque talent
c'est du bois de <u>requise</u>, pour de valeur
bavasser
pietes [*sic*] toi
rire jaune

Quelle est sa vocation?
barbots
faire des barbots
ça file dru, je filois doux
ça coule comme un sas / pour tamis
sasser
passer au gros sas
tout plein, il est fin tout plein
il empeste, il empoisonne l'ail, l'oignon
c'est de la poison
c'est de la carotte à Moreau
on doit plus à sa peau, qu'à sa chemise (franç*ois*)
chipoter (je le crois françois)
Je suis plein d'eau
un couteau plein de graisse
c'a fait trembler
chacun à son tour comme au moulin
il y a belle lurette
crocs pour moustache et pour dents

[Col. A]
il est fait au moule / pour au tour
[il est fait] en peinture / pour à peindre
il est ostiné
c'est un quêteux
avez vous des oublies pour cacheter
J'ai tout désoublier [*sic*], pour oublier
il courre [*sic*] comme un chat sauvage
cette affaire est bâclée
il y avoit beaucoup de roulins
de beaux cadres
fourgonner
elle s'est levée le derrière le premier
bougonner / renoter
Je l'eus bètot mis à l'envers
il a une mine à cracher dessus
gras comme un voleur

Je ne sais de quel bord me revirer
tâches [sic] donc de l'appâter
c'est une dévergondée
il a pris une belle embardée
renchausser des patates
il s'en va du coté de tantòt
un petit rabougris
la rente de l'argent / pour l'interet
un couteau ébrèché (françois)
le mal passe net comme sur la main
étriper quelqu'un
faire ètriver
donnes [sic] la bouette à la vache
fou comme braque
une brique de savon (françois peut etre)
il fait le chien couchant
Je suis capable de manger cet homme là
il se frôloit contre lui
c'est jour de mitasse
à <u>cause donc</u> (canadien pour le certain)
Moyennement
sa femme porte la culotte
comme elle s'est attiffée
il est changé / pour pâle, défait

[Col. B]

Je me suis mis <u>dans</u> mon lit
mettre ses bas <u>dans</u> ses jambes
[mettre] ses souliers dans ses [pieds][6]
piler sur quelqu'un
l'argent sous le pouce
parler verbalement à quelqu'un
astigoiner
c'a n'est pas de la petite biere
mirlifichures / pour colifichets
il a fait une sottise de brasse
il est malin comme sept fois le Diable

cé n'est pas le Diable / ce n'est pas difficile
ça tombe comme la pauvreté sur le monde
malade comme un chien
cela prend au nez comme la moutarde
parler comme une femme est un proverbe de tous les pays
une langue à percer quatre murailles
il ne fit frime de rien
se plaindre le ventre plein
il geint, geignoit, geindre
donner une <u>paire</u> de soufflets
boire à la grande tasse
nager à grande eau
La bête à la grande queue
cristail
un etau / pour ètoc
qu'est ce que vous grattez par ici
Je lui ai parlé françois
secquement, il m'a reçu secquement
passer en belette
une gaffe, gaffer quelqu'un
il a les quatre pieds blancs / il est libre
fin-fin la blague
cest fait dans un vire-main
apres moi le déluge
hardi donc / pour courage

[Col. A]

cela me chiffonne
Je lui ai coupè le sifflet
il se promene les mains dans ses poches
faire une attisée (françois)
ils sont amis jusques au plat
il s'est dèboutonné (françois)
Jouer, boire, manger &c. son saoul & Content a refection
propre comme un sou
salopries [sic], pour saletés, ordures &c.
la flambe / de flamber (françois)

lamper / lampas (fran*ç*ois)
le reveil matin
l'herbe à la puce
l'herbe à dinde
il est comme l'oiseau sur la branche
a brousse Poil
Docteur en souppe salée
un habit rapiesté
il faisoit brun - à la brûnante - entre chien & loup
il chante comme un perdu
crier comme un sourd (fran*ç*ois)
un homme mal équippé [*sic*], pour blessé
un homme saoul, se souler p*ou*r enivrer (francois)
Il fait la pluie et le beau temps
courir les Côtes, pour les Campagnes
fripper quelqu'un
il s'est epouffé pour échappé (francois)
c'est un mal a droit - drette
a cor et a cri
sans vous Interrompre
curieux comme la chèvre a Jacques Cartier
c'a n'a pas de rime
tuer roide comme une tourte
tomber comme une tourte
un goret

[Col. B]
Je suis affairé (fran*ç*ois)
un rin de vent / rhumb
une risée de vent
Piroli
tout flambant neu ou nu
soupirail (fran*ç*ois)
des fanals, confessionals
elle est legerte
tout fin seul, (quelque fois faux)
ricaner (fran*ç*ois)

il fait chaud que le Diable
il alloit vite que le Diable
mon petit gat pour gars
ferlasser (fr*ançois*)
comment t'appelles-tu ? p*our* se nommer (françois)

[Col. A]
J'ai travaillé une escousse
pivac pour bivouac
pique-bois
il a mangé à se mettre le ventre sur le dos
elle étoit sur un tata terrible
c'est bonnet blanc, et blanc bonnet
où avez vous pêché cela
un gaband
fendre des éclats
il a l'ame clouée, rivée dans le corps
on dit ici quelouer pour clouer
si la mer bouilloit &c.
cela bouille pour boût
c'est pour le sur / pour certain
s'ingerer de quelque chose
tout cela fait bouillir la marmite
il ne pourra jamais ressoudre
bouler quelqu'un
Je te garde un chien de ma chienne
Je l'ai dégradé / pour laisser en arriere
il est degradé / pour il est arrêté
Je l'ai retappé
il avoit une poignée d'argent blanche
Je l'ai semée
tarabusquer
le temps est mucre
tu viendras cuire à mon four
ni plus, ni moins / pour cependant

DOCUMENT VI
(de la main de Ross Cuthbert)

Anglicismes et Expressions non françoises usitées par les Canadiens, Proverbes, &c. &c.

Notte

[Col. A]
travail de charrette
amancher, demancher, ramancher
on dit enmanché d'un long col [7]
par exemple (Quand [l'] employé)
embarquer, debarquer
chat échaudé craint l'eau froide
Je vous serois obligé pour &c.
Je vous remercierois pour &c.
Je voudrois que cela seroit
marier quelqu'un
vous me tannez
Je suis ahuri
Je sors d'entrer
fais donc un apichimon
là-bas sur la montagne
Il y a ben du train ici
tues [sic] la chandelle
Brasses [sic] donc le poêle
sortir dehors
Manger des guêpes
Manger de l'avoine
il fait le faro
poudrerie
traine, cariole
guides, pour rênes
improuver au lieu de se perfection[ner]
desappointer pour tromper
Il s'est fait baiser en pincette

payer une visite, des compliments
c'est bien de valeur
Je serois bien marri, faché de
voyons voir
cahots
allumons
c'est comme une mitaine sans pouce
Il en faut autant que de pelotte de neige[8] pour chauffer un four
fier comme un Ecossois
c'est comme une troisieme roue à une charrette
il boit comme un trou
La poste à Saupin, de chien
faire le bredas, bredasser
la race des gueux ne se perdra pas il n'y a pas mortalité de canaille

[Col. B]
il a été reçu comme un chien à vêpres ou dans un jeu de quilles
pauvre comme un rat d'église
il ment comme un arracheur de dents
crocheter des pois
du pesas
La chienne à Cantin lui monte sur le dos
Bouquin pour les pipes
Boire une larme, un filet
Savant comme un livre. Pourquoi
ne diroit on pas, sot comme un livre?
il parle comme *sain*t Paul, la Bouche &c.
esperez moi un instant
mitonner, douilleter quelqu'un
ne me brousquaille pas tant
Je te flanquerai un tapin par les babines
il a mouillé toute la journée
Je suis tout trempe
Je suis trempe comme une souppe
tremper la souppe
renflé comme une souppe au lait
un canard, une bombe

une bombarde
parler du nez
il est fierement riche
c'est une Juiffresse
Je suis démonté
elle est blême comme un linge ou encore comme... autre chose
gueusasse
un sciau
un banc-lit
il n'est pas la moindrement fatigué
Les chemins unis comme des chemins de carte [sic]
rafistoler, rapapillotter
il fait un temps a ne pas mettre les chiens dehors
ça entre par une oreille et ça sort par l'autre
qui a fait Lundi, a fait Mardi
leste comme un chien de plomb
il est connu comme Barrabbas a la passion

[Col. A]
tu ne vaux pas les quatre fers d'un chien
donnes [sic] moi ma tuque, ma capuche
il a une tête d'allemand
acheter des souliers de bœuf, des souliers françois et Sauvages
donnes [sic] moi ma bougrine
ils m'ont emberlicotté
Je me suis blousé
flâner, flasque, flandrin, lambin, lambiner
mais c'est que (à tout propos)
couette, gouette
un habitant, pour agriculteur, paysan
c'est ecœurant
se trouver mal
vomir tripes et boyaux
il y a du train dans le bal
J'étois dans l'Inquilibre / doute, indecis
un voyage d'eau
le vin est sur (aigre) et lait sur

farine du diable retourne en son
la tricherie retourne à son maitre
fumer sans pipe
Je te ferai passer par un chemin ou il n'y aura pas de pierres
tous les bourdignons
il fait frette
mets tu ton col noir / cravatte
J'ai attrappé [*sic*] l'onglée
il tremble les fievres
faire chaudiere à part
Je te fricasserai une ramasse
c'est prouvable / c'est evident
c'est vulgaire / c'est clair
c'est un saint épais
il est grossier comme un pain d'orge
Je m'en vas sus ma tante / chez
c'est malin de plaider avec le seigneur
c'est un homme rustique

[Col. B]
vas donc ramasser des écopaux
voyez donc, ce petit nijon, bougon
il est amoureux comme une chatte
on n'attire pas les mouches avec du fiel
c'est une gavache
Je lui ai donné un savon d'importance
Je l'ai brassé comme il faut
c'est une buche
c'est un fin matois, une fine boutique
tiens bon, tiens fort, tire Dieu, tire Diable, Bougre à Bougre
est [*sic*]-tu paré?
Dégobiller
renâcler
allez-vous <u>cuiller</u> les pommes?
Je te releverai du péché de paresse
faire du boudin
se mirer

se dèbarbouiller
cet homme a de la corde de pendu
Je lui en ai donné sur les epicailles
il s'est grisé
descendre les escaliers quatre à quatre
Je ferai cela <u>comme un des mieux</u>
ils brulent la chandelle par les deux bouts
il a perdu un pain sur sa fournée
il grelotte
faites donc mortifier la viande, la salad[e]
vas dire à la Bejin qu'elle te peigne
c'est un mal peigné
Beurrer son pain
veux-tu une beurrée de graisse? &c.
il est mal amanché dans ses affaires
il voudroit fignoler
cavalier (dans quel sens?)
Il va voir sa <u>blonde</u>
droit comme un piquet
faire manger de l'avoine a quelqu'un

[Col. A]

c'est un fier matin, un roustaut
c'est un vive la joie / sinonyme Roger bon temps
Je connois cela comme ma poche
donnes [*sic*] moi mon butin
courir la galipotte
renvoyer quelqu'un la pelle au &c.
<u>naturellement</u> c'a fait ma [*sic*] plaisir
c'est une drolesse
quel ratapiat
aller a la <u>cantine</u>
pas tenseulement un sol
Je vais canoter
il <u>a</u> eu le <u>pesant</u> toute la nuit
une coppre
vous avez cochonné cela

pourquoi gaspiller le butin comme ça
il s'amuse à brocanter
il est toujours à tripoter dans la boue
Je t'ecrapoutinerai le nez
c'est de l'onguent miton-mitaine
regarder quelqu'un par dessus l'épaule
Sec comme un <u>coton</u> (9) de bled d'inde
- comme un manche de balai
- comme un pain d'épice
- comme Nord Est
c'est un batailleur
il mange comme un goulia
Sans demander ni quoi ni qu'est ce
aller tout de gô
il est fort comme un turc
il s'est éjarré
une traine de clisses
vois donc ce vire-l'œil, ce bicleux
veux tu fumer une touche?
des noix douces, amères
J'ai acheté un <u>soc</u> de porc frais
vous étiez a gogo
Nous avons fait ribotte / cela vient de ribauder
Turpin moine autrefois, puis archevêque et ribaud en tout temps. ribaud là, signifie a peu pres paillard.
voyez comme il fait <u>le Monsieur</u>. C'est comme un pou sur une galle

[Col. B]
c'est un homme du Nord
<u>Eplucher</u>
èplucher du bled-dinde
il lui a graffigné le visage
Balier pour balayer
apres qu'il a ballié, il n'est pas nécessaire d'épousseter
tomber dans la place
oh! le bagoulard
il a fait ses georges, pour orges

desargenter, être désargenté
me voilà sur le plancher des vaches
[se] laisser manger la laine sur le dos
tête d'escargot - de boule
Et moi - je m'appellerai joli-cœur
Il a bien des croutes à manger
gober,[10] des mouches
bâiller le bec
sec comme un pendu
faire de 5 sols 6 blancs
poches - empocheter
il ne vaut pas son plein cul d'eau chaude
corps vide comme un fanal
le petit bonhomme ou la vieille lui jette du sable dans les yeux
qui a la gale la gratte, qui ne l'a pas l'atrappe [sic]
bavasser
grichou - griche-poil
sur votre respect
à raz terre, tout a raz, razer
J'ai été mal équipé à ce combat
Je n'en ai pas pour une creuse dent
une belle ariette
Une beauté!
avoir de l'arse
sonner le tinton & le tinton sonne
Brique de savon
tombé comme le gin-seng
tabac du diable (jusquiame)
petit lait (babeure [sic])
à brousse poil
batelée
tabaconiste pour tabagiste
Blague
être affairé

DOCUMENT VII
(Notes de Viger, recopiées par quelqu'un d'autre.)

accept*ions* canadiennes, ou provinciales

Allumer : intransitif *sous* ent*endu* pipe : se reposer[11]; visiter; arrete allumer

appointer : nommer à un poste. M*onsieur* a été appointé...

bombe pour canard : bouilloire. On dit plutot[12] bombe dans [le] district de Québec plutot canard dans celui de Montréal

beurrée de crème, sirop

Capuche : bonnet de femme. Capuche de castor

mouiller : pleuvoir

jument : caisse de fusils

Mots nouveaux

Apichimon vient du sauvage : bourrelet de linge...; lit; grabat

Abât : bordée; orage, abât de pluie, de neige

boucane : fumée

chienneter = chienner

flambant : neuf

Notes des Appendices

1. *Phrase raturée.*
2. *Mot illisible.*
3. têtes de boule *ajouté au-dessus de* Gens de terres.
4. r *à la finale dans le ms.*
5. la piece *ajouté au-dessus de* bois.
6. *Écrit* bieus.
7. *Écrit verticalement dans la marge.*
8. s *final raturé.*
9. sucet *ajouté au-dessus de* coton.
10. *Mot illisible.*
11. inviter *raturé.*
12. plutot *ajouté au-dessus.*

REGROUPEMENT ONOMASIOLOGIQUE

1. L'atmosphère
   Le temps et le vent
abât, bordée, giboulée; clairon, tirans; dégelée; fréde, fréte, fréte comme glace; mouiller; neige, pelote de neige; poudrer, poudrerie; rhimb de vent, sorcière.

2. La terre
   L'eau
bourguignon; remous, tourniquet.
   La flore
âbre; arbre de vie, arbre du paradis; bleuet; chardron; épinette; fenouil, fenouillette; ginseng; herbe à dinde; herbe à la puce; otocas; trèfe.
   La faune
Quadrupèdes : caribou; orignal; porc-épic.

Mammifère volant : souris-chaude.

Oiseaux : oiseau blanc, ortolan; perdrix.

Poissons : achigan; maskinongé; poisson blanc; poisson doré.

Mollusques : pistolage, pucelage.

Arachnides et insectes : arignée; matelot.

3. Le temps et l'espace
après-dinée, relevée; faire brun, brunante, à la brunante, brune, sur la brune, entre chien et loup; arse, place «sol d'une pièce»; espérer; icit; mèche et pipe «mesure de distance»; sur «chez».

4. L'être physique
   Le corps
couette «queue de cheveux»; regricher; reintier.
   L'apparence
banal; beau comme un fàro de campagne; bougon, petit gâ, nijon; écœurant (subst.), galeux comme un Écossais, graissoux (subst.); grichou, laid comme un grichou; tapon.

La vue

bicler, bicleux, louche, loucher, loucheur, vire-l'œil; éborgner; stellà, stellci(t).

L'ouïe

gricher des dens; péter; retentir, retontir; sarpidon; tinter, tinton.

Le sommeil

dormir comme une soupe; pesant (subst.), avoir le pesant.

Les indispositions, les maladies et les blessures

dégobillage, dégobiller, dégobillis; écrapoutiller, écrapoutir; égrafignure, égratigner, égratignure, graffigner; équipage, équipé, équiper; gouette; épilepsie, haut-mal, mal caduc, mal de saint, mal de saint Jean, tomber d'un mal; ouète; soigner.

L'alimentation

beurrée, beurrer; boire du café comme la Brillant; castonade; envarié; fard; gouliâ, gouliafre; se houiller, être en train «ivre»; licher, s'en licher les barbes; marinade, marinages; naturel; poudine, poutine; rôle; soc; sur, surir; tapon de graisse; tire.

Le tabac

allumer; bougon de pipe; bouquin de pipe; charger; manche de pipe; fumer une touche.

Les vêtements

amarrer; berloque; butin; capuche, casque; ébrâillé, ébrâiller, écolté, s'écolter, épotraillé; ferlassement, ferlasser, flasque; flambant, flambant neuf, flambant nu; gaspiller; graissoux; hardes; hausse, mitasse; mâle, tuque; oreille de soulier, tiran de soulier; soulier de bœuf, soulier françois, soulier sauvage; grand, haut style; trempe, trempe comme une soupe.

5. L'être intellectuel et affectif

Les sentiments

ahurissant; baiser en pincettes «embrasser»; baiser «tromper», baiser en guedou et baiser en pincettes «tromper»; biner, corner; avoir, donner un beau bled d'Inde; faire du boudin, bourasse, bourasser, bourasseur, à (re)brousse-poil, à (re)griche-poil; bredasserie, bredassier; éviter une belle chandelle; cheniquer, chenniqueur, flasque, flasquer, gavache; désappointé, désappointer; étrivant, étriver; fine-boutique; flandrin, flâner; se fricasser de qqch.; grichou, malin, malin comme un Basque, malin comme un Cree, malin comme un griche-poil, malin comme un grichou; houillé de qqn, de qqch.; obliger pour, remercier pour; plaisant; rustique; suspect; tête d'Allemand, tête de boule, tête d'escargot.

6. L'élevage et la culture

Les animaux domestiques

banal; chaton(n)er, chatter; chienner, chienneter; corner, ébrayer; écroi; game (-coq); se jouquer, jouquoir; notureau, porchais; tauraille, taure.

La terre

bandon, avoir bandon, donner bandon; côte; plairie.

La fenaison et le jardinage

bled; bled d'Inde, maïs; braye, brayer; coton de bled d'Inde «tige», sucet; coton de bled d'Inde «épi dégarni», épiochon; couper, scier les bleds; crocheter des pois, crocheteur; empocheter, poche, pochetée; faner, fener; foin; gérémium, bec-de-grue; mulon, veuilloche; orge mondaine; mauve des jardins, passe-rose, rose-d'outremer, rose-tremière; pelleter; pesâ; racérer.

7. L'être humain et la vie sociale

Les relations amoureuses et sexuelles

amant, amante, faire l'amour, blonde, aller voir sa blonde, fort sur la blonde, amoureux de 36 blondes, cavalier; créature; aller voir, fréquenter la créature, ébraillée (subst.), fille publique; fàro, fàrôder, fignoler, fignoleur; courir la galipote; marier qqn.

Le langage et les rapports de société

avoir affaire de; balbutier; brasser, (se) brouscailler; se déboutonner; décent; tomber comme le ginseng; baragouin, micmac, ratapiat; être ordonné de; papier-nouvelle, papier-public; payer ses complimens (ses respects, une visite).

Les actions violentes exercées contre qqn

batailleur; bourgogner; donner, fricasser une dégelée, donner, fricasser une ramasse; ébrayer; écrapoutiller, écrapoutir, écrapoutir comme un crapaud; en donner sur les épicailles; fesser; graisse, graisser; mècher, moucher; tapin; verbalement.

Les jeux et les distractions

balançoire, berlancille, brandilloire, escarpolette, se balancer, berlanciller, se brandiller; bombarde, guimbarde, trompe; canot, canoter, canoteur; battoir, raquette, pelote, traîneau.

Les métiers

agriculteur, habitant, habitante, laboureur, paysan; appointement, appointer; cabaret, cabaretier, cantine, cantinier, détailleur, taverne, tavernier; canoter, canoteur; manchonnier; niveleux; voyageur.

Le commerce

avoir plus d'acquet, avoir plus de quitte; argent; coppre; courir les côtes; étau; faire ses georges; houiller; office; retraiter, retrayer.

Le nombre et la quantité

une beauté, deusse, fièrement, troisse; canot, canotée, charretée, jument, poche, pochetée, voie, voyage.

La propriété

coureur de côtes, courir les côtes; fripper, glumer, en licher à qqn; gueusasse, gueusaille; quêter, quêteur.

La vie militaire

belt; corporal; faire coup; couronel; factionnaire, sentinelle; matelat; retraiter.

La maison, les meubles

amancher, démancher, ramancher; apichimon; bagage, butin, drigaille, ménage; ber; buffet; cadre; couette; escabeau; premier étage; lévier; tapisserie.

Les ustensiles et les récipients

bombe, bouilloire, canard; casseau, meuble «vase, plat»; ébaroui, s'ébarouir; lichefrite; micoine; plated; sieau; thétière.

Le chauffage

attisée; boucane, boucaner; écopeau; sec comme un écopeau; flambe; tondre «amadou»; tuer «éteindre».

Les travaux domestiques

amidon, empois; balier; brasser le poêle, brasser le chaudron; bredas, bredasser; fer à flasquer; rapiester; train «ménage».

8. Le transport

Par voie de terre

amont la côte; berline, bordel, cabrouet, calèche, cariole; boyard, brancard, civière; brancard, menoirs, travail; cahot; cannevette, cantine; claque, mèche; cordeaux, courroies, guides, rênes; débarquer, embarquer; plancher des vaches; robe de bœuf; traîne, traîne de clisse.

Par voie d'eau

cage, cajeux, crible, dram; canot, canoter.

9. Onomastique

avoir, être une tête d'Allemand; malin comme un Basque; Canadien; malin comme un Cris ; galeux comme un Écossois ; Juifrèsse ; Montréaliste ; Québéquois, Québecquois; Sauvage, Sauvagesse; Sorel.

> Verreau 67 NO
> Notte pour Jacques
> (Viger - Esquire)
>
> Épigraphe de ton Dictionnaire
>
> Athènes tu as fini, Rome tu vas finir
> L'École Canadienne, dissipe ton
>   Souvenir
>
> Extrait de ..... L'Aréopage
> par le Square Ross Cuthbert
>
> Archives du Séminaire de Québec

Épigraphe adressée à Jacques Viger par Ross Cuthbert, tirée de son ouvrage *L'Aréopage*, publié en 1803. Manuscrit conservé au Musée de la civilisation, fonds d'archives du Séminaire de Québec.

LES COMPARAISONS

Les nombreuses comparaisons que Viger a consignées, ainsi que celles qui figurent dans les Appendices, nous ont incitée à en faire le relevé. Comme les comparaisons figurant dans les Appendices datent, comme le texte de Viger, du début du XIXe siècle, la fusion des deux sources allait de soi. La méthodologie que nous avons adoptée est celle qu'a utilisée R. Lepelley dans son étude sur les comparaisons en Normandie, intitulée : «Les comparaisons dans le Val de Saire (Basse-Normandie)» (v. bibliogr.).

L'auteur s'est lui-même inspiré d'un article de J. Cohen sur le sujet : «La comparaison poétique : essai de systématique» (v. bibliogr.). La terminologie qu'il a adoptée est celle qu'a utilisée J. Cohen dans son article, soit : A est B comme C, où B est le prédicat ou sème commun aux deux lexèmes dont l'un, A, est le «comparé» et l'autre, C, le «comparant» (Cohen 44).

Dans son article, R. Lepelley pose la question de la pertinence de l'étude des comparaisons en ces termes : «N'est-il pas possible de mieux connaître les habitants d'une région, leurs activités et leurs mentalités, en étudiant les comparaisons dont ils émaillent leur discours ?» En effet, l'étude des comparaisons nous apprend beaucoup sur l'état d'esprit de ceux qui les utilisent. Comme le démontre l'auteur dans son étude, les comparaisons «correspondent à une certaine manière d'être et à une certaine manière de penser»; d'où l'intérêt d'en tenir compte dans les études sur la langue.

PRÉDICATS	LOCUTIONS
aimer	j'aime cela comme la colique
amoureux	il est amoureux comme une chatte
blême	elle est blême comme un linge
boire	il boit comme un trou
brailler	il braille comme un veau
chacun à son tour	chacun à son tour comme au moulin
chanter	il chante comme un perdu
	il chante comme un rêve

connaître	je connois cela comme ma poche
connu	il est connu comme Barrabbas à la Passion
couler	ça coule comme un sas
courir	il court comme un chat sauvage
crier	crier comme un sourd
curieux	curieux comme la chèvre à Jacques Cartier
dormir	il dort comme une soupe
droit	droit comme un piquet
dur	il est dur comme un cheval
écrapoutiller	écrapoutiller comme un crapaud
être	c'est comme le moulin de La Chine, qui ne s'arrête plus quand il est parti
	il est comme l'oiseau sur la branche
	c'est comme une mitaine sans pouce
	c'est comme une troisième roue à une charrette
	c'est comme un pou sur une gale
fier	fier comme un Écossois
fort	il est fort comme un Turc
fou	fou comme braque
frète	frète comme glace
galeux	galeux comme un Écossois
gras	gras comme un voleur
grossier	il est grossier comme un pain d'orge
haut	haut comme un chou
jambes	il a les jambes comme des bâtons de traîne
jouqué	il est jouqué comme un dinde
laid	laid comme un grichou
leste	leste comme un chien de plomb
lever le cul	il lève le cul comme une bête puante
long	c'est long comme d'icite à demain
malade	malade comme un chien

malin	malin comme un Basque
	malin comme un Cris
	il est malin comme sept fois le diable
	il est malin comme un grichou
manger	il mange comme un goulia
marcher	il marche comme un chien qui vient des vêpres
mentir	il ment comme un arracheur de dents
parler	il parle comme saint Paul
	il parle comme la Bouche
	parler comme une femme
partir	tu pars comme un fusil sans plaque
passer net	le mal passe net comme sur la main
pauvre	pauvre comme un rat d'église
prendre au nez	cela prend au nez comme la moutarde
prendre du café	il prend du café comme la Brillant
propre	propre comme un sou
reçu	il a été reçu comme un chien à vêpres
	il a été reçu comme un chien dans un jeu de quilles
renflé	renflé comme une soupe au lait
savant	savant comme un livre
sec	sec comme un coton de bled d'Inde
	sec comme un écopeau
	sec comme un manche de balai
	sec comme un pain d'épice
	sec comme nord-est
	sec comme un pendu
sot	sot comme un fondeur de cloches
tête	il a la tête comme un procès-verbal
tomber	il est tombé comme le ginseng
	ça tombe comme la pauvreté sur le monde

	tomber comme une tourte
trempe	il est revenu trempe comme une soupe
tuer roide	tuer roide comme une tourte
unis	les chemins unis comme des chemins de cartes
vide	corps vide comme un fanal

Liste alphabétique des «comparants»

«COMPARANTS»	PRÉDICATS
arracheur de dents	mentir
Barrabbas à la Passion	connu
Basque	malin
bâtons de traîne	jambes
bête puante	lever le cul
Bouche	parler
braque	fou
Brillant	prendre du café
chat sauvage	courir
chatte	amoureux
chemins de cartes	unis
cheval	dur
chèvre à Jacques Cartier	curieux
chien	malade
chien à vêpres	reçu
chien dans un jeu de quilles	reçu
chien de plomb	leste
chien qui vient des vêpres	marcher
chou	haut
colique	aimer
coton de bled d'Inde	sec

crapaud	écrapoutiller
Cris	malin
dinde	jouqué
écopeau	sec
Écossois	fier
Écossois	galeux
fanal	vide
femme	parler
fondeur de cloches	sot
fusil sans plaque	partir
ginseng	tomber
glace	frète
goulia	manger
grichou	laid
grichou	malin
icite à demain (d'~)	long
linge	blême
livre	savant
main (sur la ~)	passer net
manche de balai	sec
mitaine sans pouce	être
moulin	chacun à son tour
moulin de La Chine	être
moutarde	prendre au nez
nord-est	sec
oiseau sur la branche	être
pain d'épice	sec
pain d'orge	grossier
pauvreté sur le monde	tomber
pendu	sec
perdu	chanter

piquet	droit
poche	connaître
pou sur une gale	être
procès-verbal	tête
rat d'église	pauvre
rêve	chanter
saint Paul	parler
sas	couler
sept fois le diable	malin
sou	propre
soupe	dormir
soupe	trempe
soupe au lait	renflé
sourd	crier
tourte	tomber
tourte	tuer roide
troisième roue à une charrette	être
trou	boire
Turc	fort
veau	brailler
voleur	gras

BIBLIOGRAPHIE

I. MANUSCRITS

GRONDIN, François-Xavier, «Bio-bibliographie de Jacques Viger», thèse dactylographiée, École des bibliothécaires, Université de Montréal, 1947, 2 vol., 359 p.

VIGER, Jacques, «Néologie Canadienne, ou Dictionnaire des mots créés en Canada & maintenant en vogue; - des mots dont la prononciation & l'ortographe sont différentes de la prononciation & ortographe françoises, quoique employés dans une acception semblable ou contraire; et des mots étrangers qui se sont glissés dans notre langue», 1810 ; manuscrit classé au fonds Verreau, n° 67, liasses I B et 2, au Musée de la civilisation, fonds d'archives du Séminaire de Québec. (Les notes et listes de mots qui figurent dans les Appendices se trouvent également sous cette cote.)

VIGER, Jacques, «La Saberdache» qui comprend : «La Saberdache rouge» n°s 0-95 à 0-125 et «La Saberdache bleue» n°s 0-139 à 0-152; manuscrits conservés au fonds Verreau, au Musée de la civilisation, fonds d'archives du Séminaire de Québec.

II. IMPRIMÉS

Académie = *Le Dictionnaire de l'Académie françoise*, Paris, Jean-Baptiste Coignard, 1694, 2 vol.; 2e éd., *Nouveau dictionnaire de l'Académie françoise*, Paris, J.-B. Coignard, 1718, 2 vol.; 3e éd., *Dictionnaire de l'Académie françoise*, Paris, J.-B. Coignard, 1740, 2 vol.; 4e éd., *Dictionnaire de l'Académie françoise*, Veuve de Bernard Brunet, 1762, 2 vol.; 5e éd., *Dictionnaire de l'Académie françoise*, Paris, J.J. Smits, 1798, 2 vol.; 6e éd., *Dictionnaire de l'Académie françoise*, Paris, Firmin Didot Frères, 1835, 2 vol.; 7e éd., *Dictionnaire de l'Académie française*, Paris, Firmin Didot, 1878, 2 vol.; 8e éd., *Dictionnaire de l'Académie française*, Paris, Hachette, 1932-1935, 2 vol.

AcCompl = *Complément du Dictionnaire de l'Académie française*, Paris, Firmin Didot Frères, 1844, XXXII-1281 p.

Arveiller = ARVEILLER, Raymond, *Contribution à l'étude des termes de voyage en français (1505-1722)*, Paris, Éditions d'Artrey, 1963, 571 p.

AUDISIO, Gabriel et Isabelle BONNOT-RAMBAUD, *Lire le français d'hier : manuel de paléographie moderne XVe-XVIIIe siècle*, Paris, Armand Colin, 1991, 252 p.

Aurore (L' ~), hebd., fondateurs Michel Bibaud et Joseph-Victor Delorme, Montréal, 10 mars 1817 - sept. 1819.

Baraga = BARAGA, Frederic, *A Dictionary of the Otchipwe Language, explained in English* : part I, English-Otchipwe by R. R. Bishop Baraga, Montréal, Beauchemin & Valois, 1878, 301 p.

Barre du jour (La ~), revue littéraire bimestrielle, Bois-des-Filions (Québec), La Barre du jour, 1965-1977, 57 vol. Continuée par La Nouvelle barre du jour depuis 1977.

BARTHE, Joseph-Guillaume, *Souvenirs d'un demi-siècle ou Mémoires pour servir à l'histoire contemporaine*, Montréal, J. Chapleau & fils, 1885, XVII-482 p.

Bauche = BAUCHE, Henri, *Le langage populaire : grammaire, syntaxe et dictionnaire du français tel qu'on le parle dans le peuple de Paris avec tous les termes d'argot usuel*, nouv. éd., Paris, Payot, 1946, 231 p.

Bélisle = BÉLISLE, Louis-Alexandre, *Dictionnaire nord-américain de la langue française*, éd. entièrement refondue comprenant : suppléments de biographie, histoire, géographie, et des plus importantes villes du monde avec leur population, Montréal, Beauchemin, 1979, [XIV]-1196 p.

Bescherelle = BESCHERELLE, Louis-Nicolas, *Dictionnaire national ou Dictionnaire universel de la langue française*, 2ᵉ éd., Paris, Garnier, 1845-1846, 2 vol. ; 6ᵉ éd., Paris, Garnier, 1858, 2 vol.

BIBAUD, Maximilien, *Le panthéon canadien : choix de biographies*, Montréal, J. M. Valois, 1891, VI-320 p.

Bibliothèque canadienne, ou miscellanées historiques, scientifiques, et littéraires (La ~), revue mensuelle, fondateur-propriétaire et rédacteur Michel Bibaud, Montréal, juin 1825 - 5 juin 1830.

BlaisTop = BLAIS, Suzelle, *Apport de la toponymie ancienne aux études sur le français québécois et nord-américain : documents cartographiques du Régime français*, Québec, Commission de toponymie, 1983, IX-105 p. Études et recherches toponymiques, 6. Cartes.

Boiste = Boiste, Pierre-Claude-Victoire, *Dictionnaire universel de la langue française, avec le latin et les étymologies*, 7ᵉ éd., Paris, Verdière libraire, 1829, XX-724 p. ; compl. 210 p. ; 8ᵉ éd. rev., corr. et considérablement augm. par Charles Nodier, Paris, Lecointe et Pougin libraires, 1834, XXIV-756 p. ; compl. 241 p.

BouchHist = BOUCHER, Pierre, *Histoire véritable et naturelle des mœurs & productions du pays de la Nouvelle France, vulgairement dite le Canada*, Paris, Florentin Lambert, 1664, 168 p. ; réimpr. : la Société historique de Boucherville, [Boucherville], 1964, LXIII- 415 p. (Le texte de Boucher se trouve aux pages 1 à 168.)

BOUHOURS, Dominique, *Remarques nouvelles sur la langue françoise*, Paris, Sebastien Mabre-Cramoisy, 1675, XX-540 p. ; *Suite des Remarques nouvelles sur la langue françoise*, Paris, George & Loüis Josse, 1687, XXII-469 p. ; réimpr. : Slatkine Reprints, Genève, 1973.

Bourciez = BOURCIEZ, Édouard et Jean BOURCIEZ, *Phonétique française*, Paris, Éditions Klincksieck, 1974, XII-243 p.

Boyer = BOYER, Abel, *Dictionnaire royal françois-anglois et anglois-françois; tiré des meilleurs auteurs, qui ont écrit dans ces deux langues. Soigneusement rev., corr. & augm. d'un très grand nombre de mots & de phrases, de plusieurs idiotismes, et de différentes constructions & façons de parler, tant françoises qu'angloises*, Londres, C. Bathurst, 1773, (s. p.).

BPFC = *Bulletin du parler français au Canada*, Québec, La Société du parler français au Canada, vol. 1-16, 1902-1918.

BRH = *Bulletin des recherches historiques*, Lévis-Québec, Pierre-Georges Roy puis Antoine Roy à partir de 1949, 1895-1968.

BW = BLOCH, Oscar et Walther von WARTBURG, *Dictionnaire étymologique de la langue française*, 5ᵉ éd., Paris, Presses Universitaires de France, 1968, XXXVI-682 p.

Canadiana Romanica, Français du Canada - Français de France, Actes du deuxième Colloque international de Cognac du 27 au 30 septembre 1988, publiés par Brigitte Horiot, Tübingen, Max Niemeyer Verlag, vol. 6, 1991, 236 p.

Canadiana Romanica, Français du Canada - Français de France, Actes du troisième Colloque international d'Augsbourg du 13 au 17 mai 1991, publiés par Hans-Josef Niederehe et Lothar Wolf, Tübingen, Max Niemeyer Verlag, vol. 7, 1993, 256 p.

Canadien (Le ~), hebd., fondateurs Pierre Bédard et François-Xavier Blanchet, Québec, 22 nov. 1806 - 14 mars 1810; 14 juin 1817 - 15 déc. 1819; 19 janv. 1820 -2 mars 1825; 7 mai 1831 - 11 févr. 1893.

CanBAloi = *Canadianismes de bon aloi*, Cahiers de l'Office de la langue française, n° 4, Québec, ministère des Affaires culturelles, 1969, 37 p.; éd. rev. et corr., Québec, ministère de l'Éducation, 1973, 11 p.

Caradec = CARADEC, François, *N'ayons pas peur des mots : dictionnaire du français argotique et populaire*, Paris, Larousse, 1988, 319 p.

CartNord = CARTON, Fernand et Denise POULET, *Dictionnaire du français régional du Nord - Pas-de-Calais*, Paris, Éditions Bonneton, 1991, 125 p.

CAYROU, Gaston, *Le français classique : lexique de la langue du dix-septième siècle expliquant d'après les dictionnaires du temps et les remarques des grammairiens le sens et l'usage des mots aujourd'hui vieillis ou différemment employés*, Paris, Didier, 1948, 884 p.

CHAMPLAIN, Samuel de, *Œuvres de Champlain (1598-1632)*, publiées sous le patronage de l'Université Laval, par C.-H. Laverdière, 2ᵉ éd., Québec, G.-E. Desbarats, 1870; réimpr. : Georges-Émile Giguère, Montréal, Éditions du Jour, 1973, 6 t. en 3 vol. Cartes. Illustrations.

ChaudÉtude = CHAUDENSON, Robert, «Pour une étude comparée des créoles et parlers français d'outre-mer : survivance et innovation», dans *RLiR*, t. 37, nᵒˢ 147-148, juillet-déc. 1973, p. 342-371.

ChaudRéun = CHAUDENSON, Robert, *Le lexique du parler créole de la Réunion*, Paris, Librairie Honoré Champion, 1974, 2 vol., XLIX-1249 p.

ClapAmer = CLAPIN, Sylva, *A New Dictionary of Americanisms Being a Glossary of Words Supposed to Be Peculiar to the United States and the Dominion of Canada*, New York, Louis Weiss & Co., 1902; réimpr. : Gale Research Company, Detroit, 1968, XV-581 p.

Clapin = CLAPIN, Sylva, *Dictionnaire canadien-français ou Lexique-glossaire des mots, expressions et locutions ne se trouvant pas dans les dictionnaires courants et dont l'usage appartient surtout aux Canadiens-français*, Montréal, C.O. Beauchemin & Fils, et Boston, Sylva Clapin, 1894; réimpr. : Les Presses de l'Université Laval, Québec, 1974, XLVI-389 p.

COHEN, Jean, «La comparaison poétique : essai de systématique», dans *Langages*, n° 12, 1968, p. 43-51.

COLPRON, Gilles, *Les anglicismes au Québec*, Montréal, Librairie Beauchemin limitée, 1975, 247 p.

Corneille = CORNEILLE, Thomas, *Le dictionnaire des arts et des sciences*, Paris, Jean-Baptiste Coignard, 1694, 2 vol.; réimpr. : Slatkine Reprints, Genève, 1968.

CorrVoit = CORRIVEAU, Claude, *Les voitures à chevaux au Québec*, Sillery (Québec), Les Éditions du Septentrion, 1991, 172 p.

Cotgrave = COTGRAVE, Randle, *A Dictionarie of the French and English Tongues*, London, Adam Islip, 1611, (s.p.); réimpr. : The Scolar Press Limited, Menston, England, 1968.

CuoqAlg = CUOQ, Jean-André, *Lexique de la langue algonquine*, Montréal, J. Chapleau, 1886, 446 p.

CUTHBERT, Ross, *L'Aréopage*, Québec, printed by John Neilson, 1803, 13 p.

CYR, Céline, «Michel Bibaud», dans *DBC*, vol. VIII, de 1851 à 1860, 1985, p. 97-99.

Dagenais = DAGENAIS, Gérard, *Dictionnaire des difficultés de la langue française au Canada*, 2e éd., Boucherville, Les Éditions françaises inc., 1984, 538 p.

DANET, Pierre, *Grand dictionnaire françois et latin; enrichi des meilleures façons de parler en l'une et l'autre langue; avec des notes de critique et de grammaire, nouv. éd., rev., corr. et augm. considérablement par l'auteur*, Lyon, Deville Frères & L. Chalmette, 1735, 1256 p.

DarbDict = DARBELNET, Jean, *Dictionnaire des particularités de l'usage*, éd. rev. et corr., Sillery (Québec), Presses de l'Université du Québec, 1988, 215 p.

DavLang = DAVIAULT, Pierre, *Langage et traduction*, Ottawa, Bureau fédéral de la traduction, Secrétariat d'État, 1963, 397 p.

DavTour = DAVAU, Maurice, *Le vieux parler tourangeau : sa phonétique, ses mots et locutions, sa grammaire*, Chambray-lès-Tours, C.L.D., 1979, 505 p.

DBC = *Dictionnaire biographique du Canada / Dictionary of Canadian Biography*, Québec, Les Presses de l'Université Laval, et Toronto, University of Toronto Press, en cours de publication depuis 1966.

Delvau = DELVAU, Alfred, *Dictionnaire de la langue verte : argots parisiens comparés*, Paris, E. Dentu, 1866, XVI-406 p.

DepMots = DEPECKER, Loïc, *Les mots des régions de France*, collection «Le français retrouvé», Paris, Éditions Belin, 1992, 447 p.

DFC = DUBOIS, Jean et autres, *Dictionnaire du français contemporain*, Paris, Larousse, 1980, XXXII-1263 p.

DFCl = DUBOIS, Jean, René LAGANE et Alain LEROND, *Dictionnaire du français classique, le XVIIe siècle*, Paris, Larousse, 1992, XXIX-511.

DFP = *Dictionnaire du français plus à l'usage des francophones d'Amérique*, sous la responsabilité de A. E. Shiaty, Montréal, Centre éducatif et culturel inc., 1988, XXIV-1856 p.

DFQ = *Dictionnaire du français québécois; description et histoire des régionalismes en usage au Québec depuis l'époque de la Nouvelle-France jusqu'à nos jours incluant un aperçu de leur extension dans les provinces canadiennes limitrophes*, volume de présentation, sous la direction de Claude Poirier, Sainte-Foy, Les Presses de l'Université Laval, 1985, XXXIII-167 p.

DG = HATZFELD, Adolphe, Arsène DARMESTETER et Antoine THOMAS, *Dictionnaire général de la langue française du commencement du XVIIe siècle jusqu'à nos jours*, 6e éd., Paris, Delagrave, 1920, 2 vol.

DictCan = *A Dictionary of Canadianisms on Historical Principles*, Editor-in-Chief Walter S. Avis, Toronto, W. J. Gage Limited, 1967, XXIII-927 p.

Dictionnaire des parlementaires du Québec, 1792-1992, sous la direction de Gaston Deschênes, Sainte-Foy, Les Presses de l'Université Laval, 1993, 859 p.

Dionne = DIONNE, Narcisse-Eutrope, *Le parler populaire des Canadiens français ou Lexique des canadianismes, acadianismes, anglicismes, américanismes, mots anglais les plus en usage au sein des familles canadiennes et acadiennes françaises*, Québec, Laflamme & Proulx imprimeurs, 1909, XXIV-671 p.; réimpr. : Les Presses de l'Université Laval, Québec, 1974.

DitchyLouis = DITCHY, Jay Karl, *Les Acadiens louisianais et leur parler*, Paris, Librairie E. Droz, 1932, 272 p.

DorrSteGen = DORRANCE, Ward Allison, «The Survival of French in the Old District of Sainte Genevieve», dans *The University of Missouri Studies*, Columbia (Missouri), vol. 10, n° 2, avril 1935, 133 p.

DQA = *Dictionnaire québécois d'aujourd'hui ; langue française, histoire, géographie, culture générale*, rédaction dirigée par Jean-Claude Boulanger, supervisée par Alain Rey, Saint-Laurent (Québec), DicoRobert Inc., 1992, XXXV-1269 p.; noms propres 343 p.; annexes LXII.

DubGloss = DUBOIS, Ulysse et autres, *Glossaire des parlers populaires de Poitou, Aunis, Saintonge, Angoumois*, nouv. éd., Les Granges, Société d'études folkloriques du Centre-Ouest, 1992, 252 p.

DugGent = DUGAS, Jean-Yves, *Répertoire des gentilés du Québec*, Québec, Les Publications du Québec, 1987, 258 p. Études et recherches toponymiques 12.

DulDictC = DULONG, Gaston, *Dictionnaire des canadianismes*, Larousse Canada, 1989, 461 p.

DumPron = DUMAS, Denis, *Nos façons de parler : les prononciations en français québécois*, Sillery (Québec), Presses de l'Université du Québec, 1987, XIV-155 p.

DunBouq = DUNETON, Claude, en coll. avec Sylvie CLAVAL, *Le bouquet des expressions imagées : encyclopédie thématique des locutions figurées de la langue française*, Paris, Éditions du Seuil, 1990, 1375 p.

Dunn = DUNN, Oscar, *Glossaire franco-canadien et vocabulaire de locutions vicieuses usitées au Canada*, Québec, Imprimerie A. Côté et Cie, 1880, XXVI-199 p.; réimpr. : Québec, Les Presses de l'Université Laval, 1976.

Dupré = DUPRÉ, P., *Encyclopédie du bon français dans l'usage contemporain*, Paris, Éditions deTrévise, 1972, 3 vol.

ÉDOUARD, Robert, *Dictionnaire des injures*, Paris, Éditions Tchou, 1979, 334 p.

Encyclopédie = *Encyclopédie ou Dictionnaire raisonné des sciences, des arts et des métiers*, mis en ordre et publ. par MM. Diderot et D'Alembert, t. 1-7, Paris, Briasson - David l'aîné - Le Breton - Durand, 1751-1757; t. 8-17, Neufchastel, Samuel & Compagnie libraires & imprimeurs, 1765.

Encyclopédie Canadienne ; journal littéraire et scientifique (*L' ~*), mensuel, fondateur, propriétaire et rédacteur Michel Bibaud, Montréal, imprimeur J. Lovell, mars 1842 - févr. 1843.

Études de linguistique franco-canadienne : communications présentées au XXXIVe Congrès de l'Association canadienne-française pour l'avancement des sciences (Québec, novembre 1966), publiées par Jean-Denis Gendron et Georges Straka, Paris, Klincksieck et Québec, Les Presses de l'Université Laval, 1967, 176 p.

Études sur le parler français au Canada, Québec, Les Presses universitaires Laval, 1955, 220 p.

Fabvre = FABVRE, Bonaventure, *Racines montagnaises compilées à Tadoussac avant 1695 par le père Bonaventure Fabvre, jésuite*, pré-transcription Lorenzo Angers, transcription définitive et édition de Gerard E. McNulty, Québec, Université Laval, 1970, 387 p.

Féraud = FÉRAUD, Jean-François, *Dictionnaire critique de la langue française*, Marseille, Jean Mossy, 1787-1788, 3 vol.; réimpr. : Max Niemeyer Verlag, Tübingen, 1994.

FERTIAULT, François, *Dictionnaire du langage populaire verduno-chalonnais (Saône-et-Loire)*, Paris, Bouillon, 1890; réimpr. : Laffitte Reprints, Marseille, 1980, 472 p.

FEW = WARTBURG, Walther von, *Französisches Etymologisches Wörterbuch. Eine Darstellung des galloromanischen Sprachschatzes*, Bonn puis Bâle, en cours de publication depuis 1922, 152 fascicules parus.

Furetière = FURETIÈRE, Antoine, *Dictionnaire universel, contenant generalement tous les mots françois tant vieux que modernes, & les termes de toutes les sciences et des arts*, La Haye-Rotterdam, Arnout & Reinier Leers, 1690, 3 vol.; réimpr. : Dictionnaire Le Robert, Paris, 1978, 3 vol.; *Dictionnaire universel*, La Haye, Pierre Husson et autres, 1727; réimpr. : Georg Olms Verlag, Hildesheim - New York, 1972, 4 vol.

Gage = *Gage Canadian Dictionary*, Toronto, Gage Educational Publishing Company, 1983, XXX-1313 p.

Gagnon = GAGNON, Philéas, «La langue parlée au Nord-Ouest canadien», dans *BPFC*, vol. VI, 1907-1908, p. 136.

GARDETTE, Pierre, «Pour un dictionnaire de la langue canadienne», dans *RLiR*, t. XVIII, n°s 69-70, janv.-juin 1954, p. 85-100.

GAUTHIER, Henri, *La compagnie de Saint-Sulpice au Canada*, Montréal, Séminaire de Saint-Sulpice, 1912, 150 p.

GendrPhon = GENDRON, Jean-Denis, «Le phonétisme du français canadien du Québec face à l'adstrat anglo-américain», dans *Études de linguistique franco-canadienne*, 1967, p. 15-63.

GendrRur = GENDRON, Jean-Denis, «Contribution à l'étude du français rural parlé au Canada», dans *TraLiLi*, t. IV, 1, 1966, p. 173-189.

GendrTend = GENDRON, Jean-Denis, *Tendances phonétiques du français parlé au Canada*, Paris, Librairie Klincksieck, et Québec, Les Presses de l'Université Laval, 1966, XX-254 p.

GHarrap = *Grand Harrap : dictionnaire français-anglais et anglais-français*, éd. rev. par R. P. L. Ledésert et Margaret Ledésert, London, Harrap, 1981, 4 vol.

GLar = *Grand Larousse en 5 volumes*, Paris, Librairie Larousse, 1987, 5 vol.

GLLF = *Grand Larousse de la langue française*, sous la direction de Louis Guilbert, René Lagane et Georges Niobey, Paris, Librairie Larousse, 1971-1978, 7 vol.

Glossaire = *Glossaire du parler français au Canada*, préparé par la Société du parler français au Canada, Québec, L'Action sociale limitée, 1930, XIX-709 p.; réimpr. : Les Presses de l'Université Laval, Québec, 1968.

GodCompl = GODEFROY, Frédéric, *Dictionnaire de l'ancienne langue française et de tous ses dialectes du IXe au XVe siècle*, Paris, F. Vieweg, 1893-1902, vol. 8-10; réimpr. : Slatkine, Genève-Paris, 1982.

Godefroy = GODEFROY, Frédéric, *Dictionnaire de l'ancienne langue française et de tous ses dialectes du IXe au XVe siècle*, Paris, F. Vieweg, 1891-1902, 10 vol.; réimpr. : Slatkine, Genève-Paris, 1982.

GodOis = GODFREY, W.-Earl, *Les oiseaux du Canada*, Ottawa, Musée national du Canada, bulletin n° 203, 1976, 506 p.

GOUGENHEIM, Georges, *Les mots français dans l'histoire et dans la vie*, Paris, A. & J. Picard & Cie, 1962-1975, 3 vol.

GougÉtude = GOUGENHEIM, Georges, *Étude sur les périphrases verbales de la langue française*, Paris, Librairie A.-G. Nizet, 1971, 383 p.

Grevisse = GREVISSE, Maurice, *Le bon usage : grammaire française avec des remarques sur la langue française d'aujourd'hui*, 8e éd. rev., Gembloux (Belgique), Éditions J. Duculot et Paris, Librairie A. Hatier, 1964, 1194 p.

GRob = ROBERT, Paul, *Le Grand Robert de la langue française. Dictionnaire alphabétique et analogique de la langue française*, 2e éd., entièrement revue et enrichie par Alain Rey, Paris, Le Robert, 1992, 9 vol.

GRONDIN, François-Xavier, *Jacques Viger*, Montréal, 1942, 31 p.

GuirÉtym = GUIRAUD, Pierre, *Dictionnaire des étymologies obscures*, Paris, Payot, 1982, 523 p.

HaignBoul = HAIGNERÉ, Daniel, *Le patois boulonnais comparé avec les patois du Nord de la France*, Boulogne-sur-Mer, Deligny, 1903, 638 p.

HALLIG, Rudolf et Walther von WARTBURG, *Système raisonné des concepts pour servir de base à la lexicographie : essai d'un schéma de classement*, 2e éd. recomp. et augm., Berlin, Akademie Verlag, 1963, 315 p.

HalPot = HALFORD, Peter W., *Le français des Canadiens à la veille de la Conquête : témoignage du père Pierre Philippe Potier, s.j.*, collection «Amérique française», n° 2, Ottawa, Les Presses de l'Université d'Ottawa, 1994, XI-380 p.

HAMELIN, Jean, «La dimension historique du problème linguistique», dans *TraLiQ*, vol. 3, Québec, Les Presses de l'Université Laval, 1979, p. 251-269.

HAMELIN, Louis-Edmond, *Le rang d'habitat : le réel et l'imaginaire*, Cahiers du Québec, collection «Géographie», LaSalle (Québec), Éditions Hurtubise HMH Ltée, 1993, 328 p.

Hanse = HANSE, Joseph, *Nouveau dictionnaire des difficultés du français moderne*, Paris-Gembloux, Éditions Duculot, 1983, 1014 p.

HARRIS, Richard Colebrook, *The Seigneurial System in Early Canada : A Geographical Study*, Madison, University of Wisconsin Press, 1966; reprinted with a new preface, Montréal and Kingston, McGill-Queen's University Press, 1984, XXIV-247 p.

HENRY, Alexander, *Travels and Adventures in Canada and the Indian Territories, between the years 1760 and 1776*, New York, I. Riley, 1809, 330 p.; réimpr. : University Microfilms, Inc., Ann Arbor (Michigan), 1966.

House = HOUSE, A. B. et Noël L. CORBETT, «Sur l'origine de la prononciation icit «ici» au Canada français», dans *Le Français moderne*, n° 38, 1970, p. 147-150.

Huguet = HUGUET, Edmond, *Dictionnaire de la langue française du seizième siècle*, Paris, Didier, 1925-1967, 7 vol.

HumbGen = HUMBERT, Jean, *Nouveau glossaire genevois*, Genève, Jullien, 1852, 2 vol. ; réimpr. : Slatkine, Genève, 1970, 2 t. en 1 vol.

HUSTON, James, *Le Répertoire national ou Recueil de littérature canadienne*, Montréal, Lovell et Gibson, 1848, 4 vol.

JaubCentre = JAUBERT, Hippolyte-François de, *Glossaire du Centre de la France*, suivi d'un supplément, Paris, Chaix, 1864, 732 p.

Journet = JOURNET, René, Jacques PETIT et Guy ROBERT, *Mots et dictionnaires (1798-1878)*, Annales littéraires de l'Université de Besançon, Paris, Belles Lettres, 1966-1978, 11 vol.

JournJés = *Journal des jésuites*, publié d'après le manuscrit original conservé aux archives du Séminaire de Québec, par Charles-Honoré Laverdière et Henri Raymond Casgrain, Québec, Léger Brousseau, 1871, X-403 p.

JUNEAU, Marcel, «Le vocabulaire maritime dans la langue commune au Québec : apport gallo-roman», dans *Canadiana Romanica, Français du Canada - Français de France*, vol. 6, 1991, p. 17-23.

JunGl = JUNEAU, Marcel, «Glanures lexicales dans Bellechasse et dans Lévis», dans *TraLiQ*, vol. 1, 1975, p. 141-191.

JunInv = JUNEAU, Marcel, «Un inventaire de biens québécois de la fin du XVIIIe siècle», dans *TraLiLi*, t. 10, vol. 1, 1972, p. 181-223.

JunJum = JUNEAU, Marcel, *La jument qui crotte de l'argent : conte populaire recueilli aux Grandes-Bergeronnes (Québec)*, édition et étude linguistique, Québec, Les Presses de l'Université Laval, 1976, 143 p.

JunLex = JUNEAU, Marcel, *Problèmes de lexicologie québécoise : prolégomènes à un trésor de la langue française au Québec*, Québec, Les Presses de l'Université Laval, 1977, 278 p.

JunPMeun = JUNEAU, Marcel et Claude POIRIER, *Le livre de comptes d'un meunier québécois (fin XVIIe - début XVIIIe siècle)*, édition avec étude linguistique, Québec, Les Presses de l'Université Laval, 1973, 228 p.

JunPron = JUNEAU, Marcel, *Contribution à l'histoire de la prononciation française au Québec : étude des graphies des documents d'archives*, Québec, Les Presses de l'Université Laval, 1972, XVIII-311 p.

Kalm = KALM, Pehr, *Voyage de Pehr Kalm au Canada en 1749*, traduction annotée du journal de route par Jacques Rousseau et Guy Béthune avec le concours de Pierre Morisset, Montréal, Pierre Tisseyre, 1977, CLXV-674 p.

Kœssler = KŒSSLER, Maxime, *Les faux amis des vocabulaires anglais et américain*, Paris, Librairie Vuibert, 1975, 582 p.

Lacombe = LACOMBE, Albert, *Dictionnaire de la langue des Cris*, Montréal, Beauchemin et Valois, 1874, 711 p.

LaCurne = SAINTE-PALAYE, Jean-Baptiste de la Curne de, *Dictionnaire historique de l'ancien langage françois ou Glossaire de la langue françoise depuis son origine jusqu'au siècle de Louis XIV*, Niort, L. Favre, Éditeur, et Paris, H. Champion, Libraire, 1875-1882, 10 vol.

LAHONTAN, Louis-Armand de Lom d'Arce, baron de, *Nouveaux voyages de Mr le baron de Lahontan dans l'Amerique septentrionale. Qui contiennent une relation des differens Peuples qui y habitent, la nature de leur Gouvernement, leur Commerce, leur Coûtume, leur Religion, & leur maniere de faire la Guerre. L'interêt des François et des Anglois dans le Commerce qu'ils font avec ces Nations, l'avantage que l'Angleterre peut retirer dans ce Païs, etant en Guerre avec la France*, La Haye, Les Freres L'Honoré, 1704, 280 p.

Langages, Paris, Didier-Larousse, depuis 1966.

LAPIERRE, André, «Le manuel de l'abbé Thomas Maguire et la langue québécoise au XIXe siècle», dans *RHAF*, vol. 35, n° 3, décembre 1981, p. 337- 354.

LarOrth = *Dictionnaire historique de l'orthographe française*, sous la direction de Nina Catach, Paris, Larousse, 1995, XL-1327 p.

Laveaux = LAVEAUX, Jean-Charles, *Nouveau dictionnaire de la langue française*, Paris, Deterville, 1820, 2 vol.

Lavoie = LAVOIE, Thomas, Gaston BERGERON et Michelle CÔTÉ, *Les parlers français de Charlevoix, du Saguenay, du Lac-Saint-Jean et de la Côte-Nord, enquêtes effectuées de 1972 à 1976 et de 1977 à 1980*, Gouvernement du Québec, Ministère des Communications, 1985, 5 vol. (Dans les références, Lavoie est suivi du numéro de la question.)

LeclVoit = LECLERC, Paul-André, *Les voitures à chevaux à la campagne*, La Pocatière, Musée François-Pilote, 1978, 129 p.

LEFEBVRE, Jean-Jacques, «Études généalogiques. La famille Viger. Le maire Jacques Viger (†1858). Ses parents - ses ascendants - ses alliés», dans *Mémoires de la Société généalogique canadienne-française*, vol. XVII, n° 1, janv.- mars 1966, p. 216.

Le français moderne, Paris, Éditions d'Artrey, depuis 1933.

LemVieux = LEMIEUX, Germain, *Les vieux m'ont conté, contes franco-ontariens*, Montréal, Les Éditions Bellarmin et Paris, Maisonneuve et Larose, 1973 à 1990, 29 t. (Contes recueillis de 1953 à 1969).

LepComp = LEPELLEY, René, «Les comparaisons dans le Val de Saire (Basse-Normandie)», dans *RLiR*, t. 42, 1978, p. 384-418.

LepNorm = LEPELLEY, René, *Dictionnaire du français régional de Normandie*, Paris, Éditions Bonneton, 1993, 157 p.

LepVoc = LEPELLEY, René, *Vocabulaire des côtes du département de la Manche : relevé et étymologie des noms des espèces marines*, Condé-sur-Noireau, Éditions C. Corlet et Caen, Centre de publication de l'Université de Caen, 1985, 168 p.

LESCARBOT, Marc, *Histoire de la Nouvelle-France. Contenant les navigations, découvertes, & habitations faites par les François és Indes Occidentales & Nouvelle-France souz l'avœu & authorité de noz Rois Tres-Chrétiens, & les diverses fortunes d'iceux en l'execution de ces choses, depuis cent ans jusques à hui. En quoy est comprise l'Histoire Morale, Naturelle, & Geographique de ladite province : Avec les Tables & Figures d'icelle*, À Paris, chez Iean Milot, 1609, 888 p.

Lexis = *Lexis : dictionnaire de la langue française*, Paris, Librairie Larousse, 1975, LXXIX-1950 p.

Littré = LITTRÉ, Émile, *Dictionnaire de la langue française*, Paris, Librairie de L. Hachette et Cie, 1863-1872, 3 vol.

LittréS = LITTRÉ, Émile, *Dictionnaire de la langue française. Supplément suivi du Dictionnaire étymologique des mots d'origine orientale*, Paris, Librairie Hachette et Cie, 1877, IV-351 p.

LorBeauce = LORENT, Maurice, *Le parler populaire de la Beauce*, [Montréal], Les Éditions Leméac, 1977, 225 p.

MCATEE, Waldo Lee, *Folk-names of Canadian Birds*, National Museum of Canada, 2ᵉ éd., Ottawa, bulletin 149, 1959, 74 p.

McDermMiss = MCDERMOTT, John Francis, *A Glossary of Mississippi Valley French 1673-1850*, Saint Louis, Washington University, 1941, 161 p.

Maguire = MAGUIRE, Thomas, *Manuel des difficultés les plus communes de la langue française, adapté au jeune âge, et suivi d'un recueil de locutions vicieuses*, Québec, Fréchette, 1841, 184 p.

MartRech = MARTEL, Pierre, «Recherches sociolinguistiques dans la région de Sherbrooke (Estrie) : présentation et premiers résultats de l'étude lexicale de 16 textes libres», dans *TraLiQ*, vol. 2, 1978, p. 21-42.

MartVend = MARTELLIÈRE, Paul, *Glossaire du Vendômois*, Orléans, Herluison et Vendôme, Ripé, 1893, 366 p.

Massicotte = MASSICOTTE, Micheline, *Le parler rural de l'Île-aux-Grues (Québec). Documents lexicaux*, Québec, Les Presses de l'Université Laval, 1978, 554 p. (Enquêtes effectuées en 1971-1972. Dans les références, les chiffres renvoient aux sections.)

Massignon = MASSIGNON, Geneviève, *Les parlers français d'Acadie : enquête linguistique*, Paris, Librairie C. Klincksieck, 1962, 2 vol. (Enquêtes effectuées entre 1946 et 1950. Dans les références, les numéros renvoient aux questions.)

MassViger = MASSICOTTE, Édouard-Zotique, «Jacques Viger et sa famille», dans *BRH*, t. XXI, n°5, 1915, p. 148-149.

Mathews = *A Dictionary of Americanisms on Historical Principles*, edited by Mitford M. Mathews, Chicago (Illinois), The University of Chicago Press, 1951 ; 4ᵉ éd., 1966, 1946 p.

MélPoiss = MÉLANÇON, Claude, *Les poissons de nos eaux*, 4ᵉ éd., Ottawa, 1973.

Mémoires de la Société généalogique canadienne-française, périodique trimestriel, Montréal, La Société, dep. janv. 1944.

Ménage = MÉNAGE, Gilles, *Dictionnaire étymologique de la langue françoise*, Paris, Briasson, 1750, 2 vol. ; réimpr. : Slatkine Reprints, Genève, 1973.

MénAng = MÉNIÈRE, Charles, *Glossaire angevin étymologique comparé avec différents dialectes*, Angers, 1880 ; réimpr. : Laffitte Reprints, Marseille, 1979.

MERCIER, Louis-Sébastien, *Néologie, ou Vocabulaire de mots nouveaux, à renouveler, ou pris dans des acceptions nouvelles*, Paris, Moussard, 1801, 2 vol.

MinPhon = MINEAU, Robert, *Les vieux parlers poitevins : histoire, phonétique, grammaire*, 2ᵉ éd. corr. et augm. d'un vocabulaire comparé des parlers poitevins et québécois, Poitiers, Brissaud, 1986, 373 p.

MinPoit = MINEAU, Robert et Lucien RACINOUX, *Glossaire des vieux parlers poitevins : recueillis dans le département de la Vienne et lieux voisins*, Poitiers, Brissaud, 1981, 564 p.

MoisyNorm = MOISY, Henri, *Dictionnaire du patois normand indiquant particulièrement tous les termes de ce patois en usage dans la région centrale de la Normandie*, Caen, Henri Delesques, 1887, 716 p.

Molard = MOLARD, Étienne, *Le mauvais langage corrigé*, 4ᵉ éd., Lyon, Yvemault et Cabin, 1810, XII-288-5 p.

Monet = MONET, Philibert, *Inventaire des deus langues, françoise, et latine : assorti des plus utiles curiositez de l'un & de l'autre idiome*, Lyon, C. Obert, 1636, 990 p.; réimpr. : Slatkine Reprints, Genève, 1973.

MONTESSON, Charles-Raoul, comte de, *Vocabulaire du Haut-Maine*, Paris, Paul, 1899, 541 p.

MorHist = MORIN, Marie, *Histoire simple et véritable*, Les annales de l'Hôtel-Dieu de Montréal, 1659-1725, édition critique par Ghislaine Legendre, Montréal, Les Presses de l'Université de Montréal, 1979, [XI]-XXXV-348 p.

MussSaint = MUSSET, Georges, avec la collaboration de Marcel PELLISSON et Charles VIGEN, *Glossaire des patois et des parlers de l'Aunis et de la Saintonge*, La Rochelle, Imprimerie Masson, fils & Cie, t. 1-3, 1929-1932; t. 4-5, 1938-1948.

MVictFl = MARIE-VICTORIN, *Flore laurentienne*, 2ᵉ éd. entièrement revue et mise à jour par Ernest Rouleau, Montréal, Les Presses de l'Université de Montréal, 1964, 925 p.

Nicot = NICOT, Jean, *Thresor de la langue françoyse, tant ancienne que moderne. Auquel entre autres choses sont les mots propres de marine, venerie, & faulconnerie*, Paris, David Douceur, Libraire, 1606, 966 p.; réimpr. : Éditions du Temps, Paris, 1979; 1621; réimpr. : Éditions A. et J. Picard et Cie, Paris, 1960.

NisÉt = NISARD, Charles, *Étude sur le langage populaire ou patois de Paris et de sa banlieue*, Paris, Librairie A. Franck, 1872, 454 p.

NisPar = NISARD, Charles, *De quelques parisianismes populaires et autres locutions non encore ou plus ou moins imparfaitement expliquées des XVIIᵉ, XVIIIᵉ et XIXᵉ siècles*, Paris, Maisonneuve & Cie, Éditeurs, 1876, VII-232 p.

NUTE, Grace Lee, *The Voyageur*, New York and London, D. Appleton and Company, 1931, 289 p.

Nyrop = NYROP, Kristoffer, *Grammaire historique de la langue française*, 4ᵉ édition, Paris-Copenhague, 1914-1960, 6 vol.; réimpr. : Slatkine Reprints, Genève, 1979.

OED = *The Oxford English Dictionary*, prepared by J. A. Simpson and E. S. C. Weiner, 2ⁿᵈ ed., Oxford, Clarendon Press, New York, Oxford University Press, 1989, 20 vol.

Oudin = OUDIN, Antoine, *Curiositez françoises pour supplement aux dictionnaires ou Recueil de plusieurs belles proprietez, avec une infinité de proverbes & quolibets*, Paris, Antoine de Sommaville, 1640, [VI]-616 p.; réimpr. : Slatkine Reprints, Genève, 1971.

OUELLET, Fernand, «Inventaire de la Saberdache de Jacques Viger», dans *RAPQ*, t. 36-37, 1955-1956 et 1956-1957, p. 33-176.

PARTRIDGE, Eric, *A Dictionary of Slang and Unconventional English*, 8ᵗʰ ed., New York, Macmillan, 1984, XXIX-1400 p.

PidRom = PIDOUX, Edmond, *Le langage des Romands*, 2ᵉ éd., Lausanne, Ensemble, 1984, 173 p.

PIERREHUMBERT, William, *Dictionnaire historique du parler neuchâtelois et suisse romand*, Neuchâtel, Victor Attinger, 1926, 763 p.

Piggott = PIGGOTT, Glyne Leroy et A. GRAFSTEIN, *An Ojibwa Lexicon*, Ottawa, National Museum of Canada, 1983, IX-377 p.

PLar = *Le petit Larousse illustré*, Paris, Larousse, 1993, 1784 p.; 1998, 1787 p.

Platt = PLATT, L., *Dictionnaire critique et raisonné du langage vicieux ou réputé vicieux ; ouvrage pouvant servir de complément au dictionnaire des difficultés de la langue française par Laveaux*, Paris, Aimé André, Libraire, 1835, XI-463 p.

PoirAcad = POIRIER, Pascal, *Glossaire acadien*, t. 1, Nouveau-Brunswick, Université Saint-Joseph, 1953; t. 2-5, Moncton (N.-B.), Centre d'études acadiennes, Université de Moncton, 1977 (ms. de 1927).

POIRIER, Claude, «Le lexique québécois : son évolution, ses composantes», dans *Culture populaire et littératures au Québec*, sous la dir. de René Bouchard, Saratoga (California), Anma Libri, 1980, p. 43-80.

POITEVIN, Prosper, *Nouveau dictionnaire universel de la langue française*, Paris, C. Reinwald, Libraire-Éditeur, 1856, vol. 1; 1860, vol. 2.

POTIER, Pierre-Philippe, «Façons de parler proverbiales, triviales, figurées, etc., des Canadiens au XVIIIe siècle», dans *BPFC*, vol. III, 1904-1905, p. 213-220; 252-255; 291-293; vol. IV, 1905-1906, p. 29-30; 63-65; 103-104; 146-149; 224-226; 264-267.

PPQ = DULONG, Gaston et Gaston BERGERON, *Le parler populaire du Québec et de ses régions voisines. Atlas linguistique de l'Est du Canada*, gouvernement du Québec, ministère des Communications en coproduction avec l'Office de la langue française, Québec, Éditeur officiel du Québec, 1980, 10 vol. (Enquêtes effectuées de 1969 à 1973. Dans les références, le numéro qui suit le sigle PPQ renvoie au numéro de la question; les lettres *s* ou *x* qui accompagnent quelquefois le numéro, proviennent respectivement des rubriques «Réponses complémentaires» et «Vocabulaire de contexte»).

PRob = *Le Nouveau Petit Robert : dictionnaire alphabétique et analogique de la langue française*, nouv. éd. remaniée et amplifiée, sous la direction de Josette Rey-Debove et Alain Rey, Paris, Dictionnaires Le Robert, 1993, XXXV-2490 p.

ProvFlore = PROVANCHER, Léon, *Flore canadienne ou description de toutes les plantes des forêts, champs, jardins et eaux du Canada : donnant le nom botanique de chacune, ses noms vulgaires français et anglais, indiquant son parcours géographique*, Québec, J. Darveau, 1862, 2 vol. Illustrations.

QUEMADA, Bernard, *Matériaux pour l'histoire du vocabulaire français : datations et documents lexicographiques*, 2e série, Paris, Didier, puis C. Klincksieck, depuis 1970.

QuemDict = QUEMADA, Bernard, *Les dictionnaires du français moderne, 1539-1863 : étude sur leur histoire, leurs types et leurs méthodes*, Paris, Didier, 1967, 682 p.

QUESNEL, Joseph, «L'Anglomanie ou le Diner à l'angloise, 1802», dans *La Barre du jour*, vol. 1, n°s 3-5, juill.-déc., 1965, p. 117-141.

Random House Dictionary of the English Language, 2nd ed. unabridged, ed. by Stuart Berg Flexner, New York, Random House, 1987, XLII-2478 p.

RAPQ = *Rapport de l'archiviste de la province de Québec*, t. 1-40, 1920-1960; *Rapport des Archives du Québec*, à partir du t. 41, 1963.

ReadLouis = READ, William A., *Louisiana-French*, Baton Rouge, Louisiana State University Press, 1931, XXIV-253 p.

ReyDAngl = REY-DEBOVE, Josette et Gilberte GAGNON, *Dictionnaire des anglicismes : les mots anglais et américains en français*, collection «Les usuels», Paris, Le Robert, 1980, XIX-1152 p.

ReyExpr = REY, Alain et Sophie CHANTREAU, *Dictionnaire des expressions et locutions*, collection «Les usuels», 2ᵉ éd., mise à jour, Paris, Dictionnaires Le Robert, 1993, XV-888 p.

ReyHist = *Dictionnaire historique de la langue française*, sous la direction de Alain Rey, Paris, Dictionnaires Le Robert, 1992, 2 vol., 2383 p.

RézOuest = RÉZEAU, Pierre, *Dictionnaire des régionalismes de l'Ouest entre Loire et Gironde*, Les Sables-d'Olonne, Le Cercle d'or, 1984, 302 p.

RézVend = RÉZEAU, Pierre, *Un patois de Vendée : le parler rural de Vouvant*, Paris, Klincksieck, 1976, 352 p. Illustrations.

RézVoc = RÉZEAU, Pierre, *Le «Vocabulaire poitevin» (1808-1825) de Lubin Mauduyt*, Tübingen, Max Niemeyer Verlag, 1994, 368 p.

RHAF = *Revue d'histoire de l'Amérique française*, trimestriel, Montréal, Institut d'histoire de l'Amérique française, depuis 1947.

Richelet = RICHELET, Pierre, *Dictionnaire françois, contenant les mots et les choses, plusieurs nouvelles remarques sur la langue françoise : ses Expressions Propres, Figurées & Burlesques, la Prononciation des Mots les plus difficiles, le Genre des Noms, le Regime des Verbes : Avec les Termes les plus connus des Arts & des Sciences. Le tout tiré de l'usage et des bons auteurs de la langue françoise*, Genève, Jean Herman Widerhold, 1680, 2 vol. ; réimpr. : Slatkine Reprints, Genève, 1970.

RIVARD, Adjutor, «La francisation des mots anglais», dans *BPFC*, vol. V, 1906-1907, p. 252-264.

RJ = *The Jesuit Relations and Allied Documents : Travels and Explorations of the Jesuit Missionaries in New France, 1610-1791*, ed. by Reuben Gold Thwaites, Cleveland, Burrows Brothers Company, 1896-1901, 73 vol. ; réimpr. : Pageant Book Company, New York, 1959, 36 vol.

RLiR = *Revue de linguistique romane*, trimestriel, Paris, Société de linguistique romane, depuis 1925.

RobNorm = ROBIN, Paul-Eugène, et coll., *Dictionnaire du patois normand en usage dans le département de l'Eure*, Évreux, Imprimerie C. Hérissey, 1879-1882, 2 vol. ; réimpr. : Laffitte Reprints, Marseille, 1978, XXIV-458 p.

RobViger = ROBERT, Jean-Claude, «Jacques Viger», dans *DBC*, vol. VIII, de 1851 à 1860, 1985, p. 1010-1015.

Rohlfs = ROHLFS, Gerhard, *Le gascon : études de philologie pyrénéenne*, 2ᵉ éd., Tübingen, Max Niemeyer Verlag, 1970, 248 p.

RollFaune = ROLLAND, Eugène, *Faune populaire de la France. Noms vulgaires, dictons, proverbes, légendes, contes et superstitions*, Paris, Maisonneuve & Cie, 1877-1911, 13 t. en 6 vol. ; réimpr. : G.-P. Maisonneuve et Larose, Paris, 1967, 13 t. en 7 vol.

RollFlore = ROLLAND, Eugène, *Flore populaire ou histoire naturelle des plantes dans leurs rapports avec la linguistique et le folklore*, Paris, Librairie Rolland, 1896-1914, 11 t. en 8 vol. ; réimpr. : G.-P. Maisonneuve et Larose, Paris, 1967, 11 t. en 6 vol.

RossPron = ROSSET, Théodore, *Les origines de la prononciation moderne étudiées au XVIIᵉ siècle d'après les remarques des grammairiens et les textes en patois de la banlieue parisienne*, Paris, Colin, 1911, 421 p.

RoussAnnedda = ROUSSEAU, Jacques, «L'annedda et l'arbre de vie», dans *RHAF*, t. VIII, n° 1, juin 1954, p. 171-212.

RoussBouch = ROUSSEAU, Jacques, «Pierre Boucher, naturaliste et géographe», dans *BouchHist*, 1964, p. 262-401.

RoussPl = ROUSSEAU, Jacques, «Les noms populaires des plantes au Canada français», dans *Études sur le parler français au Canada*, 1955, p. 135-173.

ROY, Camille, *Historiens de chez nous : études extraites des essais et nouveaux essais sur la littérature canadienne*, Montréal, Beauchemin, 1935, 190 p.

RoyViger = ROY, Camille, «Jacques Viger», dans *BPFC*, vol. VIII, 1909-1910, p. 42-55 ; également dans *Historiens de chez nous* (du même auteur), 1935, p. 67-83.

Sagard = SAGARD, Gabriel Théodat, *Le grand voyage du pays des Hurons, situé en l'Amerique vers la Mer douce, ès derniers confins de la Nouvelle France, dite Canada. Avec un Dictionnaire de la Langue Huronne pour la commodite de ceux qui ont à voyager dans le pays, & n'ont l'intelligence d'icelle langue*, Paris, Denys Moreau, 1632, [24]-380 p.

Sainéan = SAINÉAN, Lazare, *Le langage parisien au XIXe siècle*, Paris, E. de Boccard, 1920, XVI-590 p.

SimTour = SIMON, Jean-Pascal et Marie-Rose SIMONI-AUREMBOU, *Dictionnaire du français régional de Touraine*, Paris, Éditions Bonneton, 1995, 158 p.

STAPFER, Paul, *Récréations grammaticales et littéraires*, 2e éd., Paris, Librairie Armand Colin, 1910, 285 p.

TAVERDET, Gérard et Françoise DUMAS, *Anthologie des expressions en Bourgogne*, Marseille, Rivages, 1984, 177 p.

THUROT, Charles, *De la prononciation française depuis le commencement du XVIe siècle, d'après les témoignages des grammairiens*, Paris, Imprimerie nationale, vol.1, 1881, et vol 2, 1883.

TLF = *Trésor de la langue française. Dictionnaire de la langue du XIXe et du XXe siècle (1789-1960)*, sous la dir. de Paul Imbs, Paris, Éditions du Centre national de la recherche scientifique, 1971-1994, 16 vol.

TraLiLi = *Travaux de linguistique et de littérature*, publ. par le Centre de philologie et de littératures romanes de l'Université de Strasbourg, Paris, C. Klincksieck, depuis 1963.

TraLiQ = *Travaux de linguistique québécoise*, vol. 1, publ. par Marcel Juneau et Georges Straka, Québec, Les Presses de l'Université Laval, 1975, 355 p. ; vol. 2, publ. par Lionel Boisvert, Marcel Juneau et Claude Poirier, 1978, VIII-201 p. ; vol. 3, 1979, 327 p. ; vol. 4, publ. par Jean-Marcel Léard, 1983, 251 p.

Trévoux = TRÉVOUX, *Dictionnaire universel françois et latin*, Paris, Estienne Ganeau, 1704, 3 vol. ; 2e éd., Paris, Florentin Delaulne et autres, 1721, 5 vol. ; 3e éd., Paris, Julien-Michel Gandouin, 1732, 5 vol. ; 5e éd., Paris, Compagnie des libraires associés, 1752, 8 vol. ; 6e éd., 1771, 8 vol.

Troyes = TROYES, Pierre, chevalier de, *Journal de l'expédition du chevalier de Troyes à la baie d'Hudson, en 1686*, édité et annoté par Ivanhoë Caron, Beauceville, La Compagnie de l'Éclaireur, 1918, IX-136 p.

VALMONT DE BOMARE, Jacques-Christophe, *Dictionnaire raisonné universel d'histoire naturelle : contenant l'histoire des animaux, des végétaux et des minéraux, avec l'histoire et la description des drogues simples tirées des trois règnes*, Paris, Didot, 1764, 5 vol.

VassPic = VASSEUR, Gaston, *Dictionnaire des parlers picards du Vimeu (Somme) avec considération spéciale du dialecte de Nibas*, Amiens, Musée de Picardie, 1963, 690 p.

Vaugelas = VAUGELAS, Claude Favre de, *Remarques sur la langue françoise utiles à ceux qui veulent bien parler et bien escrire*, Paris, Augustin Courbé, 1647, 615 p.

VerrAnj = VERRIER, A.-J. et R. ONILLON, *Glossaire étymologique et historique des patois et des parlers de l'Anjou*, Angers, Germain et G. Grassin, 1908, 2 vol., XXXII-528 et 587 p.

VIGER, Jacques, «Néologie canadienne, ou Dictionnaire des mots créés en Canada & maintenant en vogue; - des mots dont la prononciation & l'ortographe sont différentes de la prononciation & ortographe françoises, quoique employés dans une acception semblable ou contraire; et des mots étrangers qui se sont glissés dans notre langue», dans *BPFC*, vol. VIII, 1909-1910, p. 101-103; 141-144; 183-186; 234-236; 259-263; 295-298; 339-342 (ms. de 1810).

Volney = VOLNEY, Constantin-François de Chassebœuf, comte de, *Tableau du climat et du sol des Etats-Unis d'Amérique. Suivi d'éclaircissemens sur la Floride, sur la colonie Française au Scioto, sur quelques colonies Canadiennes et sur les Sauvages*, Paris, Courcier, Imprimeur-Libraire et Dentu, Imprimeur-Libraire, 1803, 2 vol.

VurpBeauj = VURPAS, Anne-Marie et Claude MICHEL, *Dictionnaire du français régional du Beaujolais*, Paris, Éditions Bonneton, 1992, 191 p.

WALLOT, Jean-Pierre, «Ross Cuthbert», dans *DBC*, vol. IX, de 1861 à 1870, 1977, p. 206-207.

WARTBURG, Walther von, *Bibliographie des dictionnaires patois*, Paris, Librairie É. Droz, 1934, 146 p.

Webster = *Webster's Third New International Dictionary of the English Language Unabridged*, Editor in chief : Philip Babcock Gove and the Merriam-Webster editorial staff, Springfield (Mass.), G. & C. Merriam Co., 1981, 2662 p.

WOLF, Lothar, «Le langage de la Cour et le français canadien. Exemples de morphologie et de syntaxe», dans *Canadiana Romanica, Français du Canada - Français de France*, vol. 6, 1991, p. 115-123.

YON, Armand, *L'abbé H.-A. Verreau : éducateur, polémiste, historien*, Montréal, Fides, 1946, 208 p.

INDEX LEXICAL

L'Index contient tous les termes présentés en vedette dans les manuscrits de Viger, ainsi que tous les mots cachés. Y figurent, en outre, tous les termes qui, comme équivalents ou synonymes des lexies étudiées, présentent un intérêt lexicologique dans le cadre de notre étude. Un certain nombre d'entre eux ont fait l'objet de commentaires dans l'étude linguistique. On trouvera également dans cet Index les mots et les expressions qui figurent dans les listes données dans les Appendices.

abât de neige, de pluie 23, 27, 28, 41, 100, 133, 156, 241, 266; (sous *bordée*) 44, 102

âbre 23, 25, 41, 133, 141, 156, 249

abriller v. tr. et pron. 245

achigan 16, 43, 232, 246

acquet (avoir plus d' ~) 42, 157; (sous *quitte*) 82, 120

affaire (avoir ~ de qqn) 42, 154, 157

affairé (être ~) 257, 265

agriculteur (sous *habitant*) 69, 113; 261

ahuri 259

ahurissant, ante adj. et nom 41, 99, 157, 241, 249

aimable n. masc. «mondain» (sous *désapointer*) 55; 157

aimer qqch. comme la colique 252

Allemand (avoir, être une tête d' ~) 42, 157, 261

aller voir la créature (sous *créature*) 54, 182

aller voir sa blonde (sous *blonde*) 48, 164, 263

allumer v. intr. 40, 99, 157, 241, 248, 260, 266

amanché (être mal ~) 263

amancher 23, 40, 99, 151, 158, 248, 259 ; (sous *ramancher*) 120

amant (sous *cavalier*) 53, 104, 178

amante (sous *blonde*) 48, 164 ; (sous *cavalier*) 178

amarrer 28, 40, 158, 248

âme (avoir l' ~ clouée, rivée dans le corps) 258

amidon 41 ; (sous *empois*) 57, 109, 249

amis (être ~ jusqu'au plat) 256

amont la côte 28, 41, 154, 158, 248

amour (faire l' ~) (sous *farôder*) 64, 193

amoureux comme une chatte 262

amoureux de 36 blondes (sous *blonde*) 48, 164

apichimon 16, 42, 100, 232, 247, 250, 259, 266

appâter 255

appeler (s' ~) «se nommer» 258

appeler (s' ~ joli-cœur) (sous *joli-cœur*) 28, 71, 115, 203, 265

appointement 26, 40, 100, 235

appointer 40, 100, 235, 248, 266

après (s'agripper ~ qqch.) 252

après-dînée (sous *plaisant*) 81, 119 ; (sous *relevée*) 82, 120 ; 158

araignée n. masc. 23, 42, 147, 158, 249

arbre de vie (sous *épinette*) 62, 189, 246

arbre du paradis (sous *épinette*) 62, 189, 246

argent n. fém. 23, 41, 146, 158, 249

argent blanche 258

argent sous le pouce 255

arignée 42, 136, 158

arracheur de dents (mentir comme un ~) 260

arrêter qqch. 250

arriette (une belle ~) 265

arse 42, 100, 134, 158, 265

assemblée (Chambre d' ~) (sous *payer*) 78, 118

astigoiner 255

a'tic « caribou » 246, 247

attiffer (s' ~) 255

attisée 17, 19, 20, 43, 159, 256

aveindre 251

avisse 40, 144, 159, 248

avoine (manger de l' ~) 245, 259, 263

awapou 247

babines (flanquer un tapin par les ~) 260

bâclée (affaire ~) 254

bagage 49, 159 ; (sous *drigaille*) 57

baggatiway 248

bagoulard 264

bâiller le bec 265

baise mon pouce (être comme ~) 252

baiser « tromper » 47, 159, 241

baiser en guedou « tromper » (sous *baiser*) 47, 159 ; (sous *guedou*) 67

baiser en pincettes « tromper » (sous *baiser*) 47, 159 ; (sous *pincettes*) 81 ; 259

baiser en pincettes « embrasser » (sous *baiser*) 47 ; (sous *pincettes*) 214

balancer (se ~) (sous *berlanciller*) 44, 101, 161, 162

balançoire (sous *berlancille*) 44, 101, 161

balayer 249

balier 44, 152, 160, 264

balle 250

banal n. masc. 45, 160, 250

banc-lit 261

bandon n. fém. 45, 160, 250

bandon (avoir, donner ~) 45, 160

baragouin (sous *micmac*) 73 ; (sous *ratapiat*) 84

barbeau « insecte » 251

barbes (s'en licher les ~) (sous *licher*) 71, 115

barbots 254

barbots (faire des ~) 254

Barrabbas (connu comme ~ a la passion) 261

bas (débouler en ~ de) 252

Basque (être un malin ~) 46, 160, 251

Basque (malin comme un ~) 46, 160

Bastonnois 247

batailleur, euse 45, 250

batelée 265

batons de traine (avoir les jambes comme des ~) 253

battoir (sous *pelote*) 80 ; 213

baudrier (sous *belt*) 47

bavasser 26, 48, 160, 253, 265

beau comme un fàro de campagne (sous *fàro*) 64, 111, 192

beauté (une ~) 48, 161, 265
bec-de-grue (sous *gérémium*) 67, 198
béguer 252
béguer (ne pas ~ pour dire qqch.) 252
Bejin (dire à la ~ qu'elle te peigne) 263
belette (passer en ~) 256
belle (la manquer ~) (sous *manquer*) 75, 205
belt 47, 235, 251
bèr 26, 45, 161
berdas 143, 250
berdasser 143, 250
berlancille 44, 101, 135, 161, 248
berlanciller 44, 101, 135, 153, 161, 248
berline 27, 43, 162
berloque 45, 143, 162, 249
berre 249
bête à la grande queue 256
bête-puante 251
bête puante (lever le cul comme une ~) 252
bètot 254
beurrée 27, 48, 103, 162, 263, 266
beurrer 17, 19, 48, 103, 162, 263
beurrer (se ~ les mains) 48, 103, 163
bicler 45, 102, 163, 249
bicleux, euse adj. et nom 27, 45, 102, 150, 163, 264
bière (n'être pas de la petite ~) 255
bill 251
biner 46, 163, 245, 250; (sous *corner*) 52
blague 265
blague (fin-fin la ~) 256
blancs (avoir les quatre pieds ~) «être libre» 256
blancs (faire de cinq sols six ~) 265

bled d'Inde (sous *coton*) 54; (sous *épiochon*) 59; (sous *sucet*) 87; 163
bled d'Inde (avoir, donner un beau ~) (sous *coton*) 54; (sous *bled d'Inde*) 163
bled d'Inde (sec comme un coton de ~) (sous *coton*) 54; 264
bled dinde (éplucher du ~) 264
bleds (couper les ~) (sous *couper*) 51
bleds (scier les ~) (sous *couper*) 51; 224
blême comme un linge 261
bleuet 49, 163, 246
blonde 48, 164, 241
blonde (aller voir sa ~) 48, 164, 263
blonde (fort sur la ~) 48, 164
blondes (amoureux de 36 ~) 48, 164
blouser (se ~) 261
bœuf (robe de ~) 82, 222, 249
bœuf (soulier de ~) (sous *soulier*) 86, 121, 225, 250, 261
bœufs (mettre la charrue devant les ~) 245
boire à la grande tasse 256
boire comme un trou 260
bois (coureur des ~) 247
bois de requise 253
bois (donner le ~ pour les écopeaux) 253
bolle 249
bombarde 27, 44, 164, 261; (sous *trompe*) 88
bombe 23, 27, 28, 43, 101, 164, 248, 260, 266; (sous *canard*) 49
bonnet blanc et blanc ~ 258
bord 45, 165, 250, 254
bordée (de neige) 27, 44, 102, 165, 249; (sous *abât*) 41, 100; (sous *giboulée*) 112
bordel 27, 43, 165
borgne 250

boucane 23, 43, 101, 166, 248, 266

boucaner (de la viande, etc.) 23, 101, 166

boucaner «dégager de la fumée» 43, 101, 166

Bouche (parler comme la ~) 260

boudin 250

boudin (faire du ~) 48, 166, 241, 262

bouette 255

bougon 22, 27, 45, 47, 166, 250, 262

bougonner 254

bougre à bougre 262

bougrine 261

bouillir 258

bouillir (faire ~ la marmite) 258

bouilloire 27, 28, 266; (sous *bombe)* 43, 101, 165; (sous *canard)* 49, 174

boule (tête de ~) (sous *tête)* 90, 227, 247, 265

bouler qqn 258

bouquin «embouchure d'une pipe» 44, 167, 241, 249, 260

bourasse 46, 139, 167

bourasser 46, 167, 250

bourasseur, euse 25, 46, 150, 167

bourdignon 262

Bourgogne «Burgoyne» (sous *bourgogner)* 43

bourgogner 13, 43, 235

bourguignon 44, 167, 249

bout d'homme 27; (sous *bougon)* 48; (sous *nijon)* 76, 117; 245

bouts-de-canot 247

boyard 44, 137, 168, 248

brailler comme un veau 252

bran de scie 248

brancard «civière» (sous *boyard)* 44; 248

brancard «menoirs» 44; (sous *travail)* 88

brandiller (se ~) (sous *berlanciller)* 44, 101, 161, 162; 248

brandilloire (sous *berlancille)* 44, 101, 161; 248

branler dans le manche 245

braque (fou comme ~) 255

brasse (faire une sottise de ~) 255

brâsser (le poêle, le chaudron, etc.) 23, 26, 46, 102, 133, 168, 259

brâsser «réprimander» 46, 102, 168, 262

braye 47, 135, 144, 168

brayer (du chanvre, du lin) 47, 135, 168, 251

bredas «remue-ménage» 16, 47, 143, 169

bredas (faire le ~) «faire la lessive , le blanchissage , le lavage du linge» 47, 143, 169, 260

bredasser v. tr. et intr. 16, 47, 143, 169, 260

bredasserie 47, 149, 170

bredassier, ière 47, 150, 170

brigade 247

Brillant (prendre du café comme la ~) 49, 170

brimbale 249

brin 250

brique de savon 255, 265

brocanter 264

brouscailler v. tr. et pron. 46, 138, 152, 170, 250

brousquailler qqn 260

brousse-poil (à ~) 85, 144, 170, 220, 257, 265

brun (faire ~) 49, 170, 257

brunante 26, 49, 149, 171

brunante (à la ~) 49, 171, 257

brune (sous *brunante)* 49, 171

brune (sur la ~) (sous *brunante*) 49, 171

bûche (être une ~) 262

buffet 45, 171, 249

buffle (sous *robe de bœuf*) 82, 223

Burgoyne 13; (sous *bourgogner*) 43, 235

busc (courir au ~) 252

butard 251

butin 23, 44, 101, 171, 248, 263, 264; (sous *drigaille*) 57; (sous *gaspiller*) 68

cabaret (sous *cantine*) 53, 104, 176

cabaretier, ière (sous *cantinier*) 53, 104, 105, 176

cabriolet 248

cabrouet 26, 50, 171, 248

câdre 50, 105, 133, 172, 249, 254

café (prendre du ~ comme la Brillant) 49, 170

cage 27, 52, 172

cahot 26, 50, 172, 260

cahots (abattre les ~) 51, 173

cajeux 27, 52, 173

calèche (sous *brancard*) 44; (sous *débarquer*) 55, 106; (sous *ramancher*) 82, 120; 173

calumet (pierre à ~) 246, 247

camper 247

canadien, ienne nom et adj. (sous *arse*) 100; (sous *bourgogner*) 43; (sous *brâsser*) 102; (sous *butin*) 101; (sous *cantine)* 104; (sous *cantinier*) 53; (sous *cantinière*) 105; (sous *ramancher*) 82; (sous *traineau*) 88; 173

canard 27, 28, 49, 174, 248, 260, 266; (sous *bombe*) 43, 101

canard (un beau ~) 252

cannevette (sous *cantine*) 53, 104; 174

canot (sous *canotée*) 54, 105; (sous *canoter*) 53; 174

canot d'écorce (sous *canotée*) 105; 174, 247

canotée 18, 23, 54, 105, 149, 175

canoter 53, 105, 175, 241, 263

canoteur, euse 54, 105, 175

Cantin (la chienne à ~ lui monte sur le dos) 260

cantine «petit coffre» 26, 53, 104, 175

cantine «cabaret, taverne» 53, 104, 175, 263

cantinier, ière 53, 104, 105, 176

capuche 52, 103, 176, 250, 261, 266

carcajou 246

caribou 16, 26, 50, 233, 246, 247, 249

cariole 27, 50, 176, 248, 259; (sous *berline, bordel*) 43; (sous *robe de bœuf*) 82; (sous *travail*) 88

carotte à Moreau 254

cartron 23, 51, 142, 177, 249

casque 52, 177

casseau 52, 177, 250

cassette «petit coffre» (sous *embarquer*) 57, 109

castonade 50, 143, 177

cause (à ~ donc) 255

cavalier 53, 104, 177, 263

cèdre «thuya occidentalis» 247

celle-ci, celle-là 250

chambre (sous *espérer*) 58; 178

Chambre d'assemblée (sous *payer*) 78, 118

chance 250

chanceux 250

chandelle (sous *tuer*) 87

chandelle (brûler la ~ par les deux bouts) 263

chandelle (éviter une belle ~) 54, 178

changé (être ~) «pâle, défait» 255

chanter comme un perdu 257
chanter comme un rêve 252
chardron 23, 50, 142, 178, 248
charger 50, 178, 248
charretée (sous *voyage*) 90, 124, 232
charrue (mettre la ~ devant les bœufs) 245
chat échaudé craint l'eau froide 245, 259
chat sauvage 249
chat sauvage (courir comme un ~) 254
chaton(n)er 53, 104, 178
chatte (amoureux comme une ~) 262
chatter (sous *chaton(n)er*) 53, 104, 178
chaud (vite pendant que c'est ~) 253
chaudière (faire ~) 247
chaudière (faire ~ à part) 262
chaume 250
chauve-souris 250
chemin (faire passer qqn par un ~ où il n'y aura pas de pierres) 262
chemin uni comme un chemin de cartes 261
chemise (devoir plus à sa peau qu'à sa ~) 254
cheniquer 51, 236, 249
cheniqueur, euse 52, 149, 236
chétif (un ~) 253
cheval (dur comme un ~) 253
chèvre (curieux comme la ~ à Jacques Cartier) 257
chez nous 250
chien couchant (faire le ~) 255
chien de plomb (leste comme un ~) 245, 261
chien et loup (entre ~) (sous *brunante*) 49, 257
chien (garder un ~ de sa chienne) 258
chien (malade comme un ~) 256

chien (marcher comme un ~ qui vient des vêpres) 252
chien (ne pas valoir les quatre fers d'un ~) 261
chien (reçu comme un ~ à vêpres) 260
chien (reçu comme un ~ dans un jeu de quilles) 260
chienne (la ~ à Cantin lui monte sur le dos) 260
chienner (sous *chienneter*) 52, 104, 179, 266
chienneter 52, 104, 152, 179, 266
chiens (les gros ~ ne mordent pas) 253
chiens (temps à ne pas mettre les ~ dehors) 261
chiffonner 256
chipoter 254
chopine (payer ~) (sous *houiller*) 113
chou (haut comme un ~) 252
civière 54; (sous *boyard*) 44
clairon «aurore boréale» 54, 179
claque (sous *mèche*) 116; 179
clisse «éclisse» (sous *traine*) 88, 229, 248, 264
clisse (traîne de ~) 88, 229, 248, 264
cochonner qqch. 263
coendou (sous *port-épic*) 80, 216
col noir «cravate» 262
colique (aimer qqch. comme la ~) 252
comfortable 27, 52, 103, 236
confessionnals 23, 54, 146, 179, 257
confortable 248
confortatif (sous *comfortable*) 52, 103; 179
connaître qqch. comme sa poche 263
connu comme Barrabbas a la passion 261
coppre 54, 237, 263
coque (avoir un œil à la ~ et l'autre à la mouillette) 245

cor (à ~ et à cri) 257
corde (avoir de la ~ de pendu) 263
cordeaux 27, 49, 105, 179, 248, 251
corner «enrager» 52, 180, 245, 250
corner «frapper de ses cornes» (sous *ébrayer*) 60, 108; 180
cornichon 250
corporal 51, 145, 180, 249
corps vide comme un fanal 265
côte 22, 23, 51, 53, 104, 180, 181, 249
côte (amont la ~) (sous *amont*) 28, 41, 154, 158, 248
côte (grand' ~) (sous *côte*) 53, 104
côtes (coureur de ~) (sous *côte*) 104, 181
côtes (courir les ~) (sous *côte*) 53, 104, 181, 245, 257
coton «épi de bled d'Inde dégarni de ses grains» 54, 181
coton «tige de bled d'Inde» (sous *sucet*) 87; 181
coton de bled d'Inde (sec comme un ~) (sous *coton*) 54; 264
couche chaude 250
couette n. fém. «queue de cheveux» 50, 103, 181, 248, 261
couette n. masc. «lit de plume» 50, 103, 182, 248
couguar 246, 247
couler comme un sas 254
coup de terre (sous *retontir*) 84
coup (faire ~) 50, 63, 182, 248
couper le sifflet 256
couper les bleds 51
coureur de côtes (sous *côte*) 104, 181
coureur des bois 247
courir au busc 252
courir comme un chat sauvage 254
courir la galipote (sous *galipote*) 67, 197, 263

courir le gallop 252
courir les côtes (sous *côte*) 53, 104, 181, 245, 257
couronel 51, 137, 141, 182, 249
courroies 27, 49, 105, 180, 248, 251
cracher (avoir une mine à ~ dessus) 254
cracher sur les tisons 245
crapaud (écrapoutiller, écrapoutir qqn comme un ~) (sous *écrapoutiller*) 61, 108, 187
créature 54, 182
créature (aller voir la ~) 54, 182
créature (fréquenter la ~) 54, 182
Cree ou Cris (malin comme un ~) 52, 103, 183
cri (à cor et à ~) 257
crible 27, 52, 237, 251
crier comme un sourd 257
criquet 251
Cris (v. *Cree*)
cristail 256
croc au sel (manger à la ~) 245
crocheter des pois 51, 183, 249, 260
crocheteur 51, 183
crocs «moustache»; «dents» 254
crosse (jeu de la ~) 247, 248
croûtes (avoir (bien) des ~ à manger) 245, 265
cuiller «cueillir» 262
cuire au four de qqn 258
cul (ne pas valoir son plein ~ d'eau chaude) 265
culasse 251
culotte (porter la ~) 255
culottes (ramer sans ~) 245
curieux comme la chèvre à Jacques Cartier 257
dans (mettre ses bas ~ ses jambes) 255

dans (mettre ses souliers ~ ses pieds) 255
dans (se mettre ~ son lit) 255
débarbouiller (se ~) 263
débarquer 23, 27, 55, 106, 183, 248, 259
déboutonner (se ~) 57, 256
débrailler 251
décanillé, ée 57
décaniller 56, 107, 251
décent, ente 56, 107, 237, 249
décharge 247
dégelée «dégel» 26, 56, 183
dégelée (donner une ~) (sous *dégelée*) 56
dégelée (fricasser une ~) (sous *fricasser*) 64, 197
dégobillage 56, 107, 184
dégobiller (sous *dégobillage*) 56, 107, 262
dégobillis (sous *dégobillage*) 56, 107; 184
dégradé «arrêté» 258
dégrader qqn «le laisser en arrière» 251, 258
délivrer les lettres 251
déluge (après moi le ~) 256
démancher 23, 26, 27, 55, 106, 184, 248, 259
démonté 261
denier «monnaie française» (sous *coppre*) 54
dent (ne pas en avoir pour une creuse ~) 265
dents (faire grincer les ~) 253
dents (gricher les (des) ~) (sous *gricher*) 69, 200
déplanter qqch. 252
derrière (se lever le ~ le premier) 254
désap(p)ointer 55, 105, 237, 248, 259
désargenter 265

désoublier 254
détailleur (sous *cantinier*) 53, 176
deusse 23, 56, 140, 184, 250
déventes 253
dévergondée 251, 255
dévider 251
diable (farine du ~ retourne en son) 262
diable (malin comme sept fois le ~) 255
diable (n'être pas le ~) «pas difficile» 255
diable (que le ~) «en diable» 257, 258
dinde (jouqué comme un ~) 253
dirigé, ée (être ~ de) 56, 107, 238
diriger 250
docteur en souppe salée 257
donner (en ~ sur les épicailles) (sous *épicailles*) 61, 189, 263
donner une dégelée 56
donner une ramasse 84
doré (poisson ~) 81, 216, 246, 247
dormir comme une soupe (sous *soupe*) 87, 225
douilleter qqn 260
dram 27, 56, 238
dresser 251
drette (un mal a ~) 257
drigaille 16, 57, 184
driller 251
droit comme un piquet 263
drôlesse 263
dur comme un cheval 253
eau (être plein d' ~) 254
eau (faire de l' ~) 247
eau (nager à grande ~) 256
ébaroui, ie (sous *s'ébarouir*) 61, 185
ébarouir (s' ~) 61, 184, 251
éborgner 62

ébourifler 251
ébrâillé, ée (sous *ébrâiller*) 60, 110, 185
ébraillée n. fém. (sous *ébrâiller*) 60, 110, 185
ébrâiller v. pron. 17, 23, 60, 110, 133, 151, 185, 251
ébrayer 16, 60, 108, 185
ébrèché 255
écarquiller (sous *s'éjârer*) 61 ; 185
écartiller (sous *s'éjârer*) 61 ; 186
éclopé 251
écœurant, ante adj. et nom 59, 109, 186, 241, 261
écœuré, ée adj. et nom (sous *écœurer*) 59, 109, 186
écœurer 59, 109, 186, 241, 250
écolté, ée (sous *écolter*) 59, 109
écolter v. tr. et pron. 59, 109, 151
écopeau 26, 59, 144, 186, 250, 262
écopeau (sec comme un ~) 59, 186
écopeaux (donner le bois pour les ~) 253
Écossois (fier comme un ~) 260
Écossois (galeux comme un ~) 60, 186
écrapoutillé, ée (sous *écrapoutir, écrapoutiller*) 61, 108, 187
écrapoutiller v. tr. et pron. 61, 108, 153, 187
écrapoutiller qqn comme un crapaud 61, 108, 187
écrapoutiner 264
écrapoutir v. tr. et pron. 26, 61, 108, 187
écrapoutir qqn comme un crapaud 61, 108
écroi 58, 187, 249
égrafignure (sous *graffigner*) 68 ; 187
égratigner (sous *graffigner*) 68
égratignure (sous *graffigner*) 68

éjârer (s' ~) 61, 133, 188, 264
élan (sous *orignal*) 77, 118, 246, 247
élingué «étiré» 253
embardée (prendre une belle ~) 255
embarquer 57, 109, 188, 248, 259
embarrasser 250
emberlicotter qqn 250, 261
emmancher 248
empêtrer 251
empocheter 61, 152, 188, 265
empois 57, 109, 188, 249 ; (sous *amidon*) 41
empoisonner «empester» 254
ençà 59, 188, 250
en Canada (dans le titre) 39 ; (sous *ginseng*) 69, 112 ; (sous *travail*) 88 ; (sous *office*) 118 ; (sous *tuer*) 122 ; 155
ennuyant (sous *ahurissant*) 41, 99 ; 188
envarié, ée 58, 148, 189
épais (un saint ~) 262
éparpiller qqch. 253
épaule (regarder par-dessus l' ~) 264
épicailles (en donner sur les ~) 61, 189, 263
épilepsie (sous *mal*) 75 ; 251
épinette 62, 189, 246
épiochon 59, 189, 250
éplucher du bled dinde 264
épotraillé 62, 138, 148, 190
épouffer (s' ~) «s'échapper» 257
équilibre 60
équipage 62, 190
équipé (mal ~) (sous *équiper*) 61, 190, 257, 265
équipement 247
équiper qqn 61, 190
équiper (se faire ~) 61
escabeau 26, 59, 190, 241, 250

escargot (tête d' ~) (sous *tête*) 90, 190, 265

escarpolette (sous *berlancille*) 44, 101, 161

esclave 247

escolter 59, 151, 251

escousse 249, 258

espèce (un ~ de) (sous *matelat*) 74

espérer «attendre, patienter» 19, 26, 58, 190, 249, 260

essayer à 253

estomac «poitrine»; «seins» (sous *écolter*) 59, 109; (sous *ébrâiller*) 60, 110; (sous *pesant*) 81; 191

estropié, ée (sous *équiper*) 61

estropier (s' ~) 253

étage 250

étage (premier ~) 58, 191

étaim fine 252

étal 250

étau «étal» 59, 149, 191

étau «étoc» 256

étaux pl. (sous *étau*) 59, 146

étriper qqn 255

étrivant, ante adj. et nom 20, 60, 108, 148, 191

étriver qqn 20, 60, 108, 191, 251

étriver (faire ~ qqn) 20, 60, 108, 191, 255

exemple (par ~) 23, 60, 108, 259

factieux 253

factionnaire 63, 248

faire chaudière 247

faire chaudière à part 262

faire coup 50, 63, 182, 248

fanal (corps vide comme un ~) 265

fanals 23, 28, 66, 146, 192, 257

faner (sous *foin*) 64, 192

fanfan (sous *moucher*) 74; 192

fard 26, 28, 63, 192

farine du diable retourne en son 262

farine (remettre sur ~) 245

fàro 64, 111, 192, 259

fàro (beau comme un ~ de campagne) (sous *fàro*) 64, 111, 192

fàrôder 64, 111, 193

fart 249

faucille 249

fectif, ive 65, 193

femme (parler comme une ~) 256

fendre des éclats 258

fener (sous *foin*) 64, 192, 193, 251

fenouil n. fém. 23, 63, 110, 146, 193, 246, 249

fenouillette 23, 63, 110, 111, 193, 246

fer à flasquer (sous *flasquer*) 62, 110, 196

ferlassement 66, 193

ferlasser 66, 143, 193, 258

fers (ne pas valoir les quatre ~ d'un chien) 261

fesser 26, 27, 63, 110, 193

fictif, ive adj. 251

fier comme un Écossois 260

fier (se ~) 250

fièrement 64, 194, 261

fièvres (trembler les ~) 262

fignoler 65, 111, 194, 263

fignoleur 25, 65, 111, 194

filer doux 254

filer dru 254

fille (sous *amancher*) 40; (sous *balier*) 44; 194

fille publique (sous *ébrâiller*) 60, 110; (sous *fille*) 194

fin (tout ~ seul) 257

fine-boutique 22, 23, 64, 65, 111, 194, 251, 262

fin-fin la Blague 256

finir avec qqch. 65, 238

INDEX LEXICAL 305

finition 22, 112, 195

fiston 252

flambe 25, 65, 195, 256

flamb(l)ant, ante 65, 111, 142, 195, 241

flamb(l)ant (tout ~ neu(f)) 65, 111, 195, 257, 266

flamb(l)ant (tout ~ nu(d)) 65, 111, 195, 257

flandrin 26, 64, 195, 261

flâner 64, 196, 261

flasque «flaque» 62, 196

flasque adj. et nom 62, 110, 196, 261

flasquer «avoir peur» 62, 110, 196

flasquer (fer à ~) 62, 110, 196

foin 64

foin sauvage 246

folle avoine 247

fondeur de cloches (sot comme un ~) 245

forfaite (à ~) 253

fort comme un Turc 264

fort sur la blonde 48, 164

fou comme braque 255

fouillouses 250

four (cuire au ~ de qqn) 258

four (en falloir autant que de pelotes de neige pour chauffer un ~) 260

fourgonner 254

fourneau 247

fourré (sous *plated*) 81, 240

frais (porc ~) 264

françois (soulier ~) (sous *soulier*) 86, 121, 225, 250, 261

frasil 249

fréde adj. fém. 63, 135, 196, 249

fréquenter la créature 54, 182

fréte adj. et nom 63, 135, 140, 196, 249

fréte comme glace (sous *fréte, fréde*) 63, 196

fréte (geler de ~) 63

frette 262

fricasser 64, 197

fricasser une dégelée, une ramasse (sous *fricasser*) 64, 197

fricasser (se ~ de qqch.) 64, 197

frimat 249

frime (faire ~ de rien) 256

fripper 66, 197, 257

fripponner (sous *fripper*) 66; 197

froiser qqn 250

frôler (se ~ contre qqn) 255

fumer «corner, biner» 245, 262

fumer une touche (sous *touche*) 90, 123, 228, 264

fusil sans plaque (partir comme un ~) 252

gâ ((petit) ~) 23, 25, 66, 112, 133, 197

gaband 258

gaffe 256

gaffer qqn 256

gale (qui a la ~ la gratte, qui ne l'a pas l'atrappe) 265

galeux comme un Écossais 60, 186

galimafrée 251

galipote (courir la ~) 67, 197, 263

gallop (courir le ~) 252

game(-coq) 69, 238, 251

garde-corps 67, 198, 241, 248

garder un chien de sa chienne 258

gaspiller 26, 68, 198, 264; (sous *butin*) 44, 101

gat (petit ~) «gars» 258

gavache n. masc. et fém. 67, 112, 198, 262

geindre 256

geler de fréte (sous *fréte*) 63

Gens de terres 247

georges (faire ses ~) 68, 113, 142, 198, 264

géraniome (sous *gérémium*) 67

géranium (sous *gérémium*) 67

gérémium 67, 134, 142, 198, 250

giboulée (de neige) 27, 69, 112

ginseng (tomber comme le ~) 23, 69, 112, 198, 265

glace (fréte comme ~) (sous *fréte, fréde*) 63, 196

glouton 246

glumer 68, 199, 251

go (tout de ~) 264

go-et-gon (à ~) 245

gober des mouches 265

gogo (à ~) 264

goret 257

gouette n. fém. «goitre» 25, 67, 138, 139, 147, 199, 248, 261

gouliâ 23, 68, 113, 133, 199, 264

gouliafre (sous *gouliâ*) 68, 113, 199

gourdin 250

graffigner 26, 68, 199, 264

graisse 69, 199

graisser 69, 200

graissoux, ouse adj. et nom 67, 150, 200, 251

grand'côte (sous *côte*) 53, 104

gras comme un voleur 254

gratter 256

grelotter 263

griche-poil 69, 200, 265

griche-poil (à ~) (sous *regriche-poil*) 85, 220

gricher les (des) dents 69, 200

grichou 69, 200, 265

grichou (laid comme un ~) 69, 200

grichou (malin comme un ~) 69, 200

grincher (faire ~ les dents) 253

griser (se ~) 263

grossier comme un pain d'orge 262

grouiller 249

guedou (baiser en ~) 67; (sous *baiser*) 47, 159

guenille (sous *amarrer*) 40; (sous *apichimon*) 42; 201

guêpes (manger des ~) 245, 259

gueusaille 19, 113, 201; (sous *gueusasse*) 67

gueusasse 19, 67, 113, 201, 261

gueux (la race des ~ ne se perdra pas il n'y a pas mortalité de canaille) 260

guide 247, 248

guides 27, 67, 112, 248, 251, 259; (sous *cordeaux*) 49, 105, 180

guimbarde 27 (sous *trompe*) 88,

gum 247

habitant, ante adj. et nom 69, 113, 201, 261; (sous *âbre*) 41; (sous *allumer*) 41, 99; (sous *apichimon*) 42, 100; (sous *berline, bordel*) 43; (sous *bouquin*) 44; (sous *charger*) 50; (sous *équilibre*) 60; (sous *houiller*) 70; (sous *mâle*) 74; (sous *pesâ*) 79; (sous *pipe*) 79, 119; (sous *reintier*) 84; (sous *soulier*) 86; (sous *suspect*) 86; (sous *traîne*) 87; (sous *tauraille*) 88; (sous *vulgaire*) 90

hardes (sous *butin*) 44, 101; (sous *gaspiller*) 68; 201

hardi donc «courage» 256

hausse 70, 113, 238, 249; (sous *mitasse*) 116

haut comme un chou 252

haut mal (sous *mal*) 75, 204, 205, 251

herbe à dinde 70, 202, 246, 257

herbe à la puce 70, 202, 246, 257

hérisson (sous *port-épic*) 80, 216

homme du Nord 264

INDEX LEXICAL 307

houillé [ouillé] «fatigué de qqn, de qqch.» (sous *houiller*) 70, 113, 202

houiller [ouiller] (se ~) «se gorger de vin» 70, 113, 202

houiller «changer, troquer» 70, 113, 202, 249

hyvernement 247

icit 71, 140, 203

immatériel, elle 71, 114, 238

impotheques 253

impropre 71

improuver 28, 70, 114, 238, 249, 259

incendie n. fém. 23, 70, 147, 203, 248

incliner 248

inconsistant, ante 71, 114, 239

indian path 247

indictement 251

indicter 251

induqué 253

ingérer (s' ~ de qqch.) 258

inquilibre (être dans l' ~) (sous *équilibre*) 60; 148, 203, 261

interrompre (sans ~ qqn) 257

Jacques Cartier (curieux comme la chèvre à ~) 257

jambes (avoir les ~ comme des batons de traine) 253

jeu de quilles (reçu comme un chien dans un ~) 260

joie (un vive la ~) 263

joli-cœur (s'appeler, se nommer ~) 28, 71, 115, 203, 265

jouqué 251

jouqué comme un dinde 253

jouquer (se ~) 71, 115, 203

jouquoir 71, 115, 203

jour de mitasse 255

Juifrèsse 71, 114, 203, 261

Juive 250

jument 70, 114, 204, 249, 266

laboureur (sous *habitant*) 69, 113

laid comme un grichou (sous *grichou*) 69, 200

laine (se laisser manger la ~ sur le dos) 265

lait «rhum» 247

lait (petit ~) «babeurre» 265

lambin 261

lambiner 261

lamper 256

langue (une ~ à percer quatre murailles) 256

lard (le ~ sera à bon marché, les cochons s'embrassent) 245

larme (une ~) «filet» 260

lèche-crachats (sous *payer*) 78; 204

légerte 72, 115, 141, 204, 257

leste comme un chien de plomb 245, 261

lever le cul comme une bête puante 252

lever (se ~ le derrière le premier) 254

lévier 26, 72, 145, 204, 250

liaison en z (verbe à l'impératif + pronom + z + en ou y) 251

liard 246, 247

lichefrite 72, 115, 136, 204

licher 71, 115, 136, 204, 249

licher (en ~ (à qqn)) 71, 115, 204

licher (s'en ~ les barbes) 71, 115, 204

linge (blême comme un ~) 261

livre «monnaie de compte» (sous *coppre*) 54

long comme d'icite à demain 253

louche adj. (sous *bicleux*) 45, 102; (sous *loucheur*) 115; (sous *vire-l'œil*) 124; 204

loucher (sous *bicler*) 45, 102; 249

loucheur, euse adj. et nom 27, 72, 115, 204, 241, 242 ; (sous *bicleux*) 102

loup-cervier 246

lundi (qui a fait ~, a fait mardi) 261

lurette (belle ~) 254

lynx 246

main (mal à ~) 253

mains (les ~ dans ses poches) 256

mains (se beurrer les ~) (sous *beurrer*) 48, 103, 163

maïs (sous *épiochon*) 59

mais c'est que 261

major, ore 75, 239

majore (tierce ~) (sous *major*) 75, 239

mal a drette (un ~) 257

mal à main 253

mal caduc 75, 205

mal de raquette 247

mal de saint 75, 205, 251

mal de saint Jean 75, 205, 251

mal (être ~ amanché) 263

mal (haut ~) 75, 205, 251

mal (le ~ passe net comme sur la main) 255

mal (se trouver ~) 261

mal (tomber d'un ~) 75, 204, 251

malade comme un chien 256

mâle 74, 116, 205, 249; (sous *tuque*) 88, 122

malin, igne 73, 205, 250, 262 ; (sous *rustique*) 84

malin comme sept fois le diable 255

malin comme un Basque 46, 160

malin comme un Cree (Cris) 52, 103, 183

malin comme un grichou 69

malin (être un ~ Basque) 46, 160, 251

mamelle (enfant à la ~) (sous *bèr*) 45

manche (branler dans le ~) 245

manche de balai (sec comme un ~) 264

manche de pipe 73, 205; (sous *bouquin*) 44

manche d'une poêle 73, 248

manchon(n)ier 26, 75, 205

manger à la croc au sel 245

manger à se mettre le ventre sur le dos 258

manger (avoir (bien) des croûtes à ~) 245, 265

manger de l'avoine 245, 259, 263

manger des guêpes 245, 259

manger qqn 255

manquer «faillir» 75, 206

manquer (la ~ belle) 75, 205

marcher après qqn 252

marcher comme un chien qui vient des vêpres 252

mardi (qui a fait lundi, a fait ~) 261

marier «épouser» 19, 20, 73, 116, 206, 249, 259

marinade (sous *marinage*) 73 ; 206

marinage 73, 148, 206, 251

maringouin 246

marmite (faire bouillir la ~) 258

marri «fâché» 260

martre (prendre ~ pour renard) 245

maskinongé 16, 75, 233, 248

masquinongé 233, 246, 247

matelat 74, 207, 249

matelot «insecte» 72, 207, 246, 249

matériel, elle 75, 239, 250

mâtin 263

matois (fin ~) 262

mauvaiseté 75, 207

mauve des jardins (sous *passe-rose*) 81, 212 ; 246

méchant 73, 207, 253 ; (sous *apichimon*) 42, 100 ; (sous *rustique*) 84 mèche «grande distance» 74, 116, 207, 249; (sous *pipe*) 79, 119

mèche «extrémité d'un fouet» 74, 116, 207, 242, 249

mècher 26, 27, 74, 116, 207; (sous *moucher*) 74

même (à ~) (sous *à même*) 42; 153

menoirs 28, 74, 207, 248; (sous *brancard*) 44; (sous *travail*) 88

mentir comme un arracheur de dents 260

mer (si la ~ bouilloit) 258

mère orignal (sous *orignal*) 118

meuble «récipient» (sous *casseau*) 52; (sous *plated*) 81; 208

micmac 73, 208, 250

micoine 16, 73, 116, 234, 250

micouène 116, 234

mieux (faire qqch. comme un des ~) 263

mil 251

mine (avoir une ~ à cracher dessus) 254

minot (sous *empocheter*) 61

mirer (se ~) 262

mirlifichures «colifichets» 255

mistimus ((en) ~) 23, 75, 117, 208

mitaine (sous *manchonier*) 75; 208, 249

mitaine (être comme une ~ sans pouce) 260

mitaines (le vent se tourne du côté des ~) 245

mitasse 16, 74, 116, 234, 249; (sous *hausse*) 70, 113

mitasse (jour de ~) 255

miton mitaine (onguent ~) 264

mitonner qqn «douilleter» 250, 260

moindrement (le, la ~) 22, 72, 75, 154, 208, 261

moins (ni plus, ni ~) 258

mondaine (orge ~) 28, 73, 116, 145, 208

monsieur (faire le ~) 264

montagne (là-bas sur la ~) 259

Montréaliste 75, 150, 209

mortifier (faire ~) 263

moucher 26, 27, 74, 209

mouches (gober des ~) 265

mouches (on n'attire pas les ~ avec du fiel) 262

mouiller «pleuvoir» 27, 72, 115, 209, 249, 260, 266

mouillette 249

mouillette (avoir un œil à la coque et l'autre à la ~) 245

moule (fait au ~) «au tour» 254

moulin (chacun à son tour comme au ~) 254

moulin de La Chine (être comme le ~) 245

moustic 246

moutarde (prendre au nez comme la ~) 256

moyennement 255

mucre 258

mulon de foin 73, 209, 251; (sous *foin*) 64; (sous *veuilloche*) 91

mur (à moi le ~) 245

nager à grande eau 256

nation sauvage (sous *Cree*) 103

naturel, elle 76, 117, 209

naturellement 263

nége (sous *abât*) 100; (sous *bordée*) 102; (sous *giboulée*) 112; 134

neige (pelote de ~) (sous *pelote*) 80, 212

ni quoi, ni qu'est-ce 245, 264

nijon 27, 76, 117, 209, 262; (sous *bougon*) 48

niveleux, euse 76, 210, 250

nix (for stein) 76, 210, 251

nix-nix 76
noix amère, douce 264
nord (homme du ~) 264
nord-est (sec comme ~) 264
notureau 76, 141, 210, 249; (sous *porchais*) 80
obligation 248
obligé, ée (être ~ pour) 78, 239, 248, 259
œil (avoir un ~ à la coque et l'autre à la mouillette) 245
office 20, 77, 118, 210, 239, 248
oiseau (comme l' ~ sur la branche) 257
oiseau blanc 26, 78, 211, 246, 247
onglée 249, 262
onguent miton mitaine 264
opportunité 248
ordonné, ée (être ~ de) 78, 117, 239, 251
oreille (entrer par une ~, sortir par l'autre) 261
oreille de soulier 77
orge mondaine (sous *mondaine*) 73, 116, 145
orge mondé 249
orges (faire ses ~) (sous *georges*) 68, 113
originer 20, 78, 117, 239, 251
orignal 23, 77, 118, 211, 246, 249
orignal (mère ~) 118
ortolan (sous *oiseau blanc*) 26, 78 ; 211
ostiné 254
o'tic «caribou» 246, 247
otocas 16, 78, 137, 235, 246
oubli 250
oublie 254
ouète 24, 77, 138, 211
ouette 250
ouiller (v. *houiller*)

paille 250
pain d'épice (sec comme un ~) 264
pain d'orge (grossier comme un ~) 262
pain (perdre un ~ sur sa fournée) 245, 263
paire (une ~ de soufflets) 256
palette 80
pantère 246, 247
papier brouillard 249
papier cassé 249
papier-nouvelle 80, 211, 250
papier-public (sous *papier-nouvelle*) 80, 211
papier tenture 250
paradis (arbre du ~) (sous *épinette*) 62, 189, 246
paré, ée 78, 118, 211, 248, 262
paresse (relever du péché de ~) 262
parler comme la Bouche 260
parler comme saint Paul 260
parler comme une femme 256
parler du nez 261
parler françois à qqn 256
paroli (avoir un beau ~) 253
partir comme un fusil sans plaque 252
passe-rose 26, 81, 212, 246
passer en belette 256
patira (en faire un ~) 252
Paul (parler comme saint ~) 260
pauvre comme un rat d'église 260
pauvreté (tomber comme la ~ sur le monde) 256
payer chopine (sous *houiller*) 113
payer ses complimens, ses respects, une visite 20, 27, 28, 78, 118, 240, 248, 260
paysan (sous *habitant*) 113, 261
peau (devoir plus à sa ~ qu'à sa chemise) 254

pêcher «trouver» 258

peigné (un mal ~) 263

peinture (en ~) 254

peinturer (sous *cariole*) 50; 212

pelle (renvoyer qqn la ~ au etc.) 263

pelleter 81, 212, 242, 251

pelote «balle»; «balle du jeu de paume» 80, 212, 249; (sous *retontir*) 84

pelote de neige 80, 212

pelotes de neige (en falloir autant que de ~ pour chauffer un four) 260

pendu (avoir de la corde de ~) 263

pendu (sec comme un ~) 265

perdre un pain sur sa fournée 245, 263

perdrix 81, 213, 246, 247

perdu (chanter comme un ~) 257

pesâ 79, 133, 213, 249, 260

pesant n. masc. 81, 213, 263

pésant, ante adj. (sous *berline*) 43 ; 134

peter 23, 27, 80, 119, 214, 242 ; (sous *retontir*) 84

pièces 247

pieds (avoir les quatre ~ blancs) «être libre» 256

pieds (les ~ lui brûlent) 245

pierre à calumet 246, 247

piéter (se ~) 253

piler sur qqn 255

pincettes (baiser en ~) «tromper» (sous *baiser*) 47, 159 ; (sous *pincettes*) 81; 259

pincettes (baiser en ~) «embrasser» (sous *baiser*) 47 ; 214

pipe (manche de ~) (sous *manche*) 73, 205 ; (sous *bouquin*) 44

pipe «mesure de distance» 26, 79, 119, 214, 249 ; (sous *mèche*) 116

pique-bois 258

piquet (droit comme un ~) 263

Piroli 257

pistolage «sorte de limaçon» 80, 214

pivac «bivouac» 258

place (dans la ~) (sous *écrapoutir*) 61 ; 214, 264

plaindre (se ~ le ventre plein) 256

plairie 28, 79, 142, 215, 249

plaisant, ante 19, 81, 119, 215

plancher des vaches 91, 265

plat (être amis jusqu'au ~) 256

plated 81, 240, 251

plein (couteau ~ de graisse) 254

plein ((fin) tout ~) 251, 254

pluie (faire la ~ et le beau temps) 257

plus (ni ~, ni moins) «cependant» 258

poche (sous *pochetée*) 81; 215, 265

poche (connaître qqch. comme sa ~) 263

pochetée 81, 215

poison n. fém. 254

poisson blanc 81, 216, 246

poisson doré 81, 216, 246, 247

porcelaine (sous *pistolage, pucelage*) 80

porcelaine (sous *porceline, pourceline*) 80

porceline 80, 136, 216

porc-épic 80, 216

porc frais 264

porchais 80, 216, 250 ; (sous *notureau*) 76

portage 247

port-épic 80, 145, 216

portépis 251

porter (ne pas ~ à terre) 253

poste à Saupin 260

postillon (sous *verbalement*) 91, 124

pou (être comme un ~ sur une gale) 264

pouce (argent sous le ~) 255

pouce (être comme baise mon ~) 252
pouce (être comme une mitaine sans ~) 260
poudine 79, 119, 147, 216
pouding (sous *poudine, poutine*) 79, 119
poudrer 18, 79, 217
poudrerie 18, 79, 217, 249, 259
poulailler 253
pouliche 250
pourceline 80, 136, 137, 217, 250
poutine 79, 119, 217
praline 247
prendre une belle embardée 255
presque «preste» 253
presquement «prestement» 253
preuve (à ~) 245
procès-verbal (avoir la tête comme un ~) 245
propre comme un sou 256
prouvable 28, 80, 119, 217, 250, 262
pucelage «sorte de limaçon» 80, 218, 250
quatre à quatre (descendre les escaliers ~) 263
Québecquois 82, 218
Québéquois 82, 218
quelouer «clouer» 258
quêter 82, 120, 218
quêteur, euse 25, 82, 120, 218, 251
quêteux 254
queue (bête à la grande ~) 256
quitte (avoir plus de ~) 23, 82, 120, 219
quitter 82, 219
rabougris 255
racéré, ée 83
racérer 26, 83, 219
racopié (son père tout ~) 252

rafistoler 261
raison 253
raisons (donner de mauvaises ~) 253
râle 251
râler 251
ramancher «conter, raconter des choses insensées» 19, 82, 120, 219, 248
ramancher «raccommoder, réparer» 82, 120, 219, 248, 259; (sous *amancher*) 40, 99
ramasse 84, 219
ramasse (donner une ~) 84; (sous *dégelée*) 56
ramasse (fricasser une ~) (sous *fricasser*) 64, 197, 262
ramer sans culottes 245
rapapillotter 261
rapide 247
rapiéceter 152, 220
rapiesté, ée 85, 121, 257
rapiester 85, 121, 152, 220
raquette (sous *pelote*) 80, 213; 249
raquette (mal de ~) 247
rat d'église (pauvre comme un ~) 260
ratapiat 84, 220, 263
raz (à ~ terre) 265
raz (tout à ~) 265
razer 265
(re)brousse-poil (à ~) 85, 220
refection (content a ~) 256
régal 253
régaler (se ~) 253
regarder par-dessus l'épaule 264
regriche-poil (à ~) 85, 220
regricher 85, 220
reintier 84, 121, 221
relevée 82, 120, 221, 248
remercier pour 84, 259; (sous *obligé*) 78

remettre 250

remettre sur farine 245

remou(s) 83

remue-ménage 250

renâcler 262

renard (prendre martre pour ~) 245

renchausser 255

rênes (sous *cordeaux*) 27, 49, 105, 180, 251 ; (sous *guides*) 67, 112

renflé comme une souppe au lait 260

renne (sous *caribou*) 50, 246

renoter 254

rente de l'argent «intérêt» 255

requise (bois de ~) 253

résous 84, 121, 153, 221, 249

respect (sur votre ~) 265

ressoudre 258

retailles 251

retaper qqn (sous *baiser*) 47 ; (sous *guedou*) 67 ; (sous *pincettes*) 81 ; 221, 258

retentir (sous *retontir*) 84

retontir «rebondir» 26, 84, 221

retontir «retentir» 84, 222, 251

retraire (sous *retraiter, retrayer*) 83, 121 ; 222

retraiter «battre en retraite» 83, 120, 240, 249

retraiter «retirer» 83, 120, 222, 249

retrayer «retirer» 83, 121, 153, 222, 249

rêve (chanter comme un ~) 252

reveil matin 257

revirer (se ~) 254

rhimb de vent 85, 222

ribote (faire ~) 264

ricaner 257

ric-à-rac 245

rigole 249

rime (n'avoir pas de ~) 257

rin de vent 257

rire jaune 253

risée de vent 257

riz sauvage 247

robe de bœuf 82, 222, 249

Roger bon temps 263

rôle 27, 83, 240

rose-d'outremer (sous *passe-rose*) 26, 81, 212

rose-tremière (sous *passe-rose*) 26, 81, 212

roue (être comme une troisième ~ à une charrette) 260

roulin (avoir du ~) 254

roustaut 263

rubrique 251

rustique 84, 223, 250, 262

sable (jeter du ~ dans les yeux) 265

sacacoua 247

sagamité 252

saint épais (un ~) 262

salopries «saletés, ordures» 256

saoul 257

saoul (boire, jouer, manger son ~) 256

sarpidon 86, 122, 134, 150, 223

sas (couler comme un ~) 254

sas (passer au gros ~) 254

sasser 254

Saupin (poste à ~) 260

sauvage adj. et nom (sous *apichimon*) 100 ; (sous *boucaner*) 101 ; (sous *hausse*) 70, 113 ; (sous *micoine*) 73, 116 ; (sous *mitasse*) 116 ; (sous *traine de clisse*) 88 ; 223

sauvage n. fém. (sous *sauvagesse*) 87, 122, 224

sauvage (nation ~) (sous *Cree*) 103

sauvage (riz ~) 247

sauvage (soulier ~) (sous *soulier*) 86, 121, 225, 261
sauvagesse 87, 122, 223
savant comme un livre 260
savon (brique de ~) 255, 265
savon (donner un ~) 262
savonner «réprimander» (sous *brâsser*) 46, 102; 224
sciau 261
scieau 249
scier les bleds (sous *couper*) 51 ; 224
sec comme nord-est 264
sec comme un coton de bled d'Inde (sous *coton*) 54, 264
sec comme un écopeau (sous *écopeau*) 59, 186
sec comme un manche de balai 264
sec comme un pain d'épice 264
sec comme un pendu 265
secquement 256
semer qqn 258
sentinelle n. masc. 85, 147, 224, 248
servante du curé (n'être pas la ~) 245
seul (tout fin ~) 257
sieau 27, 86, 122, 136, 224
sifflet (couper le ~) 256
soc (sous *reintier*) 84, 121 ; 224
soc de porc frais 264
soigner 86
sol «monnaie» (sous *voyage*) 90, 263
sols (faire de cinq ~ six blancs) 265
son (farine du diable retourne en ~) 262
sorcière 86, 224, 249
Sorel «habitant de Sorel» 87, 224
sortir d'entrer 259
sortir dehors 259
sot comme un fondeur de cloches 245

sou «monnaie de billion» (sous *coppre*) 54
sou (propre comme un ~) 256
soulier de bœuf 86, 121, 225, 250, 261
soulier françois 86, 121, 225, 250, 261
soulier sauvage 86, 121, 225, 261
soupe (dormir comme une ~) 87, 225
soupe (trempe comme une ~) (sous *trempe*) 89, 123, 230, 260
soupirail 257
souppe au lait (renflé comme une ~) 260
souppe (docteur en ~ salée) 257
souppe (tremper la ~) 260
sourd (crier comme un ~) 257
souris-chaude 86, 225, 246
stellà 86, 151, 225
stellci(t) 86, 151, 225
stroud blanket 247
style (dans le grand, le haut ~) 27, 85, 240, 249
sucet 26, 87, 226
suerie 245
superbe 250
sur «chez» 86, 122, 155, 226
sur, ure 87, 122, 261
sur (pour le ~) «certain» 258
surir 87, 122, 251
sus «chez» 155, 262
suspect, ecte 86, 122, 226, 250
tabac du diable «jusquiame» 265
tabaconiste 265
tabagiste 265
tambour 249
tanner qqn 259
tantòt 255
tapin 89, 123, 226

tapin (flanquer un ~ par les babines) 260

tapisserie 89, 250

tapon 89, 123, 226, 251

tarabusquer 258

tasse (boire à la grande ~) 256

tata (sur un ~) 258

tauraille 88, 227, 249

taure (sous *tauraille*) 88 ; 227, 249

taurmenter (sous *étriver*) 60, 191

taverne (sous *cantine*) 53, 104, 176

tavernier, ière (sous *cantinier*) 53, 104, 105, 176

temps à ne pas mettre les chiens dehors 261

tenseulement 263

terre (coup de ~) (sous *retontir*) 84

terre (ne pas porter à ~) 253

terres (Gens de ~) 247

tête (avoir la ~ comme un procès-verbal) 245

tête d'Allemand (avoir, être une ~) 42, 157, 261

tête de boule 90, 227, 247, 265

tête d'escargot 90, 190, 265

tête (ne pas avoir la ~ aux pieds) 245

thétière 88, 143, 227

tierce majore (sous *major*) 75, 239

tigre 246, 247

tinter (sous *retontir*) 84 ; (sous *tinton*) 90

tinton 23, 90, 124, 227, 251, 265

tiran de soulier 77

tirans 89, 227, 249 ; (sous *clairon*) 54

tire 18, 27, 89, 227, 249

tisons (cracher sur les ~) 245

tomber comme la pauvreté sur le monde 256

tomber comme le ginseng (sous *ginseng*) 23, 69, 112, 198, 265

tomber comme une tourte 257

tomber d'un mal (sous *mal*) 75, 204, 251

tondre n. masc. «amadou» 88, 147, 228, 246, 249

touche (fumer une ~) 90, 123, 228, 264

tour (chacun à son ~ comme au moulin) 254

tournailler qqn 253

tourniquet 90, 228

tourte (tomber comme une ~) 257

tourte (tuer roide comme une ~) 257

tout de bon 253

train «occupations quotidiennes du ménage» 89, 123, 228

train «tapage» 259, 261

train (en ~) «légèrement ivre» 89, 123, 229, 242, 250

traîne 87, 229, 248, 259 ; (sous *travail*) 88

traîne de clisse 88, 229, 248, 264

traîneau 27, 88, 229, 248 ; (sous *cariole*) 50 ; (sous *traine*) 87

travail 28, 74, 88, 230, 248, 259 ; (sous *brancard*) 44

trèfe 89, 139, 230

trèfle 250

trembler (faire ~) 245, 250, 254

trembler les fièvres 262

trempe ((tout) ~) 26, 89, 123, 230, 260

trempe comme une soupe 89, 123, 230, 260

tremper la soupe 260

tricherie (la ~ retourne à son maître) 262

tricoler 89, 123, 230, 250

tripe de roche 247

tripoter 264

troisse 23, 89, 140, 230, 250

trompe 27, 88, 230, 248

trou (boire comme un ~) 260

trouver (se ~ mal) 261

tuer «éteindre» 87, 122, 231, 248, 259

tuer roide comme une tourte 257

tuque 18, 88, 122, 231, 249, 261; (sous *mâle*) 74, 116

Turc (fort comme un ~) 264

urson (sous *port-épic*) 80, 216

vaches (plancher des ~) 91, 265

vaisseau «navire» (sous *envarié, ée*) 58

vaisseau «récipient» 122

valeur (de ~) 245, 250, 260

valoir (ne pas ~ les quatre fers d'un chien) 261

valoir (ne pas ~ son plein cul d'eau chaude) 265

valtreux (être un ~) 252

varengues 247

veau (brailler comme un ~) 252

vent (le ~ se tourne du côté des mitaines) 245

vent (rhimb de ~) (sous *rhimb*) 85, 222

vent (rin de ~) 257

vent (risée de ~) 257

vêpres (marcher comme un chien qui vient des ~) 252

vêpres (reçu comme un chien à ~) 260

verbalement 91, 124, 231, 251, 255

verglas 250

veuilloche 91, 231, 251; (sous *foin*) 64

vie (arbre de ~) (sous *épinette*) 62, 189, 246

vire-l'œil 27, 90, 124, 231, 250, 264; (sous *bicleux*) 102

vire-main (dans un ~) 256

vite pendant que c'est chaud «vitement» 253

vive (un ~ la joie) 263

vocation 253

voie (sous *voyage*) 90, 124; 231

voir (voyons ~) 260

voleur (gras comme un ~) 254

vomir tripes et boyaux 261

vouloir que (je voudrois que cela seroit) 259

voyage (d'eau) 90, 124, 232, 242, 249, 261

voyageur (sous *jument*) 70; 232, 247, 248

vulgaire 23, 90, 124, 232, 250, 262

waac «tripe de roche» 247

warrant 251

washes 247

wattap 247

yeux (avoir les ~ à la perdition de son âme) 253

yeux (jeter du sable dans les ~) 265